HEIDELBERGER STUDIENHEFTE
ZUR ALTERUMSWISSENSCHAFT

Herausgegeben von
Géza Alföldy †
Eckhard Christmann
Albrecht Dihle
Rudolf Kettemann

MICHAEL VON ALBRECHT

Ovids
Metamorphosen

Texte,
Themen,
Illustrationen

Universitätsverlag
WINTER
Heidelberg

Bibliografische Information der Deutschen Nationalbibliothek

Die Deutsche Nationalbibliothek verzeichnet diese Publikation
in der Deutschen Nationalbibliografie;
detaillierte bibliografische Daten sind im Internet
über *http://dnb.d-nb.de* abrufbar.

UMSCHLAGBILD

Gian Lorenzo Bernini (1598-1680), *Apollo und Daphne*
(Villa Borghese, Rom), vgl. hier S. 151; 199f.

ISBN 978-3-8253-6320-8

Dieses Werk einschließlich aller seiner Teile ist urheberrechtlich geschützt. Jede
Verwertung außerhalb der engen Grenzen des Urheberrechtsgesetzes ist ohne
Zustimmung des Verlages unzulässig und strafbar. Das gilt insbesondere für
Vervielfältigungen, Übersetzungen, Mikroverfilmungen und die Einspeicherung
und Verarbeitung in elektronischen Systemen.

© 2014 Universitätsverlag Winter GmbH Heidelberg
Imprimé en Allemagne · Printed in Germany
Druck: Memminger MedienCentrum, 87700 Memmingen

Gedruckt auf umweltfreundlichem, chlorfrei gebleichtem
und alterungsbeständigem Papier

Den Verlag erreichen Sie im Internet unter:
www.winter-verlag.de

Inhaltsverzeichnis

VORWORT
1 Ovidlektüre heute? 7

AUTOR UND WERK
2 Der Autor in seiner Zeit 11

3 Bücher als Leseeinheiten: Gesamtdarstellung mit Abbildungen 15
    Buch 1: 17; Buch 2: 21; Buch 3: 25; Buch 4: 29; Buch 5: 33; Buch 6: 37; Buch 7: 41; Buch 8: 45; Buch 9: 48; Buch 10: 51; Buch 11: 55; Buch 12: 59; Buch 13: 62; Buch 14: 66; Buch 15: 71; 16 Beitrag der Illustrationen zum Verständnis des Textes 73; 17 Ikonologisch-Hermeneutisches 77

LÄNGSSCHNITTE
4 Götter und Religion: Bacchus und Venus 81
    1 Bacchus 82; 2 Venus in der ersten Pentade 83; 3 Venus in der zweiten Pentade 86; 4 Venus in der dritten Pentade 88; 5 Rückblick 91

5 Reisen in Ovids *Metamorphosen* 95
    1 Buch 1-5: 95; 2 Buch 6-10: 98; 3 Buch 10-15: 99; 4 Rückblick 102

GESTALTEN UND THEMEN
6 Actaeon: Metamorphose als Selbstentfremdung 103
    1 Der Rahmen 103; 2 Zur Abfassungszeit 104 ; 3 Das Ende als Anfang 105; 4 Das Bad der Diana 106; 5 Dianas Zorn 106; 6 Der Jäger als Gejagter 107; 7 Retardierung und Beschleunigung 108; 8 Ausblick 108

7 Arachne: Selbstverwirklichung der Künstlerin 113
    1 Erwartungshorizont 113; 2 Tempuswechsel; Gleichnis 114; 3 Vergleich der Gewebe 115; 4 Arachnes Verwandlung 116; 5 Die Exposition 117; 6 Ausblick 119

8 Orpheus: Der Dichter als Liebender 123
    1 Vergils Orpheus-Erzählung 123; 2 Ovids Orpheus-Erzählung: Anfang 127; 3 Orpheus' Gesang: Rhetorische Analyse 129; 4 Thematische Analyse 132; 5 Die Wirkung des Gesanges 134; 6 Der Aufstieg 135; 7 Ausklang 135; 8 Rückblick 137

POETISCHE TECHNIK
9 Das Prooemium 139
    1 Singen und Sagen 139; 2 Fert animus 141; 3 Eine Parenthese 142; 4 Ein Großgedicht sui generis 144

INHALTSVERZEICHNIS

10 Stellung und Funktion der Gleichnisse 147
1 Das Aufflammen der Liebe 147; 2 Jupiter und Augustus 148; 3 Belebung eines toten Punktes 150; 4 Eine Verfolgungsjagd 151; 5 Gattungscharakter und Stilhöhe 151; 6 ‚Unpoetische' Gleichnisse 152; 7 Schluss 154

11 Ovids *Metamorphosen* und der Roman 157
1 Apuleius 157; 2 Petron 159; 3 Kallimachos-Ovid-Petron 160; Grenzen der Vergleichbarkeit 163; 4 Anwendbarkeit des Begriffs ‚Roman' 163; 5 Epilog 166

TRADITION UND FORTWIRKEN
12 Tradition und Originalität 167
1 Die Aufgabe 167; 2 Vorbereitung in den früheren Werken 167; 3 Der räumliche Kosmos 168; 4 Der welthistorische Rahmen 172; 5 Der mythische Stoff 173; 6 Menschendarstellung und literarische Tradition 176; 7 Autor und Leser 180; 8 Rhetorik 182; 9 Struktur und Einheit 183; 10 Erzählkunst 187; 11 Ovid als ‚Augusteer' 188

13 Ovid: Dichter der Erinnerung 191
1 Die Erinnerung und ihre Töchter 191; 2 Gipfelgespräche 194; 3 Ovid, der Meistgelesene 195; 4 Schulen, Kirchen, Fürstenhöfe 196; 5 Poetik, Literaturgattungen 198; 6 Kunst und Musik 199; 7 Schluss 201

14 Vom Fällen heiliger Bäume: Erysichthon, Caesar, Bonifatius 203
1 Aufbau und Akzentuierung der Erzählung 203; 2 Gottheit und Recht 206; 3 Der Zweck des Abholzens 208; 4 Nebenfiguren 209; 5 Natur und Landschaft 213; 6 Ausblick 215

15 Dante und Ovid. Metamorphose und neue poetische Identität 217
1 Dantes Einschätzung Ovids 217; 2 Die Metamorphosen als Exempelschatz 217; 3 Transposition ins Diabolische 218; 4 Dantes neue Freiheit im Zeichen Ovids 220

ANMERKUNGEN 225
REGISTER 253

VORWORT
1 Ovidlektüre heute?

Heute, wo das Problem der Selbstfindung und Selbstverwirklichung des Menschen in aller Munde ist, mag sich ein Dialog mit Ovid allein schon auf Grund seines ungewöhnlichen Lebenslaufes lohnen. Im Gegensatz zu den stolzen Erwartungen des ehrgeizigen Vaters ergreift er als junger Mann nicht die Senatorenlaufbahn, sondern wird Dichter, hat also schon früh den Mut, nur seiner inneren Berufung zu folgen. Jahrzehnte später, als ihn der Bannstrahl des Augustus trifft, setzt sich sein Ich zum zweiten Mal gebieterisch gegen eine feindselige Umgebung durch. Von einem Schaffensrausch überwältigt, begründet er schon während der Seefahrt ins Exil eine neuartige Elegiengattung: seine *Tristia*. Heimat gibt es für ihn nur noch in der Sprache. Ihm gelingt die poetische Neuschöpfung des verlorenen Rom aus dem Geist der Sehnsucht, des vermissenden Verlangens (*desiderium*): Ovid wird zum weltlichen Schutzpatron aller späteren Autoren, die in äußerer oder innerer Emigration leben.

Begonnen hat Ovid seinen Weg als Dichter freilich mit einer anderen, nicht weniger zeitgemäßen Thematik, der Liebe. Junge Menschen, so will er, sollen sich in seinen Versen wiederfinden und erstaunt fragen: „Welcher Verräter hat diesem Dichter meine Leiden ausgeplaudert, so dass er sie aufzeichnen konnte?" (*am.* 2, 1, 5 ff.). Zu den zahlreichen Sinnsprüchen über die Liebe, mit denen Ovid die Welt beschenkt hat, gehört der bittersüße Satz: „Weder ohne dich noch mit dir kann ich leben." Die seltene Gabe, sein Thema stets von zwei entgegengesetzen Seiten zu betrachten, lässt ihn erfahren, dass Liebe blind, aber auch sehend macht. In der *Liebeskunst* fühlt er sich nacheinander in Leser und Leserinnen ein und gibt beiden Geschlechtern Ratschläge. Zu den *Liebeselegien*, in denen ein Mann der Sprecher ist, bilden die *Heroidenbriefe* ein Gegenstück, in denen verlassene Frauen ihr Leid klagen: eine wahre Enzyklopädie der Frauenseele. In seiner verlorenen Tragödie *Medea* vertieft sich Ovid sogar in die Empfindungen einer Verbrecherin.

Verlockend scheint also ein Gespräch mit dem Exilautor und mit dem Erotiker, dem Kenner des Menschenherzens; warum aber soll man die *Metamorphosen* lesen? Allein schon das Thema ‚Verwandlung' ist in der heutigen Welt, die sich von Tag zu Tag immer schneller zu verändern scheint, brennend aktuell. „Nichts auf dem ganzen Erdkreis hat Bestand. Alles ist im Fluss, und ein jedes Bild gestaltet sich im Vorübergehen" (15, 177 f.). So greift die Bezeichnung ‚Märchenbuch' viel zu kurz. Weit öffnet sich der Blick aus dem Bereich des Mythos hinaus in die natürliche Welt. Im letzten Gesang spricht der Dichter unter anderem von den Metamorphosen des Schmetterlings, der Entwicklung des Vogels aus dem Ei (einem Wunder, das „kein Mensch glauben würde, wenn er es nicht aus Erfahrung wüsste": 15, 387 f.), den Verwandlungen von Meer in Festland und umgekehrt. Ja, er stellt sogar die Beständigkeit der Elemente in Frage und zeigt (was man neuerdings wieder entdeckt), dass sie ineinander übergehen können. Im Rückblick erklärt sich, warum er sogar in den früheren Teilen des Werkes so manche mythische Verwandlung ‚physikalisch' zu erklären versucht, so dass der Leser glaubt, einen natürlichen Prozess zu beobachten. Die Weltschöpfung am Anfang beschreibt unser Dichter keineswegs mythisch, sondern bedient sich des damaligen wissenschaftlichen Weltbildes (die Erde als Kugel inmitten des Weltalls), und seine abstrakte Wendung *deus et melior natura* klingt fast wie Spinozas *deus sive natura*. Das ist die Sprache der Philosophie, nicht die des Mythos.

Innerhalb der Wandlung vom Chaos zum Kosmos erscheint die Entstehung des Menschen als Krönung einer ersten Metamorphose der Erde („Verwandelt nahm die Erde, die eben noch roh und formlos gewesen, die unbekannten Gestalten der Menschen an" 1, 87 f.). Das Prinzip ‚Metamorphose' bestimmt alle Naturbereiche – auch den Menschen und seine Lebensstadien: Ein greiser Sportsmann beklagt den Schwund seiner Muskeln; eine gealterte Helena blickt in den Spiegel und fragt sich, warum sie einst entführt wurde. Gleiches gilt von Blüte und Verfall ganzer Städte und Kulturen: Ovid nennt Theben, Athen und das (im Aufstieg begriffene) trojanische Rom (15, 429 ff.). Die Abfolge dieser drei Städtekulturen bestimmt den Aufbau seines Werkes. Nicht Zivilisationen allein, auch Religionen lösen einander ab: Zutiefst erschüttert die neue Bacchus-Religion das bisher von Mars bestimmte Theben (Buch 4).

Aber was sagen uns die mythischen Erzählungen? Sowenig wie wir glaubt Ovid buchstäblich an den Mythos, sondern verwendet ihn (gleich unseren Autoren, Künstlern und Psychologen) als ein im Gedächtnis der Menschheit schlummerndes Archiv bezeichnender Gestalten, Szenen und Schicksalsverläufe, die es gestatten, ein breites Panorama des menschlichen Lebens zu entrollen. Der römische Gelehrte Varro hat den Mythos als Anschauungsform treffend dem Theater zugeordnet. In der Tat erzählt Ovid seine Geschichten so fesselnd und plastisch, dass wir glauben, lebendige Personen vor uns zu sehen, ihre Sorgen und Ängste, ihre Freuden und Leiden unmittelbar mitzuerleben. Wie Maler der Renaissance biblische Gestalten in neuzeitlichem Gewand darstellen, so erscheinen die Mythen bei Ovid nicht als archaisch fremdartige religiöse Traditionen, sondern gleichsam als Erfahrungen von Zeitgenossen, die der Menschenbeobachter mit spitzem Griffel zu zeichnen und mit den lebhaften Farben poetischer Einbildungskraft zu beseelen weiß. Seine Darstellung ist oft so anschaulich, dass man vermeint, einen Film zu sehen.

Dank der Gabe des Dichters, Mythen ins rein Menschliche zu übersetzen, haben die *Metamorphosen* als Enzyklopädie der antiken Sagenwelt wesentlich dazu beigetragen, dass der Mythos als *lingua franca* der Poesie und bildenden Kunst den Untergang des Heidentums überlebte und mühelos in andere Zivilisationen übertragbar wurde. Vielfach spiegeln sich in diesen Geschichten irdische Machtverhältnisse, so etwa in der Beziehung zwischen Göttern und Menschen. Sterbliche sind der Willkür der Himmlischen ausgeliefert; besonders hart trifft dies Frauen, denen sie ihre ‚Liebe' zuwenden. Zu schweigen von den Fällen, in denen Hass mit im Spiele ist: Die aus einfachen Verhältnissen stammende Weberin Arachne unterliegt der mächtigen Göttin Minerva, obwohl – oder gerade weil – es an Arachnes künstlerischer Leistung nichts auszusetzen gibt. Starkes Empfinden für die Tragik menschlichen Daseins spricht aus vielen Erzählungen der *Metamorphosen*. Daher genügt es nicht, die ovidische Verwandlung als ‚Rettung' oder ‚Aufhebung der Tragik' auszulegen. Schlagend kommentiert Anius die Verwandlung seiner Töchter in Tauben: „Und Apollo brachte Hilfe, – sofern das ‚helfen' heißt: Menschen durch ein Wunder zugrunde richten". Die Unsicherheit der Existenz in der spätrepublikanischen Zeit, aber auch unter der Militärdiktatur der Caesaren wirft hier ihre Schatten.

Auch die Grundthemen von Ovids übrigen Werken – Liebe und Getrenntsein (Exil) – gewinnen in Verbindung mit dem Metamorphosengedanken neue Dimensionen. War bisher überwiegend von Liebe als Spiel oder als Minnedienst die Rede, so tritt in den *Metamorphosen* der Aspekt der Dauerhaftigkeit der Beziehung stärker hervor (der sich immerhin bereits im zweiten Buch der *Liebeskunst* ankündigte). Allein schon an dem jüngsten Liebespaar (Pyramus und Thisbe) und an dem ältesten (Philemon und Baucis) zeigt Ovid jetzt, dass Liebe eine Schicksalsgemeinschaft ist. Glück und Tragik der Ehe spiegeln auch die Erzählungen von Cephalus und Procris und von Ceyx und Alcyone. Ferner entfaltet Ovid in diesem Werk bisher ausgeklammerte Spielarten der Liebe – Narzissmus, Homosexualität, Liebe zu einer Statue, Inzest. Dramatische Monologe – und im Falle der Byblis die Briefform – gestatten jeweils eine reiche Entfaltung der psychologischen Problematik. Das tiefsinnige dritte Buch der *Metamorphosen* legt dialektisch die Polarität der Geschlechter offen: Die rein männliche Drachensaat des Cadmus führt zum Kampf aller gegen alle, und die überwiegend maskuline Staatsordnung des Pentheus provoziert indirekt die blutige Auflehnung der bacchantischen Frauen und den Tod des Herrschers. Es liegt nahe, die Linie zu den späteren Büchern der *Metamorphosen* fortzusetzen, wo Ovid seinem martialischen Römervolk in der (wohl von ihm erfundenen) Doppelapotheose des Königspaars Romulus und Hersilia ein ausgewogenes Verhältnis der Geschlechter als neues kulturelles Modell vor Augen stellt.

Die in den *Heroiden* (und später in den Exilgedichten) behandelte Thematik des Getrenntseins vertiefen die *Metamorphosen* zur Erfahrung der Selbstentfremdung. An Kafkas *Verwandlung* erinnert das Seelenporträt der zur Kuh gewordenen Io. Erschreckend zu sehen, wie der in einen Hirsch verwandelte Actaeon sein Spiegelbild im Wasser erblickt und so erkennt, dass aus ihm, dem großen Jäger, plötzlich ein gejagtes Wild geworden ist. Ovid wird sich in den Verbannungsgedichten selbst mit Actaeon vergleichen.

Über solch feine psychologische Analysen hinausgreifend, stellt der Dichter seinen Lesern allgemein Größe und Gefahr des Menschseins vor Augen. Im Eingang der *Metamorphosen* (1, 84 ff.) erklärt er, der Mensch unterscheide sich vom Tier durch seinen aufrechten Gang, um das Haupt zum Himmel zu erheben und diesen zu betrachten. Viele Verwandlungsgeschichten zeigen, dass Menschen sich auf die Stufe von Tieren – oder noch tiefer hinab – entwickeln können, etwa indem sie die dem Menschen eigene Vielseitigkeit aufgeben und sich nur auf eine ganz bestimmte Tätigkeit spezialisieren: Arachne, die ihre Webkunst absolut setzt und dieser alle menschlichen Beziehungen opfert, wird folgerichtig zur Spinne, der notorisch grausame Lycaon zum Wolf, die stolze, trauernde Niobe zu Stein. Andererseits steht dem Menschen in Ovids Sicht aber auch der Weg nach oben offen. Der Aufstieg zu den Sternen gelingt etwa Io, Hercules, Aeneas, Romulus und Hersilia, Caesar und nicht zuletzt dem Dichter selbst. Sein Sternenflug am Ende der *Metamophosen* überbietet den Weltenflug von Horazens Schwanenode (*carm.* 2, 20). Eine Feinheit ist, dass Caesars Seele nur „höher als der Mond" fliegt (*met.* 15, 848), Ovid aber „hoch über die Sterne hinaus". Jupiters Zorn – man denkt an Augustus – kann ihm nichts anhaben. In Ovids Epilog („Siegel", Sphragis) erinnern die Vorstellung des Denkmals und die Überwindung zerstörerischer Kräfte an Horaz (*carm.* 3, 30); anders als dieser beruft sich Ovid für sein Fortleben jedoch nicht auf den Staatskult, sondern auf sein weltweites Leserpublikum. Die *Metamorphosen* gipfeln in der persönlichen Aussage *vivam*, dem letzten Wort des Gedichts. In den Apotheosenberichten der *Metamorphosen* bereitet sich Ovids damals neuartige poetische Autobiographie vor (*trist.* 4, 10): Ihre Eingangsworte *ille ego* klingen wörtlich an die Selbstvorstellung des Hippolytus an (*met.*14, 500, vgl. Pythagoras ebd. 15, 160 *ipse ego*). Zudem fällt auf, dass Ovids Selbstapotheose – im Unterschied zum Corpus der *Metamorphosen* – keine mythischen Züge trägt, sondern sich – betont weltlich – auf sein dichterisches Werk bezieht. Wie schon in der *Liebeskunst* und später im Brief an die junge Dichterin Perilla (*trist.* 3, 7) zählt geistige Kreativität zu den Dingen, die dem allgemeinen Wandel etwas Dauerndes entgegensetzen können.

Die *Metamorphosen* sind ein Großgedicht über den Menschen in seiner Entfaltung von den Anfängen bis in Ovids Zeit. Heute, wo sich dringend die Frage nach dem Wesen des Menschen stellt – seinen Grenzen wie auch seinen bedeutenden Entwicklungsmöglichkeiten im Positiven und im Negativen –, scheint das Gespräch mit einem Dichter anregend, der auf Grund seines ungewöhnlichen Schicksals vielfach moderne Erfahrungen vorweg zu nehmen scheint. Dabei dürfte es ein Vorzug sein, dass er keine raschen dogmatischen Antworten gibt, sondern seinen Lesern gestattet, in Freiheit mit ihm ein Stück Weges zu gehen und die für sie gültige Antwort selbst zu finden.

AUTOR UND WERK

2 Der Autor in seiner Zeit

Die wichtigste Quelle für unsere Kenntnis von Ovids Leben sind seine Dichtungen, besonders *trist.* 4, 10, die erste poetische Autobiographie. Dem Älteren Seneca verdanken wir Nachrichten über Ovids rhetorische Schulung (*contr.* 2, 2, 8-12) und ein kurzes Stück ovidischer Prosa (*fr.* 19 Ehwald-Lenz).

Ovids Geburtsjahr (43 v. Chr.) ist das Todesjahr Ciceros. Literarhistorisch bedeutungsvoll ist nicht nur die zeitliche Phasenverschiebung zwischen klassischer Prosa und klassischer Poesie in ihren beredtesten Vertretern – Ciceros Einfluss auf Ovid ist noch nicht erforscht –, sondern auch die Tatsache, dass Ovid zur Welt kommt, als die Republik mit dem Mann, der sie zu Lebzeiten verkörperte und in seinem Wort verewigte, zu Grabe getragen wird.

Die großen Augusteer sind Ovid ein Menschenalter voraus: Er lernt sprechen, während Vergils *Bucolica* entstehen und zählt zu den Jugendlichen, an die sich Horaz in den ‚Römeroden' wendet. Am Ende der Bürgerkriege ist er noch ein Kind; den Frieden, den Augustus der Welt gibt, erfährt er nicht als Geschenk, sondern als Selbstverständlichkeit. Als Sohn eines Ritters aus dem Landadel beobachtet er mit Argwohn die Umschichtungen unter Augustus und den Aufstieg der neuen Geldaristokratie. ‚Golden' heißt für ihn das gegenwärtige Zeitalter nicht als ein Stück Heilsgeschichte, sondern weil man jetzt alles, sogar Ehrenämter und Liebe (*ars* 2, 277 f.), mit Gold kaufen kann.

Ovid ist – wie fast alle römischen Autoren – kein Stadtrömer; nach dem Süden Italiens (Ennius, Horaz) und dem Norden (Catull, Vergil) meldet sich in ihm der Osten der Halbinsel zu Wort. Seine Heimatstadt Sulmo, die er mehrfach besingt, erhob sich einst im Bundesgenossenkrieg gegen Rom, ein Freiheitskampf, auf den er nicht ohne Stolz hinweist (*am.* 3, 15, 9f.).

Für den Dichter ist das italische Erbe mit seinem offenen Blick für die Welt und seiner spielerischen Sprachfreude ebenso wichtig wie der eigentümliche Stolz des Italikers gegenüber der Zentralgewalt. Trotzdem wird Rom, das damals Geister ersten Ranges beherbergt und auch seinem Sinn für kultivierte Lebensführung entgegenkommt, ihm bald zur zweiten Heimat.

Der Vater lässt ihm in Rom die bestmögliche rhetorische Bildung zuteil werden – er ist Schüler des angesehenen Arellius Fuscus und schwärmt für Porcius Latro – und auch im römischen Recht wird er hinreichend unterwiesen, um später als Einzelrichter in Zivilsachen und als Mitglied des Centumviralgerichtshofs zu fungieren (so zählt er wie Goethe und Heine zu den rechtskundigen Poeten). Außerdem gehört er einem Dreimännerkollegium an – man denkt dabei lieber an die Münzmeister (*tresviri monetales*) als an die *tresviri capitales*, denen die Bestrafung von Verbrechern und die Verbrennung verbotener Bücher oblag.

Auf die ihm – dank den ehrgeizigen Bemühungen seines Vaters – zunächst offenstehende Senatorenlaufbahn verzichtet er, einmal aus gesundheitlichen Gründen, zum andern weil er sich – im Unterschied zu seinem ein Jahr älteren Bruder – nicht zur Redekunst, sondern zur Poesie hingezogen fühlt. Er kleidet diese Erfahrung in die Form eines Berufungserlebnisses: Dem Vater gehorsam, will er nützliche rhetorische Prosa schreiben, doch – o Wunder[1] – von selbst werden ihm die Worte zum Vers. Nur Gedankenlosigkeit konnte aus dieser Manifestation des Ingeniums das Bekenntnis eines Schnelldichters herauslesen. Seine Weltkenntnis und sein offener Blick werden durch Studienreisen nach Athen (*trist.* 1, 2, 77), Kleinasien (*fast.* 6, 423) und Sizilien (*Pont.* 2, 10, 20ff.) geschult.

Ovid verkehrt im Kreise des Marcus Valerius Messalla Corvinus; dort wird besonders die Elegie gepflegt. Den bedeutendsten Dichter dieser Gruppe, Tibull, verherrlicht er, obwohl eine persönliche Freundschaft nicht mehr zustande gekommen ist, durch ein Totengedicht (*am.* 3, 9). Mit Properz, der zum Kreise des Maecenas zählt, ist er befreundet; er hört ihn, ebenso wie den didaktischen Dichter Macer und auch Horaz, eigene Werke vorlesen. Vergil kennt er nur vom Sehen. Von der Lebendigkeit des geistigen Austausches im damaligen Rom kann man sich nicht leicht eine adäquate Vorstellung machen. Vor allem darf man sich die Dichterkreise nicht als geschlossene Zirkel vorstellen; doch gibt es durch die Persönlichkeit des Gönners bedingte Unterschiede: Während Maecenas Augustus nahesteht und vorwiegend bereits bewährte Talente um sich schart, verfolgt Messalla keine politische Linie. Es macht ihm offensichtlich Freude, junge und unkonventionelle Autoren und Autorinnen, auch wenn sie noch keinen Namen haben, zu entdecken und zu fördern.

So hat Ovid das Glück, sein Talent in einem freundschaftlichen, vorurteilslosen und wohlwollenden geistigen Klima entfalten zu können. Seine ersten elegischen Dichtungen, *Amores*, erscheinen sukzessiv in fünf Büchern; wir besitzen die dreibändige zweite Auflage, bei der dem Dichter gewiss nicht moralische, sondern ästhetische Selbstkritik den Rotstift führte. Die *Heroiden* – eine neue Gattung – sind Briefe mythischer Frauen an ihre abwesenden Männer; die Sammlung wird etwas später von Ovid durch Briefpaare ergänzt. Auf die Bedeutung dieser Dichtungen, der Tragödie *Medea* und der didaktischen Werke *Liebeskunst*, *Heilmittel gegen die Liebe*, *Schönheitspflege* sei hier nur kurz hingewiesen. In den ersten acht Jahren unserer Zeitrechnung arbeitet Ovid – zum Teil gleichzeitig – an seiner Großdichtung in epischen Hexametern, den *Metamorphosen*, und an einer poetischen Bearbeitung des römischen Kalenders in elegischen Distichen, den *Fasti*.

Kaum ist das größere dieser beiden Werke so gut wie vollständig, das zweite etwa zur Hälfte fertig, da wird der Dichter ganz unerwartet durch kaiserliches Edikt – ohne Gerichtsurteil – aus Rom ans Schwarze Meer nach Tomis relegiert.

Juristisch handelt es sich nicht um eine Verbannung: so darf er sein Vermögen behalten. Die Begründung der Maßnahme mit der Unsittlichkeit der *ars amatoria* ist ein fadenscheiniger Vorwand – schon acht Jahre war das Werk unangefochten im Umlauf. Die zweite – eigentliche – Ursache[2] wird von Ovid geflissentlich verschwiegen. Er umschreibt sie als *error*. Seine Andeutungen lassen vermuten, dass er etwas Verbotenes mitangesehen hat. Ob es sich dabei um Mitwisserschaft bei einer sittlichen Verfehlung der – etwa gleichzeitig verbannten – jüngeren Julia handelt oder um eine politische Intrige – vielleicht im Zusammenhang mit Agrippa Postumus –, ist umstritten. Wahrscheinlicher ist das Letztere, zumal es das Erstere mit einschließen kann. Moralische Vorwürfe werden ja meist erst dann in der Öffentlichkeit erhoben, wenn man dafür einen triftigen politischen Grund hat.

In der Verbannungszeit entstehen fünf Bücher *Tristia* und vier Bücher *Epistulae ex Ponto*; das frühere Werk verschweigt aus Rücksicht die Namen der Adressaten. Hinzu kommt das kallimacheische Schmähgedicht *Ibis* auf einen unbekannten Gegner. So vermag Ovid zwar der Elegie ihren ursprünglichen Charakter als Zweckdichtung mit Erfolg zurückzugeben und die folgenreiche Poesie der Sehnsucht nach Rom zu begründen, aber weder Augustus noch Tiberius umzustimmen. Er stirbt um das Jahr 18 n. Chr. im Exil.

3 Bücher als Leseeinheiten: Gesamtdarstellung mit Abbildungen

Ein Studium der Buchillustrationen kann die Lektüre der *Metamorphosen* begleiten, bereichern und vertiefen. Unsere Zeit, die visuelle Kommunikation neu entdeckt, mag hierfür sogar in besonderem Maße offen sein. Zwar gilt heute die Sprache der alten Dichtung wie auch die Sprache der mythischen Bilder vielfach als vergessen; lässt man sich aber einmal auf das Abenteuer ihrer Entdeckung ein und versucht sie zu entziffern, so können Texte und Bilder sich wechselseitig erhellen. Ovids Einfluss auf die bildende Kunst ist ein Teil der allgemeinen Kunstgeschichte und an Umfang und Bedeutung nur mit dem der Bibel und der Heiligenleben zu vergleichen. Die Buchillustrationen sind ein kleiner, aber instruktiver Ausschnitt, der mit der ‚großen' Kunst in ständiger Wechselwirkung steht: Einerseits inspirieren bekannte Gemälde und Skulpturen die Graveure der Ovidillustrationen, andererseits lassen sich große Maler und Bildhauer von gedruckten Abbildungen anregen.

Hier soll uns nur ein bestimmter Typus von Illustrationen beschäftigen, dessen Blütezeit ins 17. und frühe 18. Jh. fällt: die Darstellung des gesamten Inhalts der fünfzehn Bücher der *Metamorphosen* auf fünfzehn Tafeln, die jeweils den Büchern vorangestellt sind. Dieser Illustrationstypus verdient Beachtung: Dem Leser vermittelt er einen Überblick über den Aufbau der einzelnen Bücher und kann ihm als Gedächtnisstütze dienen. Mehr noch: Die in den Bildtafeln vorausgesetzten Aufbauanalysen, die es durch Interpretation der Bilder zu erschließen gilt, erweisen sich auch heute noch als ein nützliches Hilfsmittel zum Verständnis der *Metamorphosen*. Überraschenderweise hat nämlich die Ovid-Forschung sich bisher meist entweder auf die feinsinnige Interpretation einzelner Episoden oder auf kühne Konstruktionen zum Gesamtaufbau des Werkes beschränkt, während die Struktur der einzelnen Bücher – die doch zweifellos vom Autor als Leseeinheiten intendiert sind – unverdient in den Hintergrund trat.

Zugrunde gelegt ist eines der spätesten – und wohl raffiniertesten – Zeugnisse des genannten Bildtypus: die in Amsterdam 1717 erschienene englische Ausgabe der *Metamorphosen*[3]. In der vorliegenden Publikation soll der Ertrag der Illustrationen für unser Verständnis von Aufbau und Gehalt der Bücher im Vordergrund stehen. Auf die Geschichte der Ovid-Illustration wird nur insofern eingegangen, als signifikante Abweichungen der jüngsten Illustratoren von ihren Vorgängern die Eigenart ihres Zugangs beleuchten.

Buch 1

3.1 Buch 1: Schöpfung und Sintflut. Götter als Liebende. Die Geliebte als Göttin

>Vorwort des Dichters (1-4)
>Entstehung der Welt und des Menschen (5-88)
>Die vier Weltalter (89-150)
>Die Giganten (151-162)
>Die Götterversammlung (I) (163-208)
>>Lycaon (209-239)
>
>Die Götterversammlung (II) (240-252)
>Die Sintflut (253-312)
>Deucalion und Pyrrha (313-415)
>Die Urzeugung (416-433)
>Apollon tötet Python (434-451)
>Apollon und Daphne (452-567)
>Jupiter und Io (I) (568-688)
>>Pan und Syrinx (689-712)
>
>Jupiter und Io (II) (713-750)
>Phaëthon (I) (750-779)

Den Vordergrund der Abbildung füllt die Erschaffung des Menschen. In ihr gipfelt für Ovid die Wandlung vom Chaos zum Kosmos.[4] Die Herrschaft des Menschen über die Tiere spiegelt sich darin, dass seine aufrechte Gestalt den Löwen, den König der Tiere, überragt, der seinerseits sogar die Vögel unter sich lässt. Während die anderen Lebewesen den Blick zur Erde senken, soll der Mensch den Himmel schauen. Der Graveur drückt dies durch den Blickkontakt zwischen Geschöpf und Schöpfer aus. Dieser gleicht auf dem Bild keinem heidnischen Gott, sondern eher christlichen Gottvater-Darstellungen. Die Gleichsetzung des christlichen Gottes mit dem Demiurgos der Philosophen, an den Ovid hier denkt, ist alt; sie findet sich schon früh in der Patristik, die den (persönlichen) Monotheismus des Christentums durch den (abstrakten) der Philosophie zu stützen versucht.

Zugleich lenkt der Blick des ersten Menschen das Auge des Lesers auf die linke Seite des Bildes. Unwiderstehlich zieht dort die Gestalt des Giganten die Aufmerksamkeit auf sich: Vom Blitz getroffen, stürzt er herab; über ihm sehen wir seine Brüder in einer michelangelesken Szene mächtige Felsen umklammern und aufeinander türmen, um den Himmel zu erobern. Ihnen folgt der Blick des Beschauers bis zur linken oberen Ecke des Bildes, wo ein von einem der Riesen geschwungener Feuerbrand unmissverständlich nach rechts oben deutet.

Dort thront der siegreiche Donnerer Jupiter auf einer Wolke. Links von ihm fliegt sein Adler, rechts schwingt die behelmte Minerva ihre Lanze. Noch weiter rechts haben sich die versammelten Götter auf Wolken niedergelassen. Sie lauschen offenbar Jupiters Erzählung von Lycaon. Der Palast dieses Herrschers befindet sich rechts unterhalb der beratenden Götter, deren Arme (wie auch der fallende Vorhang und der den Wolken entströmende Regen) nach unten weisen. Die Architektur grenzt die Lycaon-Szene von ihrer Umgebung ab und deutet somit an, dass es sich um eine eingelegte Erzählung handelt. Im Palast will der Herr des Himmels den strafenden Blitz schleudern, und der frevlerische Arcaderfürst flüchtet ins Freie; Mercur, der am Tisch sitzt, beobachtet das Geschehen. Während Lycaon sich umblickt und – zu spät – seine Schuld erkennt, hat ihn bereits die Strafe ereilt: Sein Gesicht ist zur Wolfsschnauze geworden. Der rechte Arm des Fliehenden deutet zur Mitte des Bildes, auf die nächste Szene:

Gewaltige Regengüsse bedrohen Ertrinkende, die sich und ihre Kinder auf höher gelegenes Land zu retten versuchen; hinter einem Regenschleier schwimmen Landtiere[5] auf den Fluten, und verzweifelte Menschen scharen sich auf einem schrumpfenden Eiland zusammen. Während eine Gruppe von Flüchtlingen in der von Lycaons Arm gewiesenen Richtung zur Mitte des Bildes emporsteigt, werfen auf der nächsthöheren Ebene die Ureltern, Deucalion und Pyrrha, in entgegengesetzter Richtung Steine hinter sich, und aus diesen sieht man kleine Kinder entstehen, die ersten Vertreter einer neuen Menschheit. Es ist gewiss kein Zufall, sondern eine beabsichtigte Feinheit, dass der Graveur Deucalion und Pyrrha den Giganten als Gegenbild an die Seite stellt: Die einen klammern sich egoistisch an ihre Steine, die andern werfen die Steine selbstlos hinter sich: Das Nebeneinander der Szenen auf der Bildfläche spitzt den Gegensatz von *pietas* und *impietas*, der im ovidischen Text vorausgesetzt ist, antithetisch zu und macht ihn anschaulich. Hier verdeutlicht der Graveur den ethischen Gegensatz zwischen zwei Erzählungen – weitgehend im Einklang mit römischen Moralvorstellungen.

Mit der Sintflut-Erzählung ist der erste Zyklus der *Metamorphosen*, wie sie der Illustrator interpretiert, abgeschlossen. Die Bilder sind auf einer Spirale angeordnet: Sie führt von rechts unten im Uhrzeigersinn rings um das Bild bis zur rechten Mitte, dann nach innen und aufwärts bis ins obere Drittel. Es ist bemerkenswert, dass die Kontinuität dieser Linie nun abbricht. Anders als auf älteren Illustrationen ist der Sieg Apollons über Python nicht in der Fortsetzung der Pyrrha-Szene zu finden. Der Illustrator erkennt also eine Zäsur zwischen der Sintflut-Erzählung und den auf sie folgenden Liebesgeschichten. Er macht diesen radikalen Wandel der Thematik außerdem dadurch kenntlich, dass er – auf gleicher Höhe wie die nun folgenden erotischen Geschichten – die Gottheiten Venus und Amor darstellt: Sie erscheinen an beherrschender Stelle auf dem Architrav von Lycaons Palast (auf der älteren Abbildung von 1683, die Pythons Konterfei enthält, fehlen Venus und Amor als thematische Signale; dies beweist für die spätere, hier untersuchte Ausgabe eine Verschiebung des Interesses von der äußerlichen Kontinuität[6] zur thematischen Gliederung).

Während Ovid durch den Bericht von der Urzeugung neuer Lebewesen aus dem Schlamm der Sintflut und Apollons Sieg über den damals entstandenen Python einen Zusammenhang mit dem Folgenden hergestellt hat, will der Illustrator weniger die äußere Verknüpfung der Geschichten verdeutlichen als den Wechsel des Hauptthemas. Für ihn gliedert sich das erste Buch deutlich in einen kosmologischen und einen erotischen Teil.

Die zweite Buchhälfte beginnt mit der Verfolgung Daphnes durch Apollon. Diese Szene steht in der Mitte des oberen Hintergrundes. Der Arm des eilenden Phoebus weist nach links; dort entdeckt man den nächsten Mythos: Neben der in eine Kuh verwandelten Io stützt sich der Hüter Argus schläfrig auf den linken Arm, während seine Rechte den Hirtenstab immer noch senkrecht hält. Der apokryphe Hirtenhund zu seinen Füßen (der noch 1683 fehlt) ist bereits eingenickt. Links von Argus spielt Merkur die Flöte (im Unterschied zu Ovids Text keine Panflöte, sondern eine Art Schalmei). Folgt der Blick des Betrachters der Richtung des Hirtenstabes, so erkennt er auf einer höheren Ebene Juno, wie sie den Schweif des Pfaus mit den Augen des Argus besetzt.

Im Hintergrund rechts entdeckt man den bocksfüßigen Pan, der Syrinx durch das Röhricht verfolgt. Ein Rundtempel und die davor sich ausbreitenden Gewässer trennen diese Szene deutlich vom Übrigen und machen sie als ‚Erzählung in der Erzählung' kenntlich. Wie einige seiner Vorgänger leistet sich der Graveur überdies das Vergnügen, Pan und Syrinx in entgegengesetzter Richtung dahineilen zu lassen wie Apollon und Daphne, so dass die eine Geschichte als Spiegelbild der anderen erscheint, wie dies Ovids Absicht entspricht. Dieser Effekt wird spielerisch dadurch unterstrichen, dass sich die Säulen des Rundtempels außerdem noch vertikal in dem vorgelagerten Teich spiegeln.

Die erotischen Erzählungen in der zweiten Hälfte des Buches sind somit auf einer Kurve angeordnet; sie führt etwa von der Mitte des oberen Viertels der Abbildung zunächst nach links und dann nach rechts um den Rundtempel, der als Drehpunkt dient. In diesem Tempel steht die Statue eines Mannes, der sich auf eine lange Lanze stützt – wohl ein Hinweis auf die römischen Triumphatoren und Augustus; für diese Deutung spricht auch die Tatsache, dass sich der Tempel etwa in der Mitte unter den beiden Jupiter-Darstellungen befindet und zusammen mit ihnen ein Dreieck bildet. Der Kontrast zwischen den beiden einzigen Bauwerken auf dem Bild – diesem Rundtempel und dem Palast Lycaons – könnte nicht größer sein: Dort *pietas*, die sichtbar unter Jupiters Schutz steht, hier *impietas*, die seinen strafenden Zorn herausfordert. Ovid betont die *pietas* der Römer im Zusammenhang mit Augustus ausdrücklich (*met.* 1, 204). So verkörpern die Bauwerke die politische Dimension, die im ersten Buch als dritter Bereich neben Kosmologie und Mythos tritt. Wie Ovids Text würde dann auch die Illustration einen Vergleich zwischen Jupiter und Augustus nahelegen. Das späteste auf der Abbildung dargestellte Ereignis aus dem ersten Buch ist die Verwandlung des Pfauenschweifes, deren Bezug zur Haupterzählung der nach oben weisende Stab des Argus akzentuiert.

Wenn der Illustrator den Streit zwischen Epaphus und Phaëthon ausspart, lässt er nochmals die äußere Verknüpfungstechnik Ovids (und damit die Kontinuität des Ganzen) eher zurücktreten. Dafür betont er die thematische Gliederung des Buches in zwei Teile.

Was die Art der Interpretation betrifft, so wird im kosmologischen Teil das

Anthropologische stärker betont als das rein Physikalische. Zwar sind die vier Elemente eindeutig gegenwärtig (Feuer in Jupiters Hand und beim stürzenden Giganten, Wasser im Regenguss und den stehenden Gewässern im Vorder-, Mittel- und Hintergrund, Luft in Gestalt von Wolken, Erde als Fels und bewachsenes Land). Jedoch legt der Illustrator besonderen Wert auf den Kontrast zwischen *impietas* (der stürzende Gigant und Lycaon sind symmetrisch angeordnet und schauen nach rechts) und *pietas* (der zum Schöpfer blickende erste Mensch, die ihre Kinder rettenden Eltern und die Erzeltern Deucalion und Pyrrha sind alle nach links gewandt und parallel in nach links aufsteigenden Linien gruppiert).

Solche Reduktion der Kosmologie auf Anthropologie macht die erste Buchhälfte kommensurabel mit der zweiten, deren Thema die Liebe ist. Nicht zufällig stellt der Illustrator Venus und Amor räumlich über den strafenden Jupiter und arbeitet somit zwei Grundaspekte des ersten Buches heraus, die auch den Aufbau bestimmen: göttlichen Zorn und göttliche Liebe. Der besondere Rang der Frömmigkeit spricht aus der beherrschenden Stellung der dieses Thema verkörpernden Gruppen, vor allem der Erschaffung des Menschen durch den Demiurgen und der Nachahmung dieses Geschehens durch Deucalion und Pyrrha.

Die Hervorhebung der *pietas*-Thematik im ersten Buch entspricht wohl nicht nur der Perspektive der Leser des 18. Jh., sondern findet Anhalt im Text, wenn sich die Intentionen des Dichters auch nicht in dieser Idee erschöpfen. Das erste Buch entfaltet eine Anthropologie zwischen den Polen *impietas* und *pietas*, aber es skizziert auch die extremen Möglichkeiten des Menschen zwischen Vertierung einerseits und Apotheose andererseits. Die Apotheose von Io zu Isis, die Ovid schon im ersten Buch erwähnt, hat der Illustrator nicht beachtet. Sie ist bei diesem vielleicht einer religiösen Scheu vor dem Gedanken der Apotheose von Menschen zum Opfer gefallen. Ovid ist in diesem Punkt unbefangen (wie übrigens auch die frühen griechischen Kirchenväter und der hagiographische Strang der westlichen Tradition). Das erste Buch der *Metamorphosen* exponiert in seiner ersten Hälfte antithetisch eine Idee, die der Vorstellung eines Pico della Mirandola recht nahe kommt: Es liegt in der Hand des Menschen, sein Wesen zu bestimmen; er kann sich zum Tier hinabentwickeln, vermag aber auch über sich selbst hinauszuwachsen.

Die Beziehung zwischen der kosmologisch-anthropologischen Thematik und dem Eros, der auch Götter beherrscht, ist auf der Abbildung zum ersten Buch noch nicht klar definiert. Die Themenbereiche stehen hier unvermittelt nebeneinander, und der Graveur hat die von Ovid in dem Sieg über Python hergestellte Verbindung unterbrochen. Man gewinnt aus der Abbildung den Eindruck, dass dem liebenden Schöpfer, dem zu ihm aufblickenden ersten Menschen und den frommen Erzeltern eine zentrale Stellung zukommt, während das strafende Wirken eines Jupiter und die Liebe von Göttern zu irdischen Frauen einen in sich antithetischen Rahmen dazu bilden.

3.2 Buch 2: Phaëthons Weltbrand. Vom Leid der Frauen

Phaëthon (II) (1-400)
Jupiter und Callisto (401-532)
Apollon und Coronis (I) (533-549)
  Die Krähe - Nyctimene (549-595)
Apollon und Coronis (II) (596-632)
Ocyroe (633-675)
Battus (676-707)
Aglauros, Mercur und Herse (708-832)
Jupiter und Europa (833-875)

Oben in der Mitte thront Jupiter auf seinem Adler; soeben hat er Phaëthon mit seinem Blitz getroffen. Rechts stürzt der Jüngling vom Sonnenwagen kopfüber zur Erde, während seine vier Rosse scheu in verschiedenen Richtungen auseinanderstieben. Phaëthons ausgestreckter Arm zieht den Blick des Zuschauers unaufhaltsam nach unten. Während rechts im Hintergrund die Erde zu brennen beginnt, sehen wir im Vordergrund vor und hinter Phaëthons Sarkophag seine Schwestern trauernd die Arme zum Himmel erheben; ihr Gestus entspricht spiegelbildlich dem Phaëthons, der im Sturz die Arme hilfesuchend nach unten ausbreitet: So wird die Verbundenheit der Schwestern mit dem unglücklichen Bruder sinnfällig gemacht.

Die Verwandlung der Mädchen in Bäume deutet sich schon an: Haar und Finger belauben sich. Besonderes Augenmerk gilt der Gruppe vorn in der Mitte: Die verzweifelte Mutter, Clymene, nimmt mit Umarmung und Kuss Abschied von einer ihrer Töchter, deren Metamorphose schon beginnt. Während die rechte Hälfte des Hintergrundes durch den stürzenden Phaëthon, sein Grab und die trauernden Heliaden fast ganz verdeckt ist, bietet sich die linke Seite der Szenerie den Blicken des Betrachters offen dar – und zwar in mehreren Ebenen: Vorne links schwimmt ein Schwan: Cygnus, der trauernde Freund Phaëthons. Hinter ihm verführt Jupiter in Gestalt Dianas die Jägerin Callisto: Trotz der keuschen Vermummung erkennt man den Schwerenöter an der sinnlich zugreifenden Hand. Um keinen Zweifel aufkommen zu lassen, hat der Graveur links noch den Pfeilschützen Amor hinzugefügt. Diese Gestalt unterstreicht die Analogie zum ersten Buch: Wie dort steht auch hier die zweite Hälfte im Zeichen Amors. Auf der Abbildung zum ersten Buch hatte der Graveur die Bildfläche horizontal unterteilt und die Liebesgeschichten in den oberen Teil des Bildes gesetzt. Um dies zu verdeutlichen, hatte er die Liebesgottheiten auf der Höhe des Architravs dargestellt. Im zweiten Buch äußert sich die Zweiteilung in einer *vertikalen* Halbierung der Bildfläche: Die (geschlossene) rechte Seite ist der Katastrophe, die (offene) linke der Liebe vorbehalten. Demgemäß erscheint Amor nun als Pfeilschütze auf der linken Seite.

Buch 2

Hinter der Verführungsszene setzt sich die Callisto-Geschichte fort: Callistos Sohn Arcas schießt von links – eine ironische Parallele zum Pfeilschuß Amors – auf seine in eine Bärin verwandelte Mutter. Die Parallelisierung der beiden Pfeilschützen unterstreicht die Analogie von Eros und Thanatos. Der Kopf der Bärin steht in der Mitte der Illustration und bildet zusammen mit der um ihre Tochter trauernden Clymene ein Dreieck, dem zentale Bedeutung zukommt. Diese Konstruktion lässt erkennen, dass das Leid der Mütter ein wichtiges Thema dieses Teils der *Metamorphosen* ist – hierher gehört auch Coronis, Aesculaps Mutter, in der Mitte der linken Bildseite. Indirekt deuten die Mutterfiguren auch das gemeinsame Thema vieler Erzählungen in Buch 2 an: Göttersöhne. Das Gegenbild zum gescheiterten Phaëthon ist der heilbringende Aesculap.

Hinter der Gruppe der Mütter sehen wir einen zürnenden Vater, der seine frevelhafte Tochter Nyctimene verjagt; sie flüchtet aus dem väterlichen Palast nach links (die Seite der Opfer ist nun gegenüber der Callisto-Geschichte vertauscht) auf einem gepflasterten Weg; diese architektonischen Elemente deuten an, dass es sich um eine eingelegte Erzählung handelt. Auf der nächsthöheren Ebene eilt Apollon vergeblich der von ihm getöteten Coronis zu Hilfe; im Hintergrund derselben Szene ist ihr Söhnlein Aesculap bei seinem Erzieher, dem Centauren Chiron, zu sehen, und Chirons Tochter Ocyroe setzt vor einem Altar zu ihrer Prophezeiung von Aesculaps Retterrolle für die Welt an. Links dahinter verfolgt der dreizackschwingende Neptun eine unerreichbare Geliebte, die als Krähe aus der Bildfläche entflieht. Weicht hier der Illustrator von der ovidischen Reihenfolge ab, so tut er dies, um von der zentralen Bedeutung von Apollon, Coronis und Aesculap (die eine Dreiecksform bilden) nicht abzulenken. Demgegenüber bleiben Cornix und Nyctimene Randfiguren. Der Illustrator erkennt – wie auch Ovid – die besondere Bedeutung Aesculaps als Heilbringer (*salutifer*) schon hier; im letzten Buch wird sie offen zutage treten (vgl. den Gleichklang *urbi* 15, 744 und *orbi* 2, 642). Die Gruppen von Nyctimene bis Neptun sind von rechts nach links aufsteigend angeordnet.

Die oberste Partie der linken Seite steht im Zeichen Mercurs. In der Mittelszene im Hintergrund unterhält sich dieser Gott mit dem Kuhhirten Battus; weiter links sehen wir ihn beim Anblick der schönen Herse vor Begeisterung fast vom Himmel fallen; noch weiter links fesselt er Aglauros an ihren Sitz. Rechts davon ist der unselige Fund der Mädchen abgebildet und Pallas' Gang zur Höhle der Invidia. Vor dieser Gruppe trägt Jupiter als Stier Europa mit sich fort, während die Gefährtinnen ihr verzweifelt nachblicken.

Die vertikale Aufteilung der Illustration in eine geschlossene und eine offene Hälfte unterstreicht im Ganzen die Gliederung des Buches in einen Phaëthon-Teil und einen erotischen Teil. Im Großen und Ganzen entspricht diese Struktur den tatsächlichen Proportionen im Text. In sich geschlossene Gruppen sind die Callisto-Erzählung, die einen Ehrenplatz im linken unteren Viertel einnimmt (in der oberen Hälfte gibt es ein Echo dieser Erzählung: Callistos Apotheose als Große Bärin). Eine weitere in sich geschlossene Gruppe sind Coronis und ihr

Sohn Aesculap, umgeben von zwei kleineren Mythen, die in Vogelverwandlungen gipfeln. Eine letzte als Zyklus gestaltete Gruppe bilden im oberen linken Viertel die Sagen um Mercur. Die das Buch abschließende Europa-Erzählung kehrt wieder zu einem Ort oberhalb der Mitte zurück.

Im Ganzen ist die Bewegung bogenförmig; sie führt zunächst von der Mitte oben an der rechten Peripherie entlang zur unteren Mitte. Ein neuer Bogen bewegt sich vom unteren rechten Viertel links aufwärts zum Zentrum. Dann reihen sich die Szenen in einer nach links aufsteigenden Kette aneinander. Der Mercur-Zyklus bildet einen eigenen in sich geschlossenen Kreis, an den sich unten die Europa-Erzählung lose anschließt. Der Kern der Erfindung dieser Abbildung ist die vertikale Teilung im Gegensatz zu der horizontalen der ersten Illustration. Dem entspricht die leitmotivische Stellung Amors, der im ersten Buch die obere Bildregion, im zweiten die linke Bildhälfte bestimmt. Die Verwandlung der Cornix ist hinter die Aesculap-Prophetie gesetzt, um für diesen Teil durch die Korrespondenz mit der Nyctimene-Sage einen einheitlichen Rahmen zu schaffen.

3.3 Buch 3: Anfänge Thebens. Sexualität und Erkenntnis. Dionysos: Gott auf Erden

Cadmus (1-137)
Actaeon (138-252)
Jupiter und Semele (253-315)
Tiresias (316-338)
Narcissus und Echo (339-510)
Pentheus (I) (511-581)
    Die tyrrhenischen Schiffer (582-691)
Pentheus (II) (692-733)

Die Illustration zum dritten Buch besteht aus zwei durch eine Waagerechte voneinander getrennten Teilen: In der unteren Hälfte sind Männer, in der oberen überwiegend Frauen zu sehen. An der Schnittstelle vieler Linien des Bildes erkennt man zwei sich begattende Schlangen: den Augenblick der Geschlechtsverwandlung des Sehers Tiresias. Ein Grundthema ist damit gegeben: die Polarität der Geschlechter und ihre Beziehung zur Erkenntnis.

Man beginnt die Lektüre des Bildes von links unten. Der tot am Boden liegende Gefährte des Cadmus ist ein Hinweis auf die Vorgeschichte. Links über ihm ringelt sich der Drache. Diesem stößt Cadmus von rechts nach links voranschreitend den Speer in den geöffneten Rachen, um den Lindwurm an die hinter diesem aufragende Eiche zu heften. Das behelmte Haupt des Helden steht höher als das des Ungeheuers: Dies weist auf den Sieg hin; doch windet sich der Körper des Reptils viel weiter empor – wohl ein Vorverweis auf den späten Triumph des Tieres in der Schlangenverwandlung des Cadmus (s. Buch 4). Hinter Cadmus und dem Drachen entsteigen der Erde die aus den Drachenzähnen entsprossenen Krieger und erheben gegeneinander die Waffen. Doch links oben thront Minerva auf einer Wolke und gebietet Frieden; der aufragende Baum und ihre Körpergröße verbinden sie eng mit dem Vordergrund. Ihr majestätischer Blick begegnet dem des emporschauenden Echion: ein positiv zu bewertender Blickkontakt zwischen Mensch und Gottheit (erinnernd an Buch 1, wo Schöpfer und Geschöpf einander anblicken). Dieser Held gehorcht der Göttin, wie seine geöffnete waffenlose Rechte zeigt. So wird symbolhaft die Gründung Thebens, der ältesten Polis, dargestellt, einer betont ‚männlichen' Kultur.

Die Tötung des Drachen – eines heiligen Wesens – ist ein ambivalenter Vorgang: Einerseits ist es für die thebanische Kultur notwendig, die Naturgewalt niederzuhalten, andererseits wird diese Verdrängung die thebanische Gesellschaft einholen, wie die den vorläufigen Sieger weit überragenden Schlangenwindungen andeuten.

Die Vergeltung (Nemesis) beginnt bereits im dritten Buch. Von überwiegend weiblichen Gruppierungen getragen, erscheint ihr Wirken in der oberen Bildhälfte, deren Hauptthema das Mitansehen von Verbotenem ist.

Buch 3

Über Echions Arm erblickt man Diana im Kreis ihrer Nymphen beim Bade in einer Grotte. Actaeon – durch den Jagdspieß als Vertreter des Waidwerks kenntlich – trägt bereits die sichtbaren Zeichen seiner Verwandlung in einen Hirsch an sich. Er hat sich dem weiblichen Thiasos auf unrechtmäßigem Wege genähert. Die Strafe ereilt ihn, obwohl er in Ovids Sicht subjektiv unschuldig ist.

Von Actaeons Geweih wandert der Blick des Betrachters nach links hinüber zum Palast. Dort verbrennt Semele, die Jupiter so umarmen wollte, wie Juno ihn umarmt, an dessen göttlicher Liebe, und der Göttervater trägt, vom Adler geleitet, den noch ungeborenen Sohn Dionysos empor zum Himmel. Auch Semele wollte etwas sehen und erfahren, das ihr nicht zustand. Von Semeles Brautgemach lenkt die Linie der Balustrade unser Auge nach links abwärts. Dort, am Schnittpunkt mit der Fortsetzung von Minervas auffälligem Szepter, beobachtet Tiresias ein Schlangenpaar bei der Begattung. Indem er die Nattern mit einem Stock schlägt, verwandelt er sich, wie die Abbildung erkennen lässt, in eine Frau. So lernt er die Welt aus zwei entgegengesetzten Perspektiven kennen, der männlichen und der weiblichen. Der Illustrator veranschaulicht die Polarität dadurch, dass er die Schlangen nach zwei verschiedenen Richtungen blicken lässt. Die rätselhafte, links von dieser Szene herabstürzende Frauengestalt deutet vielleicht die Zerstörung der Frauennatur des Tiresias bei der Rückverwandlung an (auf der Illustration von 1683 waren zwei Verwandlungsszenen dargestellt: Tiresias erschien als Mann wie auch als Frau jeweils mit einem Schlangenpaar). Diese ungewöhnliche Erfahrung des Tiresias hat bei Ovid zur Folge, dass sogar Jupiter und Juno ihn in einer für sie unlösbaren Streitfrage als Experten heranziehen: Ist er doch der Einzige, der die Frage beantworten kann, ob der Mann oder die Frau in der Liebe den größeren Genuss habe. Man beachte, wie hier die Gottheit als in zwei Geschlechter aufgespaltenes Paar erscheint. Aus Ärger darüber, dass Tiresias Jupiter recht gab, raubt Juno dem Schiedsrichter das Augenlicht; Jupiter kompensiert diesen Verlust, indem er Tiresias die Sehergabe verleiht. Wie die beiden Schlangen auf der Abbildung kann Tiresias zugleich "vorwärts und rückwärts" blicken[7], die homerische Formel für die Weisheit, die im vorliegenden Kontext so umgedeutet erscheint, dass der Seher die Einseitigkeiten eines rein männlichen oder rein weiblichen Standpunktes auf geistigem Wege überwindet. Der Schritt zur Vergeistigung wird mythisch durch den Verlust des physischen Augenlichtes ausgedrückt.

Auf der Illustration bildet das Schlangenpaar einen Wendepunkt der narrativen Linie: Vom rechten Schlangenkopf folgt das Auge des Betrachters nach rechts dem Rand des Treppenabsatzes und den abwärts führenden Stufen. Hier erblickt man nochmals den Seher Tiresias, diesmal jedoch als Mann und vom Beschauer abgewandt. Die beiden in unterschiedlicher Richtung blickenden Tiresias-Darstellungen ergänzen sich gegenseitig wie die beiden Schlangen. Tiresias weissagt der Liriope das Schicksal ihres Sohnes Narcissus. Sein in den Hintergrund des Bildes gerichteter geistiger Blick schaut Narcissus, der am Wasser sitzt und in die Betrachtung seines Spiegelbildes versunken ist. Im Unterschied zu der umfassenden Erkenntnis des Tiresias, der die Perspektive beider Geschlechter kombiniert, ersetzt Narcissus, der erotische Beziehungen mit anderen Menschen meidet, Selbsterkenntnis durch Selbstbespiegelung und geht daran zugrunde. Die Nachbarschaft dieser Gestalt zur Actaeon-Figur unterstreicht das gemeinsame Thema des verhängnisvollen Sehens und des gestörten Verhältnisses zum anderen Geschlecht.

Der Blick des Tiresias erstreckt sich schließlich auch auf den entfernteren Hintergrund, der den Untergang des Pentheus von der Hand der Mänaden zum Gegenstand hat. Folgen wir dem oberen Rand der Landschaftskulisse hinter Narcissus von links nach rechts, so sehen wir auf einer Anhöhe den gekrönten König Pentheus, begleitet von einem Krieger, den Schwarm der Dionysos-Anhänger zurechtweisen; sein gebieterisch ausgestreckter linker Arm zeigt auf die zweite Figur dieses Schwarmes, die ihrerseits zum Meer blickt, wo linker Hand Dionysos die tyrrhenischen Seeleute in Delphine verwandelt. Diese Episode ist nach vorne und nach hinten von ihrer Umgebung deutlich abgegrenzt und somit als Erzähleinlage gekennzeichnet. Der von Pentheus angesprochene zum Meer hin blickende Dionysos-Jünger ist also der Erzähler Acoetes. Dieser momentane Sieg des Pentheus wird in Frage gestellt durch seinen unmittelbar darüber abgebildeten Untergang: Vor einem Rundtempel in einem Weinberg und in Gegenwart des auf einem Esel reitenden Silen bestrafen die Mänaden den König, der unbefugt ihre Mysterien beobachtet hat. Pentheus ist ein weiterer Fall verbotenen Sehens in dem vorliegenden Buch. Als einseitiger Vertreter einer von Männern bestimmten Staatsordnung vermag er es nicht, das dionysische Element produktiv zu integrieren und fällt somit seinerseits dessen einseitiger Manifestation, der Gewalt des weiblichen Thiasos, zum Opfer. Der mangelnde Weitblick von Actaeon, Semele, Narcissus und Pentheus wird überragt durch die umfassende Perspektive des Tiresias, der in seiner doppelten Erscheinungsform von der Mitte aus die gesamte Bildfläche überblickt: Als Frau sieht er die vordere, ‚männliche' Hälfte der Abbildung, als Mann den überwiegend von Frauen beherrschten Hintergrund. Es ist eine besondere Feinheit, dass der ‚maskuline' Vordergrund von einer weiblichen Gottheit dominiert wird (Minerva), der überwiegend ‚weibliche' Hintergrund aber von einer männlichen Gottheit, Dionysos. Nicht zufällig ist Minerva die männlichste der weiblichen Gottheiten und Dionysos die weiblichste der männlichen.

Die vorliegende Illustration ist eine selbständige und wertvolle Interpretation des dritten Buches, die besondere Beachtung verdient.

3.4 Buch 4: Von Cadmus, dem erdgebundenen, zu Perseus, dem fliegenden Heros

Die Minyastöchter (I) (1-35)
Pyramus und Thisbe (36-166)
Mars und Venus – Leucothoe – Clytie (167-270)
Salmacis und Hermaphroditus (271-388)
Die Minyastöchter (II) (389-415)
Ino und Melicertes (416-542)
Inos Gefährtinnen (543-562)
Cadmus und Harmonia (563-603)
Perseus und Atlas (604-662)
Perseus und Andromeda (663-771)
Die Meduse (772-803)

Der Ausgangspunkt für den Betrachter liegt rechts von der Mitte: In einem zeltartig abgeschlossenen Raum, der aber zur Bildfläche hin geöffnet ist, gehen die Minyastöchter spinnend ihrer Feiertagsarbeit nach. Die Erzählungen der drei Mädchen sind durch je eine bezeichnende Szene repräsentiert: Von links nach rechts aufsteigend sieht man: Pyramus und Thisbe, Sol und Leucothoe, Salmacis und Hermaphroditus. Während die ersten beiden Paare in Dreiecksformen hineinkomponiert sind, erscheint das dritte trapezartig auseinandergezogen, um die Distanz zu betonen. Diese drei Gruppen sind so angeordnet, dass sie Sektoren bilden, die bei den Erzählerinnen, den Minyaden, zusammenlaufen. So gibt die Abbildung die Struktur der ersten Buchhälfte optimal wieder.

Im Vordergrund ersticht sich Thisbe am Fuße eines dunklen Maulbeerbaumes vor dem Grabe des Ninus, das ein bei Ovid nicht bezeugtes artischockenartiges Lebenssymbol schmückt; dargestellt ist also der Augenblick nach der Katastrophe. Die vorhergehenden Stadien der Erzählung sind jedoch angedeutet: Thisbe zu Füßen liegt der entseelte Pyramus; eine noch frühere Stufe der Handlung spiegelt der von der Quelle fortschleichende Löwe wieder. Der Graphiker drückt die Vorzeitigkeit durch dunkle Schattierung aus; Ovids Löwin macht er zum Löwen, wohl um der dekorativen Mähne willen.

Oberhalb des Löwen sehen wir eine Hauptszene der Erzählung der zweiten Minyastochter: Um Leucothoe zu verführen, hat der Sonnengott seine göttlichen Attribute – Bogen, Köcher und Lyra – abgelegt und die Gestalt der Mutter des Mädchens angenommen; doch verrät seine sinnliche Hand seine Absichten, ähnlich wie wir dies im zweiten Buch bei Jupiter und Callisto beobachten konnten. Dass der Illustrator darauf verzichtet hat, die Erzählung von Mars und Venus darzustellen,[8] trägt übrigens erheblich zur Klarheit der Strukturanalyse bei: Die drei Erzählungen sind durch nur drei Paare repräsentiert.

Salmacis und Hermaphroditus bilden die dritte Gruppe, die durch die Armbewegung der Salmacis ebenfalls deutlich auf die Erzählerinnen bezogen ist. Die Leidenschaft der Nymphe und die Zurückhaltung des jungen Mannes sind

Buch 4

durch gegensätzliche Gesten (Öffnen bzw. Schließen der Arme) ausgedrückt, aber auch dadurch, dass hier der Knabe bekleidet ins Wasser steigt.

Optische Signale erleichtern das Lesen der Abbildung in Zickzackbewegungen: Eine Linie führt vom Fuß des Pyramus zur gegenüberliegenden Seite des Bildes, von dort deutet Thisbes Schwert wiederum zurück zu den Minyas-Töchtern. Hierauf weisen die Arme der Salmacis wieder auf die linke Seite. Dort bewegen sich auf einer weiter zurückliegenden Ebene die Nachkommen des Cadmus: Ino, Athamas und ihr Gefolge, das teilweise in Vögel verwandelt wird. Von dort setzt sich die Zickzackbewegung wieder nach rechts fort (das Auge lässt sich von den Linien der Landschaft leiten). Hier werden Cadmus und Harmonia in Schlangen verwandelt. Bemerkenswerterweise nimmt das Schlangenpaar auf der vorliegenden Abbildung spiegelbildlich die gleiche Stelle ein wie auf der Abbildung zu Buch 3 das Schlangenpaar des Tiresias. So unterstreicht der Illustrator den inneren Zusammenhang zwischen den Büchern 3 und 4 und die thematische Bedeutung der Polarität der Geschlechter in diesen beiden Büchern. Hervorzuheben ist auch die Deutlichkeit, mit der Cadmus und seiner Familie ein eigenes Gebiet innerhalb der Bildfläche zugewiesen wird: Nach vorn ist es durch Wasser, rechts und links durch einen Baum und einen Vorhang und nach hinten durch Felsen und Architektur von der übrigen Bildfläche abgegrenzt.

Außer der klaren Trennung der Teile gelingt dem Illustrator aber auch die Herstellung von Verbindungslinien: Die Schlüsselfiguren der aufeinander folgenden Großteile, Cadmus und Perseus, stehen nebeneinander, obwohl sie verschiedenen Bildebenen angehören. So wird deutlich, dass hier zwei Hauptteile aneinander stoßen. Außerdem ist durch die Art der Darstellung die Erdnähe des Cadmus und die Zugehörigkeit des Perseus zur Luftregion unterstrichen.[9]

Der Perseus-Teil beginnt auf einer neuen Ebene. Perseus, der die Meduse niedergestreckt hat, hält ihr Haupt triumphierend in der rechten und den spiegelblanken Schild in der linken Hand. Neben ihm steht der aus ihrem Blut entstandene Pegasus, den Ovid erst am Ende des Buches erwähnen wird.[10] Eine Palastarchitektur umschließt die Vorgeschichte: Danae empfängt Perseus von Jupiter in einem goldenen Regen. Diese Erzählung erwähnt Ovid (4, 611) bei der Einführung des Perseus, und der Held selbst kommt bei seiner Werbung vor Andromedas Eltern darauf zu sprechen (4, 697). Die architektonische Trennung dieser Szene von dem Hauptgeschehen deutet an, dass sie im Text indirekt erwähnt wird. Jupiter stellt den inneren Zusammenhang her: Er sendet nicht nur den goldenen Regen zu Danae, sondern er thront auch als Beschützer über dem Kampf seines Sohnes mit dem Ungeheuer.

Der Graveur ordnet die Perseus-Handlung auf einem Kreis an: so sind Anfangs- und Schlussszene identisch. Im Uhrzeigersinne folgen aufeinander links die Versteinerung des Atlas und oben im Hintergrund der Kampf mit dem Ungeheuer und die Befreiung der Andromeda; mit der Erzählung vom Sieg über die Meduse kehrt Ovid zum Ausgangspunkt zurück. Die bewaffnete Volksmenge im Hintergrund deutet auf die Saalschlacht des folgenden Buches voraus.

Buch 5

3.5 Buch 5: Haupt der Meduse; Gesang der Muse; Amor erobert die Unterwelt

Perseus' Kampf gegen Phineus (1-235)
Spätere Taten des Perseus (236-249)
Pegasus (250-268)
Pyreneus (268-293)
Die Pieriden (I) (294-317)
   Götterverwandlungen (318-331)
   Ceres und Proserpina (332-571)
      Arethusa (572-641)
   Triptolemus (642-661)
Die Pieriden (II) (662-678)

Auf der Illustration zum fünften Buch herrscht – ähnlich wie wir es auf der Abbildung zu Buch 3 beobachtet hatten – ein ausgeprägter Gegensatz zwischen einem betont ‚männlichen' Vordergrund und einem eher ‚weiblichen' Hintergrund. Thematisch könnte man das Buch unter den Gegensatz ‚Schwerter und Pflugscharen' (oder ‚Steine und Brot') stellen.

Vorne steht Perseus und hält dem demütig knienden Phineus, der das Gesicht von ihm abwendet, das Medusenhaupt entgegen. Neben der das Bild links abschließenden Balustrade liegt ein erschlagener Mann; verstreute Gefäße und Waffen sind weitere Spuren der vorausgegangenen Saalschlacht. Hinter Phineus greift Nileus (man erkennt ihn an der Sphinx, die seinen Helm schmückt) mit vorgehaltenem Schild und gezücktem Schwert Perseus an; die Meduse, deren Blick sein Auge trifft, versteinert ihn mitten in der Bewegung: Seine Lippen scheinen noch zu sprechen. Der Gegensatz zwischen den beiden besiegten Helden – dem bittenden Phineus und dem drohenden Nileus – könnte nicht größer sein. Über Perseus erhebt sich seine Schutzgöttin Minerva; ihre Gestalt bildet zusammen mit dem Haupt des Helden und der Meduse ein Dreieck: Dieses Herzstück des Bildes spiegelt die enge Beziehung zwischen Kämpfer, Waffe und Göttin (eine vergleichbare, ebenfalls thematisch bedingte Dreiecks-Gruppierung hatten wir im Zentrum der Abbildung zu Buch 2 beobachtet). Minerva ist freilich nicht nur für die untere Hälfte des Bildes von Belang: Während ihre Arme noch Perseus beschirmen, wendet sie ihr Antlitz bereits den Musen zu. Die Göttin stellt somit, wie dies auch in Ovids Text der Fall ist, die Verbindung zwischen den beiden recht unterschiedlichen Hauptteilen des Buches her: Im Vordergrund, der dem ersten Teil entspricht, erblickt man die männliche Welt des Kampfes – Perseus gebietet dem Blutvergießen Einhalt, und diese Geste steht im Zeichen Minervas, wie dies auch auf der Abbildung zum dritten Buch der Fall gewesen war. Den Hintergrund hingegen – die obere Hälfte des Bildes – beherrscht die Mysteriengöttin Ceres (Demeter), Stifterin des Ackerbaus und der Zivilisation. Minerva hat an beiden Bereichen – Krieg und Kultur – Anteil, bildet also nicht nur eine äußerliche Brücke zwischen disparaten Teilen, sondern verbindet zwei einander ergänzende Welten. Nicht zufällig begrüßen die Musen sie ausdrücklich fast als eine der Ihren (5, 269 - 270).

Der zweite Hauptteil des Buches bildet die bisher längste und verwickeltste Rahmenerzählung der *Metamorphosen*. Ähnlich umfangreiche Einschübe kennt Ovid auch im zehnten und fünfzehnten Buch; er verwendet sie also jeweils gegen Ende von Bücherpentaden. Den Rahmen bildet hier Minervas Besuch bei den Musen und die Verwandlung der Pieriden. Der Graveur verdeutlicht diese Rahmenstruktur: Die Gruppe der neun Musen und der sie überragende Baum mit den in Vögel verwandelten Pieriden umrahmen buchstäblich die obere Hälfte des Bildes, welche den Inhalt des Musengesanges darstellt. Der Künstler weiß sogar die *doppelte* Rahmung, die Ovid hier verwendet, geschickt anzudeuten. Minerva blickt auf Urania (man erkennt diese Muse an Himmelsglobus und Zirkel), die sich – wie bei Ovid – freundlich mit ihr zu unterhalten scheint. Calliope hingegen, die innnerhalb von Uranias Bericht den eigentlichen mythologischen Gesang vorträgt – kenntlich an der Buchrolle – steht in feierlicher Sängerpose da und schaut in die Ferne.

Ihr Auge blickt – über Minervas Haupt hinweg – nach der rechten Seite des Bildes, wo der Inhalt ihres Gesanges dargestellt ist: Pluton raubt Proserpina, die sich wehrt und – im Unterschied zu Ovids Erzählung – den Räuber alsbald versklavt. Cyane hält umsonst die Arme schützend vor ihren Teich, in den die Rosse des Höllenfürsten springen; etwas weiter oben sehen wir die Nymphe vor Gram zu Wasser zerfließen. Oberhalb der Entführungsszene erkennt man zwei parallele Gruppen: die suchende Ceres, die den frechen Ascalabus bestraft, und links von ihr Proserpina, die den Verräter Ascalaphus verwandelt. Die vergebliche Suche der Mutter und die endgültige Fesselung der Tochter an die Unterwelt (deren Panorama sich hinter ihr öffnet) sind hier ironisch parallelisiert; es muss dem Graveur Vergnügen bereitet haben, auch den Gleichklang der beiden Namen – Ascalabus und Ascalaphus – in einen visuellen ‚Reim' umzusetzen.

Folgen wir der Fluchtrichtung des Ascalaphus, so sehen wir die Sirenenschar sich im Wasser tummeln, während Odysseus, an den Mast seines Schiffes gefesselt, ihrem Gesange lauscht. Die räumliche Nähe der Sirenen zu den Musen und Pieriden ist eine besondere Feinheit der Bildkonstruktion. Der Fischschwanz der Sirene, die am weitesten links steht, deutet aufwärts auf das Schiff; in der Fortsetzung von dessen Umriss entdeckt man im Hintergrund Alphëus und Arethusa, getrennt durch eine von Diana gesandte Wolke.

Die obere Mitte ist beherrscht von dem Drachengespann, das Ceres dem Triptolemus übergibt. So gelangt dieser (im Hintergrund links) zum Palast des Lyncus. Beim Versuch, den göttlichen Abgesandten im Schlafe zu ermorden, wird der tückische König in einen gefleckten Luchs verwandelt. Über dieser Szene wölbt sich der Baum der Pieriden; damit ist die aitiologische Erzählung, wie bei Ovid, zu ihrem Ausgangspunkt zurückgekehrt.

Die Abfolge der Ereignisse auf diesem Bild ist von beachtlicher Kontinuität. Die Linie gleicht einem Band, das sich in einer Reihe sanfter Windungen emporrankt. Gebärden und Blickkontakt der Personen stellen einen ununterbrochenen Fluss her.

Der Illustrator hat, ähnlich wie in Buch 4 und Buch 1, die Rahmenerzählung als solche gekennzeichnet. Er legt offensichtlich Wert darauf, die besondere Bedeutung und den ungewöhnlichen Umfang dieser Rahmung zu verdeutlichen. Auf diese Weise kehrt die ‚Leselinie' des Bildes am Ende des Einschubs zu ihrem Ausgangspunkt zurück, ähnlich wie dies in Buch 4 der Fall war.

Wenden wir uns nun den in der Illustration fehlenden Motiven zu! Im Unterschied zum ersten Buch ist hier die Bedeutung der Venus vom Graveur nicht thematisiert, vielleicht weil in seiner Sicht Venus *schon seit Buch 1* ständig gegenwärtig ist. Ovid freilich betont besonders in unserem Buch das Wirken der Venus: Sie erobert hier die Unterwelt, den „dritten Teil der Welt": Dies ist die Krönung der ersten Pentade und ein ‚rahmenbildendes' Gegenstück zu dem Gespräch zwischen Phoebus und Amor im ersten Buch. Das fünfte Buch hat als letztes der ersten Pentade besonderes Gewicht, und Ovid führt das Thema der Macht der Liebe hier deutlich zu einem Höhepunkt.

Weitere Episoden, die der Graveur ausgelassen hat, die aber für Ovid nicht unwichtig sind, beziehen sich auf Dichter und Dichtung: Der Tod des Aoiden in der Saalschlacht (5, 111-118), der tödliche Sturz des Tyrannen Pyreneus, der den Musen Gewalt antun wollte (5, 273-293), und auch die Gegenwart der Singschwäne am sizilischen See (5, 385-387). Dennoch akzentuiert der Künstler die zentralen musischen Themen des Buches: Alle neun Musen sind dargestellt, zum Teil mit traditionellen Attributen (Urania mit Globus und Zirkel, Kalliope mit der Schriftrolle, Thalia mit der Maske, Terpsichore mit dem Kranz), zum Teil mit modernen Instrumenten: Kniegeige, Posaune, Laute, Dudelsack, Fagott. Die optische Verbindung der Musen mit Pieriden und Sirenen ist besonders geglückt: Diese musischen Gruppen umringen gewissermaßen den Teil der Illustration, der die eingelegte Erzählung (den Musengesang) abbildet. Ein spielerisches Detail setzt diese Rahmung fort: Man beachte die Ähnlichkeit der Flügel- und Halspartien der Elstern auf dem Baum und der Drachen, die Ceres' Gespann ziehen.

Die Lokalisierung in Sizilien tritt auf der Abbildung nicht hervor: Es fehlt der Aetna und die *vastitas Siciliae*. Das letztere Motiv ist in Ovids Sicht bedeutungsvoll – es ist eine Katastrophe, die vom Element *Erde* ausgeht; hier setzt sich somit die Reihe der Katastrophen von Buch 1 (Wasser) und Buch 2 (Feuer) fort. In Buch 7 wird die Pest als durch die Luft bedingte Katastrophe die Vierzahl vervollständigen. Ferner ist für Ovid der sizilische Schauplatz als Kultort der Ceres (Erde) wie auch der Venus wichtig, aber auch als Ort der Begegnung zwischen griechischer und römischer Zivilisation. In mehrfacher Beziehung deutet das Ende der ersten Pentade auf das Schlussbuch der letzten voraus.

Ähnlich wie im dritten Buch hebt der Graveur den Kontrast zwischen ‚männlichem' und ‚weiblichem' Prinzip hervor: hier Gewalt, dort Kultur. So kommt die zentrale Rolle Minervas gut zur Geltung, da diese Göttin beide Aspekte verbindet. Der Künstler hat die Bedeutung, die Ovid Minerva für die Struktur des ganzen Buches beimisst, sehr gut verstanden. Besondere Sorgfalt hat der Illustrator auch der Darstellung der Technik der Rahmenerzählung angedeihen lassen.

Der bildhaft eingefangene Augenblick liegt oft nach der Peripetie: so bei Phineus' Versteinerung, bei Cyanes Auflösung in Wasser; auch bei Ascalabus, Ascalaphus und Lyncus hat die Verwandlung bereits begonnen, bei den Pieriden ist sie schon vollendet. Vor der Peripetie liegt der fruchtbare Moment bei der Darstellung der Sirenen: Im Unterschied zu der älteren Edition (Amsterdam 1683), die sich an die von Ovid angenommene Vogelverwandlung hält, sind hier die Sirenen ohne Flügel als Meerjungfrauen dargestellt. Besonders reizvoll ist die Szene von Alphëus und Arethusa. Arethusa befindet sich auf unserem Bild *hinter* ihrem Verfolger, der sich offenbar von der Wolke hat täuschen lassen und die Geliebte noch nicht entdeckt hat.

3.6 Buch 6: Anfänge Athens. Strafende Götter

Arachne (1-145)
Niobe (146-312)
Die lykischen Bauern (313-381)
Marsyas (382-400)
Pelops (401-411)
Tereus, Procne und Philomela (412-674)
Boreas und Orithyia (675-721)

Ausgangspunkt ist die Arachne-Geschichte rechts oberhalb der Mitte des Bildes. In Arachnes Haus steht Minerva vor einem Webstuhl und fängt mit dem emporgereckten linken Arm Arachne auf, die bereits als Spinne von ihrer Spinnwebe herabhängt. Im Hintergrund links sitzt eine ältere Spinnerin, zu der sich eine jüngere hinabbeugt. Rechts von Minerva verlässt eine junge Frau den Raum, wohl eine der zuschauenden Nymphen.

Es ist ein reizvoller Gedanke, die Bilderfolge nicht mit der im Vordergrund stehenden Szene beginnen zu lassen. Ähnlich war der Illustrator von Buch 2 vorgegangen; dort war die erste Hauptszene – Phaëthons Sturz – ebenfalls rechts oberhalb der Mitte dargestellt worden. Auch das im Verhältnis zum Vordergrund etwas kleinere Format der Arachne-Gruppe erinnert an die in Buch 2 angewandte Technik. Die Verwendung der Architektur gemahnt auf den ersten Blick an das vierte Buch, wo die arbeitenden Minyas-Töchter an vergleichbarer Stelle auf der Illustration die Eingangsszene bilden. Die Funktion ist jedoch unterschiedlich, was sich auch an der Ausführung der Abbildung zeigt: Während dort der Wohnraum nach links geöffnet war, um die Verbindung zu den von den Minyas-Töchtern erzählten Geschichten anzudeuten, ist hier die linke Hauswand ganz geschlossen, so dass der Arachne-Mythos gegenüber den folgenden völlig isoliert erscheint. Auch blickt Minerva zum Bildrand, ohne sich darum zu kümmern, was außerhalb des Hauses vorgeht. So hat der Illustrator deutlich gemacht, dass diese Erzählung ein Anhang zum vorhergehenden Buch ist (in der Tat kann man den Untergang der Künstlerin Arachne mit dem Untergang des Orpheus und dem Ausblick Ovids auf seine eigene Verewigung in den entsprechenden Nachträgen zu Buch 10 und 15 vergleichen).

Diese erste Erzählung ist gegenüber dem Folgenden ungewöhnlich scharf abgegrenzt, doch sind auch sonst in dem vorliegenden Buch die Mythen weniger dicht ineinander verwoben als im vorhergehenden. Immerhin stellt der Künstler zwischen den beiden folgenden Sagen (Niobe und den lykischen Bauern) mit großem Geschick eine innere Verbindung her: Genau in der Mitte des Bildes befindet sich die ausgestreckte rechte Hand der Göttin Latona, deren Macht beide Erzählungen demonstrieren. Die in ein Dreieck komponierte Gruppe Latonas und ihrer Zwillinge dominiert einerseits die vor ihr liegende Niobe-Szene: Liegt doch Niobes Scheitel in der Fortsetzung der Linie von Latonas Kopf und Schulter, während Niobes linker Arm sich in der Fortsetzung von

Buch 6

Latonas linkem Arm befindet. Auch reichen beide Mütter einem ihrer Kinder die linke Hand. Andererseits sieht Latona die lykischen Bauern an, eine Gruppe, die sie durch ihren Blick und ihren rechten Arm beherrscht. So dominiert Latonas Gestalt drei Sektoren des Bildes: vorn Niobe mit ihren Töchtern, dahinter die toten Söhne und noch weiter im Hintergrund die lykischen Bauern. Die Einheit der Gesamtkomposition wird dadurch unterstrichen, dass der Blickkontakt zwischen der rechts unten auf der Flucht zurückschauenden Niobe und den von links oben sie bedrohenden Göttern Apollon und Diana eine Diagonale bildet, in deren Mitte sich wiederum Latona befindet.

Der seitlich ausgestreckte rechte Arm der Königin teilt die eigentliche Niobe-Szene in zwei Sektoren: Vergangenheit und Gegenwart. Hinter dem Rücken der Flüchtenden liegt die Rennbahn mit den sieben toten Söhnen und zwei herrenlos davongaloppierenden Pferden; durch Grauschattierung ist dieses Geschehen als vergangen gekennzeichnet. Vorne links neben Niobe sind bereits zwei Töchter zusammengebrochen, während zwei weitere unter dem Schutz der Mutter flüchten und eine fünfte sich rechts zusammenduckt. Von einer sechsten sieht man nur die flehend emporgereckte Hand.

Die Kette der Ereignisse führt von Niobe in der Richtung ihres Blickes aufwärts zu Latona; von dort weist Latonas Arm nach links zu den lykischen Bauern. Der letzte Vertreter dieser Gruppe lenkt durch die Linie seines Körpers und des von ihm umarmten Röhrichts das Auge des Betrachters aufwärts zu Apollon und dessen Wettstreit mit Marsyas. Die Linie der Geschehnisse ist freilich insofern unterbrochen, als die Marsyas-Erzählung nicht von links nach rechts, sondern von rechts nach links gelesen werden muss. Für den Illustrator ist die Darstellung Apollons besonders wichtig. Der musizierende Gott erscheint zu Häupten Latonas: Die Verbindungslinie von Gottheit zu Gottheit wird betont. Man sieht hieran, dass der Künstler (oder sein Berater) sich über den inhaltlichen Zusammenhang des Buches Gedanken gemacht hat. Am linken Rand ist der geschundene Marsyas dargestellt; der Baum, an den er gefesselt ist, bildet den Übergang zum Palast des Tereus und somit zur folgenden Erzählung. Abgebildet ist nur die Schlussphase: Procne und Philomela stürzen, verfolgt vom König, nach rechts ins Freie, und alle drei werden in Vögel verwandelt. In der Fortsetzung der Fluchtrichtung dieser Gestalten und der Balustrade des Palastes entdeckt man an einem sturmbewegten Himmel Boreas, der Orithyia raubt.

Bezeichnend für die vorliegende Illustration insgesamt ist die deutliche Trennung der Erzählungen voneinander sowie die Diskontinuität ihrer Anordnung: Arachne ist völlig vom Rest des Bildes isoliert; Niobe flüchtet aus der Bildfläche; die Szene der lykischen Bauern ist ebenso von rechts nach links zu lesen wie der Streit zwischen Apollon und Marsyas: Auch zwischen diesen Erzählungen reißt also der Faden ab. Nur von Marsyas zu Tereus ist eine enge Verbindung hergestellt – im Sinne eines Boustrophedon; ebenso schließt sich die Boreas-Szene nahtlos an die Flucht der Tereus-Familie an.

Die lose Gruppierung ist kein Fehler des Künstlers; sie spiegelt die lockere Fügung des sechsten Buches, die von Ovid als Kontrast zu der besonders verwickelten Schachtelung in Buch 5 gedacht war.

Andererseits hat der Illustrator einiges getan, um die einheitschaffenden Elemente des Buches hervortreten zu lassen: Latona steht im Mittelpunkt und beherrscht auch optisch zwei der wichtigsten Erzählungen. Ihr Sohn Apollon tritt fast noch stärker hervor, dominiert er doch sowohl die Niobe-Geschichte als auch die Marsyas-Erzählung. Der Illustrator hat diesen Gott gleich mehrmals dargestellt; es kommt hinzu, dass er der relativ kurzen Marsyas-Episode durch ihre Aufteilung in zwei Szenen (Wettstreit und Bestrafung) besonderes Gewicht verliehen hat.

So betont der Künstler die beherrschenden Göttergestalten: Latona und Apollon dominieren das sechste Buch, und Minerva schlägt die Brücke zum fünften.

Vergleicht man die lebhafte Handlung von Ovids Buch mit der Illustration, so beobachtet man, abgesehen von einzelnen pathetischen Gesten einiger kleinerer Figuren (genannt seien: einer der Söhne Niobes; ein Frosch; Marsyas; die Tereus-Gruppe) die Vorherrschaft des Ethos gegenüber dem Pathos: Die Anzeichen von Furcht sind bei Niobes Töchtern stärker ausgeprägt als bei der Königin, die trotz ihrer Flucht nichts von ihrer Anmut und Würde einbüßt. Niobe hat keinen hochmütigen und Latona keinen zornigen Gesichtsausdruck. Minerva erscheint nicht als strafende Gottheit, sondern in der Ausübung eines Gnadenaktes. Sogar Apollons Grausamkeit wird dadurch aufgewogen, dass er andererseits in all seiner Majestät als Gott der Dichtung auftritt.

Was das Verhältnis von Oben und Unten betrifft, so beherrschen Apollon und Diana allein schon kraft ihrer Stellung das ganze Bild. Im Vordergrund ist Niobe die größte Gestalt; Latona jedoch befindet sich über ihr und dominiert ebenfalls die Gruppe der Bauern; Apollon ist die größte Gestalt in der Marsyasszene. Eine gewisse Ironie mag darin liegen, dass die geraubte Orithyia höher steht als Boreas und dass Minerva sich weit emporstrecken muss, um Arachne aufzufangen, die ja in den Augen vieler Ovidleser der Gottheit überlegen ist. Was die Bedeutung von Rechts und Links betrifft, so flüchten auf der vorliegenden Abbildung Verfolgte stets von links nach rechts. Dagegen sind die Gottheiten hier keiner festen Seite zugeordnet. Latona steht rechts von den Bauern, aber links von Niobe; Apollon befindet sich rechts von Marsyas, aber wiederum links von Niobe. Solche Variationen unterstreichen die in dieser Abbildung zum Programm erhobene Diskontinuität.

3.7 Buch 7: Segen und Fluch der Magie

Iason und Medea (1-158)
Aeson – Die Ammen des Bacchus (159-296)
Pelias (297-351)
Medeas Flug über Griechenland (351-393)
Medeas Kindermord und ihr Anschlag auf Theseus (394-452)
Minos und Cephalus auf Aegina (I) (453-516)
   Die Pest auf Aegina (517-660)
Cephalus auf Aegina (II) (661-686)
   Cephalus und Procris (687-756)
   Der teumessische Fuchs (757-793)
   Procris' Tod (794-862)
Cephalus auf Aegina (III) (863-865)

Den linken Vordergrund beherrscht die Phineus-Episode: die Söhne des Boreas vertreiben die Harpyien vom Tische des Phineus. Der blinde König ist in einem Zelt untergebracht, das drei Viertel der Höhe des Bildes einnimmt und die gesamte Bildfläche diagonal in eine geschlossene und eine offene Fläche teilt. Die von Ovid nur flüchtig erwähnte Szene ist mit viel Liebe zum Detail ausgemalt: Dank der Hilfe der geflügelten Brüder kann der blinde König sein Brot in Ruhe verzehren; die letzten beiden noch nicht verjagten Harpyien bedienen sich aus den Schüsseln, die ein Diener gerade herbeiträgt, während sich im rechten Vordergrund ein apokrypher Hund gierig über eine erlegte Harpyie hermacht. Das Verweilen bei dieser Szene dient wohl dazu, die Kontinuität zum vorhergehenden Buche herzustellen, dessen Schlusspunkt, der Raub der Orithyia, zur Entstehung der beiden Boreas-Söhne führte. Bestimmend für die Gestaltungsweise auf dem vorliegenden Bild ist eine lebhafte Kreisbewegung von links außen zur Bildmitte und von dort aufwärts; sie wird durch die Verfolgungsjagd der beiden Helden und zweier Harpyien energisch in Gang gesetzt und verleiht der Phineus-Episode zugleich Bewegung und Geschlossenheit.

Der Blick des Betrachters wandert von links nach vorne rechts zu Iason, der den feuerschnaubenden Stieren die Kräuter Medeas entgegenstreckt. Diese Gruppe bildet zusammen mit den im Hintergrund kämpfenden Erdgeborenen eine zweite Kreisbewegung, die sich rechts an die erste anschließt. Durch diese Strukturierung gewinnt das Kampfgetümmel fast den Charakter eines Reigens. Der hier nochmals dargestellte Iason wirft den Stein mit geradezu spielerischer Energie unter die Feinde. Rechts oberhalb der Krieger schläfert in einer neuen Szene derselbe Held den Drachen ein, der sich um einen Baum windet. Links von Iason vollzieht Medea an einem Dreifuß eine magische Handlung. Leblos am Boden liegt der zu verjüngende Pelias. Die Identifikation mit Pelias wird nicht nur durch die Starre des Körpers nahegelegt, sondern auch durch die Nachbarschaft mit der Zähmung des Stieres durch Phylius, mit dem Sprung des Cygnus von einer Klippe und seiner Schwanenverwandlung und mit der weinenden Hyrie, die in eine Quelle verwandelt wird. Um die Fortsetzung zu finden,

Buch 7

müssen wir auf die rechte Seite des Bildes zurückkehren. Auf dem Söller des Palastes bedroht Medea eines ihrer Kinder mit einem Dolch, während unten auf den Stufen ein vierter Iason verzweifelt die Arme emporstreckt. Ganz oben rechts verlässt die Zauberin den brennenden Palast auf ihrem Drachengespann. Unterhalb dieser Zugtiere sehen wir Jupiter, der Aeacus nach der Pest tröstend erscheint und aus Ameisen ein neues Menschengeschlecht entstehen lässt. Links im Hintergrund gewahrt man Cephalus und Procris im Walde. Vorne rechts vor ihnen jagt der Hund Laelaps den teumessischen Fuchs; die dunkle Schattierung deutet an, dass es sich um eine eingelegte Erzählung handelt. In der linken oberen Ecke übergibt Aeson dem Cephalus die versprochenen Hilfstruppen.

Damit ist der Betrachter wieder am Ausgangspunkt, dem Zelt des Phineus, angelangt. Der Illustrator folgt bei der Anordnung des Stoffes einem einfachen Schema. Entgegen dem Uhrzeigersinn sind die Ereignisse auf einem großen Kreis angeordnet, so dass das Ende des Buches an seinen Anfang grenzt. Dieses Prinzip ist auch der Grund, warum im unteren Teil des Bildes die Stiere von links nach rechts wandern, im oberen die Drachen von rechts nach links. Die wenigen Szenen, die aus der Kreisbewegung herausfallen und sich somit in der Bildmitte befinden, sind relativ unbedeutende Episoden (Hyrie, Laelaps). Die Tatsache, dass keine wichtige Gestalt im Mittelpunkt dieses Bildes steht, beruht auf dem genannten Kompositionsprinzip. Nach dem besonders losen Aufbau von Buch 6 tritt in der Illustration zu Buch 7 die entgegengesetzte Qualität in den Vordergrund. Die große Kreisbewegung erhält von Anfang an einen starken Antrieb durch den ‚kleinen Kreis' der Phineus-Szene, deren wirbelnde Bewegung den Blick des Betrachters fast zwangsläufig in die vom Illustrator gewünschte Kreisbahn lenkt; dieser erste Kreis geht in einen zweiten über, der die Ereignisse in Colchis zum Gegenstand hat; aus diesem erwächst der dritte, der das gesamte Bild umspannt.

Die Ringkomposition verleiht den Szenen des Buches (deren pathetische und bedrohliche Aspekte eher in den Hintergrund verbannt sind), eine geradezu tänzerische Leichtigkeit. Der von den Boreas-Söhnen ausgehende Schwung – man erinnert sich, dass Ovid diese Geschichte nicht näher ausführt – teilt sich der gesamten Komposition mit – einschließlich des vom Illustrator erfundenen Hundes rechts unten, der zusammen mit der toten Harpyie wesentlich dazu beiträgt, den kleinen Kreis des Anfangs in den großen der Gesamtillustration überzuführen, die ein einziger Wirbel aus Schwertern, Tieren, Flammen und Wolken zu sein scheint.

Auffällig ist das Fehlen des Theseus auf der vorliegenden Abbildung, obwohl doch diese Gestalt die Verbindung zum achten Buch herstellt. Dafür ist durch die Boreas-Söhne der enge Anschluss an das sechste Buch besonders deutlich hervorgehoben.

Überlegenheit kommt durch höhere Stellung zum Ausdruck: Iason überragt den Stier, wird aber seinerseits von Medea auf dem Erdboden zurückgelassen. Wenn die Harpyien über den Boreas-Söhnen schweben, so deutet dies an, dass der Kampf noch nicht zu Ende ist. Die Überlegenheit wird hier anders ausgedrückt: Die Boreas-Söhne blicken ihre Gegnerinnen fest an, während diese sich misstrauisch abwenden. Auch Iason sieht dem Stier fest ins Auge. Umgekehrt wird die Blindheit des Phineus daran offenbar, dass er sich für nichts außer sein Brot zu interessieren scheint. In der unteren Hälfte des Bildes steht der eine Boreas-Sohn links, der andere rechts von einer Harpyie; Iason befindet sich rechts von dem Stier. In der oberen Bildhälfte erscheint Medea links von Iason. Die Anordnung der Figuren ist vor allem durch die Bedürfnisse der beabsichtigten Kreisbewegung bestimmt; die Verwendung von Rechts und Links muss nicht absolut, sondern in diesem Zusammenhang gesehen werden.

3.8 Buch 8: Das Labyrinth. Fliegende Menschen. Doppelapotheose

Cephalus auf Aegina (IV) (1-5)
Scylla, die Tochter des Nisus (6-154)
Das Labyrinth – Ariadne (155-182)
Daedalus und Icarus (183-235)
Perdix (236-259)
Die Calydonische Eberjagd (260-444)
Meleagers Tod (445-525)
Meleagers Schwestern (526-546)
Theseus bei Achelous (I) (547-573)
   Die Echinaden – Perimele (573-610)
Philemon und Baucis (611-724)
Erysichthon und seine Tochter (725-884)

Links oben blickt Scylla von der obersten Zinne ihrer Burg hinab auf den von ihr bewunderten feindlichen König Minos, der zusammen mit einem ebenfalls prächtig gekleideten Begleiter von links unten in die Bildfläche reitet. Diese erste Szene gliedert das Bild diagonal in einen geschlossenen (linken) und einen offenen (rechten) Teil. In der Fortsetzung der Bewegung der Rosse schließt sich die nächste Szene an: Dem rechts aus der Bildfläche entschwindenden Schiff des spröden Geliebten springt Scylla mit sehnsüchtig geöffneten Armen ins Wasser nach, während sich von rechts oben der gekränkte Vater in Gestalt eines Seeadlers auf sie stürzt, um sie zu bestrafen. Kleine Flügel deuten ihre beginnende Vogelverwandlung an. Scylla und der Seeadler liegen auf einer vom Knie des vorderen Pferdes nach rechts ansteigenden Linie, die den Vordergrund rechts in der Bildmitte abschließt. Hinter Scylla stehen am jenseitigen Meeresstrand Theseus und Ariadne vor dem Eingang des Labyrinths. Das Mädchen übergibt dem Helden das Wollknäuel, das ihm die Rückkehr aus dem trügerischen Bauwerk ermöglichen wird. Ariadnes rechte Hand – und auch Minos' Speer – deuten nachdrücklich nach oben: Dort findet auf einem Eiland – Naxos – die Hochzeit von Ariadne und Bacchus statt. Folgt man dem ausgestreckten Arm des Gottes, so sieht man über dem Labyrinth den Erbauer Daedalus schweben; die Größe seiner Gestalt entspricht etwa derjenigen von Ariadne und Theseus und macht so seine Zugehörigkeit zum Vordergrund kenntlich. Links vom Vater fällt der unglückliche Icarus in die Tiefe. Hinter Daedalus stehende Bäume lenken den Blick des Betrachters abwärts: Tief am Horizont erkennt man in weiter Ferne wiederum Daedalus, der seinen begabten Neffen Perdix vom Felsen stürzt. Die Größenverhältnisse deuten an, dass es sich um ein nachgeholtes Stück Vorgeschichte handelt; die innere Beziehung der Icarus- und der Perdix-Geschichte ist durch die parallele Stellung der Szenen angedeutet.

    Folgt der Blick des Betrachters dem erwähnten Baumstamm weiter abwärts, so entdeckt er die Calydonische Eberjagd, die sich hinter – optisch also über – dem Labyrinth abspielt. Verlängert man die Arme der ihren Bogen spannenden

Buch 8

Atalanta nach rückwärts, so erspäht man Meleagers Mutter Althaea, die das schicksalhafte Scheit verbrennt, während ihr Sohn in Todesqualen am Boden liegt.

Von Althaea aus wandert der Blick am Gewässer entlang nach rechts und dann hinüber zum anderen Ufer. Dort kehrt Theseus bei Achelous ein. Die offene Grotte ist der Ort, an dem die folgenden Erzählungen berichtet werden. Wie im Falle der Minyastöchter (Buch 4) gruppieren sich die eingelegten Geschichten um den Standort der Erzähler: Links von der Höhle gewahrt man die Echinaden und Perimele in den Fluten; an diese Nymphen schließt sich weiter oben die nächste Binnenerzählung an: Philemon und Baucis werden vor ihrem Tempel in Bäume verwandelt; ihre *pietas* führt zu einer Doppelapotheose. Die letzte der bei Achelous berichteten Sagen handelt von Erysichthon und seiner Tochter. Der Schauplatz auch dieser Geschichten ist der Grotte benachbart: Unmitttelbar vor ihr (auf der Bildfläche also unterhalb) sieht man den König und einen Gefolgsmann den großen heiligen Baum fällen. Wie die vorhergehenden eingelegten Geschichten nach links oben ausgriffen, so die letzte Episode nach rechts: Die dort am Strand wandernde Frau dürfte Erysichthons Tochter sein.

Die Leselinie dieser Buchillustration ist ungewöhnlich verschränkt und verwickelt. Diese Tatsache ist durch das im Buch erwähnte Labyrinth angeregt. Der Graveur hat durch die Inschrift „Labyrinthus" selbst einen Hinweis hierauf gegeben. Entscheidende Lesehilfen sind: Blickrichtung (Scylla-Minos, zweimal), Armbewegungen (Scylla 2; Minos 2, Ariadne 1 – Ariadne 2, Bacchus – Daedalus, Atalanta – Althaea), Linien der Landschaft (Althaea – Achelous) sowie die Gruppierung von eingelegten Erzählungen rings um die Rahmenerzählung (die Geschichten bei Achelous).

Der Illustrator entdeckt im achten Buch folgende voneinander relativ unabhängige Sagengruppen: Den Vordergrund beherrschen Mythen, die sich um Minos gruppieren (Scylla, Ariadne, Daedalus). Ein mit diesem nicht eng verbundener Komplex umfasst die Ereignisse um Meleager, ein dritter die Erzählungen bei Achelous. Die Beziehung des Meleager-Teils zu seiner Umgebung hat der Graveur kaum angedeutet. Insbesondere tritt bei ihm Theseus, der die calydonische Jagd mit der Achelous-Gruppe verknüpft, nicht hervor.[11] Die einzelnen Mittel der Verbindung sind aus den Illustrationen zu den vorhergehenden Büchern bekannt, hier aber besonders raffiniert und schwierig kombiniert. Der labyrinthische Aufbau entspricht dem in besonderem Maße ‚hellenistischen' (kallimacheischen) Charakter des achten Buches, den es übrigens mit dem fünften gemeinsam hat.

3.9 Buch 9: Hercules: Apotheose. Geburt nach dem Tod. Frauenschicksale

Theseus bei Achelous (II) (1-3)
   Achelous und Hercules (4-88)
Theseus bei Achelous (III) (89-97)
Nessus (98-133)
Hercules' Tod (134-272)
Galanthis (273-323)
Dryope (324-393)
Verjüngungen (394-449)
Byblis (450-665)
Iphis (666-797)

Rechts unten ringt Hercules mit Achelous in Menschengestalt, links dahinter besiegt er sodann dessen Schlangenerscheinung, schließlich drückt er auch dessen Stierhaupt zu Boden und bricht ihm das rechte Horn ab. Die sanft ansteigende Reihe findet auf der nächsthöheren Ebene eine Parallele im Pfeilschuss des Helden auf den Centauren Nessus, der Deianira entführen will. Auch diese Gruppe ist von rechts nach links orientiert; es findet also von Ebene zu Ebene kein zickzackartiger Anschluss statt; dies entspricht der Tatsache, dass die Nessus-Geschichte nicht mehr zu den Erzählungen des Achelous gehört, sondern von dem Autor in eigenem Namen als Kontrast angefügt ist. Der Gegensatz zwischen dem relativ unblutigen Zweikampf mit Achelous und dem tödlichen Ernst des Nessus-Geschehens (ein Kontrast, den Ovid ausdrücklich hervorhebt) tritt auf der Abbildung durch den Farbunterschied zwischen den hellen Tönen des Achelous-Triptychons und der düsteren Schraffierung der Nessus-Szene hervor. Diese bildet (bei Ovid durch die Weitergabe des vergifteten Blutes an Deianira als angeblichen Liebeszauber) buchstäblich das Fundament für den Untergang des Hercules, ein Zusammenhang, der optisch durch die Stellung der Szenen auf der Abbildung deutlich zum Ausdruck kommt. Auch die Lichas-Geschichte ist von rechts nach links zu lesen: Der wütende Hercules schleudert den ahnungslosen Überbringer des todbringenden Kleides ins Meer; links sieht man den Unglücklichen als steinernes Bild in den Fluten. Auf der nächsthöheren Ebene folgt der Feuertod des Heros und darüber – erstmals in unmittelbar gegenläufigem Anschluss – die Himmelfahrt mit dem Rossegespann.

Die Ereignisse um Hercules füllen insgesamt das sich nach oben verjüngende Dreieck links von der Diagonalen, die von rechts unten nach links oben verläuft. Die übereinander stehenden Darstellungen des Hercules unterstreichen den Verlauf dieser Diagonale. Der links von ihr befindliche Teil kann als ‚geschlossen', der andere als ‚offen' bezeichnet werden.

Über dem gesamten Bild thront der Rat der Götter, der in diesem Buch Ovids zweimal in Erscheinung tritt: zum ersten Mal bei der Aufnahme des Hercules in

Buch 9

den Himmel, zum zweiten Mal im Zusammenhang mit Verjüngungsgeschichten. Im Unterschied zu früheren Illustrationen, welche die Geburt des Hercules am Fuße des Berges seiner Himmelfahrt dargestellt hatten, lässt die vorliegende diese Erzählung aus, vielleicht um zu deutliche Hinweise auf sexuelle Vorgänge zu vermeiden. Bezeichnend ist auch, dass sie in der Byblis-Geschichte nicht die Zurückweisung der Schwester durch den Bruder darstellt, wie es der Vorgänger noch ohne Bedenken getan hatte, sondern sich auf die Verwandlung in eine Quelle beschränkt.

Die Geschichten der zweiten Hälfte des neunten Buches erscheinen in diskontinuierlicher Reihenfolge: die Verwandlung von Dryope steht oberhalb der Byblis-Erzählung, obwohl diese im Text auf sie folgt; im Hintergrund sieht man zwei Szenen der Iphis-Geschichte: das Gebet der knienden Frauen und die Erhörung. Wie die Hercules-Episoden fast ausnahmslos von rechts nach links zu lesen waren, so sind die drei Frauenschicksale umgekehrt von links nach rechts orientiert: In der Byblis-Szene bewegen sich die Nymphen in dieser Richtung auf Byblis zu; in den beiden anderen Mythen ist das jeweils frühere Stadium links von dem späteren dargestellt.

Man kann sich des Eindrucks nicht erwehren, dass der Illustrator dieses Buches relativ schematisch vorging. Immerhin hatte der Vorgänger (Amsterdam 1683) bei der Darstellung von Hercules' Schicksal die im Ovid-Text so auffällige Reihenfolge ‚Tod vor Geburt' noch berücksichtigt. Diese wohl originellste Erfindung des neunten Buches hat sich der hier untersuchte Illustrator entgehen lassen, sei es aus Gründen der Schicklichkeit oder weil er glaubte, einen chronologischen ‚Fehler' Ovids nicht nachahmen zu dürfen. Trotzdem liefert die vorliegende Illustration Aufschlüsse über das neunte Buch und kann, wo nicht zum Verständnis seines Aufbaus, so doch zu dem seiner inneren Zusammenhänge beitragen:

Zweifellos ist es dem Graveur gelungen, die kausale Verflechtung der Nessusgeschichte mit dem Feuertod des Helden sinnfällig zu machen. Auch ist es kein übler Einfall, die Wasserverwandlung der Byblis dem Feuertod des Hercules gegenüberzustellen, wenn auch auf etwas bescheidenerer Stufe. Ähnliches gilt von der Versteinerung des Lichas und der Baumverwandlung Dryopes. Offenbar steht für diesen Illustrator die hierachische Ordnung des Kosmos über der tatsächlichen Reihenfolge der Erzählungen. Von den Frauenschicksalen befindet sich Byblis' Quellenverwandlung auf dem Bild zuunterst, da sie deutlich einem niedrigeren Naturreich angehört als Dryopes Baum-Metamorphose, die ihrerseits von der Geschlechtsverwandlung der Iphis überboten wird; noch höheren Ranges ist die Apotheose des Hercules. Dass die Gebete von Iphis und ihrer Mutter Erhörung finden, zeigt übrigens hübsch der Rauch, der von ihrem Altar steil zum Himmel emporsteigt und dort die Wolken bildet, auf denen die Olympier sitzen.

3.10 Buch 10: Leid und Lied des Musensohnes

Orpheus und Eurydice (1-85)
Katalog der Bäume - Cyparissus (86-147)
Gesang des Orpheus:
   Vorrede (148–154)
   Ganymed (155-161)
   Hyacinthus (162-219)
   Die Cerasten – Die Propoetiden (220-242)
   Pygmalion (243-297)
   Myrrha (298-502)
   Adonis (I) (503-559)
      Hippomenes und Atalanta (560-707)
   Adonis (II) (708-739)

Vorne rechts bricht Eurydice, von einer Schlange in die Ferse gebissen, in die Knie; der Blumenkorb ist ihren Händen entglitten. Hinter ihr erkennt man fünf Najaden, die sie auf ihrem Spaziergang begleitet haben. Auf der anderen Seite, links im Vordergrund, bellt der dreiköpfige Höllenhund den Geige spielenden Orpheus an; dieser sieht sich nach links um, wo Eurydice zum zweiten Mal den – hier an ‚christliche' Teufel erinnernden – Dämonen der Unterwelt anheimfällt. Durch diese doppelte Darstellung Eurydices hat der Illustrator Anfang und Ende der Eurydice-Handlung einander pointiert gegenübergestellt. Der zweimalige Tod ist eindrucksvoll sichtbar gemacht. Die Endgültigkeit des zweiten Todes wird dadurch unterstrichen, dass hier Eurydice unbekleidet erscheint; sie ist den Mächten der Unterwelt schutzlos ausgeliefert, auch sind die sie umklammernden Dämonen erheblich größer und schreckenerregender als die getretene kleine Schlange in der gegenüberliegenden Ecke des Bildes. Der Höllenhund symbolisiert nicht nur den Eingang zur Unterwelt, sondern er dient auch als Gleichnis für das Entsetzen des zurückkehrenden Orpheus: Der Dichter sagt ausdrücklich, Orpheus sei über den doppelten Tod seiner Gattin so entsetzt gewesen wie einer, der vom Anblick des Höllenhundes versteinert wurde (64 - 67). Die Züge des Sängers besitzen in der Tat eine Starrheit, die ihn von anderen Gesichtern auf der Abbildung unterscheidet.

   Folgt man der von Orpheus' Bogen gewiesenen Richtung, so entdeckt man rechts oberhalb der Mitte die nächste Szene: Im Schatten eines großen Baumes sitzt Orpheus im Kreise der versammelten Tiere und begleitet seinen Gesang mit Geigenspiel. Links von dieser Szene in der Mitte hat Cyparissus mit dem Jagdspieß versehentlich seinen Lieblingshirsch erlegt und verwandelt sich vor Apollons Augen in eine ewig trauernde Zypresse. Diese Szene gehört noch zum Vordergrund, ist aber zugleich von diesem etwas abgesetzt. Das entspricht der Zwischenstellung der Cyparissus-Geschichte: Einerseits gehört sie noch nicht zum Inhalt von Orpheus' Gesang, sondern zur Beschreibung der Landschaft (die Zypresse ist einer der Bäume, die von seiner Stimme angelockt werden), ande-

Buch 10

rerseits ist sie als Liebesgeschichte Apollons eng mit der Hyacinthus-Sage aus dem Lied des Orpheus verwandt, die im Hintergrund oberhalb des Hirsches erscheint. Die Zusammengehörigkeit von Cyparissus und Hyacinthus wird durch die Gestalt Apollons unterstrichen, die aus einer Ebene in die andere übergreift. Ähnlich wie im fünften Buch füllt der Inhalt eines langen eingelegten Gesanges den oberen Teil der Abbildung. Die erste Erzählung in Orpheus' Lied ist durch den links emporragenden Felsen und die Äste der abgestorbenen Bäume mit der majestätischen Erscheinung des fliegenden Adlers verbunden, der das gesamte Bild beherrscht: Diese Gestalt hat Jupiter gewählt, um Ganymed zu rauben. Allein schon durch ihre Größe sind der königliche Vogel und der auf ihm reitende Knabe mit dem Rahmen verbunden. Die herausragende Stellung des Adlers ist auch dadurch gerechtfertigt, dass Orpheus seinen Gesang im Zeichen Jupiters beginnen lässt. Die folgenden Erzählungen sind von der Mitte an aufsteigend gereiht: Hyacinthus schließt sich – räumlich wie auch durch Apollons Gegenwart – eng an Cyparissus an; dahinter sehen wir den Bildhauer Pygmalion, der sein Werkzeug beiseite gelegt hat, betend vor seiner Statue knien; nicht zufällig befindet sich die Göttin Venus, an die Pygmalion seine Bitte richtet, oberhalb dieser Szene. Von der Pygmaliongruppe wendet sich der Blick nach rechts, gelenkt durch den Verlauf der aufsteigenden Treppe und Brüstung. Dort steht Myrrha, die in einen aromatischen Strauch verwandelt wird. Rechts von ihr laufen, durch eine waagrechte Balustrade von den Zuschauern getrennt, Hippomenes und Atalanta um die Wette: Soeben bückt sich das Mädchen, um einen der von Hippomenes zu Boden geworfenen goldenen Äpfel aufzuheben, da hat sie der junge Mann bereits überholt. Im Hintergrund über den Wettläufern, genau in der Fortsetzung ihrer ausgestreckten Arme, sehen wir die beiden als Löwenpaar vor der Kapelle der Göttermutter.

Die landschaftlichen Grenzlinien der Hippomenes-Szene laufen links oben bei der Gestalt der Venus zusammen: Zu Füßen ihres Schwanengespanns trauert sie um den von einem Eber getöteten Adonis; die erwähnte Linienführung macht deutlich, dass die Hippomenes-Geschichte von dieser Göttin erzählt wird. Mit Venus endet der Orpheus-Gesang, der mit Jupiter begonnen hatte: Auf der Abbildung sind die beiden Gottheiten benachbart, so dass sich der Ring schließt. Auch im fünfzehnten Buch wird der Graveur die abschließende Rolle von Venus betonen.

Mit Meisterschaft hat der Illustrator die Grundthemen und die kunstvolle Struktur des zehnten Buches sichtbar gemacht. Was die Form betrifft, so wird die doppelte Rahmung durch die jeweilige Landschaftskulisse wiedergegeben: Der von Orpheus gesungene Teil liegt auf dem Sektor zwischen der Waagrechten, die auf der Höhe seiner Füße unterhalb von Hyacinthus verläuft, und der nach links aufsteigenden Linie, die von der Schulter des Orpheus zu Venus führt. Die in den Orpheus-Gesang eingelegte sekundäre Erzählung von Hippomenes und Atalanta ist so in die Bildfläche eingebettet, dass ihr landschaftlicher Rahmen von der Gestalt der Erzählerin Venus zusammengehalten wird: Die untere Begrenzungslinie beginnt auf der Höhe von Venus' linkem Knie, die obere, durch

Wolken angedeutete, entspricht der Richtung ihres ausgestreckten linken Armes. Die beiden auf den jeweiligen Erzähler zentrierten Sektoren sind gegenläufig angeordnet. Der sekundäre Charakter der Hippomenes-Geschichte ist daran kenntlich, dass sich die Erzählerin Venus *innerhalb* des Orpheus-Sektors befindet und dass der gesamte Hippomenes-Sektor unmittelbar an die Orpheus-Gruppe grenzt.

Was das Inhaltliche betrifft, so sind im Vordergrund Tod, Liebe und Dichtung (Musik) thematisiert: Die Schnecke von Orpheus' Geige deutet auf Eurydice, sein Bogen einerseits auf das Schattenreich, andererseits auf die Szene, die den Zauber seiner Musik symbolisiert. Die Gestalt Apollons stellt in der Bildmitte die Verbindung von Rahmen und Einlage her; dieser Gott ist wie Orpheus zugleich Dichter und Liebender. Jupiters Adler und das Schwanengespann der Venus beherrschen den Himmel und bezeichnen so die Grundthemen des Orpheus-Gesanges.

3.11 Buch 11: Tod des Künstlers und Geburt Trojas

Der Tod des Orpheus (1-84)
Midas (85-145)
Phoebus und Pan (146-193)
Laomedon (194-220)
Peleus und Thetis (221-265)
Daedalion und Chione (266-345)
Der Wolf und die Rinder des Peleus (346-409)
Ceyx und Alcyone (410-748)
Aesacus (749-795)

Im Vordergrund links stürzt Orpheus, von drei Mänaden mit ihren Stäben angegriffen, zu Boden; mit der Rechten stützt er sich seitlich auf, die Linke ist geöffnet und wie bittend zu der Siegerin ausgestreckt, die ihn hinterrücks durchbohrt hat. In seiner Gestalt schneiden sich viele Linien des Bildes. Als dunkel schattierte Kulisse vor der Hauptszene dient eine von rechts herzutretende Bacchantin, die den vorne links seinen Herrn verteidigenden treuen Hund des Orpheus mit einem Stein bedroht (eine Erfindung des Graveurs, der auf diese Weise die Hauptszene im Rahmen spielerisch wiederholt; auf der älteren Abbildung von 1683 fehlte der Hund noch; der Stein der Bacchantin galt *Orpheus*, wie dies bei Ovid beschrieben wird). Der erhobene Unterarm dieser Maenade und ihr Blickkontakt mit dem Kläffer bilden eine von links unten zur rechten Mitte emporführende Gegenlinie zu der Gruppe um Orpheus, für die umgekehrt eine sanft von rechts nach links ansteigende Reihung bezeichnend ist. Geige, Bogen und Lorbeerkranz sind dem Sänger entglitten; im Hintergrund sieht man Bacchantinnen auf Blas- und Schlaginstrumenten spielen; der Illustrator hat in dieser Erzählung die thematische Bedeutung des Kampfes zwischen Saiten- und Blasmusik, Kitharodie und Aulodie erkannt.

Hinter dem zusammenbrechenden Orpheus sieht man seinen zerstückelten Leib am Ufer des Hebrus liegen; ein Drache schleicht sich an das Haupt des Sängers heran. Doch von links oben naht der leiertragende Apollon und versteinert das Reptil. Die anschließende Baumverwandlung der Mänaden durch Bacchus hat der Illustrator ausgelassen. Er betont den Kontrast zwischen der ersten und der zweiten Hauptszene: Im Vordergrund siegt die laute Blasmusik über die zarte Saitenmusik, auf der zweiten Bildebene aber, im Streit zwischen Phoebus und Pan, ist das Gegenteil der Fall. Das Zwischenglied, die Bestrafung der Mänaden durch ihren eigenen Gott Dionysos, hätte die Klarheit dieser Antithese getrübt. Der gleichen Absicht ist auch der Hauptteil der Midaserzählung zum Opfer gefallen. Der Illustrator eilt sogleich auf das Thema ‚Musik' zu:

In der Mitte des Bildes ist der Wettstreit zwischen Phoebus und Pan als großes Gruppenbild festlich inszeniert. Links vom Schiedsrichter Tmolus steht der siegreiche Apollon mit der Kithara, umgeben von acht Berg- und Quellnym-

Buch 11

phen, deren eine aus einem Gefäß Wasser entströmen lässt. Rechts ruht der unterlegene Pan mit seiner Flöte an einer Böschung. An seiner Seite steht König Midas, begleitet von drei behelmten Kriegern; neben den Zacken seiner Krone glaubt man eines der Eselsohren zu erkennen, die seine mangelnde musikalische Urteilsfähigkeit bekunden. Weiter rechts flüstert der Hofbarbier dies peinliche Geheimnis seines Herrn in eine eigens gegrabene Grube; von rechts rauscht freilich schon das Schilf heran, um bald die ‚Binsenwahrheit' auszuplaudern.

Wie im Ovidtext stellt auch hier die Gestalt Apollons die Verbindung zur nächsten Erzählung her: Hinter Midas' Barbier sehen wir beim Bau Trojas zwei erlauchte Handwerker bei der Arbeit: Apollon hat die Lyra mit dem Meißel, Neptun den Dreizack mit dem Zirkel vertauscht. Hier wird der Gott der Dichtung von einem unwürdigen Herrscher für den Aufbau seiner Polis eingespannt und um seinen Lohn betrogen. Seine verstummte Leier lehnt an der Mauer. Zur Rechten machen sich Bauarbeiter an den Stadtmauern zu schaffen – ein dort Emporkletternder findet ein scherzhaftes Pendant in einem bei Ovid unbezeugten (und auch dem Illustrator von 1683 noch unbekannten) Eichhörnchen, das genau gegenüber an dem das Bild links begrenzenden Baum in gleicher Haltung emporsteigt; zusammen mit den Vögeln, die den Wipfel beleben, kann es als Nachhut der entflohenen tierischen Zuhörerschaft des Orpheus gelten. Es ist gewiss kein Zufall, dass Laomedon, der Prototyp des wortbrüchigen Königs, unmittelbar hinter Midas, dem Herrscher ohne künstlerisches Urteil, abgebildet ist.

Im Rücken Laomedons – oberhalb der Mitte des Bildes – erblickt man die schöne Hesione, an einen Fels geschmiedet; Hercules rettet sie, indem er mit der Keule das von links bedrohlich heranschwimmende Meerungeheuer erschlägt. Der lügnerische Laomedon wird auch ihn enttäuschen. So ist Troja auf doppeltem Wortbruch aufgebaut.

Zugleich mit Trojas Mauern entsteht auch der größte Feind dieser Stadt: Achilles. Oberhalb der Schwanzflossen des Wassertieres entdeckt man Achills Vater Peleus mit einer sphinxartigen Thetis in einer Grotte, vor der ein treues Delphingespann wartet. Noch hat die Göttin den Körper einer Raubkatze, doch da der Tapfere sie unerschrocken festhält, hat ihr Gesicht bereits seine wahre menschliche Gestalt angenommen.

Über dieser Szene sieht man einen Habicht fliegen; nur seine Füße sind noch menschenähnlich: Es ist Daedalion; ihm blickt vom Söller eines Turmes König Ceyx nach, der seine Geschichte erzählt. Rechts neben Ceyx ringt Peleus hilfeflehend die Hände, verzweifelt über den am Fuße des Turmes zu sehenden Angriff des Wolfes auf seine teils am Boden liegenden, teils flüchtenden Rinder. Links von der wütenden Bestie erspäht man nahe am Strand in den Wellen die trauernde Alcyone, während hinter ihr Ceyx die Arme zum Fluge ausbreitet. In der Mitte des Hintergrundes schließlich stürzt sich Aesacus vom Felsen in die Fluten, wo Urmutter Tethys mit ihren Oceaniden auf ihn wartet, um ihn aufzufangen.

Die narrative Linie verläuft in Zickzackbewegungen über mehrere Ebenen: Sie führt von den Bacchantinnen (rechts) zu Orpheus (links), dann von Apollon und dem Drachen (links) über Midas zu seinem Friseur nach rechts, dahinter von Neptun und Apollon (rechts) über Laomedon zu Hesione und Hercules nach links zum Zagel des Ungeheuers. Dieser deutet auf Peleus und Thetis; von hier wandert der Blick nach rechts zum Turm (von dem aus der Rahmenerzähler Ceyx in die Ferne späht und so die Verbindung zu dem auf der linken Seite fliegenden Habicht Daedalion herstellt), von dort wendet sich der Betrachter zurück nach rechts zu den Rindern, dann nach links zu Alcyone und wieder nach rechts zu Aesacus.

Der Illustrator hat thematische Beziehungen zwischen den Szenen sichtbar gemacht: Vorn der Tod des apollinischen Sängers von der Hand der Mänaden; dahinter als Kontrast die Versteinerung des Drachen durch Apollon und der Sieg des göttlichen Kitharoeden über den Bläser Pan. Der innere Zusammenhang mit dem Folgenden wird in doppelter Weise herausgearbeitet: Apollon, der Schutzgott des Orpheus, ist eine einheitschaffende Gestalt (er ist als Kitharoede die Zentralfigur der ganzen Abbildung; seine drei Erscheinungen bilden ein auf der Spitze stehendes etwa gleichschenkliges Dreieck).

Eine weitere Verbindung stellt der Graveur zwischen den Königen her: Er setzt den unverständigen Midas und den treulosen Laomedon hintereinander auf eine Linie. Und nicht genug damit: Beide Könige werden überragt – und zwar buchstäblich turmhoch – von einem dritten: dem guten Herrscher Ceyx, dem Freund des Friedens und der ehelichen Treue.

Drei Paare bilden zusammen ein Dreieck: Hercules und Hesione, Peleus und Thetis, Ceyx und Alcyone. Ein weiteres Dreieck, das sich an der unteren Spitze mit diesem berührt, umfasst drei Vogelverwandlungen: Daedalion, Ceyx und Aesacus.

Der Illustrator verdeutlicht somit folgende Themen: Die zentrale Rolle Apollons und die Polarität von apollinischer und dionysischer Musik, sodann dreierlei Herrscher, drei Liebespaare und drei Vogelverwandlungen. Die Vorgeschichte Trojas steht im Zeichen der Herrscherproblematik, aber auch der Musik und der Liebe.

3.12 Buch 12: Opfer und Kämpfe

Die Griechen in Aulis (1-38)
Fama (39-63)
Cygnus (64-167)
   Caeneus (I) (168-209)
   Der Kampf der Centauren und Lapithen (210-458)
   Caeneus (II) (459-535)
   Periclymenus (536-579)
Achills Tod (580-628)

Die Abbildung ist von links oberhalb der Mitte zu lesen: Paris und Helena sind dem Schiff entstiegen und ziehen in den trojanischen Palast ein, während Dienerinnen sich um den Korb voller Schätze kümmern. Dieses Bild führt das Hauptthema des Buches ein: den Trojanischen Krieg. Von hier aus wendet sich das Auge unmittelbar dem linken Rahmen zu: Während der Opferhandlung vor der Abfahrt in Aulis erscheint den Griechen eine Schlange, die acht junge Vögel samt der Vogelmutter verzehrt und so auf die neun bevorstehenden Kriegsjahre vorausdeutet. Auf das erwähnte Opfer mit dem Schlangenwunder folgt bei Ovid Iphigeniens Opferung und wunderbare Rettung als selbständiger Auftritt. Der Illustrator hat nach dem Prinzip einer ‚synthetischen Konzentration' zwei Opferszenen zu einer zusammengezogen. Im Vordergrund der Abbildung kniet König Agamemnon vor dem Altar, auf dem die Hirschkuh liegt. Der links hinter dem Opferstein stehende Priester Calchas blickt nach rechts empor zu der Göttin, die auf einer Rauchwolke Iphigenie nach oben führt; diese Blickrichtung bildet zusammen mit der Rauchwolke eine wichtige konstruktive Linie.

Verweilt das Auge des Betrachters noch auf der oberen Bildhälfte, so erkennt es im Hintergrund rechts neben dem Schlangenhaupt einen Rundbau, den eine Menschenmenge füllt: das Haus der Fama. Soeben verlässt die geflügelte Göttin ihr Heim; sie stößt in eine ihrer beiden Trompeten, um den Trojanern das Kommen der griechischen Flotte zu verkünden. (Daher ist der trojanische Palast mit der Landung von Paris und Helena unmittelbar unter Famas Wohnung dargestellt).

Rechts unten im Bilde zieht indessen inmitten dunkel schattierter Krieger ein schneeweißer Vogel das Augenmerk auf sich. Der Schwan schwingt sich empor, während der vom Streitwagen herabgestiegene Achilles, der eben noch mit dem Schwertknauf auf den unverwundbaren Cygnus einschlug, sich zu dem Erwürgten hinabbeugt, um ihm die Rüstung zu rauben.

Die folgenden Geschichten werden von Nestor erzählt; man wird den beredten Greis in dem Mann zu erkennen haben, der rechts von Calchas steht. Was hinter und über dieser Gestalt dargestellt ist, wird von ihr berichtet – ein ähnliches Vorgehen kennen wir aus den Abbildungen zum fünften und zehnten Buch. Die Landschaftslinien der Lapithengeschichte laufen an Nestors Mund

Buch 12

zusammen; die Periclymenus-Erzählung ist durch die Rauchsäule vom Übrigen getrennt – das passt zu ihrem Nachtragscharakter.

Doch zurück zu Cygnus! Folgt man der von Achills Schwert gewiesenen Richtung aufwärts, so erblickt man die nächste Hauptszene: den Sieg der Centauren über Caeneus und sein Ersticken unter Holzstapeln; über dieser Szene entschwebt zwischen den Bäumen der Caeneus-Vogel. Links im Hintergrund sieht man zwischen Rauchsäule und Bäumen die Vorgeschichte: Das Mädchen Caenis bittet den Meergott Neptun, sie in einen Mann zu verwandeln. Rechts davor die rührendste Episode des Lapithenkampfes: der Tod des Centaurenpaares Cyllarus und Hylonome. Diese Szene ist auf dem Bild wie in Ovids Erzählung in die Caeneus-Handlung eingelegt. Die dunkle Gestalt rechts im Hintergrund ist der Centaur Eurytus, der die Braut Hippodame raubte und so den Kampf entfesselte; er ist durch sehr dunkle Schattierung als ein Stück Vorgeschichte gekennzeichnet.

Im Hintergrund links von der Rauchsäule schießt Hercules einen Pfeil auf den in einen Vogel verwandelten Periclymenus. Achills Bestattung, die bei Ovid das Buch abschließt und den Bogen zu der Opferszene des Anfangs schlägt, hat der Illustrator ausgelassen. Er stellt die Einheit eher in äußerlicher Weise her, indem er die letzte von ihm abgebildete Szene (Periclymenus) neben die Eröffnungsszene setzt und auf diese Weise den Kreis sich schließen lässt.

Der Stoff des Buches ist auf der Abbildung im Prinzip kreisartig angeordnet, genauer: auf einem Bogen, der einer Sechs gleicht. Das Auge wandert von links oberhalb der Mitte nach unten, dann rechts aufwärts bis über die Mitte und von da nach links. Doch ist die Reihenfolge in vielen Fällen gegenüber dem Buch leicht verändert: Szenen sind ineinandergeschoben (so die Opferszenen des Anfangs); ferner ist das Haus der Fama neben Troja gesetzt, um die Nachrichtenübermittlung dorthin zu symbolisieren; schließlich ist die Vorgeschichte der Caeneus-Erzählung in den Hintergrund verbannt, da sie der Haupterzählung untergeordnet ist.

Was einzelne Gestaltungsmittel betrifft, so erinnert der für den Bildaufbau bestimmende Blickkontakt zwischen Diana und Calchas an Minerva und Echion in Buch 3. Die Rahmenfunktion des Drachen gemahnt an die Bücher 3 und 7. Die Technik der Rahmenerzählung ist dadurch angedeutet, dass der Erzähler Nestor (der neben Calchas steht) noch der zweiten Bildebene angehört, während die von ihm berichteten Geschichten auf der dritten, vierten und fünften spielen. Diese Darstellungsweise erinnert an die Behandlung der Rahmenerzählung in der Abbildung zum zehnten Buch.

3.13 Buch 13: Von Odysseus zu Aeneas

Der Streit um Achills Waffen – Ajax' Tod (1-398)
Hecuba und ihre Kinder (399-575)
Memnon (576-622)
Aeneas verlässt Troja (623-642)
    Die Töchter des Anius (643-674)
    Der Mischkrug mit der Darstellung der Coronen (675-704)
Aeneas fährt nach Sizilien (705-729)
Scylla (I) (730-739)
    Galatea (740-897)
Scylla (II): Glaucus (898-968)

Unter einem die ganze Höhe des Bildes einnehmenden, mit einem Tuch zeltartig drapierten Baum sitzen vorne rechts die griechischen Feldherren vor Troja zu Gericht. Im Vordergrund sind die Waffen Achills aufgestapelt; ein dahinter eingeblendetes Medaillon zeigt ihre göttliche Entstehung: In einer kleinen Höhle gewahrt man die Thetis als Bestellerin der Waffen, den schmiedenden Vulcan und zwei Cyclopen. Links von der Mitte der Abbildung steht – unverkennbar – der große Aiax; stolz greift er an die eigene Brust. Wie die dunkle Schraffierung erraten lässt, gehört sein Auftritt bereits der Vergangenheit an: Er war der erste Redner und hat soeben geendet, während der vorne links das Bild abschließende Ulixes, durch helle Tönung als der gegenwärtige Sprecher kenntlich, seine Ausführungen mit eher bescheidener Gestik beginnt. Man errät den Ausgang des Streits: Die Waffen sind ähnlich beleuchtet wie dieser Held und liegen beinahe schon in Reichweite seiner rechten Hand. Die ‚Leserichtung' der Abbildung führt im Uhrzeigersinn vom steil abfallenden dunklen Zelt mit den Feldherren (zuletzt Agamemnon mit Zepter und Adlerhelm, der sich von Aiax abwendet) nach links über Aiax zu Ulixes.

Der Illustrator hat – im Unterschied zu seinem Vorgänger von 1683 – die hierauf folgenden blutigen Szenen ausgelassen. Die Tötung des Knaben Polydorus durch Polymestor entfällt ganz, und an die Stelle der grausamen Blendung des Barbarenfürsten durch Hecuba tritt der trügerische Auftakt zu jenem grausamen Auftritt: Im Hintergrund zwischen Aiax und Ulixes entdeckt man in kleinerem Format eine edel trauernde Hecuba sowie sie und Polymestor in heuchlerisch-höflichem Gespräch. So schließt sich die Hecuba-Handlung auch auf der Abbildung an die Rede des Ulixes an. Darauf folgt rechter Hand in der Bildmitte die gebieterische Erscheinung von Achills Geist. Auf die Vergegenwärtigung der rituellen Schlachtung Polyxenas und auf Hecubas Hundeverwandlung hat der auf Würde bedachte Illustrator (wieder im Unterschied zu seinem Vorgänger – und zu Ovid) verzichtet.

Hieran schließt sich links in dritter Reihe die Entstehung von Vögeln aus Memnons Leichenfeuer. Den Flammen folgend sieht man darüber in den Wolken

Buch 13

(auch durch die Größe der Figuren auf die Memnon-Szene bezogen) Aurora bei Jupiter für ihren Sohn Fürbitte tun. Damit ist der trojanische Zyklus im engeren Sinne zu Ende. Dem entspricht, dass der äußere Kreis des Bildes nun geschlossen ist; stoßen doch Auroras Wolken unmittelbar an den Baum mit dem Baldachin der Feldherren, die Kulisse des Buchanfangs.

Der neue Zyklus, der auf Aeneas bezogen ist, schließt sich dennoch eng an den vorhergehenden an. Geht man nämlich von Aurora aus und folgt den Flammen und der Architektur Trojas abwärts, so gelangt man zu Aeneas, der Hauptgestalt des neuen Werkteils. Begleitet von seinem Sohn und gefolgt von seiner Gattin, schreitet der Held, der den Vater trägt, auf einen Altar zu. Hinter diesem steht Mercur mit Flügelhut und Caduceus, und daneben sitzt, umringt von Schafen, der Hirte Paris über drei Göttinnen zu Gericht, die als Minerva, Venus und Juno kenntlich sind. Das Parisurteil, das Ovid im 13. Buch nicht thematisiert hat, dient dem Illustrator hier als sichtbarer Abschluss der Troja-Problematik. Hinzu kommt die thematische Bedeutung der Venus, die siegreich in der Mitte der Gruppe der Göttinnen steht: Diese Gottheit ist der gemeinsame Nenner für das Geschehen des nun folgenden Teils, der zwischen den Irrfahrten von Venus' Sohn und unterschiedlichen Liebesgeschichten pendelt.

Der Aufenthalt des Aeneas bei Anius und die Beschreibung des Mischkrugs mit der Darstellung der Coronen ist ausgelassen, ebenso weitere Stationen der Reise des Aeneas. Dafür dient der riesige Cyclop, der im Hintergrund inmitten seiner Schafe auf einer überdimensionalen Syrinx spielt, ganz im Sinne von Ovids Text, als Beleg für die Macht der Venus (758 - 759). Die Gestalt dieser Göttin dominiert denn auch den Sektor des Bildes, in dem sich die Liebesgrotte von Acis und Galatea befindet. Zugleich aber lenkt die Linie der Landschaft den Blick des Betrachters auch unmittelbar in der Fortsetzung von Arm und Schulter der Venus zum Cyclopen. Die grausame Ermordung des Acis, die der barocke Illustrator von 1683 noch ins Bild gesetzt hatte, ist hier nicht mehr abgebildet. Der Blick des Betrachters kehrt von der Grotte zum Cyclopen zurück und folgt der Reihe der Schafe zum Meer hin. Dort sieht man den Meeresgott Glaucus vergeblich um Scylla werben.

Die Linie, auf der die Ereignisse des 13. Buches aufgereiht sind, bildet somit zwei Kreise – einen äußeren und einen inneren: den im engeren Sinne trojanischen Zyklus und den Venus-Zyklus, der Aeneas und zwei Liebesgeschichten umfasst. Beide Kreise lassen sich getrennt betrachten, verbinden sich aber auch zu einer sich nach innen verjüngenden Schneckenform.

Der Illustrator hat einige Mühe darauf verwendet, den inneren Zusammenhalt des Buches herauszuarbeiten: Venus beherrscht den späteren Buchteil, der Aeneas' Schicksal mit erotischen Erzählungen verkettet; zugleich wird aber auch der Einfluss dieser Göttin auf die bereits abgeschlossene Sektion – den Trojanischen Krieg – sichtbar: Sie erscheint nochmals rückblickend als Siegerin im Parisurteil. Eine Zentralfigur des dreizehnten Buches und der vorliegenden Abbildung ist Achill, dessen Zeugung im elften und dessen Tod im zwölften Buch berichtet worden war. Obwohl er im dreizehnten Buch nicht mehr lebt, steht seine beherrschende Geistererscheinung in der Mitte des Bildes. Neben und hinter ihm bricht freilich Aeneas aus Troja auf. Ähnlich wie beim Übergang vom Cadmus- zum Perseus-Teil in der Abbildung zu Buch 4 sorgt der Illustrator an der Nahtstelle der Großteile durch Juxtaposition der Haupthelden – hier Achill und Aeneas – für einen aufschlussreichen Kontrast. An unserer Stelle kommt ein ethischer Gegensatz hinzu: Achill verlangt für sich ein Menschenopfer, während Aeneas, der Vater und Sohn rettet, der Inbegriff der *pietas* ist. Dem Graveur entgeht weder Ovids implizite Homerkritik noch die Parallele zum ersten Buch mit der Polarität von *impietas* und *pietas*.

3.14 Buch 14: Der Mensch zwischen Tier und Gott

Scylla (III): Glaucus und Circe (1-74)
Aeneas fährt nach Italien weiter (75-90)
Die Cercopen (91-100)
Aeneas bei der Sibylle (101-153)
    Achaemenides (154-222)
    Ulixes' Abenteuer (223-307)
    Picus (308-415)
    Canens (416-440)
Aeneas kommt nach Latium (441-461)
    Die Gefährten des Diomedes (461-511)
    Der wilde Ölbaum (512-526)
Die Schiffe des Aeneas (527-565)
Ardea (566-580)
Apotheose des Aeneas (581-608)
Die Latinerkönige (609-621)
Vertumnus und Pomona (I) (622-697)
    Iphis und Anaxarete (698-764)
Vertumnus und Pomona (II) (765-771)
Apotheose des Romulus und der Hersilia (772-851)

Im Vordergrund steht Scylla bis über die Knie im Wasser und blickt mit entsetzt abwehrender Gebärde auf die sie bereits umzingelnde Hundemeute, die sie zum Ungeheuer macht. Rechts hinter ihr presst Glaucus verzweifelt die Hände aneinander. Sein Fischschwanz deutet auf Circe, die unmittelbar hinter Scylla steht. Die Zauberin beherrscht als Urheberin der Verwandlung die Szene des Vordergrundes; gleichzeitig ist ihr Blick aber nach rechts gerichtet, wo der schöne Picus hoch zu Ross, gefolgt von seinen Begleitern, auf die Jagd geht. Die vier Hauptgestalten beider Erzählungen sind so angeordnet, dass sie ein Viereck bilden; Glaucus blickt auf Scylla, Circe auf Picus, beide ohne Erwiderung zu finden: So ist die jeweils einseitige Liebe sichtbar gemacht. Die Picus-Szene ist wegen des Zusammenhangs mit Circe hinter Glaucus und Scylla gesetzt; die Erzählfolge des Buches ist jedoch eine andere: Das Gespräch des Aeneas mit der Sibylle, auf der Abbildung links von der Mitte, ist durch die Größe der Figuren als zweite Hauptszene des Buches gekennzeichnet. Der Anschluss an die Scylla-Szene ergibt sich aus der Richtung von Scyllas rechtem Arm, der die Diagonale des Bildes unterstreicht. Aeneas hält den goldenen Zweig in der Linken; die geöffnete Hand der Sibylle deutet auf den höhlenartigen Eingang zur Unterwelt, in dem man vor brennendem Feuer den dreiköpfigen Cerberus sieht; vorn sitzt mit übergeschlagenen Beinen ein Flussgott, aus dessen beiden Urnen die Unterweltsströme entspringen.

Rechts von Aeneas entdeckt man in der von dem goldenen Zweig gewiesenen Richtung einen Mann mit einem Ruder in der Hand. Dies ist Macareus, ein Gefährte des Ulixes. Seinem Blick nach rechts in die Bildtiefe folgend, erkennt

Buch 14

man im Hintergrund Circe, die in ihrem Palast den Zauberstab schwingt, um die Gefährten des Ulixes in Schweine zu verwandeln. Dass es sich um eine eingelegte Erzählung handelt, ergibt sich aus der Verwendung von Architekturelementen und der Bezogenheit auf die Perspektive des Erzählers Macareus. Folgt man den Stufen von Circes Palast abwärts, so gelangt man zu der bereits erwähnten Picus-Szene, die bei Ovid nun folgt, von dem Illustrator aber wegen ihres Themas mit der Scylla-Geschichte zusammengestellt wurde. Links über der vorderen Circegestalt zeichnet sich das Schattenbild einer Frau ab, die mit der Landschaft zu verschwimmen scheint und ihren Blick liebevoll auf Picus richtet. Es ist dies Canens, die sich in Trauer um den Geliebten verzehrt, bis sie sich schließlich als Trauergesang in die Lüfte auflöst. Wie eine Dreiecksform Circe mit Glaucus und Scylla verbindet, so auch mit Picus und Canens.

In der Fortsetzung von Macareus' Ruder sieht man hinter einer Balustrade Oleaster neben einer Gruppe von Tanzenden. Folgt man der Linie des Geländers und der Landschaft bis zum linken Bildrand, so gelangt man zu den Schiffen des Aeneas, über denen mit ihrem Löwengespann die Magna Mater schwebt, um sie in Nymphen zu verwandeln. Im Hintergrund verbrennt die Stadt Ardea, und ein Reiher schwingt sich in die Lüfte. Weiter rechts landet Venus mit ihrem Taubengespann auf dem Erdboden, und der Flussgott Numicius läutert Aeneas für seine Apotheose. Noch weiter rechts wirbt Vertumnus in einer Laube um Pomona. Darüber führt Iris unter einem Regenbogen Hersilia zum Himmel, wo die majestätische Juno sie erwartet, während Romulus von links auf dem Streitwagen des Mars zu Jupiter emporfährt.

Gebärden dienen als Wegweiser: Scyllas linke Hand verbindet ihre Gestalt mit Glaucus, ihr rechter Arm und ihr Haupt lenken den Blick auf Aeneas, dessen Linke mit dem goldenen Zweig zu Macareus die Brücke schlägt. Die Erzähleinlage wird ähnlich wie z.B. in Buch 5 absichtlich in das Blickfeld der Erzählergestalt gesetzt (Macareus schaut die Gefährten des Ulixes).

Dreiecks-Gruppierungen verdeutlichen wesentliche Zusammenhänge: So ist Circe einerseits mit Glaucus und Scylla, andererseits mit Picus und Canens verbunden. Die dominierende Rolle der Zauberin ergibt sich aus ihrer zentralen Stellung auf der Abbildung (unterhalb der Mitte). Bedeutungsvoll ist auch die das Bild beherrschende Zweiergruppe Jupiter–Juno, auf die sich von links Romulus, von rechts Hersilia mit ihren göttlichen Helfern zubewegen.

Der Vordergrund zeigt rechts in systematisierender Anordnung den von Circe geleiteten Abstieg menschlicher Wesen in die Sinnenwelt (nicht zufällig betont Ovid Circes sinnliche Veranlagung), rechts im Zeichen der weisen Sibylle die Unterweltswanderung als Weg nach oben. Ein ähnlicher Kontrast herrscht in der oberen Bildhälfte: Rechts verwandelt Circe die Gefährten des Ulixes in Schweine und jagt sie in die Tiefe, während links Venus den Aeneas für den Weg zum Himmel läutert.

Oben erfährt ein Königspaar, fast symmetrisch auf beide Seiten der Abbildung verteilt, die gemeinsame Apotheose – Vollendung und Überwindung der Polarität der Geschlechter. Hinter dem irdischen Aeneas, der im Vordergrund steht und in die Unterwelt hinabsteigen muss, leuchtet im Hintergrund der vergöttlichte Heros auf. Der Baum, der beide verbindet, ragt bis in den Himmel. An seiner Wurzel ruht übrigens Canens, die Singende: ein Hinweis auf die Rolle von Poesie und Musik.

Die vorliegende Illustration ist eine bemerkenswerte Interpretation des vierzehnten Buches. Sie zeigt die Möglichkeiten des Menschen auf: Ihm steht der Weg hinab zum Tier, aber auch hinauf zum Gott offen. Hier wird eine Polarität wieder aufgegriffen, die auch das erste Buch bestimmt hatte. In der oberen Partie der unteren Bildhälfte dient bei unserem Illustrator übrigens die Wölfin mit Romulus und Remus als sublimer Kontrapunkt zu den unheiligen Hunden Scyllas und zu Circes Sinnlichkeit. Die Wölfin und Canens reflektieren in der unteren Bildhälfte den in der oberen durch Hersilia verkörperten positiven Aspekt des Weiblichen.

Wichtig ist wohl auch, dass Romulus seine Apotheose zusammen mit Hersilia erfährt, ähnlich wie im vierten Buch der Gründer Thebens, Cadmus, und im achten Philemon zusammen mit ihren Gattinnen verwandelt worden waren. Gleiches gilt von der Gottheit: Sie erscheint hier – sowohl im Ovidtext als auch auf der Illustration – als Mann und Frau, Jupiter und Juno, wie dies auch in der Tiresias-Episode des dritten Buches der Fall war (dort hatte freilich der Illustrator auf eine Darstellung Junos verzichtet). Ovid ist ein Beleg dafür, dass die römische Interpretation der Welt – entgegen einem weit verbreiteten Vorurteil – nicht einseitig patriarchalisch war.

Das vierzehnte Buch führt hier die besonders im dritten, vierten, achten und neunten Buch ausgeführten Themen weiter und vertieft sie. Das Thema ‚Sexualität' hat Ovid in subtiler Weise mit der politisch-sozialen Problematik, dem Problem der Erkenntnis und der Frage der Unsterblichkeit verwoben.

Buch 15

3.15 Buch 15: Die Lehren des Weisen und der Weg zu den Sternen

Myscelos (1-59)
Pythagoras (60-478)
Hippolytus (479-546)
Tages – Die Lanze des Romulus – Cipus (547-621)
Aesculap in Rom (622-744)
Caesar und Augustus (745-870)
Nachwort des Dichters (871-879)

Die narrative Linie beginnt oben links von der Mitte und bewegt sich im Uhrzeigersinn um das Bild. In dem geschlossenen rechten oberen Bildviertel träumt Myscelos von dem keulentragenden Hercules.[12] Im Vordergrund erlebt derselbe Held das Wunder seines Freispruchs: Alle schwarzen Stimmsteine der Richter sind in weiße verwandelt worden. Links davon doziert Pythagoras im Kreise seiner Schüler. Folgt man der Geste von Pythagoras' rechter Hand, so sieht man hinter ihm die bogentragende Diana. Zu ihren Füßen liegt, inmitten der verstreuten Räder seines zerbrochenen Wagens, ihr toter Jünger Hippolytus; über ihn beugt sich der gütige Aesculap, um ihn zu neuem Leben zu erwecken. Die Geste des Pythagoras besagt somit, dass Hippolytus hier als Beleg für die Unsterblichkeit der Seele dient. Auf der nächsthöheren Bildebene entsteigt derselbe Heilgott in Schlangengestalt dem Schiff und wird von der Römern festlich empfangen. Der Illustrator hat hier die Aesculap-Erzählungen zusammengestellt. Dahinter gruppieren sich kleinere Sagen: Ein neben seinem Pflugochsen einhergehender Bauer sieht den Tages aus der Erde entstehen; links davon verwandelt Diana die um Numa trauernde Egeria in eine Quelle; noch weiter links staunt Romulus über seine zum grünenden Baum belebte Lanze. Im Hintergrund versuchen die Römer einen Helden – Cipus – zu krönen, links davon wird Caesar in der Kurie ermordet. Der Illustrator hat erkannt, dass die beiden Szenen zusammengehören und hat Cipus von der unauffälligen Stelle, die Ovid ihm vor der Aesculap-Geschichte zugewiesen hatte, an den unübersehbaren Platz neben Caesar versetzt. Dank dieser Umstellung tritt die republikanische Tendenz deutlicher hervor. Links oben lässt Venus Caesars Seele als leuchtenden Stern gen Himmel schweben. Venus und Hercules wenden sich gegenseitig den Rücken zu: ein Zeichen dafür, dass der Kreis des Buches sich schließt.

Die Anordnung der Szenen auf einer Kreisbahn im Uhrzeigersinn ist einfach, aber wirkungsvoll. Sie erinnert an das siebte Buch. Der Illustrator hat die fundamentale Bedeutung der Unsterblichkeitsthematik erkannt und betont: Pythagoras deutet auf den vom Tode erweckten und in einen Gott verwandelten Hippolytus hin; der vergöttlichte Hercules dominiert das Bild; seine Gestalt stellt eine Verbindung zum neunten Buch her. Der heilende und erlösende Aesculap – eine Brücke zum zweiten Buch – erscheint zweimal in verschiedener Gestalt.

Ein weiteres Hauptthema der *Metamorphosen* ist die Liebe. Nicht zufällig dient Venus dem Illustrator als Schlussbild des Werkes. Ihre Rolle erschöpft sich nicht im Erotischen; sie hat, wie wir z.B. aus Buch 5 wissen, kosmische Bedeutung. Ihre politische Rolle tritt nicht erst in Buch 15, sondern schon im dritten Buch (3, 132) hervor, wo sie als Mutter der Harmonia zusammen mit Mars eine Schutzherrschaft über Theben ausübt. Noch wichtiger ist für Ovid, dass Venus auch Spenderin des Lebens und Begleiterin zur Unsterblichkeit ist: Man denke an Aeneas und Caesar. In Buch 10 ist sie es, die der Statue des ihr ergebenen Künstlers Leben einzuhauchen weiß. Indem der Graveur Venus an das Ende der *Metamorphosen* setzt und bei dem Stern auf eine Darstellung Caesars verzichtet, hat er etwas Wesentliches erkannt. Diese Göttin ist und bleibt für Ovids Werk bestimmend.[13] Der Epilog ist nicht illustriert: Die Verewigung des Dichters ließ sich kaum bildhaft darstellen; in dem Bild der Venus, die einen Stern an den Himmel entlässt, ist letztlich freilich auch dies mit eingeschlossen.

3.16 Beitrag der Illustrationen zum Verständnis der *Metamorphosen*

3.16.1 *Bücher als Leseeinheiten.* Die Abbildungen geben Anlass, die einzelnen Bücher der *Metamorphosen* als Einheiten zu würdigen. Die Forschung hat sich bisher überraschend wenig mit den einzelnen Büchern der *Metamorphosen* als Leseeinheiten beschäftigt. Dabei ist unwiderleglich bezeugt, dass die Einteilung des Werkes in 15 Bücher auf den Dichter selbst zurückgeht. Es ist offensichtlich, dass er mit dem buchweisen Vortrag seines Werkes rechnete. Allein schon als Leseeinheit verdient das einzelne Buch daher entsprechende Beachtung. Die Schwerpunkte der Forschung lagen bisher anderswo: Entweder interpretierte man einzelne Erzählungen oder man versuchte den Gesamtaufbau des Werkes durch großräumige Konstruktionen zu erschließen, die zum Teil auf Ovids Buchgrenzen und seine Übergangstechnik wenig Rücksicht nahmen. Dieses auf den ersten Blick überraschende Forschungsdefizit hat Gründe, die letzten Endes auf die Traditionen von Aufklärung, Romantik und Historismus zurückgehen. In der Tat fördern die drei genannten Geistesrichtungen, welche die Ovidrezeption seit der Mitte des 18. Jahrhunderts nacheinander dominierten, trotz aller Unterschiede in überraschender Einmütigkeit die Konzentration der Leser auf die einzelne Episode. Wie Johann Heinrich Voß (1751 – 1826) in seiner Versübersetzung der *Metamorphosen* („Verwandlungen") das Werk in einzelne Mythen zerlegte und die Übergänge unübersetzt ließ, beschränken sich die Illustratoren des späten 18. und des 19. Jahrhunderts auf Einzelszenen. Diese Verengung der Perspektive herrscht in der bezeichneten Epoche vor, wenn auch aus unterschiedlichen Gründen: Der Rationalismus nimmt Anstoß an der oft willkürlichen und unsystematischen Art der ovidischen Übergänge, die Romantik vertieft sich liebevoll in die Einzelszene, der Historismus löst das aus unterschiedlichen Fäden hergestellte Gewebe in seine Bestandteile auf. Insofern bietet das Studium der Ovidillustrationen Anlass, eine Forschungslücke wieder zu entdecken, die durch die genannten intellektuellen Traditionen bedingt ist, und den Diskurs über die Bücher als Einheiten wieder aufzugreifen.

3.16.2 *Rezeptionsorientierter Zugang.* Das Studium der Abbildungen fördert einen auf den Betrachter bzw. Leser ausgerichteten Zugang zum Ovid-Text. Die Tatsache, dass die einzelnen Bücher der *Metamorphosen* als Leseeinheiten konzipiert sind, kommt bei den hier betrachteten Illustrationen allein schon darin zum Ausdruck, dass der Inhalt eines Buches jeweils auf einem Blatt bildhaft dargestellt ist. Die Übertragung auf die Bildfläche gestattet es dabei, nicht nur die Szenenfolge, sondern auch Prinzipien der formalen Gestaltung des Buches und die thematische Durchdringung des Inhalts zu verdeutlichen.

3.16.3 *Erhellung der Buchstruktur.* Die Gesamtstruktur der jeweiligen Abbildung (z.B. horizontale, vertikale oder diagonale Gliederung) spiegelt den Gesamtaufbau eines Buches wieder. Die Illustration zum ersten Buch verdeutlicht die Zweiteilung des Buches in einen überwiegend kosmologischen und einen erotischen Teil. Die Ereignisse des ersten Teils sind in der unteren Bildhälfte, die des zweiten in der oberen konzentriert (horizontale Zweiteilung). Die vergleichbare Dichotomie des zweiten Buches hingegen ist durch eine senkrechte Halbierung der Bildfläche wiedergegeben. Die erotische Thematik der jeweils zweiten Buchhälfte ist durch die vom Illustrator hinzugefügte Gestalt Amors symbolisiert (auf der Abbildung zu Buch 1 folgerichtig im oberen, auf der Abbildung zu Buch 2 im linken Teil des Bildes). Eine dritte Möglichkeit der Zweiteilung der Bildfläche ist die diagonale Halbierung: So zeigt die Abbildung zum neunten Buch auf der linken Seite Taten des Hercules, auf der rechten Frauenschicksale, wie dies der Grobgliederung des Buches entspricht.[14]

Eine prinzipielle horizontale Zweiteilung herrscht auch auf den Illustrationen zu den Büchern 3, 4, 5, 6, 7, 14 vor. Auf vielen Abbildungen entsprechen freilich die Proportionen zwischen Vorder- und Hintergrund oder linker und rechter Bildhälfte nicht dem tatsächlichen Umfang der entsprechenden Textstücke (am auffälligsten ist das Missverhältnis bei der Abbildung zum siebten Buch: Die vom Illustrator breit ausgeführte Phineus-Episode umfasst bei Ovid nur ganz wenige Verse). Die Abbildung zu Buch 15 ist diagonal gegliedert: rechtes (oberes) Dreieck: Myscelos; linkes (unteres) Dreieck: der Rest des Buches. Eine diagonale Gliederung weist auch die Abbildung zu Buch 8 auf: linkes (unteres) Dreieck: Scylla; rechtes (oberes) Dreieck: alles Weitere.

3.16.4 *Erhellung thematischer Zusammenhänge*. Die Stellung der einzelnen Mythen auf der Bildfläche und ihre räumliche Wechselbeziehung vermag *thematische* Zusammenhänge sichtbar zu machen. Auf der Abbildung zum ersten Buch erscheinen kontrastierend nebeneinander der egoistische Angriff der Giganten auf den Göttersitz und das fromme Verhalten von Deucalion und Pyrrha.[15] *Impietas* und *pietas* werden so als Themen der ersten Buchhälfte sichtbar gemacht.

Die Abbildung zum elften Buch konfrontiert den Sieg der dionysischen Musik der Bacchantinnen über die apollinische des Orpheus mit dem Sieg des Kitharoeden Apollon über den Bläser Pan: Die gegensätzlichen Mythen erscheinen auf der Bildfläche unmittelbar hintereinander. Zwischenglieder, die Verwirrung stiften könnten, sind ausgelassen. Auf derselben Abbildung sind drei Könige unterschiedlichen Charakters in instruktiver Weise übereinander angeordnet. Ebendort bilden drei Liebespaare und drei Vogelverwandlungen jeweils ein Dreieck. Die beiden Dreiecke berühren sich bei Ceyx und Alcyone, die ein liebendes Paar sind *und* in Vögel verwandelt werden.

3.16.5 *Gebärdensprache: Affekte und Ideen*. Blickrichtung und Gebärden von Gestalten machen treibende Affekte oder beherrschende Ideen sichtbar (sowohl innerhalb von Szenen als auch im Wechselverhältnis zu anderen Erzählungen). Auf der Abbildung zu Buch 14 ist Circe schicksalhaft mit zwei Liebespaaren verbunden: einerseits Glaucus und Scylla, andererseits Picus und Canens. Die Blickrichtung deutet die Liebesleidenschaft bzw. ihr Fehlen an: Glaucus schaut auf Scylla, die sich von ihm abwendet, Circe und auch Canens blicken dem hinwegreitenden Picus nach. Die beiden Paare bilden zusammen mit Circe zwei Dreiecke, die sich in Circe berühren.

Auf der Abbildung zu Buch 3 wird die Idee des Friedens durch den Blickkontakt zwischen der links oben thronenden Minerva und dem auf der rechten Seite des Bildes waffenlos dastehenden Echion ausgedrückt. Auf derselben Abbildung blickt Tiresias in Frauengestalt vorwärts auf die kriegerische Männerwelt, als Mann aber rückwärts in die Bildtiefe auf die weiblichen Thiasoi. Diese doppelte Blickrichtung macht anschaulich, wieso Tiresias zum Seher werden konnte: Er überblickte das Ganze, weil er fähig war, zwei gegensätzliche Standpunkte einzunehmen.

3.16.6 *Räumliche Zuordnung: Hauptgestalten.* Die räumliche Zuordnung verschiedener Mythen zu bestimmten Schlüsselfiguren beleuchtet die *Inventio* des Buches in inhaltlicher Beziehung, zum Beispiel durch Hervorhebung bestimmter Göttergestalten. Im Mittelpunkt der Abbildung zum fünften Buch steht Minerva. Einerseits hält sie als Beschützerin des Perseus ihre Hand über diesen Helden des ersten Buchteils; andererseits spricht sie mit einer der Musen, die für den Rest des Buches bestimmend sind. Minerva stellt nicht nur formal eine Verbindung zwischen beiden Buchteilen her, sondern auch inhaltlich: Dank ihrer kämpferischen Natur hat sie an der Männerwelt der ersten Partie des Buches Anteil, als Vertreterin friedlicher Künste ist sie aber auch mit dem überwiegend weiblichen Reich der Musen und der Ceres verbunden.

Die Gestalt Circes verbindet auf der Illustration zu Buch 14 die Schicksale zweier Paare (s.o.). Auf demselben Bild erscheint die Zauberin nochmals an der symbolischen Schranke zwischen der ‚höheren' und der ‚niederen' Welt; dort weist sie den in Schweine verwandelten Gefährten des Ulixes den Weg nach unten. Auf derselben Abbildung wird das menschliche Königspaar Romulus und Hersilia von zwei Seiten zum Himmel erhoben, wo das Götterpaar Jupiter und Juno die beiden Sterblichen empfängt. Diese Doppelapotheose kontrastiert mit den erotisch-magischen Verstrickungen der rechten unteren Bildhälfte.

3.16.7 *Formale Beziehungen: Erzähleinlagen.* Die Stellung einer Szene auf der Bildebene kann auch formale Beziehungen erhellen, so die Zuordnung eingelegter Geschichten zu Erzählerfiguren. Auf der Illustration zum vierten Buch sind die drei Erzählungen der Minyastöchter mit der Gruppe der Erzählerinnen dadurch verbunden, dass sie auf den drei unteren Bildsektoren angeordnet sind, die bei der Gruppe der Erzählerinnen zusammenlaufen. Ähnliches gilt auf der Abbildung zum achten Buch von der Achelous-Grotte, in deren Nachbarschaft die dort erzählten Geschichten zu sehen sind.

Auf der Illustration zum fünften Buch überblickt die Erzählerin Urania die obere Bildhälfte, die den Inhalt ihres Gesanges darstellt. Ähnliches gilt von dem auch sonst analog konzipierten (und entsprechend illustrierten) zehnten Buch: Dort beherrscht der singende Orpheus den oberen Teil des Bildes, der die von ihm vorgetragenen Erzählungen umfasst. Ihm gegenüber sieht man auf einer höheren Ebene Venus, deren Gebärden den Bildsektor eingrenzen, in dem die von ihr erzählte Geschichte zu sehen ist. Hier hat der Illustrator das Verhältnis zwischen primärer und sekundärer Erzähleinlage präzise sichtbar gemacht. Umgekehrt wie in der Illustration zu Buch 4 sind hier zwei *obere* Sektoren der Abbildung der Rahmenerzählung gewidmet, wie dies auch der Anlage der jeweiligen Bücher entspricht.

Bei der Darstellung des Inhalts der Pythagorasrede im fünfzehnten Buch steht der Illustrator vor fast unüberwindlichen Schwierigkeiten, die er besonders geistreich löst: Er lässt Pythagoras auf den vom Tode erweckten Hippolytus deuten. Im Ovidtext besteht kein ausdrücklicher Zusammenhang zwischen den beiden Textpartien; der Illustrator stellt ihn her, um auf ein Grundthema der Pythagorasrede, die Unsterblichkeit der Seele, hinzuweisen.

3.16.8 *Juxtaposition von Hauptfiguren: Kontraste an Nahtstellen.* Hauptgestalten zweier aufeinander folgender Großteile erscheinen an den Nahtstellen nebeneinander (zum Teil unter Akzentuierung auch ethisch-thematischer Kontraste). An der Nahtstelle zwischen dem Cadmus- und Perseusteil setzt der Illustrator des vierten Buches die beiden Helden in räumliche Beziehung, um so den Übergang zu akzentuieren. Ähnliches gilt von der Abbildung zum dreizehnten Buch: Dort erscheint der Hauptheld des (nunmehr abgeschlossenen) iliadischen Teils, Achilles, unmittelbar vor Aeneas, der beherrschenden Gestalt der nun folgenden Partie des Werkes. Achilles ist in dem Augenblick dargestellt, da er ein Menschenopfer fordert, Aeneas umgekehrt in der Ausübung der *pietas*. Der ethische Kontrast ist vom Illustrator beabsichtigt. Hier verbindet sich wieder einmal die Akzentuierung eines formalen Einschnitts mit dem Hinweis auf einen inhaltlichen Gegensatz.

3.16.9 *Erhellung von Parallelen zwischen Büchern.* Der Vergleich der Abbildungen untereinander erlaubt die Feststellung von Parallelen zwischen verschiedenen Büchern in inhaltlicher Beziehung. Der soeben angedeutete Gegensatz von *impietas* und *pietas* bestimmt die Illustration zum dreizehnten, aber auch bereits zum ersten Buch. Venus beherrscht nicht nur den oberen Teil der Abbildung zum dreizehnten Buch (sie ist Mutter des Aeneas und Schutzgöttin der Liebenden), sondern sie ermöglicht auch auf der folgenden Illustration (und zwar an genau entsprechender Stelle) die Apotheose ihres Sohnes. Ihre abschließende Rolle für das Gesamtwerk (auf der Tafel zum letzten Buch) findet eine Entsprechung auf der Abbildung zum zehnten Buch, wo ihre Position (in der linken oberen Ecke), ähnlich wie in Buch 15, ihre dominierende Rolle unterstreicht.

Die Gestalt des Hercules betont die thematische Verbindung zwischen dem Mittelteil (Buch 9) und dem Schluss des Werkes.

Aufschlussreich ist auch ein Vergleich zwischen den Illustrationen zu Buch 5 und 10. Beide Bücher gipfeln in einem ausführlichen musischen Gesang, in den weitere Erzählungen eingeschachtelt sind. Der Hinweis auf die Technik der Rahmenerzählung ist auf beiden Abbildungen verwandt. Der Erzähler befindet sich jeweils in einer mittleren Position in der Nähe eines der seitlichen Bildränder, und der Inhalt seines Gesanges füllt die obere Region der Bildfläche. Auf beiden Illustrationen stellt in verschiedener Weise eine Göttergestalt eine Beziehung zwischen dem ersten und dem zweiten Hauptteil des Buches her: Auf der einen ist Minerva die verbindende Zentralfigur, auf der anderen Apollon.

3.17 Beitrag des Vergleichs mit dem Ovidtext zum Verständnis der Struktur und Intention der untersuchten Abbildungen (ikonologisch-hermeneutischer Aspekt)
    3.17.1 *Leserichtung*
    Anordnung der Mythen auf der Bildfläche; Kreis- und Schneckenform. Die Abbildung zum sechsten Buch lässt sich am einfachsten als Kreisform im Uhrzeigersinn lesen: Der Beginn liegt rechts oberhalb der Mitte bei Minerva, hierauf folgen Niobe, die lykischen Bauern, Marsyas, die Tereusgruppe und Boreas. Auf dieser Abbildung steht Latona als dominierende Göttin im Zentrum.

Die Abbildung zu Buch 7 jedoch ordnet den Stoff ebenfalls im Wesentlichen auf einer Kreisbahn, jedoch entgegen dem Uhrzeigersinn an. Dieser große Kreis erhält dadurch zusätzlichen Schwung, dass er von einem kleinen (links von der Mitte) in Gang gesetzt und von einem weiteren (rechts von der Mitte) unterstützt wird. Im Unterschied zu der Abbildung zu Buch 6 befinden sich hier in der Bildmitte nur Nebenfiguren.

Die Kreisbewegung auf der Abbildung zum ersten Buch geht, nachdem die Peripherie im Uhrzeigersinn abgeschritten ist, in eine schneckenartig einwärts gebogene Linie über. Der zweite Teil des Buches ist auf einer neu ansetzenden Kurve angeordnet.

Ähnlich verhält es sich mit der Tafel zum zweiten Buch: Zunächst wandert das Auge von rechts oben im Uhrzeigersinn rings um das Bild, bis über das zweite Drittel der Höhe; daran schließt sich für die Schlussgruppe (Aglauros und Europa) eine selbständige, gegenläufige Kurve an.

Hintereinander angeordnete waagrechte Linien. Zickzack und Boustrophedon. Auf der Abbildung zum dritten Buch wird der Blick des Betrachters auf einer Zickzacklinie geleitet; allerdings bildet diese Linie eine interessante Schleife an dem thematisch bedeutsamen Punkt, der das Schlangenpaar darstellt.

Der untere Teil der Illustration zum vierten Buch ist ebenfalls auf einer Zickzacklinie angeordnet; der oben anschließende Perseusteil bildet einen kleinen Kreis. Auch die Tafel zum fünften Buch folgt grundsätzlich dem Prinzip des Boustrophedon. Der Inhalt des Musengesanges bildet eine eigene Schlangenlinie, die sich von der rechten Mitte aufwärts, dann links über das Bild, weiter wiederum nach rechts, schließlich aufwärts und nochmals nach links windet.

Einheitlich von rechts nach links oder von links nach rechts. Besonders schematisch ist in dieser Beziehung die Illustration zu Buch 9: Die links von der

Diagonale übereinander angeordneten Hercules-Szenen sind (mit Ausnahme der letzten) durchweg von rechts nach links zu lesen, während die im rechten Dreieck dargestellten Frauenschicksale von links nach rechts orientiert sind. In den meisten anderen Fällen bevorzugen die Illustratoren jedoch mehr Abwechslung in der Leserichtung.

3.17.2 Abweichungen der Illustratoren von der Abfolge der Mythen im Ovidtext. Zusammenstellung von Mythen, in denen dieselbe Person auftritt. Auf der Abbildung zum vierzehnten Buch sind die Mythen um Circe abweichend von Ovids Text zusammengefasst. Ähnliches gilt von den Sagen um Aesculap auf der Illustration zu Buch 15.

Gruppierung von Mythen unter systematischen (naturphilosophischen oder politischen) Gesichtspunkten. Im neunten Buch sind die Erzählungen von Byblis, Dryope und Iphis übereinander gruppiert, wahrscheinlich um die Stufenordnung der Naturreiche sichtbar zu machen: Wasser, Baumverwandlung, Geschlechtsverwandlung.

Auf der Illustration zum fünfzehnten Buch stellt der Graveur den Republikaner Cipus neben die Ermordung Caesars und übt auf diese Weise Kritik an Caesars monarchischen Gelüsten. Ovid hatte sich gehütet, dies in direkter Form zu tun.

Kompliziertere Formen der Anordnung (z.B. das Labyrinth). Auf der Tafel zum achten Buch (mit der hilfreichen Inschrift *Labyrinthus*) findet man sich nur zurecht, wenn man das komplizierte System der Orientierungsmittel zu lesen versteht. Genannt seien: Armbewegung und Körperhaltung, Blickkontakt oder das Gegenteil, Größenverhältnisse der Figuren, Linien der Landschaft.

3.17.3 Bezeichnende Auslassungen auf den Abbildungen. Auf der Abbildung zu Buch 13 wird besonders viel grausames Detail unterdrückt, das der ältere Illustrator von 1683 dargestellt hatte: Polydorus' Tod, Polymestors Blendung, Polyxenas Opferung. Auch Hecubas Hundeverwandlung wurde wohl als unwürdig ausgeschieden. Beachtung verdient auch die Tatsache, dass die Illustratoren in dem vorliegenden Werk nicht bereit sind, Ovids Beschreibungen von Kunstwerken nachzubilden. Sinn fürs Wesentliche verbietet ihnen zumeist, sich in illustrativen Einzelheiten zu verlieren. Auf der Tafel zu Buch 1 wird Python ausgelassen; dies unterstreicht die Gliederung des Buches in zwei disparate Teile. Auf der Abbildung zu Buch 11 fehlt die Bestrafung der Mänaden durch Bacchus; ihre Darstellung hätte den Kontrast zwischen dem Sieg der dionyischen Musik (Orpheus' Tod) und der apollinischen (Phoebus und Pan) verdunkelt. Ein besonderer Verlust ist die Auslassung von Hercules' Geburt auf dem Bild zu Buch 9;[16] dadurch verschwindet der entscheidende Einfall Ovids, die Geburt auf den Tod folgen zu lassen.

3.17.4 Bezeichnende Zusätze der Illustratoren. Von thematischer Bedeutung sind Götterdarstellungen: So tritt Amor nicht nur auf der Illustration zum ersten

Buch als Beherrscher des zweiten (erotischen) Buchteils auf, sondern auch auf der Abbildung zum zweiten. Ebenso erkennt der Illustrator zu Buch 13 die maßgebliche Rolle der Venus, besonders für die Schlusspartie, und fügt deshalb eine Darstellung des Parisurteils ein, die keinen unmittelbaren Anhalt im ovidischen Text hat, aber dessen Thematik zutreffend beleuchtet.

Eher spielerisch sind Wiederholungen der Hauptereignisse durch untergeordnete Figuren, die als Rahmen dienen: Auf der Abbildung zu Buch 7 und 11 sind vom Illustrator Hunde eingeführt, die sich auf ihre Weise für ihren Herrn einsetzen. Auf dem zuletzt genannten Bild erfreut den Betrachter eine ironische Parallele zwischen einem kletternden Mann und einem apokryphen Eichhörnchen.

3.17.5 *Bezeichnende Umakzentuierungen durch die Illustratoren.* Der Illustrator des 13. Buches drängt Grausames und Abstoßendes zurück. Auf der Abbildung zu Buch 6 leidet Niobes Anmut und Würde in keiner Weise dadurch, dass sie sich auf der Flucht befindet und schon fast alle ihre Kinder verloren hat. Ihr Gesicht zeigt ebensowenig wie das Latonas Spuren des Zorns. Der Weltschöpfer (Buch 1) erinnert in seiner Erscheinung an christliche Gottvaterdarstellungen; die Unterweltsdämonen, die sich Eurydices annehmen (Buch 10), gleichen christlichen Teufeln, Orpheus spielt kein antikes Instrument, sondern Violine, auch die meisten Musen haben neuzeitliche Instrumente. Dennoch gelingt es den Illustratoren, den Kontrast zwischen Aulodie und Kitharodie (Buch 11) überzeugend ins Bild zu setzen.

3.17.6 *Mnemotechnische und didaktische Aspekte.* Ganz offenkundig ist der Nutzen der hier erstmals systematisch untersuchten Abbildungen als Gedächtnisstütze. Ihre genaue Einordung in den Zusammenhang der seit der Renaissance wieder entdeckten Mnemonik sei den Kennern der Geschichte dieser edlen Kunst ans Herz gelegt. Deutlich ist schon jetzt so viel: Die kollektiven Abbildungen ermöglichen es, sich den Inhalt jedes Buches mühelos zu vergegenwärtigen. Sie sind jedoch weit mehr als nur eine mechanische Gedächtnisstütze, machen sie doch formale und thematische Verbindungen in großer Zahl sichtbar. Es handelt sich um eine Mnemonik, die Form und Inhalt strukturiert. Eine Gedächtniskunst also, die auf einer Kunst des Verstehens beruht und verschüttete hermeneutische Zugänge wieder offenlegt.

Für eine angemessene Interpretation der Einzelerzählung ist zumindest ein Überblick über das jeweilige Buch erforderlich; Abbildungen bieten hier wesentliche Interpretationshilfen. Erleichtern sie doch die Herausarbeitung dominierender Themen und Gestalten im Zusammenhang der *Metamorphosen* und die Einordnung der jeweils gründlicher gelesenen Einzelerzählung in den Gesamtkontext des Werkes. Insbesondere sind die Abbildungen ein nützliches Hilfsmittel, das den Überblick erleichtern und die kursorische Lektüre vertiefend begleiten kann. Darüber hinaus können die Abbildungen als Anregung zu einem kritischen Vergleich mit dem Ovidtext dienen: Auslassungen und Zusätze der Illustratoren lassen sich als Hinweise auf ihre Art der Ovidrezeption lesen. So wird eine Kritik dieser Ovidrezeption möglich: sei es aus der Kenntnis des Ovidtextes oder aufgrund des heutigen Forschungsstandes zu Ovid.

Das gleiche Vorgehen ist auch unter umgekehrtem Vorzeichen möglich (Antikritik). Die Illustrationen können als Anregung zu einer kritischen Auseinandersetzung mit der Ovidforschung dienen: Inwiefern wird das gängige Bild von Ovids *Metamorphosen* durch ein Studium der Illustrationen bereichert? Das vorliegende Buch versucht mehrfach, hierzu Hinweise zu geben.[17]

LÄNGSSCHNITTE

4 Götter und Religion: Bacchus und Venus[18]

Abgesehen von dem ersten und dem letzten Buch, in denen auch die Philosophentheologie (der Demiurg als Weltschöpfer) und die politische Theologie (z.B. Caesar und Augustus) erscheinen, sind Götter in den *Metamorphosen* ganz überwiegend Gottheiten des Mythos. Da der Mythos den Römern bereits in literarischer Formung vorlag, liegt es nahe, mit Richard Heinze anzunehmen, die Behandlung der Götter sei für Ovid weniger eine Glaubens- als eine Stilfrage.[19] In der Tat ist die Götterdarstellung bei ihm jeweils von unterschiedlichen literarischen Gattungstraditionen (Epos, Tragödie, Elegie) und auch von Einflüssen der Bildenden Kunst geprägt. Dennoch wäre es verfehlt, den Göttern jede inhaltliche Bedeutung abzusprechen.

Von Bedeutung sind dabei folgende Aspekte: Götter als Urheber der Verwandlungen (*met.* 1, 2), Götter als Inspiratoren der Dichtung (*met.* 10, 148; 15, 622), vor allem aber Gottheiten der Liebe. Hinzu treten die in der varronischen Dreiteilung (bei Augustinus, *civ.* 6, 5) nicht vertretenen Mysteriengötter, besonders Bacchus (Dionysos), Ceres (Demeter) und Isis.

Die varronische Dreiheit von philosophischer, politischer und mythischer Theologie trägt auch nichts zur Erklärung von Ovids *historischem* Ansatz bei. Und doch konfrontiert dieser Dichter seine Leser nicht nur mit von Göttern bewirkten Verwandlungen, sondern auch mit Wandlungen der Gottesvorstellung und mit dem Erscheinen unterschiedlicher Götter im Laufe der Geschichte. Hier beschränken wir uns auf zwei Gottheiten, deren Bedeutung für Ovid besonders aufschlussreich zu sein scheint: Bacchus und Venus.

Was das Verständnis von Religion betrifft, so schimmern auch bei der Darstellung griechischer Mythen römische Züge durch, so der *horror sacer* beim Betreten einer heiligen Stätte (6, 327 f.). An römische Vorstellungen wie *Aius Locutius* erinnert die anonyme Stimme, die Cadmus nach der Tötung des Drachens hört (3, 96-98). Es entspricht überhaupt römischer Mentalität, wenn Ovid die grenzenlose *Macht* der Götter hervorhebt und ihren Willen, der alsbald zur Tat wird (8, 619). Römisch ist ferner die Projektion politischer, juristischer und militärischer Verhaltensweisen auf den Olymp und die Überzeugung, dass der Vergleich zwischen Jupiter und Augustus den obersten Gott nicht herabwürdigt, sondern für diesen einen Zuwachs an historischer Realität bedeutet. Unnötig zu betonen, dass römische Werte wie *pietas* bei der Beurteilung mythischer Gestalten einfließen (z.B. 7, 339; 10, 321; 366). Römisch ist nicht zuletzt das Streben nach persönlicher Verewigung (Apotheose). Eine seltene, bisher zu wenig beachtete Textsorte ist dabei der Apotheosen-Bericht in Ich-Form[20]. Besonderes Augenmerk verdient überhaupt die Verwendung der Formenwelt religiöser Sprache in den *Metamorphosen*. Von den zahlreichen Beispielen der Hymnen und Gebete sei nur eines hier erwähnt, das ererbte Formen ausschöpft und zugleich dem Kontext der *Metamorphosen* angepasst ist. Das Gebet, das die *Metamorphosen* abschließt (15, 861-870) ist eine Fürbitte für den Herrscher. Es steht in einer sakralen und poetischen Tradition, wie man sie aus Vergils *Georgica* (1, 498 f.) kennt. Doch ist alles auf den neuen Zusammenhang bezogen: Ovids Liste der römischen Götter ist hier durch das zweimal vorkommende Adjektiv *Caesareus* (15, 864 f.) mit der Person des Princeps verbunden. Die Anrufung der Penaten des Aeneas (15, 861) bringt den vorletzten Teil des Werkes (13, 623-14,608) in Erinnerung. Mars und Quirinus gemahnen an das anschließende Schlussstück des 14. Buches (805-851). Nur Vesta kommt sonst in den *Metamorphosen* nicht vor[21]; sie wird hier wegen ihrer engen Verbundenheit mit Augustus und dem Staatskult genannt. Die beiden anderen Schutzgötter des Princeps – Phoebus und Jupiter – sind schon im ersten Buch der *Metamorphosen* ausdrücklich mit Augustus in Verbindung gebracht. So deutet Ovid in seinem scheinbar ganz römisch-konventionellen Schlussgebet durch die Götternamen auch Strukturelemente seines Werkes an. Im Folgenden werden Bacchus und Venus in ihrer strukturellen Bedeutung für das Werk untersucht, was noch nicht geschehen zu sein scheint.

4.1 Bacchus
Bacchus, dessen Kult in Rom lange bekämpft worden ist, hat in den *Metamorphosen* eine bevorzugte Stellung inne. Über eine längere Strecke kommt ihm in den Büchern 3 und 4 eine führende Rolle zu. Steht er doch hier im Mittelpunkt eines Hauptteils der *Metamorphosen*, nämlich des auf Cadmus bezogenen thebanischen Teils. Auch später kehrt er an wichtigen Stellen wieder (Buch 11 und 13). Bacchus ist eng mit seiner Geburtsstadt Theben verbunden, einer Polis, die – wie im letzten Werkdrittel Rom – den Schutz von Venus und Mars genießt (3, 131 f.; vgl. 14, 805-828 Mars und 14, 581-608 Venus). Bacchus ist ein Nachkomme der Venus, wie später Caesar. Im ersten Werkdrittel geht es um Venus' Sohn Amor und seine Weltherrschaft, im letzten um ihren Sohn Aeneas, der das römische Weltreich begründet[22]. Die Parallele zwischen mythischen und historischen Ereignissen wie auch zwischen Theben und Rom ist für das Verständnis des Bacchus bei Ovid wichtig.

In den *Metamorphosen* ist Bacchus der erste Gott, der als Sohn einer Sterblichen auf Erden wirkt. Diesem ‚neuen' Gott, der sich so spürbar von dem bisher in Theben verehrten kriegerischen Mars unterscheidet, verweigert Pentheus die Aufnahme in die Polis. Der Tod dieses Herrschers von der Hand rasender Mänaden ist die Strafe dafür. Im Laufe der *Metamorphosen* lassen sich verschiedene Wandlungen des dionysischen Taumels beobachten: der echte bacchische *furor* der Agaue, die ihren Sohn Pentheus tötet (3, 701-733); der von Juno erregte Wahnsinn der Ino, die nur in ihrer Geistesverwirrung Bacchus anruft (4, 523)[23]; schließlich das vorgetäuschte dionysische Rasen der Procne, die Philomela befreien und rächen will (6, 587-600). Stufenweise steigt der Affekt aus dem göttlichen in den rein menschlichen Bereich herab. Aus einem richtenden Gott entwickelt sich Bacchus in den späteren Büchern zu einem erlösenden: Er straft die Mänaden für die Ermordung des Orpheus und greift helfend in das Schicksal des reumütigen Midas und der tapferen Aniustöchter ein[24]. Die Zuordnung des Orpheus zu Bacchus ist umso auffälliger, als der Sänger durch seine Herkunft von der Muse Calliope eigentlich in den Umkreis Apollons gehört. Wie man aus der Exildichtung weiß, ist Bacchus der Gott, dem Ovid und sein Dichterkreis besondere Verehrung zollen[25]. Die Parallele zwischen dem Venusenkel Bacchus und dem Venusenkel Caesar, wie sie in den *Metamorphosen* intendiert ist, hat sich für Ovid selbst als trügerisch erwiesen. Bacchus hat zwar Orpheus Gerechtigkeit widerfahren lassen, Augustus aber Ovid nicht.

In dem Labyrinth der *Metamorphosen* finden sich mehrere fesselnde Auslegungen der Bacchusgestalt: Als Nachkomme von Mars und Venus präfiguriert er Caesar, so wie Theben denselben Gottheiten untersteht wie Rom. Andererseits ist Bacchus aber ein Gott der Mysterien und der Dichter und weist damit weit über den Bereich des Politischen hinaus. Wenn Ovid Mysteriengötter wie Bacchus und Isis mit spürbar größerem Respekt behandelt als die Olympier, so liegt der Grund dafür nicht allein in der Rücksicht auf die Gefühle seiner Leserinnen und Leser, die diesen damals zum Teil verfolgten Kulten ergeben waren, sondern es behauptet sich darin auch sein Glaube an sein schöpferisches *ingenium* und an die Gemeinschaft, welche die Begeisterung für Poesie zwischen Gleichgesinnten zu stiften vermag. So zeigt sich, dass die Behandlung der Götter für Ovid doch mehr ist als nur eine Stilfrage. Von ihrer Darstellung fällt Licht auf den schwer durchschaubaren Aufbau des Werkes, auf Ovids Interpretation von Mythos und Geschichte, nicht zuletzt aber auch auf diejenigen Lebensmächte, die ihm wohl am meisten bedeuten: die Liebe, die Kunst und das dichterische *ingenium*.

4.2 Venus in der ersten Pentade

Noch bedeutender ist die Rolle der Liebesgottheiten in den *Metamorphosen*. Lange bevor Venus selbst auftritt, erscheint Cupido, und zwar am Anfang des im engeren Sinne mythischen Teils. Er ist ein zürnender Gott (vgl. 1, 453 *saeva Cupidinis ira* „der grausame Zorn des Cupido"). Dem siegreichen Phoebus, der ihn kränkt und herausfordert, antwortet der Liebesgott stolz als *filius Veneris* (1, 463), also gewissermaßen als Amtsträger im Besitz der mütterlichen Vollmacht.

Der Titel weist nicht auf Sanftmut, sondern auf Würde und Strenge hin. In der Konfrontation mit Apollo erweist sich Cupido als der Überlegene. Es ist bemerkenswert, dass Ovid diesen Akzent schon im ersten Buch setzt – und dies, obwohl (oder gar: weil?) Phoebus der Schutzgott des Augustus ist (vgl. 560 ff.). Bereits in der ersten Liebeserzählung der *Metamorphosen* erscheint also eine Liebesgottheit als zürnende und strafende Macht[26].

Auffälligerweise spielen Venus und Amor in den hierauf folgenden Episoden von Io, Syrinx, Phaëthon, Callisto, Coronis, Aglauros und Europa keine Rolle, obwohl es sich zumeist um Liebesgeschichten handelt. In Io und Callisto verliebt sich Jupiter auf den ersten Blick; ebenso ergeht es Mercur beim Anblick der schönen Herse. Der Anfang von Apollons Liebe zu Coronis wird nicht beschrieben, und auch Jupiters Leidenschaft für Europa ist bereits zu Beginn der Erzählung vorausgesetzt. In all diesen Fällen ist die Werbung des Gottes auch von Erfolg gekrönt, während es zur Erklärung von Apollons Zurückweisung durch Daphne einer überirdischen Motivation bedarf; ist es doch für einen Gott ehrenvoller, dem Zorn eines anderen Himmlischen und nicht etwa der Laune einer Spröden zum Opfer gefallen zu sein.

Nach 1, 463 wird Venus erst wieder 3, 132 genannt. Abermals dient ihr Name dazu, die Würde eines anderen zu erhöhen: Cadmus kann als glücklich gelten, weil Mars und Venus seine Schwiegereltern sind. Hier ist Venus wie im ersten Buch eine hoheitsvolle Gestalt, die im Hintergrund bleibt. Ganz andersartig wirkt die Erwähnung der Venus in Semeles verhängnisvoller Bitte an Jupiter, sich ihr so zu schenken, wie Juno ihn umarmt, wenn sie den Bund der Venus schließen (3, 282-285). Hier ist nicht an Venus als Person gedacht, sondern an das Reich der Liebe, das ihr untersteht. Diese Stelle (vgl. auch 3, 323 und 4, 260) bereitet das erste Auftreten der Venus als Handelnde vor, von dem bald die Rede sein soll.

Es überrascht, dass in der Narcissus-Geschichte die strafende Gottheit nicht Venus, sondern Nemesis (*Rhamnusia* 3, 406) ist. Bei der Besprechung des letzten Teils der *Metamorphosen* wird dieser Aspekt näher zu erläutern sein (S. 93 f.). In der Erzählung von Pyramus und Thisbe kommen zwar die Stichwörter *amor* und *amans* häufig vor, aber keine entsprechenden Gottheiten. Die Motivation ist psychologisch (*tempore crevit amor* „mit der Zeit wuchs die Liebe" 4, 60). Diese Episode bildet als rein menschliches Geschehen einen kontrastierenden Hintergrund für die folgenden Göttermythen.

In den Erzählungen der Minyastöchter ist, ähnlich wie in der Geschichte von Apollo und Daphne, die Verliebtheit des Sonnengottes durch den Zorn einer gekränkten Liebesgottheit – diesmal der Venus – motiviert. Venus und Mars[27] werden zusammen genannt wie im vorhergehenden Buch (3, 132); doch jetzt hat sich das Paar aus würdevollen Schwiegereltern zu jugendlichen Ehebrechern zurückentwickelt. Sinnigerweise wird Venus hier – bei ihrem ersten persönlichen Auftreten in den *Metamorphosen* – im Vollzug der ihr eigentümlichen Funktion gezeigt: als Göttin der sinnlichen Liebe (4, 169-189). An derselben Stelle aber –

und dies ist für die Liebesgötter in den *Metamorphosen* seit ihrer ersten Erwähnung charakteristisch – erscheint sie auch als gekränkte, zürnende und strafende Gottheit. Wie Cupido in dem Augenblick der Rache mit einer Bezeichnung versehen worden war, die seinen Rang unterstrich (1, 463), so wird Venus jetzt nach einem bedeutenden Kultort der Aphrodite Urania benannt (4, 190 *Cythereia*)[28]. Ovid steigert auf diese Weise die Würde der gekränkten und strafenden Gottheit.

So finden wir beim ersten Auftreten bereits ihre beiden Hauptfunktionen anschaulich dargestellt. Die strafende Venus bildet ein Pendant zum rächenden Amor im ersten Buch (1, 452-476); in beiden Fällen ist Phoebus (Sol) das Opfer. Die sprachliche Stilisierung weist in die gleiche Richtung: Der Ausdruck *memorem poenam* („eine Strafe, die kein Vergessen kennt" 4, 190) erinnert an die *memor ira*, Junos „Zorn, der ein gutes Gedächtnis hat" (Verg. *Aen.* 1, 4). Venus erhält somit den Rang einer zürnenden Himmelsgöttin.

Die letzte Erzählung der Minyastöchter handelt von einem Sohn der Venus, Hermaphroditus. Wenn die Nymphe Salmacis diesen Knaben für Cupido hält (4, 321), ist sie also gar nicht so weit von der Wahrheit entfernt. In der Episode von Hermaphroditus treten seine göttlichen Eltern nicht sichtbar in Erscheinung; sie erfüllen nur zum Schluss die Bitte ihres Sohnes, den Teich, der ihm Unheil brachte, zu verwünschen. Wieder strahlt die Bezeichnung für unsere Göttin hieratische Feierlichkeit aus (*diva Cythereide* 4, 288).

In der Geschichte von Athamas und Ino setzt sich Venus bei Neptun für ihre unglückliche Enkelin ein und erwirkt deren Apotheose. Gegen Ende des Werkes wird dem Leser bei der Apotheose Caesars wieder eine gütige, mütterliche Venus begegnen. Dieser Zug tritt indessen aufs Ganze gesehen bei Ovid weniger hervor als bei Vergil (in dessen *Aeneis* Venus geradezu den gnadenvollen Aspekt der Gottheit verkörpert)[29]. Strukturell ist das Eingreifen der Göttin an dieser Stelle ein Seitenstück zu ihrer Erwähnung nach der ersten Cadmus-Geschichte. Hier wird unmittelbar die zweite Cadmus-Erzählung folgen und den Kreis der thebanischen Sagen schließen.

Diese Beobachtungen zur Funktion der Venus und der Liebesgötter lassen also einen Zusammenhang erkennen, der von der Mitte des ersten bis in das vierte Buch reicht. Es durchkreuzen sich Liebesgeschichten mit dem thebanischen Mythenkranz, in dessen Mittelpunkt Bacchus steht. Dabei bildet das Geschehen um Cadmus (2, 833 – 4, 606) einen in sich geschlossenen Komplex; zugleich finden jedoch die erotischen Episoden (1, 452-746 und 2, 401-875) ihre Spiegelung in den Einlagen des Cadmus-Teils (Narcissus; Erzählungen der Minyastöchter) und sogar in der Haupthandlung: In der Semele- und in der Tiresias-Geschichte erscheint das Stichwort Venus an bedeutsamen Stellen (3, 294 und 3, 323). So steht unsere Göttin in mehrfacher Beziehung im Hintergrund auch des Bacchus-Teils: als Schwiegermutter des Cadmus, Mutter des Hermaphroditus und Göttin einer Liebe, deren übermenschliche Größe Semele einen Gott gebären lässt und in deren Geheimnisse Tiresias doppelt – als

Mann und als Frau – eingeweiht war. Das Strafgericht, das Bacchus an Pentheus, dem rückständigen Vertreter der Staatsgewalt, vollzieht, wird umrahmt von zwei Bestrafungen des Phoebus (bzw. des Sonnengottes) durch Cupido und Venus. Im vierten Buch offenbart sich Venus ähnlich wie Bacchus[30] im dritten (3, 658-691). Die Liebesgöttin steht im Hintergrund der Haupthandlung und der Einlagen des thebanischen Teils. Ihr Name stellt Zusammenhänge zwischen Haupt- und Nebenhandlung her und schlägt die Brücke zur Daphne-Geschichte des ersten Gesanges. Venus zeigt sich innerhalb ein und desselben Buches (4) unter drei verschiedenen Aspekten: als verkörperte Sinnlichkeit, als strafende Urania und als erlösende Mutter.

Nachdem im ersten und im vierten Buch Amor und Venus getrennt gehandelt haben, treten sie im fünften vereint auf. Venus wird als Erycina eingeführt – nicht nur, weil Sizilien der Schauplatz ist, sondern auch weil der Kultort ihren hohen Rang hervorhebt. In feierlichem Gebet wendet sie sich an ihren Sohn, der (wie im ersten Buch) zuerst Cupido (366), dann Amor (374) heißt. Die Betonung der Stärke seiner Waffen erinnert an die Worte, die er (1, 463 ff.) an Phoebus gerichtet hatte. In der vorliegenden Rede der Venus geht es eindeutig um Machtverhältnisse. Diesmal handelt es sich nicht um eine unmittelbare Rache- oder Strafaktion der Liebesgöttin, obwohl sie versucht, ihren Anschlag auf Pluto zu begründen, indem sie anderen Gottheiten die Schuld zuschiebt. Minervas und Dianas Jungfräulichkeit werden als Provokation gedeutet, um den Angriff auf Proserpina, die angeblich auch von Ehelosigkeit träumt, als Präventivschlag zu entschuldigen. Im fünften Buch, mit dem die erste Pentade schließt, wird also der Rechtsanspruch der Venus auf das letzte Drittel des Kosmos, die Unterwelt, ausgedehnt. Die göttliche Machtfülle verbirgt sich nur zum Teil hinter demütigen Bitten; am Ende der Rede tritt sie klar in Erscheinung (5, 379): *iunge deam patruo! Dixit Venus* „verbinde die Göttin mit ihrem Oheim!" Der schmucklosen Kürze des Befehls entspricht die schlichte Bezeichnung der Liebesgöttin mit ihrem bloßen Namen. Nach der langen Rede wirkt dieser abrupte Schluss besonders nachdrücklich[31].

4.3 Venus in der zweiten Pentade
Nach dieser Manifestation ihrer Gewalt über die Unterwelt wird Venus längere Zeit nicht mehr erwähnt: Alphëus verliebt sich in Arethusa ohne göttliches Zutun. In den Erzählungen von bestraften Frevlern (Buch 6) ist kein Raum für Liebesgötter; aber auch Tereus mit seiner barbarischen Leidenschaft steht Venus fern, und der Windgott Boreas bedarf keiner göttlichen Hilfe, um Orithyia zu rauben. Medeas Liebe zu Iason kommt, anders als bei Apollonios, ohne den Pfeilschuss des Eros zustande; doch fühlt Medea, dass in ihr „der größte Gott" waltet (7, 55 *maximus intra me deus est*). Wenn sie durch ihre Rede zunächst „Cupido in die Flucht schlägt" (7, 73), so ist dieser hier nicht als handelnde Person, sondern als Verkörperung des Affekts gesehen. Die Gottesauffassung ist

4 GÖTTER: BACCHUS UND VENUS

an dieser Stelle von römischer Innerlichkeit und römischem Sinn für Macht geprägt. Die Tragödie von Cephalus und Procris kommt ohne Liebesgottheiten aus. Gleiches gilt von Scylla und auch von Meleager. So handeln die Bücher 6-8 überwiegend von rein menschlicher Qual und Leidenschaft.

Mit dem neunten Buch bahnt sich ein Wandel an. Innerhalb einer Reihe von Göttern erscheint Venus (9, 424 f.) mit der Bitte um Verjüngung des Anchises[32]. Byblis ist die erste Sterbliche in den *Metamorphosen*, die Venus und Cupido namentlich anruft (9, 482). Der Zusammenhang zeigt, dass hier Venus als Göttin der sinnlichen Liebe gemeint ist. In ihrem Brief fühlt sich Byblis von einem großen Gott besiegt (9, 543-546): *pugnavique diu violenta Cupidinis arma / effugere* ..."und ich habe lange darum gerungen, den übermächtigen Waffen Cupidos zu entfliehen". Hierher gehört auch 9, 624 f.: *vel certe non hoc, qui plurimus urget et urit / pectora nostra deo, sed victa libidine credar* „dass man von mir glaubt, nicht dieser Gott, der mich unablässig drängt und verbrennt, sondern Wollust habe mein Herz besiegt". Venus wird trotz dieser Differenzierung unter dem Aspekt der Leidenschaft gesehen und mit ihr identifiziert (9, 553): *conveniens annis Venus[33] est temeraria nostris* „zu unseren Jahren passt unbesonnener Venusdienst." Für Byblis' Verhältnis zu den Liebesgottheiten ist der Mänadenvergleich von Bedeutung. Sie ist von einem Gott erfüllt wie die Anbeterin des Dionysos (vgl. 9, 641-644). Auf der Hochzeit von Iphis und Ianthe – die durch ein Wunder der Isis[34] zustande kommt – erscheint Venus (9, 796) zusammen mit Hymenaeus und Juno. Durch Erwähnung der Venus am Ende des neunten Buches weist Ovid auf eine Hauptgottheit des folgenden Gesanges hin. Zu solcher ‚Auftakt-Technik' gehört auch, dass ein Sohn der Venus, Hymenaeus, die Brücke zwischen den Büchern schlägt[35].

Im fünften Gesang war Plutos Liebe zu Proserpina durch Amors Pfeilschuss gestiftet worden. Im zehnten, dem letzten Buch des zweiten Werkdrittels, beruft sich Orpheus ausdrücklich hierauf (10, 25-29): *posse pati volui, nec me temptasse negabo: / vicit Amor.[36]supera deus hic bene notus in ora est. / An sit et hic, dubito; sed et hic tamen auguror esse / famaque si veteris non est mentita rapinae / vos quoque iunxit Amor[37]*. „Ich wollte, ich könnte es ertragen, und ich will nicht leugnen, dass ich es versucht habe, aber Amor hat gesiegt. In der Oberwelt ist dieser Gott wohlbekannt; ob er es auch hier ist, weiß ich nicht, aber ich vermute doch, dass man ihn auch hier kennt. Und wenn die Kunde von dem einstigen Raub nicht trügt, hat auch euch Amor verbunden." So verweist Ovid im letzten Buch der zweiten Pentade durch ein Selbstzitat auf den letzten Gesang der ersten Fünfergruppe zurück. Dabei spielen die Liebesgötter eine wichtige Rolle. Von Amor inspiriert, ist Orpheus in die Unterwelt hinabgestiegen. Liebe lässt ihn auch das Verbot des Zurückblickens übertreten (10, 57 *flexit amans oculos* „voll Liebe wandte er den Blick"). Nachdem Eurydice endgültig verloren ist, meidet Orpheus alle Frauenliebe (*femineam Venerem* 10, 80) und wird zum Entdecker der Päderastie. Die folgenden Erzählungen behandeln zunächst dieses

Thema, und zwar bezogen auf Phoebus[38] und Jupiter[39]. (Das Auftreten gerade dieser Götter erinnert an das erste Buch).

In den anschließenden Geschichten ist Venus die Hauptperson, und zwar fast immer als Rächerin: Sie bestraft die Cerasten für Ritualmord an Fremden und die Töchter des Proetus dafür, dass sie Venus nicht als Gottheit anerkennen. Die Strafe ist Prostitution, der Verlust der Schamröte und schließlich Versteinerung. Hier handelt Venus an Menschen. Sie selbst führt Verwandlungen herbei. Dies wurde in den *Metamorphosen* bisher nicht ausdrücklich gesagt. Hatte sie sich in Buch 5 gelegentlich in einen Fisch verwandelt (5, 331; vgl. auch 4, 45) und in der Hermaphroditus-Geschichte (zusammen mit Mercur) die Eigenschaften eines Gewässers verändert, so waren dies keine sichtbaren Metamorphosen (die Götter, die den Hermaphroditen entstehen lassen, bleiben anonym). Venus bewirkt Inos Apotheose nicht selbst, sondern erfleht sie von Neptun. In Buch 9 bittet sie vergeblich um Verjüngung des Anchises (9, 425). Erst im zehnten Buch beweist sie ihre verwandelnde Kraft auch an der äußeren Gestalt von Menschen: Pygmalion betet zu Venus und wird von ihr erhört. Sie haucht seiner Statue Leben ein und schenkt dem neu entstandenen Mädchen Fruchtbarkeit. Ein kontrastierendes Beispiel ist Hippomenes. Venus unterstützt ihn tatkräftig bei seiner Werbung um Atalanta. Doch er vergisst, der Göttin den schuldigen Dank abzustatten. Zur Strafe verführt sie die ungeduldigen Liebenden, ein Heiligtum der Göttermutter zu entweihen (10, 689 f.), und die beleidigte Cybele leiht ihnen Löwengestalt. Am Ende des zweiten Werkdrittels verwandelt Venus den toten Adonis in eine Blume.

In diese Gruppe von Metamorphosen, die im Zusammenhang mit Venus stehen, fügt sich die Geschichte von Myrrha genealogisch ein: Myrrha ist die Urenkelin Pygmalions und seiner geliebten Statue. Die verhängnisvolle Identifikation des Vaters mit dem Liebhaber ist also (obwohl Ovid dies nicht eigens unterstreicht) in der Pygmalion-Erzählung gewissermaßen vorprogrammiert. Ist nicht Pygmalion zugleich Vater und Gemahl des elfenbeinerenen Mädchens[40]? Außerdem besteht eine enge Verbindung mit der folgenden Sage: Myrrha ist die Mutter des Adonis. In ihn verliebt sich Venus, da Amor sie versehentlich mit einem Pfeil gestreift hat. So verletzt Cupido im ersten Buch Apollo, im fünften Pluto, im zehnten Venus selbst. Die Göttin zeigt sich hier als strafende und verwandelnde Gottheit auf dem Gipfel ihrer Macht. Doch als Liebende ist auch sie zur Ohnmacht verurteilt.

4.4 Venus in der dritten Pentade
Wie zu Beginn der zweiten Pentade so tritt auch am Anfang des letzten Werkdrittels Venus zurück. Im elften Buch erscheint sie nur metaphorisch als Liebeslust[41]. Für die Ceyx-Geschichte, die von Liebe zwischen Eheleuten handelt, ist nicht Venus, sondern Juno zuständig (11, 578). Auch bei der schicksalhaften Begegnung von Peleus und Thetis wirkt Venus nicht mit. Der

Besuch zweier Olympier bei Chione zählt zu den Fällen erfolgreicher Götterliebe, in denen es keiner besonderen Liebesgötter bedarf.

Noch weniger überrascht es, dass der Trojanische Krieg im zwölften Gesang (eine Katastrophe wie im zweiten Buch des ersten Werkdrittels der Weltbrand und im zweiten Gesang der zweiten Pentade [Buch 7] die Pest) ohne erotische Gottheiten auskommt (wie auch die tragischen Ereignisse um Hecuba und Memnon)[42].

Mit 13, 623 beginnt ein neuer Teil. Er handelt von einem Sohn der Venus: Aeneas, der am Anfang und am Ende ausdrücklich als *Cythereius heros* bezeichnet wird (13, 625; 14, 484). Diese Sektion – und in gewissem Sinne auch der Schluss des Werkes – kann in der Tat als neuer Venus-Teil gelten. Man erinnert sich, dass das erste Werkdrittel von dem Wirken eines anderen Venus-Sohnes, Amor, umrahmt war (*filius Veneris* 1, 463; *mea, nate, potentia* „Sohn, du meine Stärke" 5, 365)[43].

Die erste Erzählung der ovidischen „Aeneis" handelt von den Töchtern des Anius. Sie verbindet Venus mit Bacchus[44] und Apollon[45]. Hierin gemahnt diese Sage an das erste Werkdrittel[46]. Den Venus-Aeneas-Teil leitet passend die Entstehungsgeschichte der Tauben ein, die dieser Göttin heilig sind: eine Art Titelvignette[47]. In die Aeneashandlung sind an geographisch passender Stelle die Episoden von Scylla und Galatea eingelegt (13, 730-968). Angesichts der leidenschaftlichen Verliebtheit des Cyclopen ruft Galatea aus (13, 758): *pro! quanta potentia regni / est, Venus alma, tui* „o wie groß ist, Mutter Venus, die Macht deiner Herrschaft." In der Tat belegt diese Erzählung die Macht der Venus[48]. Glaucus (eine Wassergottheit wie Galatea), verliebt sich in Scylla; zu ihm hinwiederum entbrennt Circe in Liebe. Hier schlägt Ovid durch ein Selbstzitat eine Brücke zum ersten Werkdrittel. Venus rächt sich für Sols einstigen Verrat, indem sie jetzt seiner Tochter Circe unbändige Leidenschaft einflößt (14, 27; vgl. 4, 190 ff.). Erschien Venus in der Galatea-Sage als mächtige Gottheit, so zeigt die Glaucus-Geschichte sie als unerbittliche Rächerin: Der Fernbezug zur ersten Pentade ist vom Dichter nicht ohne Absicht unterstrichen.

In der Erzählung der Cumaea geht es um die verweigerten Freuden der Venus: Apollo wirbt wieder einmal (wie im ersten Buch) ohne Erfolg. Die Sibylle enzieht sich zugleich seiner Bitte und dem Reich der Venus (14, 141 *si Venerem paterer*). Freilich gewinnt sie nur, was sie sich kurzsichtig gewünscht hat: ein langes Leben, doch ohne ewige Jugend.

Der Fluch der Venus wirkt auch in Circes Liebe zu Picus nach, der *Venus externa* (14, 380) verabscheut und sich der Zauberin versagt. Diomedes hatte im Trojanischen Krieg die Liebesgöttin verletzt. Dafür sucht sie ihn und seine Gefährten mit strafendem Zorn heim (14, 477): *et antiquo memores de vulnere poenas / exigit alma Venus* „und für ihre einstige Verwundung fordert sie eine Strafe, die kein Vergessen kennt." Venus ist hier gewissermaßen als ‚neue Juno' stilisiert (vgl. Vergil, *Aen*. 1, 4). Die Formulierung greift außerdem auf Ovids erstes Werkdrittel zurück (4, 190 *exigit indicii memorem Cythereia poenam* „Cythereia fordert die Strafe, die für seinen Verrat kein Vergessen kennt". Die Bezugnahme auf Venus' Rache an Sol in der Circe-Geschichte erweist sich im Rückblick als nicht so beiläufig, wie sie zunächst scheinen mag[49].

Den Sieg des Aeneas über Turnus sieht Ovid konsequenterweise mit den Augen der Venus (14, 572 f.): *tandemque Venus victricia nati / arma videt* „und endlich sieht Venus die Waffen ihres Sohnes siegreich". Die Apotheose des Aeneas nimmt ein Leitmotiv des Anfangs wieder auf (*Cythereius heros* 14, 584; vgl. 13, 625). Die Läuterung des Aeneas vollzieht eine Wassergottheit auf Befehl der Venus. Auch was das Zusammenwirken der Venus mit Wassergottheiten betrifft, erinnert diese Apotheose an diejenige der Ino (4, 531-542).

Die Geschichte von Pomona handelt von der Bekehrung einer Spröden zur Liebe. Am Anfang heißt es von Pomona (14, 634): *Veneris quoque nulla cupido est* „auch die Freuden der Venus begehrt sie nicht". Die Drohung mit dem Zorn der Götter und der Nemesis[50] erinnert an die Narcissus-Geschichte. Im Rückblick wird klar, dass auch dort Venus nicht wegzudenken war. Das vierzehnte Buch bildet hierin ein ‚positives' Gegenstück zum dritten. Der Bezug zu Venus wird in der Geschichte von Iphis und Anaxarete ganz deutlich. Die Sage spielt auf Cypern, dem Eiland der Liebesgöttin; programmatisch ist die Verwendung des ortsspezifischen Beinamens *Idalie* für Venus schon vor Beginn der eingelegten Erzählung (14, 694). Der Mythos von Anaxarete ist ein cyprisches Aition; er erklärt die Statue und den Tempel der *Venus prospiciens* (14, 759 ff.). So ist die äußerlich als italische Geschichte eingeführte Episode in Wahrheit eine Venus-Aretalogie mit eingeschalteter cyprischer Legende.

Auch die folgende Sage ist ein Wunder der Venus: Sie gebietet über Wassergottheiten (über die sie schon im vierten Buch besondere Gewalt hat; vgl. auch 5, 369 f.) und hilft auf diese Weise den Römern im Krieg gegen die Sabiner. Für die Apotheose des Romulus ist freilich sein Vater Mars zuständig. So bilden Mars und Venus als römische Staatsgötter den Hintergrund des vierzehnten Buches: eine sprechende Parallele zu den Büchern 3 und 4; dort steht Theben unter dem Schutz von Mars und Venus, den Schwiegereltern des Cadmus (332)[51]. Das fünfzehnte Buch berührt wie das fünfte und das zehnte auch Probleme geheimen Wissens und jenseitiger Offenbarung. Numa wird von Pythagoras belehrt – ein positives Gegenstück zu Midas, der von Orpheus eingeweiht wird. Die Mysterien der Ceres (Buch 5) werden durch die orphischen (Buch 10) und die pythagoreischen[52] (Buch 15) ergänzt. Die Venus-Thematik bildet dazu einen bemerkenswerten Kontrapunkt. Im fünften Buch geht es um eine Ausdehnung des Reiches der Venus auf die Unterwelt. Im zehnten versucht Orpheus, durch seine Liebe den Tod zu überwinden; doch scheitert er – eben an seiner Liebe. Sein Gesang verherrlicht die Macht der Venus (vgl. Pygmalion, Hippomenes, die Propoetiden), offenbart aber auch ihre Ohnmacht in eigener Sache (Adonis).

Siegreich bleibt Venus hingegen im Schlussteil des Werkes. Am Ende der letzten Pentade erfolgt Caesars Apotheose auf Fürsprache der Venus bei Jupiter. Ihre Begegnung mit dem Göttervater ist auf die letzten beiden Bücher aufgespart worden und bildet eine Parallele zu ihrem Gespräch mit Neptun im vierten Gesang. Im fünfzehnten Buch ist Caesar als *deus in urbe sua* (15, 746) größer als aus der Fremde eingeführte Götter wie Aesculap. Venus vergöttlicht Caesar[53]. Ihre verwandelnde Tat bildet den Schlusspunkt des Werkes. Bis ans Ende der *Metamorphosen* und sogar in politischem Zusammenhang beweist Venus ihre Gewalt.

4.5 Rückblick

Was die Bedeutung der Venusgestalt für die Form der *Metamorphosen* betrifft, so ist hervorzuheben, dass Venus in den Büchern 4-5, 10 und 14-15 eine wichtige Rolle spielt (in dieser Beziehung ist auch auf die Präsenz der Musen[54] und geheimer Offenbarungen sowie auf das Vorhandensein von je einer langen Einlage von über 400 Versen in Buch 5, 10 und 15 hinzuweisen). Das Auftreten der Venus unterstreicht also die von Ovid selbst angedeutete Gliederung des Werks in dreimal fünf Bücher. Auch die Zusammenstellung von Venus mit anderen Göttern betont diese Struktur des Epos: In der ersten und dritten Pentade teilt Venus sich mit Mars in die Schirmherrschaft über eine Stadt (Theben bzw. Rom). Im ersten Teil tritt sie vor allem mit Apollon (Buch 1), Bacchus (Bücher 3-5), Neptun (Buch 4) und Pluton (Buch 5) auf, im zweiten Teil mit Isis (Buch 9), Adonis, Apollon, Bacchus (Buch 10). Im dritten Teil sind es Bacchus, Apollo und Jupiter (Bücher 13 – 14).

Die erste Göttersage des ersten Teils wird ebenso durch den Pfeilschuss Amors (der ausdrücklich Veneris filius heißt) eingeleitet wie das zentrale Geschehen des fünften Buches. Im Mittelpunkt der ersten Pentade steht somit das Wirken von Venus' Sohn Amor sowie die Ausdehnung ihres Machtbereichs. Auch eine andere Hauptgottheit des ersten Drittels, Bacchus, ist ein göttlicher Nachkomme der Venus. Im zweiten Werkdrittel spielt der Venus-Sohn Hymenaeus eine verbindende Rolle. Diesen unsterblichen Söhnen tritt im letzten Werkdrittel der menschliche Venus-Spross, Aeneas, an die Seite. Er ist schon durch die Bezeichnung *Cythereius heros* eng auf Venus bezogen. Seine Apotheose (14, 600-608) ist durch formale und inhaltliche Parallelen mit derjenigen der Ino (4, 540 ff.) verknüpft.

Venus selbst wird schon in der ersten Pentade als Göttin der Liebeslust vorgeführt (4, 171-189). Unmittelbar im Anschluss daran übt sie ihre andere Funktion aus – als strafende Gottheit (4, 190 ff.). Dieser Aspekt wird im zweiten und dritten Werkdrittel wieder aufgegriffen. Die Wiederaufnahmen im vierzehnten Buch sind so formuliert, dass direkte Anklänge an das vierte Buch entstehen.

Der thebanische Sagenkreis tritt auch durch die gemeinsame Schirmherrschaft von Mars und Venus in Parallele zum römisch-aeneadischen. Eine weitere Gruppe bilden die athenischen Sagen, die das zweite Werkdrittel beherrschen. Diese Dreiteilung des Gesamtwerks ruft Pythagoras in seiner Rede in Erinnerung (15, 429 ff.): *Oedipodioniae quid sunt nisi nomina Thebae, / quid Pandioniae restant nisi nomina Athenae? Nunc quoque Dardaniam fama est consurgere Romam.* „Was ist Oedipus' Theben? Nur ein Name. Was bleibt von Pandions Athen? Nur ein Name. Jetzt geht die Kunde vom Aufstieg des trojanischen Rom." Die Namen der Städte, um die sich die drei Werkteile anordnen, erscheinen betont hintereinander jeweils am Versende. Die Parallele zwischen dem ersten und dem dritten Teil wird also auch durch analoge Szenen und Funktionen der Venus unterstrichen.

Gibt es eine Entwicklung in der Darstellung der Venus? In den ersten drei Büchern steht sie als machtvolle Gottheit im Hintergrund: Auf sie ist Amors Wirken bezogen (Buch 1). Unter ihrem (und Mars') Schutz steht Theben, ihr erstes Auftreten enthüllt ihr Wesen (Buch 4). In engem Kausalzusammenhang mit diesem Anlass entfaltet sich auch ihr zweiter Aspekt (als rächende Göttin), ihr dritter (als sorgende Mutter) offenbart sich in Inos Apotheose. Das vierte Buch ist somit eine deutliche Präfiguration des dreifachen Wirkens der Venus im vierzehnten. Am Ende des ersten Werkdrittels hat Venus ihre Macht auf den gesamten dreigliedrigen Kosmos ausgedehnt (Buch 5).

Auch hinsichtlich der mit Venus in Verbindung gebrachten Götter ist eine Steigerung festzustellen. Venus siegt im ersten Teil über Pluton; die Begegnungen mit Jupiter sind auf das letzte Werkdrittel aufgespart. Im vierten Buch bewirkt sie bei Neptun die Apotheose Inos, im vierzehnten und fünfzehnten bei Jupiter die Vergöttlichung von Aeneas und Caesar. Somit entfaltet Venus im dritten Werkteil analoge Aspekte im Hinblick auf Rom wie im ersten in Bezug auf Theben. Der Mittelteil zeigt die Göttin in ihrer Macht (als Belohnende und Strafende) und in ihrer Ohnmacht (als Liebende)[55]. Caesars Sternverwandlung bildet ein instruktives Gegenstück zur Blumenverwandlung des toten Adonis am Ende des zweiten Werkdrittels. Die verwandelnde Kraft der Göttin tritt im Zusammenhang mit Bestrafungen im mittleren Teil besonders deutlich hervor, ihre Fähigkeit, die Apotheose herbeizuführen, im Schlussteil.

So werden im ersten Teil alle Aspekte angedeutet. Der eine entfaltet sich mehr im zweiten, der andere im dritten. Hinsichtlich der Würde der Darstellung ist eine Steigerung festzustellen: Die handfeste Erotik von Venus' erstem Auftritt (Buch 4) kehrt nicht mehr wieder. Die Liebe zu Adonis im zehnten Buch ist bereits stärker sublimiert; im letzten Werkdrittel wird die Liebe zu Anchises sogar als Ehe stilisiert (13, 674). Doch bleibt die Idee von Venus und *voluptas* im ganzen Werk spürbar.

Wo liegen die Wurzeln von Ovids Venusdarstellung? Für den sinnlichen Aspekt bedurfte der Autor der *Amores* und der *Ars* keiner Vorbilder. Die rächende und strafende Venus erinnert zum Teil an Vergils Juno, doch ist im erotischen Zusammenhang die Nähe zwischen Venus und Nemesis (*Rhamnusia*) bei Ovid bedeutsam. Sie verweist auf den von Ovid bewunderten und in seiner Bedeutung für ihn häufig unterschätzten Vorgänger Tibull. Die heftige, rachsüchtige Venus gehört zum Inventar der römischen Liebeselegie, der Ovid auch in dieser Beziehung treu geblieben ist.

Die ‚mütterliche' Venus Vergils spielt demgegenüber keine beherrschende Rolle bei Ovid, obwohl er sie natürlich kennt und im Zusammenhang mit Ino, Aeneas und Caesar nicht übergehen kann. Die Abweichungen sind jedoch bezeichnend: Einerseits ist Venus bei Ovid rachsüchtiger als bei Vergil, und sie zeigt mehr Machtbewusstsein. Als mächtige, strafende Gottheit ist sei bei Ovid – abgesehen von ein paar Vergilparodien, welche die Regel nur bestätigen – recht verschieden von der mütterlich gütigen Venus der Aeneis. In ihrem Sinn für Macht ist sie beinahe römischer als ihr klassisches Gegenbild.

Andererseits kann es sich der schalkhafte Dichter nicht versagen, gelegentlich leicht komische Elemente hinzuzufügen, so wenn die übereifrige Mutter Venus allen Göttern mit ihrer Sorge um Caesar in den Ohren liegt, ohne auf Gegenliebe zu stoßen. Dennoch bleibt das Burleske des vierten Buches nun fern. Menschlich kommt sie uns hier ebenso nahe wie in der Adonis-Tragödie, die das zweite Werkdrittel abschließt. Die Parallele zwischen Adonis (Buch 10) und Caesar (Buch 15) ist beabsichtigt. Die packendsten Partien des Caesar-Teils sind übrigens wieder von Tibull inspiriert. So müssen wir den Schlussteil der *Metamorphosen* im Lichte von Ovids Tibull-Nachfolge, aber auch im Hinblick auf die parallelen Stücke aus dem ersten und zweiten Drittel der *Metamorphosen* lesen[56].

Durch die Analyse der Funktionen der Venus wird manches von den Intentionen des Dichters klar. Vor allem die wenig beachteten Troja- und Rom-Bücher gewinnen vor dem skizzierten Hintergrund etwas mehr Farbe und Struktur, als man in ihnen zu entdecken geneigt war. Was den Gesamtaufbau der *Metamorphosen* betrifft, zeigt sich, dass Ovids Strukturhinweis (*ter quinque volumina* „dreimal fünf Buchrollen": vgl. *trist.* 1, 1, 117-122; 3, 14, 9) doch wohl mehr Beachtung verdient als ihm bisher zuteil geworden ist[57].

5 Reisen in Ovids *Metamorphosen*[58]

In nova fert animus...

Die *Metamorphosen* können – als Weltdichtung – das Thema ‚Reise' nicht übergehen. Hier begegnen uns Reisen im buchstäblichen Sinne des Wortes: die klassischen Reisen eines Odysseus, Aeneas, Iason. Darüber hinaus gibt es auch Ortsveränderungen der Götter – Visitationen, um die Moral der Menschen zu prüfen oder um Sünder zu bestrafen – ferner Wanderungen einzelner Götter (und der Kultur im Ganzen) von Griechenland nach Italien. Doch findet man in den *Metamorphosen* auch außergewöhnliche Reisen: den Flug des Daedalus durch die Luft, Phaëthons Fahrt durch den feurigen Aether und Arethusas unterirdische Flucht aus Griechenland nach Sizilien. Schließlich gibt es noch Bildungsreisen, Pilgerfahrten, Reisen als Buße, Reisen ins Exil, Reisen unter die Erde, Reisen in die Sternenwelt, philosophische und geistige Reisen. Nicht zuletzt auch die metaphorische Reise des Dichters, eine Reise durch die Zeiten von der Weltschöpfung bis Augustus.

Was die literarische Form betrifft, so begegnen uns kurze oder ausführlichere Berichte, Erzählungen in der dritten und in der ersten Person (auf den Spuren der Odyssee), περίπλοι im Stil der antiken Geographen und des Apollonios von Rhodos. Im Folgenden soll den Wandlungen des Reisethemas im Verlauf der *Metamorphosen* nachgegangen werden, um seine Bedeutung für das formale und inhaltliche Gesamtverständnis der *Metamorphosen* zu erhellen.

5.1 Erste Pentade

Das erste Buch stellt unterschiedliche Typen von Reisen vor: Der Dichter ruft eingangs die Götter an und bittet sie um günstigen Fahrwind (*adspirate*) für seine Reise durch die Zeiten – eine Reise als kontinuierlichen Diskurs (*perpetuum ... carmen*). Auf die Erwähnung dieser metaphorischen Reise[59] literarischen Charakters (wir werden gegen Ende des Kapitels darauf zurückkommen) folgen zwei Reisen im buchstäblichen Sinne des Wortes: zwei schmerzliche Erdenwanderungen, die sich wechselseitig ergänzen. Zuerst durchstreifen zwei Götter, Jupiter und Mercur, die Welt, um die Frömmigkeit der Menschen auf die Probe zu stellen, eine Reise, die natürlich in eine Enttäuschung, ja eine Katastrophe mündet – die Sintflut als klassischer Beleg der ‚negativen', zerstörerischen Konnotationen des Wassers. Jupiter läuft Gefahr, von Lycaon ermordet zu werden und lässt zur Strafe die Welt in den Fluten versinken. Das Seitenstück zu dieser Götterwanderung sind die Irrfahrten eines Erdenwesens, auch ein Schmerzensweg – doch diesmal mit gutem Ausgang. Die Nymphe Io erlebt, in eine Kuh verwandelt, eine wahre Odyssee – nicht allein körperliche

Ortsveränderungen, sondern die Reise einer sich selbst entfremdeten Seele – um schließlich nach Ägypten zu gelangen, das älteste Kulturland, wo sie sich in eine Göttin verwandelt. Den tieferen Sinn von Ios Wanderungen hat Cassiodor treffend gekennzeichnet (*var.* 5, 17, 4): *dum ... suum desiderium festinat explere, mundi visa est ignota reserare* ("Während sie eilte, ihren Wunsch zu erfüllen, sah man sie die Geheimnisse der Welt erschließen"). In der Tat entdeckt auch der Leser zusammen mit Ovids Helden die Welt. Das Symbol des Rindes (des ‚erdhaften' Tieres) kehrt wieder bei den Reisen Europas und des Cadmus (Gründers von Böotien – "Rinderland"); allgemein gesprochen präfigurieren die Wanderungen Ios von Land zu Land wohl auch die Wanderungen der Kulturen, ein Thema, das in den *Metamorphosen* einen roten Faden bildet. Io wird zu Isis: Ebendiese Episode eröffnet auch die Serie der Apotheosen, der Himmelsreisen, die sich – im Erfolg wie im Scheitern – als wichtiges Thema des Werkes erweisen werden.

Den irdischen Reisen und der abschließenden Apotheose im ersten Buch stellt das zweite eine gescheiterte Himmelsreise entgegen: Phaëthon versucht, den Sonnenwagen durch den Tierkreis zu lenken. Wie im Falle Lycaons, ruft ein Mensch eine Weltkatastrophe hervor (dem astralen Charakter der Reise entsprechend, ist diemal das Feuer das gefahrbringende Element). Phaëthons Reise bildet ein negatives Gegenstück zur Reise Ios. Während Io auf der Erde leidet und dann zum Himmel aufsteigt, leidet Phaëthon auf seiner Sternenreise und findet in der Erde seine letzte Ruhe.

Nach dieser Katastrophe steigt Jupiter aufs Neue vom Himmel herab; doch begnügt er sich diesmal damit zu prüfen, ob der Kosmos noch unbeschädigt ist. Es folgen einige Liebesabenteuer der Götter, darunter der Raub der Europa, deren Seereise auf dem Rücken des Stieres (der Jupiter ist) die erste Etappe der Wanderung der Kultur vom Orient nach Europa bildet – eines großen Themas der *Metamorphosen*. (Später folgt die Wanderung der Kultur von Griechenland über Sizilien nach Rom).

Zu Beginn des dritten Buches durchzieht Cadmus auf der Suche nach seiner Schwester die ganze Welt (sein neues Vaterland findet auch er unter der Führung eines Rindes!). Somit ist die erste große europäische Stadtkultur in den *Metamorphosen* diejenige Thebens. Ihr folgen dann Athen (das die zweite Bücherpentade beherrscht) sowie Troja und Rom (welche die letzte Pentade bestimmen). Cadmus ist ein weitgereister Mann. Diese Parallele zu Aeneas ist bezeichnend. Theben ist eine Präfiguration Roms; unter anderem, weil Mars und Venus die Schutzgötter beider Städte sind und weil ihre jeweiligen Gründer zusammen mit ihren Ehefrauen eine Doppelapotheose erfahren (Cadmus und Harmonia; Romulus und Hersilia).

Es folgen ‚Seelenreisen'. In einen Hirsch verwandelt, wird Actaeon aus einem Jäger zum Gejagten und erkennt sich im Spiegel des Gewässers nicht wieder. Er erlebt eine ‚Seelenreise' wie Io, aber ohne Apotheose. Ganz außergewöhnlich ist die Seelenreise des Tiresias. Infolge einer doppelten

Geschlechtsverwandlung hat er die Psyche des Mannes und die der Frau gleichermaßen aus eigener Erfahrung kennengelernt. Da er also über beide sich ergänzenden Standpunkte gleichermaßen verfügte, wurde er geradezu zwangsläufig zum Seher. Man kann also durch Reisen nicht nur zum Kulturstifter, sondern sogar zum Seher werden. Doch fehlt auch nicht ein negatives Pendant: Wie im zweiten, findet auch im dritten Buch eine Seefahrt statt. Die tyrrenischen Schiffer erkennen nicht die Gegenwart des Gottes in ihrem Schiff und verlieren so ihre menschliche Natur: ein Beispiel einer gescheiterten Reise und verfehlten Lebens.

Jetzt werden die Göttersöhne (und die Götter selbst) auf Reisen geschickt: Bacchus zieht durch die Welt. An ihn, den Schutzgott der römischen Dichter (Ovid, *trist.* 5, 3), richtet Ovid im vierten Buch der *Metamorphosen* einen Hymnus. Dieser reisende Gott von feuriger Natur bewegt seine Gläubigen innerlich und äußerlich. Die Todsünde der Minyaden besteht darin, dass sie am Festtage arbeitend zu Hause sitzen bleiben, sich also nicht von der Stelle bewegen lassen. Das dionysische Rasen kann sich zum Wahnsinn steigern. Der Affekt ergreift auch Götter und zwingt sie, sich von der Stelle zu rühren: Sogar Juno wagt eine Unterweltsfahrt anzutreten, um eine Furie zu rufen.

Der nächste reisende Göttersohn ist Perseus. Für seine Fortbewegung vertraut er sich einem Element an, das bisher wenig Beachtung fand, der Luft. Perseus beherrscht das Finale des vierten und den Anfangsteil des fünften Buches. Jetzt sind die vier Elemente der sichtbaren Welt – Erde, Wasser, Feuer, Luft – von Ovids Helden erforscht worden. Es bleibt, die unbekannte Welt des Hades zu entdecken.

Minerva verlässt Perseus, um die Musen zu besuchen, deren eine vom Raub der Proserpina singt – einer Göttin, die zu einem Nomadendasein zwischen Ober- und Unterwelt verurteilt ist. Es folgt die irdische Odyssee der Ceres auf der Suche nach der Tochter und die Luftreise des Triptolemos, der den Menschen den Ackerbau beschert (diese Reise ist der Prototyp der Wanderung der Kultur). Im weiteren Sinne dient Sizilien – der Kultort der Ceres – als kulturelle Brücke zwischen Ost und West. Wichtig in dieser Beziehung ist die Ich-Erzählung der Arethusa von ihrer unterirdischen Flucht von Griechenland nach Sizilien. Ein weiteres Beispiel dieses exquisiten Texttypus einer mystischen Autobiographie wird im letzten Buch im Munde des Hippolytus erscheinen. Mit dem fünften Buch ist die erste Pentade der *Metamorphosen* abgeschlossen. In dieser Pentade werden die vier Elemente der natürlichen Welt und die drei Stockwerke der mythischen Welt entdeckt (Himmel, Erde und Unterwelt). Die Kultur wandert von Ägypten und Phönizien nach Griechenland (Theben) und von dort nach Sizilien.

5.2 Zweite Pentade

Das sechste Buch, mit dem die zweite Pentade der *Metamorphosen* beginnt – die ‚athenische' Pentade – zeigt uns eine verbannte Göttin – Latona – auf einer schwimmenden Insel: Delos. Das Thema ‚Exil' wird in den *Metamorphosen* mehrfach wiederkehren – es genüge, an Daedalus zu erinnern. Während sich die Kontakte zwischen Athen und den Barbaren verstärken, erscheinen zwei ganz unterschiedliche Liebesreisen: König Tereus terrorisiert Philomela schon während der Schiffsreise von Athen ins nördliche Barbarenland. Andererseits endet das Buch mit einer Luftreise, die stürmisch, aber eher glücklich verläuft: Boreas raubt Orithyia.

Das siebte Buch enthält die bedeutsame Expedition der Argonauten in den barbarischen Osten. Doch statt Kultur in den Osten zu tragen, bringt Iason Medea ins Vaterland. Auf der Suche nach Zauberkräutern macht Medea eine ausgedehnte Flugreise, die Ovid mit hellenistischer Sorgfalt beschreibt. Hellenistisch ist auch die romanhafte Verwendung des Reisemotivs in der Erzählung von Cephalus, der, von einer Reise zurückgekehrt, die Treue seiner Gattin prüfen will, sich zu diesem Zweck maskiert und sie schließlich verführt.

Im Mittelstück der *Metamorphosen*, dem achten Buch, finden wir die Seereise, die Minos der verräterischen Scylla versagt und die wundersame Flugreise von Daedalus und Icarus:[60] Die Flucht des Daedalus aus dem Exil nimmt die Phantasien des verbannten Ovid vorweg. Überdies gibt uns die ‚mäandrische' Beschreibung des Labyrinths eine Vorstellung von der Erfindung der *Metamorphosen*, einer – keineswegs geradlinigen – Reise des Dichters durch die Zeiten. Auf diesen Typ geistiger Forschungsexpeditionen wird Ovid im letzten Buch eingehen.

Das neunte Buch, das Hercules gewidmet ist, enthält die Hochzeitsreise dieses Helden mit Deianira und seine verhängnisvolle Begegnung mit Nessus. Die Apotheose des Hercules wird als Himmelfahrt im Viergespann beschrieben. Nicht vergessen sei auch die lange und verzweifelte Flucht der vom Bruder verschmähten Byblis.

Im zehnten Buch, dem letzten der zweiten Pentade, steigt Orpheus in die Unterwelt hinab. Diese wichtige Reise bildet eine Parallele zum Raub der Proserpina im fünften Buch, zu Arethusas unterirdischer Flucht ebendort und zum Schicksal des Hippolytus, der im letzten Buch selbst von seinem Tod und seiner Auferstehung berichtet. So dient das Motiv der Jenseitsreise als thematisches Band zwischen den Schlussbüchern der drei Pentaden. Vertreten ist auch das Motiv ‚Himmelsreise' (im Ganymed-Mythos).

5.3 Dritte Pentade

Das elfte Buch enthält die hochinteressante Pilgerfahrt des Midas, der, um sich von der Ansteckung des Goldes zu befreien, gegen den Strom wandern muss, bis er zur Quelle gelangt. Hier ist die Reise ein Prozess der Selbsterkenntnis und der Sühne. Andererseits repräsentiert Peleus, Achills Vater (wir stehen an der Schwelle der trojanisch-römischen Epoche!) den Reisenden als Verbannten, ein Motiv, das Ovid in seiner Exilpoesie weiter entfalten wird. Das Thema ‚Seereise' wird in der langen Episode von Ceyx und Alcyone episch-romanhaft entwickelt; diese Erzählung findet zahlreiche Parallelen in Ovids Verbannungsgedichten, aber auch in den *Heroiden* (Hero und Leander).

Das zwölfte Buch – schon entschieden auf Troja bezogen – beleuchtet das Reisemotiv unter dem Gesichtspunkt der kriegerischen Expedition.

Im dreizehnten Buch ermöglicht die Seereise Philoktets (dem die schicksalhaften Pfeile gehören) die Zerstörung Trojas. Darauf folgt Ovids "*Aeneis*", ein Bericht, der zunächst bei Anius und seinen Töchtern verweilt und dann (in Gestalt eines hellenistischen "Periplus" den Helden bis zur Landung auf Sizilien begleitet. Hier dient das Reisemotiv als Grundgewebe, um weitere Mythen einzuschalten (Polyphem, Acis und Galatea, Glaucus und Scylla). Man kennt diese Technik aus hellenistischer Dichtung, z.B. aus Apollonius Rhodius.

Das vorletzte Buch folgt dem Reiseweg des Glaucus zu Circe, die seine Angebetete, Scylla, in ein Ungeheuer verwandelt, statt ihm zu helfen, deren Herz zu gewinnen. Detailliert ist die Beschreibung von Aeneas' Reiseweg bis zur Ankunft in Cumae und dem Gespräch mit der Sibylle. In Caieta gibt die Begegnung mit einem (von Ovid erfundenen) Gefährten des Odysseus Gelegenheit, Episoden der *Odyssee* einzustreuen (unter anderem Mythen um Polyphem und Circe): All dies sind typische Reiseerzählungen! Die anschließende kurze Zusammenfassung der *Aeneis* verweilt bei der Reise des Venulus zu Diomedes und den Verwandlungen der Gefährten des Diomedes und der Schiffe des Aeneas. Den Schlussakkord des Buches bildet die Himmelfahrt von Romulus und Hersilia (Romulus entschwebt mit einem Viergespann, Hersilia wird von einem Stern entführt); diese Doppelapotheose spiegelt und überbietet die Heroisierung von Cadmus und Harmonia und die Verwandlung von Philemon und Baucis. So korrespondiert die letzte Pentade mit dem ersten Werkdrittel und mit dem zentralen achten Buch. Zugrunde liegt eine neue Vorstellung von der römischen Kultur: statt einseitig männlicher Orientierung ein ausgewogenes Verhältnis der Geschlechter. Auf die Apotheose des Aeneas werden wir noch zurückkommen.

Zu Beginn des letzten Buches reist Numa nach Croton, um sich über die *natura rerum* unterrichten zu lassen, macht also eine Bildungsreise: in der Tat ein wichtiges Motiv. Bedeutsam ist, dass Numa diese Reise eigens aus wissenschaftlichem Interesse unternimmt. Dagegen hatten Reisen im ersten Werkdrittel zwar instruktive Nebeneffekte, wurden aber nicht zu Studienzwecken unternommen. Die aitiologische Legende, die Numa zu Ohren kommt, handelt von einem anderen Reisetypus: der Kolonisation. Im Auftrag des Hercules verlässt Myscelos seine Heimat, um Croton zu gründen: eine neue Abwandlung des Motivs der kulturellen Wanderung von Osten nach Westen. Und sogleich erscheint noch eine dritte Art der Reise: Pythagoras, der von Numa gewählte Lehrer, lebt freiwillig in der Verbannung, weil er die Tyrannei hasst, die in seinem Vaterland herrscht. Das ist in gewissem Sinne ein Parallelfall zu dem verbannten Daedalus (im zentralen achten Buch). Doch nicht genug damit: Pythagoras begibt sich auf eine Reise, die einem vierten Typus angehört: die Reise des Philosophen in die unsichtbare Welt: *Isque licet caeli regione remotos / Mente deos adiit et, quae natura negabat / Visibus humanis, oculis ea pectoris hausit* (15, 62 ff.). „Zu den Göttern, mochten sie auch fern in der Himmelsregion sein, ging er im Geiste und, was die Natur menschlichen Blicken verweigerte, nahm er mit den Augen des Herzens auf." Jeweils in das letzte Buch jeder Pentade sind sehr lange Reden (von etwa 400 Versen) eingeschaltet, die von Personen mit Autorität gehalten werden (der Muse, Orpheus, Pythagoras). Die Geistesreise des Pythagoras in seiner Rede übertrifft die Flugreise des Daedalus (aus dem achten Buch), aber auch die großen Gesänge der Muse und des Orpheus, die in die Bücher 5 und 10 eingefügt sind. Ovid unterstreicht, dass Pythagoras diese geistige Reise nicht nur für sich selbst unternommen hat, sondern auch von ihr zurückgekehrt ist, um andere zu belehren.

Pythagoras verwendet die Sprache des Reisens: *Et quoniam magno feror aequore plenaque ventis / vela dedi* („Und da ich ja nun auf hoher See dahinfahre und meine Segel voll den Winden überlassen habe" 15, 176 f.). Es lohnt sich hervorzuheben, dass dieses Bild mit der anschließend dargelegten philosophischen These übereinstimmt: *cuncta fluunt, omnisque vagans formatur imago* („Alles fließt, und ein jegliches Bild formt sich im Vorübergehen" 177). *Fluunt* nimmt klar auf die Symbolik des Wassers Bezug, *vagans* aber auf diejenige des Reisens. In derselben Rede verwendet Pythagoras später die (seit Parmenides wohlbekannte) Metapher des Viergespanns: *Ne tamen oblitis ad metam tendere longe / exspatiemur equis* (15, 453 f. „Um nicht mit Pferden, die vergessen haben, dem Ziel zuzustreben, weit umherzuschweifen"). Diese Metapher aus der Tierwelt führt passend die Thematik des Vegetarismus ein. Ferner wird die Seelenwanderung als Umzug von einem Haus in das andere beschrieben: *inque ferinas possumus ire domos* („und wir können in tierische Behausungen gehen" 457 f.). Die Seelenreise wird zum Thema der Pythagorasrede, die selbst eine geistige Reise ist.

Nach Empfang dieser Lehren kehrt Numa nach Rom zurück und wird spontan zum König gewählt: eine weitere Bestätigung dafür, dass man durch Reisen zum Kulturstifter avancieren kann (wie wir es bei Cadmus beobachten konnten). In der Tat führt Numa, indem er die römische Religion ordnet, sein Volk vom Krieg zum Frieden (die Vorstellung der Ausgewogenheit ist in der Doppelapotheose von Romulus und Hersilia vorbereitet; vgl. auch Cadmus und Harmonia).

Doch gerade hier begegnet uns noch eine andere Spielart des Reisens, die noch aufschlussreicher ist: Nach dem Tod Numas spielt sich ein fesselndes Gespräch zwischen seiner Witwe Egeria und Hippolytus ab, einem Helden, der in Griechenland gestorben und in Italien auferstanden ist. Die Ich-Erzählung von dieser außergewöhnlichen und mehrdeutigen Reise bildet eine wichtige Parallele zu Arethusas Autobiographie im fünften Buch. Nach seinem wohlbekannten grausamen Tod stieg Hippolytus ins Totenreich hinab, wusch seinen Leib im Phlegethon und erstand – zum größten Missfallen Plutons – wieder auf, dank den Bemühungen des Heilgottes Aesculap. Darauf machte Diana, die Schutzgottheit des großen Jägers, ihn zu einem der untergeordneten Götter in Italien. Dieser kurze, aber beziehungsreiche Text, ein bedeutsames Beispiel einer autobiographischen Erzählung von einer Jenseitsreise, muss uns hier unter verschiedenen Gesichtspunkten beschäftigen. Nicht genug damit, dass er auf Arethusas Flucht aus Griechenland nach Sizilien zurückverweist – und so auf die Wanderung der Kultur von Osten nach Westen, eine Wurzel der Erfindung der *Metamorphosen*: Darüber hinaus ist die Ich-Erzählung des Hippolytus ein Zeugnis für die Unzerstörbarkeit der Seele. In dieser Beziehung lässt sich der Hippolytus-Bericht mit der Apotheose des Aeneas vergleichen, der ebenfalls in einem rituellen Bade gereinigt und dann vergöttlicht wird (14, 601-698). Für die Vergottung bleibt vom Menschen nur der „beste Teil" (*pars optima* 14, 604) übrig; der Gleichklang mit der Selbstapotheose des Dichters im Epilog der *Metamorphosen* ist bedeutsam 15, 875 f.): *Parte tamen meliore mei super alta perennis / astra ferar.* („Doch mit meinem besseren Teil werde ich fortdauern und über die hohen Sterne wandern"). Das wird die letzte Reise der *Metamorphosen* sein: die Himmelsreise des Dichters selbst. Doch auch damit nicht genug: Hippolytus, der den eigenen Tod überlebt hat, ist gewissermaßen *sui superstes* („sein eigener Hinterbliebener"). Der verbannte Ovid wird eben diesen Standpunkt einnehmen und von seiner Verbannung als von einem Tod sprechen. Hippolyts Worte *ille ego sum* („der bin ich" met. 14, 500) wird Ovid in seiner eigenen Autobiographie wieder aufnehmen (*trist.* 4, 10): *Ille ego qui fuerim* („wer ich gewesen bin"). Die ‚autobiographischen' Erzählungen der Helden der *Metamorphosen* bereiten seine poetische Autobiographie vor – nicht nur sprachlich, sondern auch dem Geiste nach.

Nicht einmal damit ist die Reisethematik erschöpft: Cipus, der getreue Republikaner, bleibt außerhalb der Stadt – geht also ins Exil, um nicht König zu werden. Es handelt sich dabei um keine weite Reise, aber um eine solche voll kritischer Untertöne. Es ist gewiss kein Zufall, dass dieser ultra-republikanische Passus unmittelbar vor dem augusteischen Finale eingeschaltet ist. Historiker haben wahrscheinlich gemacht, dass Ovid und Iulia hofften, der letzte lebende Nachkomme des Augustus, Agrippa Postumus, werde sich an Roms republikanische Vergangenheit erinnern (die wiederhergestellt zu haben Augustus sich rühmte). Mit Cipus ist der römische Geist ins Exil gegangen. Ovid selbst wird sich als Verbannter diesen kühnen Gedanken zu eigen machen, indem er in den *Pontusbriefen* das Bild eines besseren, geistigen Rom entwirft.

Es folgen zwei Reisen, die sich wechselseitig ergänzen. Die erste ist die Seereise eines Gottes aus Griechenland nach Rom. Aesculap ist Sohn Apollons (wie Augustus). Ovid hebt mit Recht diese Episode hervor: Die Wanderung der Kultur von Osten nach Westen (ein zentraler Gedanke der *Metamorphosen*) ist nun abgeschlossen (bezeichnend das Echo zwischen Buch 2 und Buch 15: der *salutifer orbi* [2, 642] wird jetzt zum *salutifer urbi* [15,744]). Rom ist *die* Weltstadt geworden. Die zweite dieser Reisen ist die Himmelfahrt eines Römers: Caesars Apotheose als Komet. Doch auch diese letzte Reise dient gewissermaßen nur als Hintergrund für die Apotheose des Dichters selbst, der "höher als die Sterne" fliegen und stärker sein wird als die Zerstörungskraft des Eisens und als der Zorn jenes irdischen Jupiter, Augustus. Die Reise des Dichters durch die Weltgeschichte verwandelt sich am Ende in eine Himmelsreise. Die Reise durch die Zeit mündet in die Ewigkeit.

5.4 Rückblick

In den *Metamorphosen* vollziehen sich Reisen auf unterschiedlichen Ebenen: zu Lande, zu Wasser, durch die Luft und durch den feurigen Aether. Der Reihe nach werden die Elemente der natürlichen Welt und die drei Stockwerke der mythischen erforscht. Unterschiedlich sind auch Sinn und Zweck der Reisen: Krieg, Flucht, Exil, Buße, Studien, Initiation, Tod und Unsterblichkeit. Das Weltgedicht *Metamorphosen* ist zugleich das Gedicht vom Menschen, der, indem er die Welt der Elemente durchwandert, seinen Weg vollendet. Der Pfad kann aufwärts oder abwärts führen (zum Tier oder zum Gott). Resultat ist oft eine Verwandlung; ist doch die Reise ein Lernprozess, in dem sich Erkenntnis der Welt und Selbsterkenntnis nicht voneinander trennen lassen. Nicht selten geht es um das Selbstverständnis des Dichters. Ständig beleuchtet die Reisethematik den ‚Prozesscharakter', der das menschliche Leben ebenso auszeichnet wie die Kulturgeschichte, die erzählende Dichtung und die Selbsterkenntnis des Menschen im Allgemeinen und des Dichters im Besonderen. Darüber hinaus erhellt die Bedeutung der Reisethematik in den *Metamorphosen* wichtige Aspekte der Struktur dieses Werkes. Zahlreich sind Vorverweise und Rückgriffe, Fernbezüge, welche die pentadische Makrostruktur der *Metamorphosen* in *ter quinque volumina* („dreimal fünf Buchrollen") unterstreichen. Erstaunlich ist vor allem auch die Konzentration der unterschiedlichen Aspekte der Reisethematik in den letzten Büchern, die nicht länger von eiligen Lesern vernachlässigt werden sollten. Auf verschiedenen Ebenen spiegelt die Verwendung der Reisethematik die dichterische Eigenart der *Metamorphosen* als kosmische Poesie, die Reflexion des Dichters nicht nur über das natürliche Universum, sondern auch über die menschliche Person, die Kulturgeschichte, die narrative Dichtung und über den Dichter selbst.

GESTALTEN UND THEMEN

6 Actaeon: Metamorphose als Selbstentfremdung[61]

6.1 Der Rahmen: Bacchus, der Gott als Enkel des Kulturstifters

Die Actaeon-Erzählung knüpft (*met.* 3, 138) an das Vorhergehende an: Ihr Inhalt bildet einen Kontrast zu Glück und Erfolg des Cadmus als Gründer Thebens. „Es konnte schon scheinen, Cadmus, als hättest du mit deiner Verbannung das große Los gezogen" (*poteras iam, Cadme, videri / exilio felix: met.* 3, 131 f.). Jedoch ist schon der Bericht vom Sieg dieses Helden von Vorausdeutungen auf künftiges Unglück durchsetzt. Man denke an (97 f.) die Ankündigung seiner späteren Schlangenverwandlung als Ausgleich für die Tötung des heiligen Drachens – gemäß dem Prinzip der Vergeltung (*talio*: wie die Verfehlung, so – *talis* – die Strafe). Die kulturschöpferische Tat hat ihren Preis. Cadmus fällt seiner eigenen *fortuna* (4, 566 f.) zum Opfer. Doch der Gründer ist so edel, sich die Schlangenverwandlung als freiwillige Buße aufzuerlegen (4, 571-575).

In diesen weitgespannten Rahmen (der fast zwei Bücher umfasst), fügt sich an erster Stelle die Geschichte von Cadmus' Enkel Actaeon ein, für den Stifter „unter so vielen Glücksfällen der erste Grund zur Trauer" (3, 138 f.). Auf dem Drachentöter und seinem Geschlecht scheint infolge seiner Tat ein Fluch zu liegen. Während sich Actaeon ahnungslos dem verhängnisvollen Ort nähert, an dem er die Göttin Diana beim Bade überraschen wird, nennt Ovid ihn vielsagend „den Enkel des Cadmus" (*nepos Cadmi* 174), zugleich erscheint das Stichwort *fata* („Schicksalssprüche" 178). Der genealogische Zusammenhang ist viel mehr als nur ein äußerliches Band zwischen Sagen.

Auf die Actaeon-Erzählung folgt das Geschehen um Semele, die Tochter des Cadmus. Unmittelbar vor dem entscheidenden Augenblick betont auch hier das Patronymikon „Cadmustochter" (*Cadmeïda* 287) die genealogische Verknüpfung. Mit der Geburt des Bacchus tritt die göttliche Zentralgestalt des Cadmus-Teils der *Metamorphosen* auf den Plan. Semele fällt der Eifersucht Junos zum Opfer – ebenso wie Europa, die von Jupiter verführte Schwester des Cadmus (2, 833-875); Ovid unterstreicht die Analogie (3, 258 f.).

Die anschließende Narcissus-Geschichte gehört als böotische Sage ebenfalls in den thebanischen Kreis; die Figur des Sehers Tiresias schlägt eine Brücke zurück zur Semele-Sage; wichtiger ist die thematische Verbindung mit der Actaeon-Erzählung durch das Motiv ‚verhängnisvolles Sehen'. Außerdem kehrt das Prinzip ‚Vergeltung' wieder, das die den Rahmen bildende Cadmus-Handlung bestimmt. Ferner sind hier die kognitiven Implikationen des Themas ‚Sexualität' in unterschiedlicher Weise gegenwärtig: bei Narcissus als Kontaktarmut, die zum Wirklichkeitsverlust führt, bei Tiresias aber als die Fähigkeit des Propheten, die entgegengesetzte Perspektive des anderen Geschlechts zu verstehen.

Pentheus (3, 511-733) ist als Sohn Echions und der Cadmustochter Agaue wiederum ein Enkel des Cadmus. Sein Vergehen besteht darin, einerseits den gegenwärtigen Gott Bacchus nicht erkannt, andererseits Dinge mit angesehen zu haben, die nicht für seine Augen bestimmt sind; die Parallele zu Actaeons Schicksal zieht Pentheus selbst (3, 720 f.). Hier tritt der religiöse Hintergrund jedoch stärker hervor: Pentheus stellt sich mit voller Absicht gegen den Dionysoskult – anders als Actaeon, der Diana weder kränken noch beobachten will. Die Pentheus-Geschichte, in der Bacchus in Gestalt des Acoetes als Gott im Menschen gegenwärtig ist, bildet einen Schwerpunkt im Cadmus-Teil. Ein Pendant zu der Bestrafung des einseitig auf das männliche Waffenhandwerk vertrauenden Mysterienverächters Pentheus ist die von Bacchus vollzogene Bestrafung der Minyaden,[62] die ihre Wollarbeit auf die Festtage ausdehnen, ein Mythos, der die erste Hälfte des vierten Buches umfasst (4, 1-415). Die in diese Partie eingelegten erotischen Episoden bilden inhaltlich ein Gegenstück zu der Narcissus- und Tiresias-Episode.

Mit Vers 4, 416 kehrt Ovid zum Geschlecht des Cadmus zurück. Die Apotheose von Ino und Melicertes ist ein Seitenstück zur Geburt des Dionysos als Sohn Semeles. Die feindselige Haltung Junos ist eine weitere Parallele zwischen Inos und Semeles Schicksal. Cadmus' Tochter Ino und ihr Gemahl Athamas werden von Juno mit Wahnsinn geschlagen. Darauf entschließt sich Cadmus zur Buße und nimmt freiwillig die Schlangenverwandlung auf sich. Damit schließt sich der Ring.

Die symmetrische Struktur des Cadmus-Teils zeigt, dass die Actaeon-Geschichte eng mit der Erzählung von Semele zusammengehört; gemeinsam bilden sie eine Entsprechung zum Ino-Mythos. Ohne die Actaeon-Episode wäre die Symmetrie vielleicht sogar noch vollkommener. Es ist daher nicht auszuschließen, dass Ovid diese Geschichte erst in einem späten Stadium der Bearbeitung hinzugefügt hat.

6.2 Zur Abfassungszeit: „Irrtum – kein Verbrechen"
Actaeons Schicksal ist ein erstes Warnzeichen an Cadmus (vgl. 4, 564 f.): „Überwältigt von der Trauer, der Kette von Unglücksfällen und den bösen Vorzeichen, die er in sehr großer Zahl gesehen hatte..." (*luctu serieque malorum / victus et ostentis, quae plurima viderat*). Ovid betont eingangs, dass es sich nicht um ein Verbrechen handelt (*scelus* 142), sondern um einen Irrtum, einen Irrweg (*error*), vgl. die Kennzeichnung von Actaeons Gangart, während er sich nichts ahnend dem Badeplatz der Göttin nähert: „mit unsteten Schritten umherirrend" (*non certis passibus errant* 175). Die Schuld liegt also bei *fortuna* (141; vgl. 4, 566 in Bezug auf das Los des Cadmus). Die Form, in der Actaeon entschuldigt wird (*scelus – error* 138-142) erinnert an Ovids Rechtfertigung in

den *Tristia*. Man hat vermutet, unsere Stelle sei nach dem Verbannungsedikt nachträglich eingefügt.[63] Zwar ist unser Abschnitt, wie bei einem guten Autor zu erwarten, aufs Engste mit dem Gefüge der Bücher 2-4 verklammert; dennoch ist eine nachträgliche Einfügung möglich, ja wahrscheinlich, da ohne die Actaeon-Erzählung die Symmetrie zwischen Junos Rache an Semele und an Ino noch vollkommener wäre, während in der Actaeon-Geschichte Diana die Strafende ist. Dennoch hat Ovid die Actaeon-Handlung fest in ihrer Umgebung verankert und zu einer Art Schlussstein des Cadmus-Teils gestaltet. Das Irren, das für das Dasein des Cadmus konstitutiv ist („nachdem er den Erdkreis durchirrt hatte" *orbe pererrato* 3, 6; „in langen Irrfahrten" *longis erroribus actus* 4, 567), kehrt bei Actaeon wieder (3, 175) und im übertragenen Sinne bei Narcissus (*error* 3, 447). Cadmus wird von seinem Vater mit Verbannung bedroht, und dieses Schicksal verfolgt ihn bis in seine letzten Lebensjahre. Die Ursache des Fluches ist die Entführung Europas durch Jupiter, genauer gesagt, Junos eifersüchtiger Hass, der besonders Semele und Ino trifft.

6.3 Das Ende der Jagd als Anfang der Erzählung
Die Exposition (3, 143-147) nennt Ort (Berg), Situation (Jagd), Zeit (Mittag), Personen (Actaeon und sein Gefolge; Actaeon heißt nach dem alten boeotischen Stamm der Hyanther *iuvenis Hyanthius*). Der Tempusgebrauch scheidet klar den Hintergrund (Plusquamperfekt, Imperfekt) von den Äußerungen der Hauptperson (historisches Präsens nach *cum inversum*) und der Nebenfiguren (Partizip). Es folgen Actaeons Rede (148-153) und die Ausführung seines Befehls (154): Für den heutigen Tag wird die Jagd abgebrochen. Actaeons Worte nehmen mehrere Motive der Exposition auf: die Mittagsstunde (151 f.; 144 f.), besonders aber das auffällige Eingangsmotiv, das schon in der Einleitung düster klang. Ovid sagt nicht etwa: „Die lustige Jagd hatte reiche Beute gebracht", vielmehr: „Der Berg war befleckt vom Mordblut verschiedener Tiere" *mons erat infectus variarum caede ferarum* 3, 143). Nicht gerade unbeschwert klingen auch Actaeons erste Worte: „Netze und Eisen sind feucht vom Blut der Tiere" *lina madent, comites, ferrumque cruore ferarum* (148). Vor dem Hintergrund des Späteren (aber auch nach dem Hinweis auf *fortuna* in der Einleitung) liegt in Actaeons Äußerung tragische Ironie: „Und der Tag hat uns Glück genug gebracht" *fortunamque dies habuit satis* (149). Vor und nach diesen Worten wird zum Überfluss darauf hingewiesen, dass der Tag erst zur Hälfte vorüber ist (144 f.; 151 f.). Im Kleinen, auf das Maß eines einzigen Tages verkürzt, wiederholt sich hier das Leitmotiv der Cadmus-Geschichte, das Ovid soeben unterstrichen hatte: „Keinen darf man vor seinem Tode glücklich preisen" *dicique beatus / ante obitum nemo ... debet* (136 f.).

6.4 Das Bad der Diana

Hierauf folgt ein Szenenwechsel (155-172): Eine Landschaftsbeschreibung stellt dem Leser Wald, Höhle und Quelle vor Augen (155-162). Diana steigt ins Bad, wobei sie sich von ihrem Gefolge bedienen lässt (163-172). Der erste Teil dieser Partie ist eine Ortsbeschreibung (Ekphrasis). Typisches Zeichen hierfür ist *erat*[64] (155 „es gab").[65] Die Perspektive verengt sich allmählich. Vom Tal mit Fichten und Zypressen (155) wird man zur Grotte mit der Quelle geführt (157-162). Dann vollzieht sich ein Übergang von der Beschreibung zur Handlung: Die Gewohnheit Dianas, hierher zu kommen (Imperfekt), wird auf einen Einzelfall eingeschränkt (165): „Dort eingetreten, übergibt sie ..." *quo postquam subiit, ... tradit* (historisches Präsens). Damit sind wir mitten in der Erzählung.

Die Landschaftsbeschreibung ist in sich sinnvoll gegliedert: Auf eine allgemeine Einführung der Szenerie (155, Imperfekt) folgen der Name des Ortes und die erste Erwähnung Dianas (Apposition), der Hinweis auf die Grotte (Präsens), deren Beschreibung (Plusquamperfekt) sowie die der Quelle (wieder Präsens). Die Handlung selbst (165-172) ist ebenfalls fein differenziert: das Ablegen der Waffen (165 f.), des Gewandes (167), der Sandalen (168), das Hochschürzen der Haare (168 f.). Bei jedem dieser Handgriffe wird Diana von einer anderen Dienerin unterstützt; eine Einzelheit: Die Spezialistin für den Haarknoten lässt ihr eigenes Haar lose herabhängen (170): ein spielerischer Einzelzug, den der gestrenge Kritiker Merkel[66] zu Unrecht gestrichen hat. Nicht weniger tändelnd setzen griechische Nymphennamen den Vorgang des Badens in ein Klangspiel um: „Es schöpfen das Nass Nephele, Hyale, Ranis, Psecas und Phiale, und sie gießen es aus bauchigen Gefäßen über sie" *excipiunt laticem Nepheleque Hyaleque Ranisque / et Psecas et Phiale funduntque capacibus urnis* (171 f.). Die Namenreihe vergegenwärtigt das Element Wasser unter wechselnden Aspekten zwischen Formlosigkeit und Form, Trübe und Klarheit: Wolke, Kristallglas, Wassertropfen, Sprühregen, Schale.

6.5 Actaeons Erscheinen und Dianas Zorn

Nun wechselt die Perspektive, und der Dichter kehrt zu Actaeon zurück (173-176); als Übergang dient ein Nebensatz mit *dum*, der die Badeszene nochmals zusammenfasst. Die neue Person erscheint in Nahaufnahme (*ecce* und historisches Präsens). Ein kommentierendes Imperfekt bildet den vorläufigen Abschluss („so führte ihn das Verhängnis" *sic illum fata ferebant* 176). Hier konzentrieren sich (vor der Peripetie) wichtige Motive: Irren (*errans*), Verhängnis (*fata*). Wie schon im ersten Vers (138) heißt Actaeon jetzt wieder „Enkel des Cadmus" (*nepos Cadmi*), da ihn der Fluch des Geschlechts trifft. Hierauf lenkt Ovid (177-185) die Aufmerksamkeit von Actaeon über die erschrockenen Nymphen zu Diana. Alle Reaktionen äußern sich in Bewegungen. Die Nymphen wehklagen und schlagen sich an die Brust: Hier finden sich Gesten der Totenklage. Das Unheil ist geschehen, fast ohne Zutun des ‚Schuldigen', der denn auch nur in einem Nebensatz erwähnt wird („sobald er die Grotte betreten hatte" *qui simul intravit* 177). Die Nymphen stellen sich schützend um Diana: eine zentripetale Bewegung des Chores. Einerseits erscheint hier die Göttin schutzbedürftig, andererseits bleibt ihre Majestät gewahrt, denn sie überragt die Nymphen um Haupteslänge. Man erinnert sich an *Aen.* 1, 500 f., wo Diana von den Oreaden umschwärmt wird und größer ist als ihr Gefolge (vgl. auch *Odyssee* 6, 107). Ein Gleichnis (183-185) spiegelt Dianas Erröten in atmosphärischen Bildern: Es gleicht Wolken, die von der Sonne bestrahlt sind, oder der Morgenröte. Dianas Bewegung ist Ausdruck ihrer Keuschheit: Obwohl sie von ihren Begleiterinnen umdrängt ist, wendet sie sich zur Seite und blickt über die Schulter auf Actaeon. Statt ihrer gewohnten Pfeile hat sie nur Wasser zur Hand. Die Rede der Göttin ist in ihrer äußerlichen Harmlosigkeit und beinahe verächtlichen Doppeldeutigkeit weit bösartiger, als es eine heftige Reaktion gewesen wäre. Im Physiognomischen kommt der Affekt jedoch unmittelbar zum Vorschein: Diana errötet. Der Kontrast spricht für sich. Es folgt die Verwandlung, bei der, einer unserem Autor auch sonst geläufigen Technik entsprechend, Ähnliches in Ähnliches übergeht. In dem Epitheton *vivax* (der Hirsch galt in der Antike als langlebig) kann tragische Ironie liegen.

6.6 Der Jäger als Gejagter
Das Finale ist aus Actaeons Sicht beschrieben: ein Drama, das er erlebt. Innerlich bleibt er derselbe. Zwar überfällt ihn Angst, wie es dem Wesen des Hirsches entspricht (198); er flieht und wundert sich darüber, wie schnell er laufen kann (199). Da erblickt er sein Spiegelbild im Wasser (200). „Weh mir" will er rufen; aber die Stimme gehorcht ihm nicht. Sein Bewusstsein bleibt unverändert, nicht aber sein Körper (203). Ovid hat diese albtraumartige Situation besonders eindringlich gestaltet. Actaeon ist sich im Zweifel, was er tun soll; er scheut sich heimzugehen und hat zugleich Angst, im Wald zu bleiben.[67] Während er noch zögert, erblicken ihn die Hunde. Ein stattlicher Katalog von Hundenamen, dessen Bedeutung sich nicht im Spielerischen erschöpft,[68] vergegenwärtigt schon durch seine Fülle die bedrohliche Meute. Drei Hunde, die vorher noch nicht genannt worden sind, packen Actaeon zuerst. Sie waren später losgerannt, hatten aber eine Abkürzung genommen. Aus Lieblingen und Jagdgefährten werden bald unbarmherzige Feinde. So wird sich die in den Namen lauernde Gewalttätigkeit gegen den Besitzer kehren. Antithese und Paradoxie stehen nicht um ihrer selbst willen; sie verdeutlichen die Wandlung (229: „Er flüchtet auf Wegen, auf denen er bisher das Wild verfolgt hatte – wehe, er flieht vor seinen eigenen Dienern" *ille fugit per quae fuerat loca saepe secutus; / heu, famulos fugit ipse suos*).

Einerseits entwickelt das ergreifende Finale mit starker Einfühlung das Thema ‚Selbstentfremdung' in unterschiedlichen Sinnessphären fort (Tastsinn, Gehör, Gesichtssinn): Actaeon ist schon mit Wunden übersät; seine Klage ist zwar kein Menschenlaut, doch klingt sie auch nicht nach der Stimme eines

Hirsches; er kniet nieder und blickt von einem zum andern, als flehe er um Gnade. Andererseits wird die tragische Ironie auf die Spitze getrieben. Sein ahnungsloses Gefolge hetzt die Meute auf, und man ruft nach Actaeon, als wäre er abwesend. Er hört seinen Namen und blickt sich nach den Rufern um; sie aber beklagen sich über seine Abwesenheit und über seine Langsamkeit, die ihn daran hindere, das Schauspiel zu genießen. Die tragische Ironie steigert sich in der pointierten Darstellung von Actaeons Empfindungen: Er wäre ja gerne abwesend, ist aber leider zugegen; die Taten seiner Hunde würde er lieber mit ansehen, statt sie zu spüren zu bekommen – als letzter Gedanke eines Sterbenden gewiss nicht besonders erhebend, aber der realen Situation angemessen: ein weiteres Beispiel für Distanzierung am Ende der Erzählung. Erst als Actaeon tot war, soll Dianas Zorn gesättigt gewesen sein (ihr Name steht betont am Ende).

6.7 Zwischen Retardierung und Beschleunigung
Betrachten wir die Proportionen der Erzählung im Ganzen! Die dem Inhalt nach zentrale Szene um Diana steht dem Anfang näher als dem Ende. Actaeons Tod ist kunstvoll hinausgezögert: Dazu tragen retardierende Momente bei, so der Blick auf das eigene Spiegelbild und die Überlegung, wohin zu fliehen sei, vor allem aber der Katalog der Hunde, der allein schon durch seine Fülle einer drohenden Gewitterwolke gleicht. Der Katalog ist nochmals getrennt von der Nennung der drei besonders schnellen Rüden. Eine flehende Geste bildet einen erneuten Aufschub. Kurz vor dem Ende versenkt sich der Dichter psychologisierend in die Gefährten, die ihren Herrn herbeiwünschen, aber auch in Actaeon, der umgekehrt lieber abwesend wäre: eine paradoxe Situation, die schon während der Flucht angedeutet worden war (228).

Der eigentliche Schluss ist sehr knapp. Hier deutet das Stichwort *undique* („von allen Seiten" 249) auf Bedrängnissituationen großer epischer Helden hin.[69] Die Strafe vollzieht sich also in zwei Wellen: einer kürzeren – der Verwandlung – und einer längeren, der Verfolgung und Zerfleischung des Unglücklichen. Die zweite Phase ist durch Aufgliederung in Stufen besonders lang und spannend gestaltet; das Ende tritt aber überraschend schnell ein.

6.8 Rückblick und Ausblick
Diana erscheint in der Exposition (156) bei der Ortsbeschreibung, in der Mitte der Erzählung (180 und 185) und am Ende (252). Die Göttin steht nicht nur im Zentrum der Nymphengruppe, die sie umdrängt, sondern auch im Mittelpunkt der Geschichte. Das eingangs verwendete Beiwort *succincta* („hochgeschürzt") passt zur Erscheinung der göttlichen Jägerin. Ovid trifft aus dem Mythos eine funktionale Auswahl: Diana heißt hier nicht etwa Phoebe. In dem Augenblick, als sie an Actaeon Rache übt, werden ihre Waffen erwähnt, die Pfeile. Die Badende hat sie nicht zur Hand, sie ersetzt die Pfeile durch Wasser. Am Ende

heißt sie die „köchertragende" (*pharetrata* 252). In Verbindung mit Actaeons zahlreichen Wunden ist die Erwähnung des Köchers, der viele Pfeile enthält, sinnvoll. Diana verwendet das Wasser wie auch die Hunde als ‚Waffen'. Das Verhalten der Göttin gegenüber Actaeon ist von Rache bestimmt („rächende Wellen" *ultricibus undis* 190); dahinter steht der göttliche Zorn (*ira* 252). Dieses wichtige Thema bestimmt auch die im Folgenden berichteten Ereignisse, so Junos zornigen Hass auf Semele (3, 259), Tiresias (3, 333 ff.) und Echo (3, 362-369), das strafende Eingreifen der Nemesis in das Leben des Narcissus (3, 406), Bacchus' Rache an Pentheus (3, 701-731) und den Minyaden (4, 389-415) und Junos Walten im Geschehen um Ino (4, 426-431). Auch Cadmus ist hier zu nennen. In den Büchern 5 und 6 setzt sich das Thema ‚Götterzorn' fort (Niobe; die lykischen Bauern).

Der Affekt der Göttin (Scham und Zorn) kommt physiognomisch zum Ausdruck; das Erröten wird in einem Gleichnis verdeutlicht, das an die Arachne-Geschichte erinnert (6, 45). Während dort das Transitorische unterstrichen ist, hebt Ovid hier das glühende Rot hervor; so macht er die Intensität des Affekts sichtbar, der die Wende (Actaeons Bestrafung) herbeiführt.

Die Handlungsweise der Göttin spiegelt Ovid abschließend in der Beurteilung durch verschiedene Menschengruppen: Die einen halten Diana für übermäßig grausam, andere loben ihr Verhalten und sagen, es passe zu ihrer strengen Jungfräulichkeit (253 ff.). Es handelt sich hier nicht um eine leere Übergangsformel, der Dichter greift vielmehr auf das Zentrum der Erzählung zurück, wo Dianas jungfräuliche Scheu durch ihre Körperhaltung betont worden war (186 ff.). Ovid lässt die Bewertung von Dianas Tat offen (255), Juno freilich (so fährt er fort) freut sich am Unglück des ihr verhassten Cadmusgeschlechts und wird weiterhin dazu beitragen (es folgt Semeles Schicksal).

Überhaupt steht die Macht der Götter stärker im Mittelpunkt als ihre Güte (der letztere Zug ist heidnischen Göttern nicht unbedingt eigen). Ovid glaubt nicht buchstäblich an die Mythen; seine Götter ähneln oft mächtigen Menschen. Diese Ähnlichkeit ist beabsichtigt, dem Dichter geht es weniger um Theologie als um Anthropologie. Der Mythos liefert typische Gestalten und Situationen, denen der Dichter allgemein menschlichen Sinn verleiht.

Ovid hütet sich also sehr wohl, eindeutig für die keusche Diana Partei zu ergreifen. Bringt er doch für das Opfer, Actaeon, ein Höchstmaß an Verständnis auf. Weit entfernt, ein Rebell zu sein, der sich gegen die Götter auflehnt, ist der Held in der ganzen Erzählung ein von überirdischen Mächten Getriebener, ein Leidender. Das Schicksal ereilt ihn in dem Augenblick, als er seine Aktivität einstellen will. Er ist kein maßloser, blutgieriger Jäger, der einen solchen Tod vielleicht eher verdient hätte, sondern er ist schon nach einem halben Tag mit der Beute zufrieden. Auch trifft ihn keine Schuld, wenn er etwas gesehen hat, was menschlichen Augen verborgen bleiben sollte. Es ist aufschlussreich, dass das Motiv des Sehens in unserer Erzählung zweimal wiederkehrt: Erst sieht Actaeon die Göttin nackt, dann sieht er sich selbst im Spiegel einer Quelle als Tier. Man könnte sagen, dass der Anblick übermenschlicher Vollkommenheit zum hoffnungslosen Leiden an der eigenen Unvollkommenheit führt. Aber Ovid spinnt weniger diesen Gedanken aus als vielmehr die Umkehrung des Verhältnisses zwischen Actaeon und seinem Gefolge. Rückblickend erkennt man, dass die Einleitung in diesem Sinne eine kontrastbildende Funktion hat. Die blutige Jagd, die vorüber zu sein schien, wird in unerwarteter Weise wieder beginnen. Actaeons erste Worte handeln nicht zufällig von Blut, einer Vorstellung, die auch das Schlussbild bestimmen wird. Gebietet Actaeon hier seinen Gefährten Einhalt, so wird ihm dies am Ende nicht gelingen. Tragische Ironie spricht auch aus seinen Worten: „Glück hat mir dieser Tag genug gebracht". Eine weitere Vorankündigung liegt in seiner Bemerkung: „Beim nächsten Morgenrot werden wir wieder an unser Waidwerk gehen." Der Name Aurora (150) wird bei Dianas zornigem Erröten wiederkehren (184). So sagt Actaeon ungewollt sein eigenes Schicksal voraus. Die rote Farbe symbolisiert in Verbindung mit der Vorstellung des Blutes und der Morgenröte den Zusammenhang zwischen Anfang, Mitte und Ende der Geschichte.

Der Kontrast zwischen der Welt der Göttin und der Welt des Menschen wird deutlich, wenn man die Badeszene mit der Jagdszene vergleicht. Hier die Aufzählung der Nymphen, die den Leib der Göttin mit Wasser besprengen, dort der Katalog der Hunde, die Actaeons Körper zerfleischen werden. Die Brücke zwischen beiden schlägt die magische Handlung, bei der die Göttin Actaeon mit Wasser bespritzt. In Dianas Händen ersetzt dieses Wasser – was Ovid ausdrücklich hervorhebt – die Pfeile; von der abschließenden Erwähnung der Wunden Actaeons und des Köchers der Göttin war bereits die Rede. Was für Diana als Spiel begann, wird für den Menschen tödlicher Ernst. Das Wasser der kristallklaren Quelle, die der Göttin als idyllischer Badeplatz dient, wird für Actaeon zum Verhängnis: Wassertropfen verwandeln ihn in einen Hirsch, und in einer Wasserquelle sieht er voll Entsetzen seine Tiergestalt gespiegelt.

Actaeons Metamorphose gehört einem anderen Typus an als z.B. die Verwandlung der lykischen Bauern. Während dort die Tiergestalt eine typische Verhaltensweise verewigt, liegt hier umgekehrt eine Entfremdung zwischen der Person und ihrer Gestalt vor, eine Phasenverschiebung zwischen Bewusstsein und realer Aktionsmöglichkeit. Was einzelne Kunstmittel betrifft, so waren im Laufe der Interpretation eine ganze Reihe von Techniken zu beobachten: Gleichnis, Katalog, retardierende Momente, Ortsbeschreibung und fortschreitende Verengung der Perspektive, Aufgliederung einer Erzählung in Stufen und Beschleunigung am Ende.

Besonders hervorzuheben ist aber noch die Schilderung der Verwandlung. Sie ist durch Anapher belebt (*dat ... dat* 194 f.; *cum ... cum* 196). Hinzu kommen Alliterationen (*dat sparso capiti ... dat spatium collo*), Wortspiel (*velat ... vellere*) und das Nebeneinander von Gegensätzen (*pedibusque manus ... mutat* 196). Als besonders ausdrucksstarkes Verb ist *cacuminat* zu nennen (195 „versieht – die Ohren – mit einer Spitze"). Ovid scheut sich nicht, Verben zu gebrauchen, die ganz spezielle Vorgänge genau bezeichnen. Für die typisch ovidische Verbindung von visueller und motorischer Darstellungsweise sind immer wieder ausdrucksstarke Gebärden charakteristisch. Dianas Wesen spricht aus der Körperhaltung, die sie instinktiv einnimmt, als Actaeon sie überrascht. Ähnlich bringt der in einen Hirsch verwandelte Actaeon sein Flehen gebärdenhaft zum Ausdruck (241).

Ein wichtiges Mittel der Darstellung sind kurze, prägnante Reden, so Dianas hämische Worte, die den Verwandlungsakt begleiten (192 f.): „Du darfst erzählen, dass du mich ohne Kleider gesehen hast, – sofern du es kannst." Die Einschränkung oder Correctio mit *si* ist eine bei Ovid besonders beliebte Figur.

Die längste Rede ist die Actaeons in der Einleitung. Äußerlich scheint sie sich in Einzelheiten zu verlieren; in Wahrheit ist sie von tragischer Ironie erfüllt und bereitet indirekt das künftige Geschehen vor. Actaeon wird zuerst ausführlich als Redender vorgestellt; dann nimmt ihm Diana die Fähigkeit des Sprechens; schließlich werden nur noch die kurzen Sätze zitiert, die er gerne sagen möchte, ohne es zu können (230; vgl. 201). Nichts ist rührender als diese gedachten Reden; dokumentieren sie doch den schmerzhaften Widerspruch zwischen Idee und Wirklichkeit, zwischen dem fortdauernden menschlichen Bewusstsein und der fremden Tiergestalt, zwischen dem Willen zur Mitteilung und der tatsächlichen Unmöglichkeit einer Kommunikation. Instruktive Parallelen hierzu sind Ovids Io-Geschichte (bes. 1, 635-644) und Kafkas Erzählung Die Verwandlung. Die Erfahrung, dass ein von mächtigen Personen Bestrafter von seinen eigenen Gefährten nicht mehr anerkannt, ja geradezu überhaupt nicht mehr gekannt wird, ist allgemein menschlich. Sie war in der Zeit der späten Republik und des Prinzipats vielen Römern vertraut. Ovids feine psychologische Studie des ohne eigenes Verschulden Verfemten konnte mit aufmerksamen und betroffenen Lesern rechnen. In der Verbannung wird Ovid sein eigenes Schicksal mit dem Actaeons vergleichen.[70]

7 Arachne: Selbstverwirklichung der Künstlerin[71]

7.1 Erwartungshorizont

Ovids Arachne-Erzählung ist in der Forschung bisher wenig beachtet worden. Dabei ist dieser Text wohl für das Verständnis von Ovids Kunst wichtiger als man bisher meist annahm. Zunächst zu seiner Stellung im Werk!

Am Anfang des sechsten Buches der *Metamorphosen* steht die Erzählung von der Weberin Arachne, die von Pallas Athene in eine Spinne verwandelt wird (1-145). Die Bedeutung der Geschichte wird durch ihre Position zu Beginn der zweiten Bücherpentade mitbestimmt; nicht unwichtig ist auch der Zusammenhang, in dem sie erscheint: Es folgt der Niobe-Mythos und die Verwandlung der lykischen Bauern in Frösche (also die Bestrafung von Gottesverächtern, die sozial auf unterschiedlichen Stufen stehen); voraus geht die Bestrafung der Pieriden, die hochmütig die Musen zum Wettstreit herausforderten.

Daraus ergeben sich als Erwartungshorizont für die Arachne-Geschichte folgende Schwerpunkte: Götterzorn und Strafe, Kunst als göttliche und menschliche Leistung, Verwandlung als Perpetuierung eines bestimmten menschlichen Verhaltens.

Welche spezifische Akzentuierung erhalten die genannten Probleme in unserer Erzählung? Aufschlussreich hierfür dürfte die Art und Weise sein, wie der Leser vorbereitet wird, in welche Richtung sein Fragen gelenkt wird. Haupttext wird daher die Exposition sein; sie sei jedoch erst vor dem Hintergrund des Späteren besprochen, da auf diese Weise Ovids Kunst und seine Psychagogie besser durchschaubar werden. Eine nachträgliche Lektüre der Exposition hat außerdem den Reiz des Wiedererkennens der in der Haupterzählung entfalteten Elemente, die hier gleichsam im Keim vorbereitet sind.

Überblicken wir also zunächst das Geschehen und einige Zentralpunkte seiner Deutung durch Ovid! Bei der berühmten Weberin Arachne, die es wagte, Pallas Athene zum Wettstreit herauszufordern, erscheint die Göttin in Gestalt einer Greisin und empfiehlt ihr, sich vor der Göttin zu demütigen. Arachne antwortet mit einer Beleidigung und der Wiederholung ihrer Herausforderung.

Pallas gibt sich zu erkennen, und beide machen sich an die Arbeit. An Arachnes Werk findet selbst die Konkurrentin künstlerisch nichts auszusetzen: *Non illud Pallas, non illud carpere Livor / possit opus* (129 f.). („An jenem Werk könnte nicht einmal Pallas, ja nicht einmal der verkörperte Neid etwas bemängeln." Wütend zerreißt die Göttin das Werk der Sterblichen und schlägt sie mit dem Weberschiffchen. In ihrem Stolz zutiefst getroffen, erhängt sich Arachne. Pallas fängt sie auf und verwandelt sie in eine Spinne.

Was hat Ovid aus der Erzählung gemacht? Kurz betrachtet sei die Szene, in der Arachne von Pallas heimgesucht wird. In ihr wird Arachnes Charakter bereits deutlich.

7.2 Tempuswechsel und Gleichnis

Beobachtet seien zunächst zwei Kunstmittel: Tempuswechsel und Gleichnis. Die eigentliche Erzählung beginnt mit einem Verkleidungsmanöver der Pallas (26 ff.): In Gestalt einer alten Frau erfährt sie eine kränkende Abfuhr, die in der heftigen Herausforderung gipfelt, die Göttin möge doch selbst kommen und dem Wettkampf nicht aus dem Wege gehen. Da gibt sich Pallas zu erkennen. Die Verwandlung der Göttin wird sprachlich sinnfällig im Wechsel der Bedeutung und der Vokalquantität von *venit* (42 f.) in Arachnes Frage (*Cur non ipsa vĕnit?* „Warum kommt sie nicht selbst?") und Minervas Antwort (*vēnit.* „Sie ist gekommen"). Das Präsens ist durch das Perfekt bereits überholt. Dies ist wohl die kürzeste und eindrucksvollste Rede im ganzen Werk Ovids.

Im Unterschied zu den andächtigen Nymphen und jungen Frauen lässt sich Arachne durch die Gottheit nicht einschüchtern. Charakteristisch ist das Gleichnis (46-49): Sie errötet, eine unbewusste Reaktion, die freilich nicht lange anhält, sondern vorübergeht, wie die Morgenröte dem hellen Tage weicht. In diesem Bild spiegelt sich für einen Augenblick die innere Erregung der Weberin, eine Emotion, die vielleicht von der so lange erhofften Situation des Wettstreits ausgelöst ist. Falls es sich um ein Gefühl der Beschämung handelt, bleibt es im Unterbewussten, oder es wird doch alsbald verdrängt. Auch ist das Gleichnis (ebenso wie das spätere Regenbogengleichnis) auf Farbwechsel bezogen und motivisch dem Atmosphärischen entnommen. Es passt vorzüglich zu Arachne, der ‚Malerin' in Wolle. Formal gesehen markiert das Gleichnis die Peripetie, inhaltlich exponiert es den Affekt: Arachnes Stolz.

Nun zum Inhaltlichen. Arachne beharrt auf ihrem Vorhaben (*perstat* 50; vgl. *non cedere* 6 „nicht weichen"; *cede deae* 32 „gib der Göttin nach") und rennt so in ihr Verderben (*in sua fata ruit* 51). Das Beharren, das Starre, ist eine Grundeigenschaft, die schon in Arachnes Rede zum Ausdruck kam (*eadem est sententia nobis* 41 „unverändert ist meine Überzeugung"). Die Unbelehrbarkeit hängt eng zusammen mit dem Unvermögen, zuzugeben, dass man von anderen gelernt hat (vgl. 24). Arachne ist der Meinung, sie habe selbst genug Verstand (*consilii satis est in me mihi* 40). Diese Klugheit (die schon der Vater Idmon – „der Kundige" – im Namen führte) wird sich letztlich als Torheit erweisen: *stolidaeque cupidine palmae in sua fata ruit* („und aus Begierde nach einer törichten Siegespalme rennt sie in ihr Verderben" 50 f.). Minerva, die, jetzt als Gottheit offenbar, den Ehrentitel „Tochter Jupiters" (*Iove nata*) erhält, ziert sich nicht weiter und verzichtet auch auf zusätzliche Mahnungen (51 f.).

Der vorliegende Abschnitt bildet die erste Teilszene. Er beginnt mit einer Gegenbewegung: Pallas erscheint als Warnende – ohne Erfolg – dann offenbart sie sich in ihrer Göttlichkeit – doch auch hierdurch lässt sich Arachne nicht

beeinflussen. Der Handlungsfortschritt entschleiert in zwei Phasen Arachnes Wesensart.
Die Göttin steht der Sterblichen freilich an Stolz nicht nach. Minerva spricht zwar eine Warnung an Arachne aus und gibt ihr einen mütterlichen Rat, aber die Worte sind so gesetzt, dass sie Arachne aufs Äußerste reizen. Liegen doch der Rede der Pallas feste Denkkategorien zugrunde: die Antithese zwischen Sterblichen und Göttern, Alten und Jungen. Für die Sterblichen gibt es nur Nachgeben (*cede* 32), Bittflehen um Begnadigung. Jedes andere Verhalten ist *temerarium* (32), d. h. gotteslästerlich und selbstzerstörerisch.

Ganz anders sind die Denkkategorien der Arachne. Sie lehnt Autoritäten aller Art ab: Ihrer Meinung nach hat die alte Generation von ihrem langen Leben nur einen geistigen Schaden davongetragen (37 f.). Solche Worte schleudert Arachne der Greisin vor den versammelten jungen Frauen und Nymphen ins Gesicht. Im Übrigen verlässt sie sich allein auf ihren eigenen Verstand. Nachdem in Rede und Gegenrede Arachnes Weltbild deutlich genug dem der Pallas gegenübergestellt ist, dokumentiert die vorliegende Szene die Entschlossenheit beider Frauen, den einmal eingeschlagenen Weg weiterzugehen.

7.3 Vergleich der Gewebe
Entsprechendes ergibt, sowohl inhaltlich als auch formal, der Vergleich der beiden Gewebe (70 ff.). Die Ekphrasis ist ein weiteres und vielleicht noch subtileres Mittel, das Wesen der beiden Gestalten einander gegenüberzustellen. In der römischen Literatur haben die eingelegten Beschreibungen eine innere Beziehung zu ihrer Umgebung.

Thema des Bildteppichs der Pallas ist ihr Sieg über Neptun (Poseidon) : Das Werk ist eine Selbstdarstellung. Der Zwölferrat der Götter bestätigt den Sieg der Göttin. Ort ist Athen, die Stadt der Athene. Als Ornament dient die Olive: der Baum der Minerva und ihre Gabe an die Athener. Gegenstand des Bilddekors der Zwickel oder Ecken ist die Bestrafung von Sterblichen, die sich Göttern gleichstellen wollten. Bezeichnend ist, dass Menschen und nicht etwa Götter verwandelt werden. Es herrscht eine theozentrische Sehweise. Die Göttin segnet und straft, hat eine königliche Rolle, sie beschützt und beschenkt die Polis.

Ganz anders ist Arachnes Thematik: *caelestia crimina* (131 „himmlische Verbrechen", „Verbrechen der Götter"). Götter verwandeln sich, um sich mit sterblichen Frauen zu verbinden: Sie nehmen Tiergestalt an. Die Sehweise ist rein irdisch. Alles ist auf den Eros bezogen. Es herrscht (platonisch gesprochen) die Perspektive des begehrenden Seelenteils (ἐπιθυμητικόν). Wenn bei der Verwandlung der Kopf schrumpft und im Wesentlichen ein Bauch übrigbleibt (was Ovid 144 betont), entbehrt dies nicht einer gewissen Logik, wie sie schon Platon im *Timaios* entwickelt. Als Ornament dient der Efeu, eine Pflanze, die an Dionysisches und Erotisches denken lässt. Die Thematik von Arachnes Bildteppich steht Ovids *Metamorphosen* nahe.

Was sagt Ovid über die künstlerische Gestaltung der Gewebe? Im Werk der Pallas herrscht Ordnung. Ein großes Zentralbild ist von vier kleineren umgeben. Deutlich ist die Rolle der Zahl: Zwölf Götter, vier Eckmotive. Die Stiltendenz wird von Ovid selbst als *augusta gravitas* („erhabene Würde" 73) gekennzeichnet. Jeder Gott hat die seinem Wesen entsprechende Erscheinung (*sua facies* 73 f.), d. h. es ist alles so dargestellt, wie es sein soll. Es handelt sich um eine hieratische, offizielle, auf die Polis bezogene Kunst. Das Schwergewicht liegt auf der Würde der Götter. Alles wird unerbittlich an ihr gemessen, Mädchen werden in Tempelstufen verwandelt (99).

Im Bildteppich der Arachne ist die Ordnung nicht so deutlich. Dafür herrscht Wirklichkeits- und Lebensnähe: „Man hätte den Stier, man hätte die Fluten für wirklich halten können" (*verum taurum, freta vera putares* 104). *Sua facies* (121) bedeutet hier etwas anderes als bei Minerva: Alles ist so dargestellt, wie es wirklich ist und wie es dem Affekt, dem Ort und dem Charakter entspricht. Der Akzent liegt auf dem Erotischen, aber auch auf der Scheu (Europa 105 ff.) und dem Widerstand (*luctante* 108) der von den Göttern gewaltsam Besiegten. Psychologie und Lebensnähe sind ein ‚hellenistischer'[66] Aspekt. Zweifellos besteht auch in der Kunstauffassung eine Verwandtschaft mit Ovid.

Arachnes Schuld wird von Ovid nicht geleugnet, aber ihre spezifisch diesseitige Sensibilität ist mit einem Maximum an Einfühlung – fast bis zur Identifikation – dargestellt. Deutlich wird dabei auch die Unüberbrückbarkeit des Gegensatzes von ‚menschlicher' und ‚göttlicher' Perspektive. Wie in Catulls *carm.* 64 scheint es keine Verständigung zwischen Menschen und Göttern mehr zu geben. Die Gegenüberstellung der beiden Weltbilder ist von modern anmutender Illusionslosigkeit.

7.4 Arachnes Verwandlung
Wie ist Arachnes Verwandlung (130 ff.) zu deuten? Handelt es sich um eine Strafe? Wichtig ist doch wohl, dass Arachne selbst Hand an sich legt. Eigentlich ist es nochmals ihr Stolz (ihr bester und zugleich ihr schlechtester Charakterzug), der ihr zum Verhängnis wird. Es handelt sich also um eine Selbstbestrafung.

Pallas greift fast eher begnadigend ein, indem sie den Tod durch eine Tierverwandlung ersetzt. Hier lässt sich erkennen, was H. Dörrie[72] als wichtigen Zug der ovidischen Verwandlung aufgezeigt hat: Perpetuierung einer *hexis,* einer fest gewordenen Verhaltensweise (Arachne hat ja in der Tat ihre Kunst absolut gesetzt, höher gestellt als die *pietas* gegenüber der Alten und der Gottheit). Die Verwandlung macht die Strafe nur offenkundig und fixiert sie, macht sie (ganz römisch) zum *exemplum* und *monumentum.*

Beinahe ein Naturprozess ist hier im Gange: Rückbildung des Menschen mit seinen *vielen* Möglichkeiten zum Tier, das nur *eine* kennt, aber diese zur Perfektion bringt. Die Gegenüberstellung des Menschen in seiner *offenen* und des

Tieres in seiner *geschlossenen* Verhaltensweise ist lehrreich. Daraus resultiert bei Ovid eine Art umgekehrter Darwinismus, wie ihn die Antike seit Platon kennt.

7.5 Die Exposition

Wir sind jetzt vorbereitet, die Exposition unseres Textes zu verstehen. Minerva hat die Erzählung der Muse Urania über die Bestrafung der Pieriden gehört und ihrem Zorn zugestimmt (1-2). So wird das Motiv ‚Götterzorn', das die ersten drei Erzählungen des 6. Buches beherrschen soll, gleich zu Beginn betont („sie hatte den gerechten Zorn gutgeheißen" *iustamque probaverat iram* 2).

Dieses Thema bildet nicht nur äußerlich den Anfang, sondern in recht eigentümlicher Weise den Ausgangspunkt der Erzählung. Minerva spricht für sich die Worte: „Loben ist zu wenig, Wir wollen auch selbst gelobt werden und Unsere göttliche Macht nicht länger ungestraft missachten lassen" (3-4). An erster Stelle steht also nicht ein bestimmter Einzelfall von Hybris, sondern der Wille der Göttin, es den Musen nachzutun. Während die Musen die Bestrafung der Pieriden und auch die des Pyreneus (5, 273-293) nur gezwungenermaßen vollzogen, nicht agierten, sondern reagierten, hat umgekehrt Minerva zuerst den allgemeinen Willen zu strafen und sucht sich dann das Opfer aus (5 ff.): „Und sie richtet ihren Sinn auf das Verhängnis der Lyderin Arachne; hatte sie doch gehört, diese gebe ihr an Ruhm in der Webekunst nichts nach." *Fatum* bezeichnet bei Ovid im Allgemeinen das unglückliche Los, den Tod. Dass Arachne untergehen wird, steht also bereits fest, bevor eine Begegnung stattfand. Das Verhalten der ovidischen Göttin ist von schonungsloser Härte. Das Schlüsselwort *fatis* (5) hat neben der charakterisierenden noch eine erzählerische Funktion: Es kündigt das unheilvolle Ende an.

Das Erste, was wir über Arachne erfahren, ist die Größe ihrer künstlerischen Leistung, die dem Vergleich mit Pallas standhalte (*non cedere* 6). Das Wort ist hier phraseologisch gebraucht: „nichts nachgeben"[44] im Sinne von „nicht nachstehen". Es kann darin jedoch ein verhängnisvoller Unterton mitgehört werden: „nicht nachgeben". Arachnes Unnachgiebigkeit wird ihr später zum Verhängnis werden (vgl. 32; 50). Aber hier ist von einer Provokation der Göttin durch Arachne noch nicht die Rede. Es sind lediglich die Leistung und der Ruhm, durch die sich Pallas herausgefordert fühlt.

Ovid betont Arachnes bescheidene Herkunft: Die Färberstochter aus dem kleinen Dorf (13) verdankt ihr Ansehen allein ihrer Kunst (8). Die Arbeit der Weberin lockt die neugierigen Nymphen von Bergen und Flüssen herbei. Sie bewundern nicht nur fertige Gewebe, sondern auch deren geheimnisvolle Entstehung: Die rohe Wolle wird zunächst zu Kugeln geballt, dann zwischen den Fingern gepresst, wiederholt gezogen, mit dem Daumen gedreht und schließlich zum Teppich verwoben. Ovid sieht die Vorgänge gleichsam mit den Augen der Gottheiten, die über die planmäßige Arbeit der Sterblichen staunen. Unverstandene Technik gewinnt den Zauber des Wunderbaren. Auch sonst entdeckt

Ovid die Poesie der Technik. Erinnert sei an die Essen und Kalköfen in der Medea-Erzählung (7, 106 ff.) und an die Wasserleitung in der Pyramus-Geschichte (4,122 ff.). Ovid ist ein Dichter der menschlichen Arbeit – aber auch ihrer Grenzen (vgl. die Minyaden, deren Frevel die Feiertagsarbeit ist).

Hohe Kunstfertigkeit zeugt von göttlicher Begnadung: *scires a Pallade doctam* („man hätte erkennen können, dass sie von Pallas belehrt war" 23). Arachne betrachtet ihre Kunst freilich allein als ihre eigene Leistung: *quod tamen ipsa negat* („das aber leugnet sie dennoch" 24). Ovid deutet hier den Gedanken menschlichen Schöpfertums an, eine römische Erfahrung, welche die Philosophie erst viel später in Begriffe fassen wird. Erst am Ende des Abschnitts lässt Ovid die Weberin so weit gehen, Pallas zum Wettstreit herauszufordern. Sie ist erst bereit, sich zu demütigen, wenn sie in ihrer Webekunst besiegt wird (*nihil est quod victa recusem* 25). Arachnes Verhalten und ihren Stolz auf ihre Kunst motiviert Ovid durch ihre soziale Herkunft: Allein durch ihre Kunst hat sie sich emporgearbeitet, ist also begreiflicherweise stolz darauf. So kommt es, dass Arachne nicht bereit ist, Privilegien anderer ungeprüft anzuerkennen. In ihren Augen ist der Vorschlag, mit der Göttin um die Wette zu weben, keine Lästerung; sie bietet der Gegnerin vielmehr das an, was sie für eine faire Chance hält. Arachnes Denken wird also aus ihrem Lebensgang voll verständlich.

Was freilich bei der Weberin gänzlich außer Betracht bleibt, ist die spezifisch religiöse Dimension. Sie vergisst, dass der Mensch auch und gerade in seiner Begabung und seiner geistigen Leistung von der göttlichen Gnade abhängig ist. Die Göttin ist der Ursprung von Arachnes Können, kann also keine gleichberechtigte Konkurrentin sein. Eine Auflehnung gegen sie ist nicht nur pietätlos, sondern selbstzerstörerisch, greift sie doch an die Wurzeln der eigenen Kunst. Aber diese (theologische) Dimension liegt Arachne völlig fern (was auch aus dem sehr diesseitigen Inhalt ihres Bildteppichs hervorgeht). Andererseits ist Minerva keineswegs als gnädige, sondern von vornherein als eher tyrannische Gottheit eingeführt. Es wird auch nicht spezifiziert, inwiefern Arachne bei ihr in die Lehre ging; offenbar ist dieses Schülerverhältnis nicht nur von Arachne, sondern auch von Pallas bisher nicht bemerkt worden. Auch Minervas allererster Gedanke gilt ihrem Prestige (*laudemur et ipsae* 3). Sie denkt in hierarchischen Kategorien (was ihr Webteppich deutlich offenbaren wird), behandelt Arachne als Konkurrentin und lässt nichts von einer Freude an den Leistungen ihrer Schülerin erkennen, wie es der Lehrerin und der Gottheit eigentlich anstünde. Nicht nur Arachne, sondern auch Minerva lässt es an *pietas* fehlen. Beide begegnen einander beinahe wie stolze Vertreterinnen zweier verschiedener Stände, die einander beweisen wollen, wessen Standesdenken das bessere ist. Beide tragen weniger menschliche, als vielmehr menschlich-allzumenschliche Züge. Auf beiden Seiten herrschen Kleinlichkeit, Rechthaberei, heftige Emotion und ein gewisser tierischer Ernst, die den Leser dazu verlocken, die Geschichte als Auseinandersetzung zwischen zwei Künstlerinnen verschiedenen Standes zu

betrachten, was köstliche Einkleidung, aber nicht der ganze Sinn der Erzählung ist. Inwiefern bereitet die vorliegende Exposition die weitere Erzählung vor?
  1. Die Charaktere der Pallas und der Arachne werden beide in ihrer Unbeirrbarkeit dargestellt; so sind der Konflikt und der düstere Ausgang vorgezeichnet.
  2. Der Götterzorn ist nicht einseitig positiv verstanden, das Beharren der Sterblichen psychologisch und sozial motiviert. Hinter den Charakteren leuchten die verschiedenen Wertvorstellungen einer hierarchisch gegliederten bzw. einer leistungsorientierten Gesellschaft auf. Die Fragestellung ist nicht eigentlich theologisch, sondern auf das Gebiet des menschlichen Zusammenlebens verlagert.
  3. Die Problematik der Kunst wird einmal in einen allgemeinen Rahmen gestellt: Der mit Verstand begabte Mensch erregt durch seine künstlerischen und technischen Leistungen die Bewunderung und auch den Neid göttlicher Wesen. Auch dieses Problem wird von Ovid nicht eigentlich auf der theologischen Ebene ausgetragen, sondern sozial und anthropologisch beleuchtet. Immerhin bereitet uns die Einleitung auch darauf vor, dass die Bildteppiche beider Weberinnen jeweils eine grundverschiedene Weltanschauung, Ästhetik und Soziologie voraussetzen.
  4. Es gehört zu Arachnes Tragik, dass sie ihren gesamten Erfolg allein ihrer Kunst verdankt und dementsprechend geneigt ist, diese Kunst absolut zu setzen. Das Zerreißen des Teppichs trifft Arachnes Lebensnerv. Ihr Wesen ist im höchsten Maße mit ihrer Kunstfertigkeit identisch, daher in dieser tödlich verwundbar. *Mutatis mutandis* gilt Ähnliches von Pallas, die somit als eifersüchtige Gottheit auftreten muss. So ist in der Exposition psychologisch der Grund für den folgenden Konflikt gelegt.
  5. Was die Metamorphose der Arachne betrifft, so ist auch sie durch die Exposition vorbereitet. Hier ist mir erstaunlicher Ausführlichkeit nicht etwa von der Tätigkeit des Webens, sondern von der des Spinnens die Rede: Die an Nebel gemahnenden Wollschwaden (21) erinnern optisch an Spinnweben. Die kunstfertigen Finger, die hier so stark betont werden (20; vgl. auch 22) kehren später bei der Verwandlung wieder: *digiti pro cruribus* („Finger statt Beinen" 143). Spinnenbeine als riesige Finger! Dieses etwas bizarre Detail bestätigt die enge Beziehung zwischen der Einführung von Arachnes Charakter in der Exposition und seiner physiognomischen Realisation in der endgültigen Verwandlung. Aus der Kenntnis der ganzen Erzählung lässt sich somit nachträglich die Kunst der Vorbereitung in der Einleitung durchschauen.

7.6 Ausblick
Stellen wir nun unsere Beobachtungen in einen etwas allgemeineren Rahmen und ziehen wir zum Vergleich einige andere ovidische Gestalten heran! Im Unterschied zu Pyreneus und den Pieriden, die von den Musen bestraft werden, liegt bei Arachne weder Gewalt noch dilettantenhafte Selbstüberschätzung vor; ihre Leistung ist objektiv über jeden Tadel erhaben: *non illud Pallas, non illud*

carpere Livor possit opus (129 f.). Arachne ist keine musenfeindliche Tyrannin wie Pyreneus und keine schlechte Künstlerin wie die Pieriden. Sie ist vielmehr die perfekte Künstlerin, so wie Niobe der Inbegriff der stolzen Mutter ist – beide Beispiele weiblicher Daseinserfüllung in höchster Form –: vollkommen, aber eine Nuance zu vollkommen, zu sehr der eigenen Vollkommenheit sicher, so dass das Bewusstsein der eigenen Endlichkeit verloren geht. Nicht etwa die Mangelhaftigkeit, sondern gerade die Perfektion ihrer Technik ist es, die Arachne an Grenzen stoßen lässt. Der alten Frau gegenüber verstößt sie gegen die *pietas*. Nicht das Menschliche, sondern die Leistung wird ihr zum Maßstab aller Dinge. Der nächste Schritt, die Verwandlung in ein hochspezialisiertes Tier, ist nur eine logische Konsequenz.

Ähnlich wie in der Daedalus-Geschichte wird hier der Mensch in seinem Künstlertum am Leben schuldig. Auf Grund einer falschen Werteskala, welche die Kunst vor dem Menschlichen einreiht, tötet Daedalus Perdix und kränkt Arachne die alte Warnerin. Ähnlich wie in der Daedalus-Geschichte wird auch hier die Schuld des Künstlers nicht sogleich sichtbar gemacht. Sie offenbart sich erst allmählich. Dadurch wird die menschliche Anteilnahme gesteigert, die Identifikation des Lesers mit der Gestalt gefördert. Bei Arachne kommt die psychologische Motivation hinzu, sowie der Vorsatz der Göttin, an ihr ein Exempel zu statuieren. Ovid schildert hier Glanz und Elend des Künstlers, die beide aus ein und derselben Wurzel stammen: *ingenio perii Naso poeta meo* („An meinem Genie bin ich, der Dichter Naso, zugrunde gegangen" *trist.* 3, 3, 74). Seine tiefe Sympathie für derartige Gestalten beruht nicht auf Zufall. Aber zugleich werden ihm diese Figuren zu Symbolen für den Menschen überhaupt, der sich kraft seiner Kunst und Technik (τέχνη) zu fast übermenschlicher Größe erhebt und gerade durch sie auch wiederum zum eigenen Untergang beiträgt.

Ähnlich wie am Ende von Catulls Peleus-Epos stehen sich Götter- und Menschenwelt ohne Kontaktmöglichkeit gegenüber. Arachne ist eine Sterbliche, die nur das Diesseits kennt, Minerva dagegen beharrt auf hierarchischen Strukturen. Der Mensch, der von den Göttern nichts weiß, begegnet ihnen mit Entsetzen und mit dem Gefühl des Ausgeliefertseins, mit Stolz und mit Bereitschaft zum Untergang. In dieser gnadenlosen Welt wirkt Athenes freundliche Geste, mit der sie die Erhängte auffängt und in eine Spinne verwandelt, geradezu ironisch.

Die Zuspitzung, mit der Ovid hier die Macht der Göttin hervorkehrt, ist gewiss nicht nur theologisch zu verstehen, sondern auch aus den Erfahrungen des ersten Jahrhunderts v. Chr. mit ihrer starken Machtkonzentration in den Händen führender Persönlichkeiten – bis hin zu den Proskriptionen. Das Augusteische an Ovids Dichtung ist es nun freilich, dass er dem Opfer zwar ein Maximum an Verständnis und Einfühlung entgegenbringt, aber doch die Macht der Götter nicht grundsätzlich in Frage stellt. Bei ihm herrscht Kritik, aber keine grundsätzliche Auflehnung. Freilich hat er ein Empfinden für die Folgen, die für das unbotmäßige Individuum aus der politischen oder kosmischen Ordnung resultieren und für die Tragik, die auch dem vollkommensten Vertreter menschlicher Funktionen – Niobe als der unfehlbaren Mutter, Arachne als der leistungsorientierten Künstlerin, Pentheus als dem fanatischen Hüter der Ordnung – nicht erspart bleibt.

Auch bei einem scheinbar so individualistischen Dichter wie Ovid bleibt ein Bewusstsein des Maßes zu entdecken, ein Bewusstsein der immanenten Ordnung der Welt, die den Einzelnen letztlich sich selbst strafen lässt, eine Scheu vor extremen Lösungen, ein Respektieren des Unerforschlichen – alles nicht nur euripideisch-menandrische, sondern auch sehr römische Züge, die es überhaupt an diesem erzitalischen Dichter über der griechischen Einkleidung nicht zu vergessen gilt. Wie Livius kein kühler Techniker des Krieges und der Politik ist, sondern ein Historiker, der sich mit Vorliebe in die rein menschlichen Aspekte des Geschehens einfühlt – man denke an sein Verständnis für Frauengestalten und immer wieder auch für die von den Römern Belagerten und Besiegten —, ist der Epiker Ovid – nicht zuletzt dank seinen Erfahrungen mit Elegie und Rhetorik – befähigt, dem rein Menschlichen den ihm gebührenden Platz in der Deutung der Sagen einzuräumen – hier sogar einmal bis an die Grenze des ursprünglichen erbaulichen Sinnes der Fabel.

Rückblickend konnten wir deutlich machen, welche Aspekte seiner Erzählung Ovid schon in der Einleitung vorbereitet. Auf diese Weise wird es möglich, einen Blick in die Werkstatt des Dichters zu tun. Als Meister der Psychagogie akzentuiert Ovid die alte Geschichte neu: Menschliches Schöpfertum tritt in seiner Größe, aber auch in seiner tragischen Ambivalenz hervor. Aus der frommen Legende von bestrafter Hybris wird ein differenziertes Bild der Problematik von Leistungsdenken und Spezialisierung in ihrem Verhältnis zum Wesen des Menschen.

8 Orpheus: Der Dichter als Liebender[73]

Orpheus, der Sänger vom Rhodope-Gebirge, gilt als Inbegriff des Sängers, Sehers und Dichters. Noch im 20. Jh. hat ihm Rainer Maria Rilke in den *Sonetten an Orpheus* gehuldigt. Auf die Bildende Kunst – von dem berühmten antiken Orpheus-Relief bis hin zu Auguste Rodin[74] – und auf die Musik hat das Thema ausgestrahlt (von Monteverdi über Gluck bis hin zu Offenbach). Die griechische Antike verehrt Orpheus als Seher, schreibt ihm apokryphe Werke zu und lässt ihn in verschiedenen Dichtungen auftreten; so singt er in den *Argonautika* 1, 495-512 des Apollonios Rhodios ein kosmologisches Lied, und es ist nicht auszuschließen, dass Ovid in seinen *Metamorphosen* mit diesem Gesang in Wettstreit tritt. Die römischen Dichter beschäftigt in besonderer Weise sein persönliches Schicksal: der Verlust der Gattin, die Fahrt in die Unterwelt, der bewegende Gesang in der Tiefe, die Rückkehr und der verbotene Blick zurück, der zum zweiten, unwiderruflichen Tod der allzusehr Geliebten[75] führt.

In Vergils *Georgica* und Ovids *Metamorphosen* nimmt der Orpheus-Mythos eine bedeutende Stellung ein. Daher ist es lohnend, den Intentionen der Dichter und ihrer jeweiligen Ausdeutung der Gestalt des Orpheus und seines Schicksals genauer nachzugehen. Zu prüfen wären dabei unter anderem die weit verbreitete Abwertung der ovidischen Darstellung gegenüber der vergilischen – sie spricht ja sogar aus der sonst wertvollen Akademie-Abhandlung von Eduard Norden[76] - sowie die in Charles Segals[77] anregendem Buch herrschende Kennzeichnung der Orpheus-Geschichte als „der Mythos vom Dichter" (*the myth of the poet*). Strittig ist ferner die Bewertung der literarischen Technik Ovids: Eingang und Schluss der Erzählung stellen durch ihren distanzierten Charakter literarästhetische Probleme. Schließlich zwingt der Gesang des Orpheus, nach dem Verhältnis von Poesie, Rhetorik und Musik zu fragen. Betrachten wir nun die beiden Erzählungen in ihrem jeweiligen Kontext.

8.1 Vergils Orpheus-Erzählung
Innerhalb des vierten Buches der *Georgica* kommt der Orpheus-Erzählung allein schon ihrer Stellung nach eine wichtige Funktion zu. Man kann sagen, es handle sich um den Schlussstein des Werkes. Die von Proteus gesprochenen Verse (4, 453-527) bilden einen wesentlichen Teil des narrativen Zusammenhangs, der in Vers 315 mit einer feierlichen Anrufung der Muse durch den Dichter beginnt. Das eigentliche Thema dieses Buchteils setzt freilich schon in Vers 281 ein; es füllt also ziemlich genau die zweite Hälfte des Buches, das ohne den persönlichen Epilog 558 Verse umfasst. Thema der letzten Buchhälfte ist der Weg vom Tod zum Leben, dargestellt an der ‚Urzeugung' eines Bienenvolkes aus

dem Kadaver eines jungen Stieres. Das Vorgehen wird zunächst technisch beschrieben (295-314). Daran schließt sich, eingeleitet durch eine Musenanrufung, ein aitiologischer Mythos: Der Hirt Aristaeus bittet nach dem Verlust seiner Bienen seine göttliche Mutter, die Nymphe Cyrene, um Hilfe. Sie ruft ihn in ihren Palast, der in den Tiefen des Meeres liegt, und bringt dem Oceanus ein Trankopfer dar. Auf ein gutes Vorzeichen hin fordert sie ihren Sohn auf, dem uralten Propheten Proteus aufzulauern, ihn zu fesseln und zu befragen.[78] Aristaeus überfällt den Greis, während dieser seine Robben zählt. Der Verwandlungskünstler versucht sich ihm zu entziehen, indem er die verschiedensten Gestalten annimmt. Aristaeus aber zieht unerschrocken die Fesseln immer stärker an, bis sich Proteus geschlagen gibt und bereit ist, ihm die gewünschte Auskunft zu erteilen. Vergil verweilt hier besonders bei den rituellen Handlungen Cyrenes – bis hin zur Stärkung des Sohnes mit Ambrosia – und hebt die Tatsache hervor, dass Aristaeus auf göttliches Geheiß zu Proteus kommt (448). Für Vergils geheimnisvoll andeutenden Stil ist hier bezeichnend, dass Aristaeus sein Anliegen dem Gott nicht eigens vorzutragen braucht, sondern sich mit dem Hinweis begnügen kann, dieser kenne es ja ohnehin.[79]

Vergil kennzeichnet die Erzählung des Proteus deutlich als Weissagung eines Sehers. Äußere Merkmale lassen erkennen, dass der Sprecher sich in Ekstase befindet („er verdrehte die brennenden Augen ... und knirschte heftig mit den Zähnen" *ardentis oculos intorsit ... et graviter frendens* georg. 4, 451 f.). Er ist ein *vates* („Seher") und ein Verkünder der *fata* (des göttlichen Ratschlusses). Ziel der vergilischen Orpheus-Erzählung ist es, Aristaeus durch eine göttliche Offenbarung auf seine Schuld hinzuweisen. Der Zorn der Götter und des Orpheus – ein Affekt, dessen Heftigkeit Vergil hervorhebt („er wütet heftig" *graviter saevit* 456) – verfolgt Aristaeus, weil er Eurydices Tod verschuldet hat, als er der jung Verheirateten in blinder Leidenschaft nachstellte. Auf der Flucht fiel Eurydice dem Biss einer Schlange zum Opfer; Proteus lässt Aristaeus die panische Angst der Fliehenden aus der Perspektive Eurydices miterleben (457 ff.), um ihn spüren zu lassen, was er verschuldet hat. Der Tod wird nicht ausdrücklich berichtet, nur in der Erwartung angedeutet, wie das Futurpartizip *moritura* („todgeweiht" 458) zeigt. Eine indirekte Anspielung auf den Tod – aus der Sicht der Betroffenen – ist auch die negative Feststellung *non vidit* („sah nicht" 459). Solche nicht eigentlich erzählende, sondern hinweisende Sprechweise ist dem Orakelstil[80] eigen. Der Absicht, Aristaeus zu rühren, dient auch die Ausgestaltung der Totenklage in konzentrischen Kreisen: Zunächst klagt der Dryadenchor; hierauf bezieht der Dichter das Panorama der Berge und die gesamte Landschaft mit ein (461 ff.). Erst dann konzentriert sich der Blick auf Orpheus. Bemerkenswerterweise tröstet dieser sich mit Gesang. Einsam singt er von früh bis spät nur von Eurydice. Die anaphorische Anrede an die Tote (*te* erscheint viermal in den Versen 465 f.) und das Adjektiv *dulcis* („süß" 465) steigern die gefühlvolle Anteilnahme: Aristaeus soll nachempfinden, welchen Schmerz er Orpheus zugefügt hat.

Unvermittelt schließt sich daran der Abstieg in die Unterwelt, deren beängstigende Atmosphäre optisch durch das Dunkel (*nigra* „schwarz") und akustisch durch gehäufte Spondeen beschworen wird: *et caligantem nigra formidine lucum* („und den von schwarzer Furcht umnebelten Hain" 468). Den Gesang des Orpheus führt Proteus nicht wörtlich an; er schildert lediglich dessen Wirkung: Totengeister werden davon angelockt; ihre große Zahl spiegelt sich in einem anschaulichen Vergleich mit Vogelscharen und in der rhetorisch wirkungsvollen Aufgliederung in unterschiedliche Altersgruppen. Die Schilderung der Unterweltflüsse unterstreicht das Düstre und Unwirtliche (*niger* „schwarz", *deformis* „hässlich", *inamabilis* „unfreundlich" 478 f.). Staunen über den Gesang ergreift sogar die Hallen der Unterwelt, die Eumeniden im Schlangenhaar, den verwundert seine drei Mäuler aufsperrenden Cerberus, und das Rad Ixions, das gebannt stehen bleibt. Vergil lässt seinen Seher beim Wunderbaren verharren und dafür den äußerlichen Fortgang der Handlung vernachlässigen. Wir erfahren weder die Argumente des Orpheus noch die Umstände von Eurydikes Freilassung noch den genauen Inhalt der daran geknüpften Bedingung.

Der Visionär springt ohne Übergang zur Schlussszene. Das Wort *iamque* („und schon") macht die vorausgehende zeitliche Lücke deutlich. Schon ist Eurydice beinahe an die Oberwelt gelangt: Das Imperfekt *veniebat* („sie war im Begriff zu kommen" 486) macht das Vorläufige dieser Feststellung explizit. Sie folgt Orpheus hinter seinem Rücken („denn das war Persephones Bedingung gewesen" 487). Die erkäuternde Parenthese an dieser Stelle holt einen Teil der übergangenen Rückgabeszene nach; allerdings versäumt es Proteus hier, ausdrücklich klarzumachen, dass Orpheus sich nicht umsehen darf, ein Umstand, der für das Verständnis des Folgenden entscheidende Bedeutung hat: Darin liegt eine besondere Kühnheit, gerechtfertigt durch die dem prophetischen Stil eigene Dunkelheit. Vom erzähltechnischen Standpunkt wirkt diese sehr geschickt eingeschobene Parenthese (487) als Kunstpause vor der Peripetie. Der Umschwung wird durch *cum inversum* (etwa: „als plötzlich") eingeleitet (488). Bevor Vergil das äußere Geschehen beschreibt, vertieft er sich in die psychischen Triebkräfte: Ein plötzlicher Wahnsinn (*dementia*) ergreift den unbedacht Liebenden (488) – man fühlt sich an die eingangs betonte Heftigkeit seines Zornes über Eurydikes Tod erinnert (456). Das Gewicht liegt somit auf der Leidenschaft des Orpheus. In kunstvoller Retardierung schiebt sich vor den Bericht des Hauptereignisses noch ein Kommentar des Dichters: Die leidenschaftliche Regung des Orpheus ist verzeihlich – wenn ‚Verzeihen' für die Totengeister kein Fremdwort wäre (489). Erst jetzt werden die Fakten im historischen Perfekt berichtet (*restitit* „er blieb stehen" und *respexit* „er blickte zurück" 490 f.). Dabei drückt der Dichter seine innere Anteilnahme durch einen Weheruf (*heu* 491) und durch erneute entschuldigende Hinweise aus (*immemor ... victusque animi* „uneingedenk und von Empfindung überwältigt" 491). Wie bei Eurydices erstem Tod umschreiben auch beim zweiten negative Feststellungen das ernste Geschehen: Alle Mühe ist vergeblich gewesen (*ibi omnis / effusus labor* 490 f.), der Vertrag mit Pluton ist gebrochen. Ein hörbares Zeichen gibt dies zu erkennen: Im Avernus donnert es dreimal. Die magische Zahl erhöht den schaurigen, geradezu opernhaft anmutenden Effekt.

Der emotionalen Zielsetzung seiner Erzählung entsprechend fühlt sich Vergil in Eurydices Empfindungen ein und lässt sie noch im Sterben bewegende Worte an Orpheus richten. Im Mittelpunkt von Eurydices Deutung des Geschehens steht die rasende Leidenschaft des Orpheus (*tantus furor* „so heftige Raserei" 495), wie sie auch der Erzähler schon hervorgehoben hatte, als Orpheus zurückblickte (*dementia* 488). Bezeichnend ist die betonte Verwendung des Wortes *fata* („Schicksalssprüche" 495), eines Stichworts, das auch unmittelbar vor der Rede des Proteus gefallen war (452). Für Vergil ist der schicksalhafte Zusammenhang wichtig, den Aristaeus erkennen muss, falls sein Bienenvolk neu erstehen soll. Die *fata* sind Göttersprüche und werden durch Prophetenworte erhellt. Dass in Eurydices Fall das Schicksal „grausam" ist (*crudelia* 495), ist ein Vorwurf, der nicht zuletzt Aristaeus treffen soll; hat doch dieser durch seine blinde Leidenschaft die Schicksalskette in Gang gesetzt, ohne die harte Ausnahmslosigkeit ihrer Gesetze zu bedenken. Die dunkle Farbe (*ingenti circumdata nocte* „von grenzenloser Nacht umgeben" 497) und die Hervorhebung des Unvermögens, die Verblichene zu umarmen oder ihr zu antworten, macht die Unabänderlichkeit geradezu sinnenhaft fühlbar: Die Partizipien der Gleichzeitigkeit (*prensantem* und *volentem*: etwa „während er sie immer wieder zu greifen suchte und ... wollte" 501) bleiben gleich Gebärden, die ihr Ziel nicht erreichen, im Raume stehen. Diesen Verbalaspekt nennt Varro treffend *infectum* („das Ungetane, Unvollendete": *De lingua Latina* 9, 97-101; 10, 48 u.a.). Bei *prensantem* ist diese Wirkung noch durch durch die Wahl des Intensivums verstärkt. Eine besondere Feinheit ist die steigernde Wiederaufnahme der Feststellung, die mit Eurydices erstem Tod verbunden war: Die Wendung *non vidit* („sie hat nicht gesehen") findet nun ein spätes Echo in *neque ... vidit* (500 ff.). Die Negation der Wahrnehmung – jetzt dadurch verstärkt, dass sie auf den Partner bezogen ist – macht die Trennung nun endgültig. Dass der „Fährmann des Orcus" (502) Orpheus nicht nochmals ins Totenreich eintreten lässt und die Verblichene in seinem Nachen entführt, ist die mythische Inszenierung dieser Tatsache. Die Tote ist schon kalt (*frigida* 506). Diese sinnenhafte Kennzeichnung vervollständigt treffend die bisherigen Attribute des Totenreiches: dunkel (468; 472; 478), unwirtlich (479), wesenlos (472; 499 f.), verschwimmend (506; vgl. 496), furchterregend (469), hässlich (478), grausam (470; 495). Der „harte" Bauer, der im Gleichnis dem Vogel die Brut raubt, vervollständigt die Liste (512). Das Motiv ‚Kälte' wird dann mit psychologischem Feingefühl auf das Erleben des Orpheus übertragen, der unter den „eiskalten" Sternen (509) und auf Bergen inmitten von Eis und Schnee trauert (517). Das gleiche Attribut erhält schließlich die Zunge des Toten (525).

Das Dilemma, in dem sich Orpheus befindet, beschreibt Vergil in dramatisch-rhetorischer Tradition[81] durch die Frage: „Was hätte er tun sollen?" (*quid faceret?*) und die anschließenden, anaphorisch mit *quo?* („wohin?") eingeleiteten Fragen (504 f.). Einen traditionellen Topos vertieft Vergil hier zum Bild der Gottverlassenheit eines verzweifelten Menschen. Man versteht, dass Orpheus nicht mehr weiß, welche Götter er noch anrufen soll (505). Es ist aber für Vergils Sicht der Dinge bezeichnend, dass Orpheus ungeachtet dieser extremen Situation dennoch wie beim ersten so auch beim zweiten Tod der Eurydice Trost im Gesang sucht. Sein Singen ist jetzt nicht zweckbestimmt, sondern ein Sichverströmen in Trauer. Das Vogelgleichnis legt den Akzent auf die gefühlvolle, bewegende Klage. Der als Philomela bezeichnete Vogel klagt um seine Jungen, die ein hartherziger Bauer aus dem Nest geholt hat. Beifügungen unterstreichen die rührende Wirkung: *maerens* („trauernd" 511), *miserabile* („voll Jammer" 514), *maestis* („betrübt" 515). Ein wichtiges Thema ist auch das Weinen (*fletu* 505; *flesse* 509; *flet* 514; ein Synonym ist *querens* 520).

Es gelingt Vergil, die Klage des Orpheus um Eurydice nahtlos mit dem Tod des Orpheus zu verbinden. Noch das Haupt des Ermordeten ruft nach Eurydice, und die Ufer werfen den Schall zurück. Den lyrischen Effekt untermalt die besonders starke Interjektion *a!* (die wegen ihres subjektiven Charakters von Vergil in der *Aeneis* als ‚unepisch' gemieden wird) sowie die viermalige Wiederholung des vokalreichen griechischen Namens (*Eurydicen* 519; 525 ff.). Das bedeutet eine Steigerung gegenüber dem viermaligen *te* in der ersten Klage des Orpheus (465 f.). Der gesamte Kontext ist in eine wehmütige Stimmung getaucht; das Erzählerische tritt zurück. Wir erfahren kaum etwas über die äußeren Umstände von Orpheus' Tod; nur angedeutet wird der Grund (die Frauen fühlen sich von ihm verschmäht). Der Leser muss dies in der vergilischen Version auf seine Trauer um Eurydice beziehen; Ovid hingegen wird ausdrücklich Orpheus' Hinwendung zur Knabenliebe erwähnen.

Als Zwischenergebnis halten wir fest: Die vergilische Erzählung ist einerseits durch den Sprecher bestimmt. Die Prophetengestalt des Proteus bedingt einen dunklen, orakelhaften Stil. Andererseits ist der Adressat maßgebend: In erster Linie soll Aristaeus gerührt werden und seine Schuld erkennen. Daher ist die Erzählung auf die Klage um Eurydice ausgerichtet.

8.2 Ovids Orpheus-Erzählung:[82] Der Anfang
Die Position der Orpheus-Erzählung innerhalb der *Metamorphosen* lässt sich nur zum Teil mit der Stellung des gleichen Mythos in Vergils *Georgica* vergleichen. Diese Sage eröffnet Ovids zehntes Buch, also das letzte der zweiten Pentade. Der Bericht vom Tod des Sängers am Anfang des elften Buches bildet einen Anhang dazu. So entsteht eine Parallele zu dem Anhang zum fünften Buch (6, 1-145), der vom Ende der Künstlerin Arachne handelt, und dem Anhang zum fünfzehnten Buch (15,871-879), in dem Ovid von seinem eigenen Tod und seiner Un-

sterblichkeit spricht. Auf Grund dieser Stellung der Erzählung innerhalb des Werkes ist zu erwarten, dass Ovid andere Akzente setzt als Vergil. Man möchte vermuten, dass das Gewicht weniger auf dem Tod Eurydices als auf dem des Orpheus liegt.

Der engere Kontext steht im Zeichen des Themas ‚Hochzeit'. Von der glücklichen Heirat von Iphis und Ianthe kommt der Hochzeitsgott Hymenaeus zur Vermählungsfeier von Orpheus und Eurydice. Doch während jene Verbindung durch göttliches Eingreifen zustande kam, steht die des Orpheus von Anbeginn unter einem Unstern. Ovid lenkt den Blick sofort auf Orpheus. Seine Stimme – *welch* eine Stimme! – ruft den Gott der Ehe vergeblich an.[83] Auf Macht und Ohnmacht des Gesanges wird Ovid in der Unterweltszene und in der Schilderung von Orpheus' Tod (11, 18 f.; 39 f.) zurückkommen.

Die folgenden Verse (4-7) häufen böse Vorzeichen, die sich alsbald bewahrheiten. Die jungvermählte Eurydice, die im Kreise ihrer Gespielinnen durch die Wiesen schlendert, stirbt an einem Schlangenbiss (7-10). Die Situation ist ganz anders vorgestellt als bei Vergil. Von der Verfolgung durch Aristaeus findet sich kein Wort, auch die Perspektive hat sich verändert: Im Unterschied zu Vergil werden die Ereignisse nicht von innen, aus Eurydices Sicht, nachempfunden, sondern von außen beobachtet. Verändert ist auch die sprachliche Gestaltung. Das Ereignis des Todes wird nicht verschleiernd umschrieben, sondern nüchtern und präzise festgestellt. Entgegen der Chronologie hört man zunächst von dem Tod und erfährt nachträglich die Ursache. Ovid schreibt fast wie ein Reporter: erst die Schlagzeile (*occidit* „sie ist gestorben"), bevor er die Einzelheiten nachholt (*in talum serpentis dente recepto* „an einem Schlangenbiss in die Ferse" *met.* 10, 10)[84]. Hart und sachlich konfrontiert Ovid seine Leser mit den Tatsachen. Von gefühlvoller Anteilnahme findet sich vorerst keine Spur. Die distanzierte Kühle dieser Einleitung hat bei Lesern des 17. Jh. das Bedürfnis geweckt, ihr durch sentimentale Zusätze aufzuhelfen[85]. Der Gedanke drängt sich jedoch auf, Ovid verfolge mit dieser Gestaltung der Einleitung eine bestimmte künstlerische Absicht.

Ein Blick auf die entsprechenden Partien bei Vergil bestätigt diese Vermutung. Vergils Proteus überspringt nach Prophetenart die Hauptsache: den Bericht von Eurydices Tod. Abweichend von seinem Vorgänger verweilt Ovid nicht bei der fruchtlosen lyrischen Totenklage des Sängers. Vergils Orpheus singt, um sich zu trösten (*georg.* 4, 465), der ovidische weint nur (*met.* 10, 2); die Sprache des Metamorphosendichters ist hier härter. Bei Vergil erscheint die Klage des Orpheus in die Natur eingebettet und künstlerisch sublimiert, bei Ovid ist sie einsam und bleibt ohne den Trost der Kunst. Dass Ovid gefühlvolle Akzente an dieser Stelle bewusst vermeidet, bestätigt folgende Beobachtung: Derartige lyrische Elemente erscheinen bei ihm an anderer Stelle, nämlich beim Tod des Orpheus (*met.* 11, 44-49), auf den er seine Erzählung ausrichtet.

Bei Ovid bleibt der Ton zunächst weiterhin nüchtern, ja der Erzähler geht mit einer geradezu salopp anmutenden Antithese rasch zur nächsten Szene über:

Nachdem Orpheus seine Frau in der Oberwelt zur Genüge beweint hatte, ging er in die Unterwelt (*met.* 10, 11 f.). Wie Ovid die erfolglose Klage des Orpheus im Angesicht der oberen Götter nicht referiert, sondern nur erwähnt, so unterstreicht er ausdrücklich die Nützlichkeitserwägungen des Orpheus beim Abstieg ins Schattenreich („um auch im Schattenreich nichts unversucht zu lassen" *ne non temptaret et umbras met.* 10, 12).

Leicht und rasch bleibt der Schritt der ovidischen Muse auch weiterhin: Die numinose Schilderung des Orcus war bei Vergil von erdrückender Dunkelheit und Schwere, was auch in spondeenreichen Versen zum Ausdruck kam (*georg.* 4, 468); Ovid hingegen betont die gespenstische Schwerelosigkeit der Schatten und häuft Daktylen. In lateinischer Dichtung sind rein daktylische Hexameter etwas Auffälliges; hier folgen sogar gleich zwei aufeinander (*met.* 10, 14 f. *perque leves populos simulacraque functa sepulcro / Persephonen adiit inamoenaque regna tenentem* ... „mitten durch die schwerelosen Völker und die Schattenbilder der Bestatteten kam er bittend zu Persephone und dem König des unwirtlichen Reiches"). Dadurch, dass Ovid das Erscheinen der Schatten *vor* den Beginn von Orpheus' Gesang verlegt, wird die Erzählung kontinuierlicher und übersichtlicher.

8.2.3 Der Gesang des Orpheus: Beschreibung und rhetorische Analyse

Deutlicher als sein Vorgänger fasst Ovid die Situation ins Auge, in der Orpheus seinen Gesang beginnt. Man sieht den Sänger vor Persephone und dem Herrn der Schatten stehen. Die Nennung Persephones ist kein Zufall; von ihrem Raub hatte Ovid im fünften Buch, dem letzten der ersten Pentade, berichtet. Dieses Ereignis, das eine Brücke zwischen den Büchern schlägt, wird dem Sänger Orpheus in seiner Rede als Exemplum dienen. Für Ovid bezeichnend ist auch die Tatsache, dass Persephone und Pluton (dessen Name aus Scheu nicht genannt wird) als Paar auftreten[86]; sie bereitet indirekt das für Ovid zentrale Thema ‚Liebe' vor.

Sodann sehen wir Orpheus in die Saiten seines Instruments greifen und wir vernehmen – dies ein entscheidender Unterschied zu Vergil – den Wortlaut seines Gesanges. Vergil hatte von vornherein darauf verzichtet, sich durch wörtliche Wiedergabe des von Orpheus gesungenen Textes in die schwierige Situation zu begeben, mit dem größten Dichter und Sänger aller Zeiten konkurrieren zu müssen. Dem Orakelstil des Proteus entsprechend war es Vergil möglich, das Lied des Orpheus nur indirekt, anhand seiner wundersamen Wirkung, zu charakterisieren, statt es durch direktes Zitat allgemein zugänglich zu machen und dadurch zu entzaubern.

Von ganz anderen Voraussetzungen geht Ovid aus. Seine Darstellung ist (in der Tradition hellenistischer Erzählkunst)[87] auf Klarheit, Kontinuität und Folgerichtigkeit bedacht. Der Wortlaut von Orpheus' Lied ist für Ovid unverzichtbar; als das wichtigste Glied in der Kette der Ereignisse muss er mehrere Tatsachen plausibel motivieren: den Abstieg des Orpheus in die

Unterwelt, seine Bitte um Rückgabe von Eurydice, vor allem aber auch die überraschende Erfüllung dieser Bitte durch Pluton und Proserpina. Darüber hinaus will Ovid, für den Orpheus im Mittelpunkt steht, seinen Helden in der Auseinandersetzung mit der Todesthematik zeigen, auch im Hinblick auf den künftigen Tod des Sängers. Solche literarischen Intentionen sind nicht weit entfernt von den Absichten antiker Historiker bei der Erfindung von Reden, die zugleich Motivationen herausarbeiten und Personen charakterisieren. Die zugrunde liegenden Kategorien der Auffindung des Stoffes (*inventio*) stellt die Rhetorik zur Verfügung, ein Fach, das Ovid gründlich studiert hat. So erklärt es sich, dass sich sein Orpheusgesang als Plädoyer interpretieren lässt. Dies sei in einem ersten Arbeitsgang versucht; ein zweiter Schritt der Untersuchung soll anschließend die poetische Erfindung in demselben Text beleuchten.

Exordium: Die Eröffnung mit *o* hat besonders feierlichen Charakter[88]. Der Redner erweist den Richtern seinen Respekt und zeigt sich loyal, indem er deren Überlegenheit rückhaltlos anerkennt: Alles Sterbliche fällt letztlich ins Totenreich zurück. Der Tod als Naturgesetz wird ein Hauptthema der Rede sein und die Voraussetzung für die abschließende Bitte des Orpheus bilden; dieses Motiv stellt zugleich den Kontakt zu den Adressaten und eine innere Verbindung zwischen dem Prooemium und dem Corpus der Rede her. Des Weiteren betont der Redner seine Absicht, ohne Umschweife die Wahrheit zu sagen (19 f.). Dies muss auf die Richter sympathisch wirken, wirft also ein günstiges Licht auf das Ethos des Redners.

Diese Einleitung beweist nicht nur die gewinnende Bescheidenheit des Redners (rhetorisch gesprochen: sein Ethos), sondern sie ist auch eng mit den folgenden Teilen verflochten. So sind die wichtigen rhetorischen Anforderungen an ein gutes Prooemium gleichsam spielend erfüllt.

Der nächste Satz leitet zur *narratio* über, doch sein erster Teil (20 ff.) dient noch der Sympathiegewinnung, weist doch Orpheus den Verdacht zurück, aus Neugier oder Eigensucht gekommen zu sein. Daher können diese Verse noch dem *exordium* zugerechnet werden. Orpheus vermeidet den Eindruck schulmäßiger Pedanterie, indem er den Übergang zur *narratio* gleitend gestaltet.

Narratio: Kurz und sachlich (wie man es von einer *narratio* erwartet) berichtet Orpheus vom Tod seiner Gattin. Die Bitte, dieses Ereignis rückgängig zu machen, schließt sich nicht unmittelbar an die Darstellung des Hergangs an, da dies wohl allzu anspruchsvoll, ja unbillig erschienen wäre. Vielmehr erweitert der Sprecher die *narratio* durch einen Bericht von seinen gescheiterten Versuchen, sich mit dem Verlust seiner Gattin abzufinden. Dieses Scheitern stellt Orpheus geschickt als Sieg einer höheren Macht, nämlich der Liebe, dar.

Argumentatio: Die Berufung auf Amor[89] gestattet es Orpheus, der damit unmerklich zur *argumentatio* übergeht, ein erstes, stark emotional getöntes Argument ins Feld zu führen (26-29). Dabei handelt es sich um einen geradezu genialen Schachzug: Amor hat einst auch Pluton und Proserpina zusammengeführt. Die Liebe, die Orpheus hierhergeführt hat, ist also auch den Richtern bekannt. Diese müssen mit Rührung an ihre eigene Jugend denken, und auch der Leser erinnert sich sogleich an das fünfte Buch der *Metamorphosen*. Dort gebietet Venus ihrem Sohn Amor, Pluton verliebt zu machen und somit das Reich der Liebesgöttin von Himmel und Erde auch auf die ‚dritte Welt', das Schattenreich, auszudehnen. Das Thema ‚Liebe' hat – wie in den *Metamorphosen* überhaupt so auch besonders in der Orpheus-Erzählung – für Ovid zentrale Bedeutung. Die überzeugende Wirkung von Orpheus' Rede hängt damit zusammen, dass durch Amor eine innere Beziehung und eine Art Schicksalsgemeinschaft zwischen dem Götterpaar Pluton und Proserpina und dem Menschenpaar Orpheus und Eurydike hergestellt wird. Auf die Bedeutung dieser Tatsache für die Erfindung der Rede wird zurückzukommen sein. Amor, der kurz vor und kurz nach der Mitte der Rede genannt wird, ist ein Gott, den alle Beteiligten kennen und anerkennen. Erst im Anschluss an dieses emotionale Argument wagt Orpheus, seine Bitte auszusprechen, Eurydices Tod rückgängig zu machen. Der Antrag wirkt nun weit weniger anspruchsvoll und unbegründet, als dies unmittelbar nach dem Bericht von Eurydices Tod der Fall gewesen wäre. Ein weiteres Element der Rührung ist die Berufung auf die Schrecken der Unterwelt, denen Eurydice unverdient ausgesetzt ist: „Bei diesen Orten voller Angst, bei diesem gewaltigen Chaos und bei dem Schweigen des riesigen Reiches ..." (29 f.). Hier gewinnt Ovid der Unterwelt einen pathetischen Effekt ab, indem er erst jetzt ihre Größe und die in ihr herrschende Totenstille betont, während zuvor das Gewühl der Schatten (14) und danach plastisch gezeichnete Einzelbilder hervortreten (41-44). „Ich flehe euch an: macht Eurydices allzu frühen Tod rückgängig" (31). Das Schicksalsgewebe[90] soll für Eurydice aufgelöst werden (*retexite* 31). In *properata* („übereilt") klingt das Motiv des unzeitigen Todes wieder auf, das Orpheus bereits in der Einleitung anschlug.

Das zweite Argument des Orpheus (32-37) hat rationalen Charakter und greift auf den einleitenden Gedanken des *exordium* zurück: Alles ist ohnehin den Todesgöttern eigen und wird ihnen letzlich anheimfallen (32-35). Bei dieser Tatsache verweilt Orpheus ausführlich – nicht nur, weil es sich um einen unwiderleglichen Punkt handelt, sondern auch weil er dadurch der Allmacht seiner Richter schmeichelt. Bei diesem zweiten Argument handelt es sich um eine rationale Begründung nach Art eines rhetorisch zum Epirrhema[91] ausgestalteten Syllogismus, bei dem im Unterschied zu den sonst üblichen rhetorischen Enthymemata hier nicht einmal der mittlere der drei Sätze des Syllogismus fehlt. Orpheus setzt hier zu einer Begründung an, die auf den Anfang der Rede (10, 18) zurückgreift: der Allmacht des Todes. Erster Satz: Wir, d.h. alles Vergängliche, sind letzten Endes euch Todesgöttern verfallen[92]. Ihr habt die längste Herrschaft über das Menschengeschlecht." Mittlerer Satz: „Auch Eurydice wird euch rechtmäßig gehören, wenn sie die ihr zustehende Lebenszeit (*iustos annos*) vollendet hat und für den Tod reif ist." Durch das Wort *matura* („reif") kommt – wie oben (24) durch *crescentes* („wachsend") eine biologische Vorstellung ins Spiel. Orpheus begründet hier ein Menschenrecht mit Argumenten aus der Natur. Die Allmacht des Todes findet ihre Grenze im Naturrecht des Menschen auf ein Leben, das voll ausgereift ist. Dritter Satz: Als Schlussfolgerung erscheint der Antrag. Dabei ist der Redner jedoch vorsichtig genug, einen etwaigen naturrechtlichen Anspruch auf eine bestimmte Anzahl von Lebensjahren nicht bis zum Ende durchzufechten. Er bleibt vielmehr unterhalb einer solchen Forderung und hält sich bescheiden im Rahmen des positiven Rechtes. Geschickt macht er keine Eigentumsansprüche geltend und verlangt im Sinne des römischen Rechtes nur das Nutzungsrecht (den *usus fructus*, „Nießbrauch"). Interpreten, denen eine solche Argumentation unpassend oder unwürdig erscheint, übersehen, dass Orpheus nicht etwa für *sich* ein Nutzungsrecht an Eurydice beantragt (dann würde sie ja zu einer Sache degradiert, was im römischen Recht undenkbar ist), er fordert vielmehr das Recht für Eurydice, ihre Lebensjahre zu nutzen.

Peroratio: Während Orpheus bisher nur rationale Überlegungen und sanfte Emotionen (Ethos) als Überzeugungsmittel verwendete, wird er am Ende pathetisch. Auf die juristische Argumentation folgt nun die verzweifelte Ankündigung, wenn seine Bitte nicht erfüllt werde, wolle auch er in der Unterwelt bleiben, eine Provokation, die zum Widerspruch herausfordern soll. Das Pathos – dessen Verwendung am Ende der Rede im Prinzip durchaus den Lehren der Rhetorik entspricht – steigert sich bis zu dem aggressiven Schlusssatz, den Orpheus den von ihm bisher so rücksichtsvoll behandelten Richtern entgegenschleudert: „dann freut euch über den Tod zweier Menschen!" (39). Vor einem irdischen Gerichtshof wäre ein solcher Ausbruch waghalsig, ja selbstmörderisch; unterstellt er doch den Richtern Blutdurst und Grausamkeit. In einem zweiten Arbeitsgang wird zu fragen sein, ob dieser Satz sich aus poetischer Erfindung erklären lässt.

8.4 Der Gesang des Orpheus: Thematische Analyse
Insgesamt ist der Gesang des Orpheus nach rhetorischen Prinzipien aufgebaut und lässt sich mühelos als Plädoyer auslegen. Ovids Schaffen ist ein entscheidender Schritt auf dem Wege zur Rhetorisierung der Poesie. Und doch unterstreicht der Dichter beim Orpheusgesang ausdrücklich den *musikalischen* Charakter des Vortrags. Orpheus ist als Sänger vorgestellt[93], der sich selbst auf einem Zupfinstrument begleitet (10, 16; 10, 40). Dem modernen Betrachter drängt sich die Frage auf: Besteht hier nicht ein innerer Widerspruch zwischen Rhetorik und Musik?

Um die musikalische Tragfähigkeit des Textes zu prüfen, sei nun als Gedankenexperiment eine von der Rhetorik unabhängige, rein *thematische* Analyse des Textes versucht.

Wie bereits angedeutet, beruht die poetisch-thematische Erfindung der Rede auf der Gegenüberstellung zweier Paare: eines göttlichen – Pluton und Proserpina – und eines menschlichen: Orpheus und Eurydice. Diese werden unter jeweils wechselnden Aspekten vorgeführt. Mit den vier Personen verbinden sich in jeweils unterschiedlicher Form zwei Themen: Tod (Thema I: ursprünglich als Wirkungsfeld auf das Götterpaar bezogen) und Liebe (Thema II: anfangs dem Menschenpaar zugeordnet). Die Themen können an zwei Symmetrieachsen gespiegelt werden; dabei bezeichnet in unserem Experiment ‚Krebsgang' die zeitliche Rückläufigkeit, ‚Umkehrung' die Übertragung eines Themas aus dem göttlichen in den menschlichen Bereich oder *vice versa*. Im Einzelnen entwickeln sich die Themen wie folgt:

These:
Thema I (Grundform): Tod (als Domäne von Pluto und Proserpina).
Thema II (Grundform, Themenhälfte): Liebe (als Movens des alleingebliebenen Orpheus)
Thema I (Umkehrung, Person vertauscht, Themenhälfte): Eurydice als Opfer des Todes.

Antithese:
Thema II (Umkehrung, Thema vollständig, Vertauschung der Personen): Liebe hat auch Pluton und Proserpina verbunden.
Thema I (Krebsgang der Umkehrung der Themenhälfte): Der Tod sollte für Eurydice rückgängig gemacht werden.

Synthese:
Als Folgerung ergeben sich zwei Möglichkeiten:
a) Falls sich der Tod rückgängig machen ließe, wären Orpheus und Eurydice im Leben verbunden; das wäre Thema II vollständig in der erst jetzt realisierbaren Grundform (d.h. Umkehrung der bisherigen Umkehrung II bei nochmaliger Vertauschung der Personen). Diese Möglichkeit ist das eigentliche Ziel des Orpheus; sie wird aber, um den Anschein der Unbescheidenheit zu vermeiden, nur zart angedeutet, nicht ausgeführt.
b) Andernfalls aber würden die Liebenden im Tod verbunden bleiben. Diese pathetische Version wählt Orpheus als wirkungsvollen Höhepunkt. So entsteht eine kühne Kombination: Thema I (Tod) – vollständig, bei vertauschten Personen – verbindet sich mit Thema II (Liebe) in der – auch in diesem Falle erst jetzt vollständigen – Grundform: auf Eurydice *und* Orpheus bezogen.

Dass Orpheus am Ende so herausfordernd auf dem Tod *beider* beharrt, erschien vorhin in rhetorischer Sicht als Kühnheit. Jetzt aber macht die thematische Analyse einsichtig, dass dieser Schluss sich organisch und mit innerer Notwendigkeit aus dem Ganzen des Liedes ergibt.

Man erkennt: Konsequente musikalisch-lyrische Erfindung und Rhetorik schließen sich für Ovid nicht aus. Der an das Wort gebundene Gesang bleibt nach den Methoden der antiken verbalen Psychagogie[94] analysierbar. Eine eigene musikalische Formenlehre schien sich in der Antike zu erübrigen, sie schien in Poetik und Rhetorik mit enthalten. Unser Gedankenexperiment einer rein thematischen Analyse zeigt einerseits, dass die Prinzipien der rhetorischen *inventio* einem Text nicht etwa fremde Fesseln anlegten, sondern wesentlich zu dessen innerlich logischer Entfaltung beitrugen. Andererseits sieht man an dem kühnen Schluss, wie eine konsequente musikalisch-poetische Arbeit am Ende zu ihrer Eigengesetzlichkeit findet und – freilich erst in diesem reifen Stadium – die Krücken der Schulrhetorik wegzuwerfen vermag.

Schließlich wird auch deutlich, dass Ovid in der Rede umfassende Motivationen entwickelt, sowohl für den Gang des Orpheus in die Unterwelt als auch für seine Bitte um Eurydices Rückkehr ins Leben. Vor allem der Hinweis auf die Liebe erklärt die rührende Wirkung der Rede, besonders auf Proserpina. Zugleich zeichnet Ovid hier ein Bild vom Ethos des Orpheus, der aus selbstloser Liebe handelt und nicht etwa für *sein* Recht, sondern für das Eurydices kämpft. Die Liebe des Orpheus trägt, anders als bei Vergil, überwiegend Züge des Ethos, nicht des Pathos. Nur am Ende bricht die Leidenschaft so heftig hervor, dass sie beinahe das Überredungsziel gefährdet.

8.5 Die Wirkung des Gesanges

Freilich hat Orpheus seine Zuhörerschaft so sehr gewonnen, dass er trotzdem einen Sieg erringt. Die Schilderung der Wirkung des Gesanges erhebt diese Tatsache zur Evidenz: Durch Orpheus' Wort und Musik ist sogar im Totenreich eine Staunen erregende Verwandlung eingetreten. Ovid ordnet Elemente teils vergilischer Herkunft[95], teils eigener Erfindung so an, dass sie eine wirkungsvolle Klimax bilden. Von den einfachen Seelen über die berühmten Büßer und die Eumeniden steigt die Darstellung auf zu dem Herrscherpaar selbst. Wie zu erwarten, verstärkt Ovid die anschaulichen Züge und die Paradoxien: Die Verstorbenen und sogar die Eumeniden vergießen Tränen. Tantalus greift nicht mehr nach dem Wasser, Ixions Rad bleibt stehen, die Vögel zerfleischen nicht mehr die Leber des Tityos, die Beliden vergessen, Wasser zu schöpfen, und Sisyphus darf auf seinem Felsblock sitzen: ein ergreifendes Bild für die wo nicht erlösende, so doch lindernde Macht des Gesanges. Die Gesetze von Zeit, Schwere und Kausalität scheinen vorübergehend außer Kraft gesetzt. Das Gewühl der Schatten (10, 48) gewinnt jetzt klare Konturen; die Macht der Rede hat den Toten und sogar den Eumeniden Empfindung verliehen. Der Sieg des Orpheus ist ein Sieg der Liebe mit Hilfe des Wortes und der Musik. Dadurch, dass Ovid den Text des Gesanges anführt, erhält vordergründig bei ihm das rhetorisch geformte Wort den Vorrang vor der Musik. Dennoch erringt der Logos den Sieg nicht allein, sondern im Zusammenwirken mit Ethos und Pathos, mit psychologischen und musikalischen Elementen. Orpheus kann durch sein Wort fast alles verwandeln – nur nicht sich selbst. Wenn der Sänger hernach dem Affekt erliegt und dadurch seinen Erfolg zunichte macht, ist dies letzten Endes nur folgerichtig[96].

Ähnlich wie die Rede des Orpheus mündet auch die Darstellung ihrer Wirkung in einen kurzen Satz: *Eurydicenque vocant* „und sie rufen Eurydice"

(10, 48). Sie erscheint, von ihrer Verletzung noch leicht hinkend. Einmal mehr beweist Ovid hier seinen Scharfblick für sprechendes Detail und für Bewegungsnuancen[97]. In deutlicher Korrektur des Orakelstils seines Vorgängers gibt Ovid auch genau die verhängnisvolle Bedingung wieder, unter der Eurydice an die Oberwelt zurückkehren darf (10, 50-52): „Orpheus vom Rhodope-Gebirge empfängt Eurydice und zugleich die Bedingung, nicht zurückzublicken, bis er die Täler des Avernus verlassen habe; sonst werde das Geschenk ungültig." Damit ist jeder Rest von Unklarheit beseitigt – in diametralem Gegensatz zu Vergils künstlerischen Absichten.

8.6 Der Aufstieg
Anders als der ältere Dichter lässt Ovid den Faden der Erzählung nicht abreißen: Er schildert den Aufstieg. Hier häufen sich Adjektive, die Dunkelheit, Schwierigkeit und düstere Stimmung suggerieren. Solche Kennzeichnungen sind nicht überflüssig, liegt in ihnen doch eine vernünftige Begründung dafür, dass Orpheus sich umsieht. Anders als bei Vergil stachelt ihn nicht blinde Leidenschaft auf, vielmehr leiten ihn Fürsorge und zarte Rücksicht: Ist der steile Anstieg für Eurydice nicht zu anstrengend? Das Thema ,Liebe' erklingt im entscheidenden Augenblick aufs Neue (*amans* „liebevoll" 57). Kurz vor der Ankunft in der Oberwelt wendet Orpheus den Blick. Hier wird Ovid geradezu lakonisch: „Er wandte voll Liebe den Blick, und alsbald glitt sie zurück" *flexit amans oculos et protinus illa relapsa est* 57). Die beiden folgenden Verse sprechen nicht, wie man zuweilen angenommen hat, von Orpheus, sondern von Eurydice, von der vor- und nachher die Rede ist. Nur zu ihr passt auch der Wunsch „sich festhalten zu lassen" (*prendi* 58). Nach dem Wendepunkt erlebt der Erzähler das Geschehen aus der Sicht Eurydices. Auch ihre Liebe ist von zarter Rücksicht geprägt, also mehr von Ethos als von Pathos getragen. Anders als die vergilische Eurydice, die sich von ihrem Mann mit einer vorwurfsvollen Rede verabschiedet, bleibt Ovids Eurydice stumm, will sie doch den Geliebten nicht dadurch verletzen, dass sie ihm seine übergroße Liebe zum Vorwurf macht. Folgerichtig verzichtet Ovid auch auf den dramatischen Donner in der Unterwelt (*georg.* 4, 493) und spricht hier nicht vom *fatum* (vgl. *georg.* 4, 496).

8.7 Ausklang
Erst jetzt kehrt der Dichter zum Seelenzustand des Orpheus zurück. Wie Eurydice ihre Liebe durch Schweigen bekundet, so Orpheus seine Trauer. Die Wirkung ist erhaben; solches Schweigen ist beredter als viele Worte[98]. Anders als der vergilische ist der ovidische Orpheus nach Eurydices zweitem Tod unfähig zu singen. Vergil geht es um einfühlende Klage, Ovid hat andere künstlerische Absichten. An die Stelle des elegischen Nachtigallengleichnisses (*georg.* 4, 511-515), das auf eine Sympathie zwischen Dichter und Kosmos

hindeutet, treten Bilder der Versteinerung: Vom doppelten Tod seiner Gattin ist Orpheus so betroffen wie ein Mann, der angstvoll die drei Hälse des Höllenhundes erblickte und vor Schrecken zu Stein wurde. Wie zuversichtlich hatte Orpheus in seiner Rede gesagt, er sei nicht gekommen, um den Höllenhund zu sehen! Das Gleichnis entlarvt jene Zuversicht rückblickend als tragische Ironie. Ovid führt zur Erläuterung noch zwei weitere (wenig bekannte) mythische Gestalten an, deren Schicksal mit einer gemeinsamen Versteinerung endet. Die Gelehrsamkeit bringt eine gewisse Abkühlung, trägt aber zu der vom Dichter gewünschten Distanzierung bei und regt den Leser zum Nachdenken an. Diese Gleichnisse schlagen auch die Brücke zum Thema des Gesamtwerks und deuten an, dass sich in Orpheus eine innere Metamorphose vollzogen hat. Zwar ist Ovid zu höchstem Pathos fähig, aber er will bewusst nicht dabei stehen bleiben: Die Versteinerung eines Menschenpaares weist hier unter dem Eispanzer entlegener Mythologie auf die ergreifende Tatsache hin, dass Orpheus, statt laut zu klagen, Eurydices Tod innerlich miterlebt. Der Meister des Wortes verliert die Sprache[99], stirbt gleichsam mit Eurydice. Der Schluss seines Gesanges mit dem Hinweis auf den Tod beider war keine leere Phrase. Das Band der Sympathie mit dem Kosmos ist zerrissen. Ovids Finale ist trocken und kühl wie seine Einleitung; dieses Wechselspiel von Distanz, Nähe und erneuter Distanzierung entspricht seiner künstlerischen Intention. Erst verspätet findet Ovids Orpheus wieder bittende Worte und versucht, noch einmal in die Unterwelt einzudringen. Sieben Tage fastet er am Ufer des Totenflusses und kehrt schließlich in sein thrakisches Heimatgebirge zurück. Im Vergleich mit Vergil, bei dem die Klage sieben Monate dauert (*georg.* 4, 507), wirkt der Bericht des jüngeren Dichters nüchtern.

Nach drei Jahren ohne Frauenliebe – ob aus Treue oder Enttäuschung, lässt Ovid ausdrücklich offen (80 f.) – hat der Spröde sich unter den Frauen viele Feinde gemacht. Anders als Vergil verschweigt Ovid nicht, dass Orpheus als Erfinder der Knabenliebe gilt (83 ff.); damit schafft er eine thematische Verbindung zur Cyparissus-Sage und dem anschließenden umfangreichen Gesang des Orpheus (*met.* 10, 86 ff.). Der Verzicht auf Frauenliebe (der auch in der Vorgeschichte der Pygmalion-Erzählung wiederkehrt) wird zur Ursache von Orpheus' Tod, von dem Ovid am Anfang des elften Buches berichten wird. Der Untergang des Sängers ist zu einer selbständigen Erzählung ausgestaltet. Im Unterschied zu Vergil, bei dem gegen Ende erneut der Ruf nach Eurydice erschallt (*georg.* 525 f.), steht beim Hinscheiden des ovidischen Orpheus die Lyra im Mittelpunkt. Schon innerhalb der Eurydice-Erzählung deutet Ovid mehrmals auf Orpheus' Untergang voraus[100]. Im Rückblick versteht man besser die andersartige Akzentuierung der Eurydice-Handlung bei Ovid. Hauptthema ist nicht Eurydices, sondern Orpheus' Tod. Der Liebende schließt sich am Ende seiner Rede freiwillig in Eurydices Sterben mit ein. Die Erfahrung einer Metamorphose, der seelischen Versteinerung nach dem zweiten Tod der Geliebten, begleitet vom Verstummen des größten aller Sänger ist eine weitere

Todeserfahrung des Orpheus. Die Ermordung durch die Mänaden verwirklicht letzten Endes nur physisch, was psychisch schon längst eingetreten ist: die Vernichtung des Dichters.

Die parallele Position von Orpheus' Tod und Ovids *Metamorphosen*-Epilog – jeweils als Anhang zu einer Bücherpentade – fordert den Leser dazu heraus, Ovids Schicksal mit dem des Orpheus zu vergleichen. Durch das Exil ist Ovid in seiner Existenz getroffen (Verbannung und Tod sind in seinem Spätwerk metaphorisch miteinander verbunden); doch weiß er, dass sein Werk fortdauern wird, wie er dies auch von der Lyra des Orpheus behauptet[101]. Bei den traurigen Tönen der überlebenden Lyra mag man an den Titel der *Tristia* denken, die nach dem ‚Todeserlebnis' des Verbannungsurteils entstanden sind.

8.8 Rückblick

Berücksichtigt man die unterschiedlichen Ziele der beiden Dichter, so lässt sich die traditionelle Abwertung von Ovids Erzählung gegenüber der vergilischen durch ein differenzierteres Bild ersetzen. Beide Darstellungen haben ihre Eigengesetzlichkeit und können unabhängig voneinander bestehen. Der mysteriöse und elegische Charakter der vergilischen Episode erklärt sich aus dem Charakter des Sprechers als *vates* und dem des Adressaten Aristaeus bzw. aus der Absicht, auf diesen zu wirken. Stellt Vergil Eurydices Erfahrungen, Perspektive und Tod in den Mittelpunkt, so orientiert Ovid seinen Text auf die Perpektive und den Tod des Orpheus hin. Angesichts dieser veränderten Ausrichtung – und auch der quasi autobiographischen Verflechtung der Orpheus-Thematik mit dem Epilog des Werkes – mag man die Orpheusgeschichte mit Charles Segal als *the myth of the poet* bezeichnen. Allerdings stellt Ovid den Dichter in der Eurydice-Erzählung primär als Liebenden dar. Wie bei Vergil beruht auch bei Ovid das Versagen des Orpheus nicht auf einem Mangel an dichterischer Kraft, sondern auf einem Übermaß an Liebe, doch erscheint die Liebe bei Vergil als verhängnisvolle Raserei (Pathos), bei Ovid als zarte Rücksicht (Ethos). Die Auswirkung der Trauer hat in beiden Texten entgegengesetzte Folgen: Vergil zeigt die kreativen Chancen der Trauer für den Dichter, Ovid ihre zerstörerische Wirkung.

Rhetorische und poetische Gestaltung schließen sich nicht aus. Dem praktischen Überredungszweck entsprechend, ist das Lied des Orpheus äußerlich als Plädoyer gestaltet. Die juristisch-rationale Argumentation spielt die Größe des erbetenen Geschenks absichtlich herunter. Die rhetorische Struktur maskiert jedoch eine mit innerer Konsequenz entfaltete thematische Entwicklung, die auf die Zuhörer eine ungeahnte Tiefenwirkung ausübt. Auf der Ebene der emotionalen Argumentation erfüllt Ovid die rhetorischen Kategorien mit poetischem Leben. Das übersteigerte Pathos am Ende des Gesanges ist rein rhetorisch gesehen riskant, dafür bringt es mit elementarer Gewalt die Liebe des Orpheus zum Ausdruck. In dem Schlusssatz („Freut euch über den Tod zweier Menschen") gipfelt der Orpheusgesang zu Recht, da hier die kunstvoll gesponnenen Fäden der poetischen Tiefenstruktur zusammenlaufen.

Bezeichnend für Ovid als Erzähler ist der Wechsel zwischen innerer Distanz und Nähe. Einleitung und Ausklang wirken distanziert; in der Mitte ist der treibende Affekt stark herausgearbeitet. Diese Technik, die dem Leser einiges an geistiger Beweglichkeit abverlangt, unterscheidet sich von der Darstellungsweise Vergils, die den Gegenstand *durchweg* mit Empfindung durchdringt. Andererseits spricht vielleicht gerade Ovids Verbindung von präziser Beobachtung und dem Wechsel von Einfühlung und distanzierter Kühle den modernen Leser besonders an. Ovid stellt uns nicht den mit der Natur im Einklang stehenden Sänger und Dichter vor Augen, sondern einen liebenden, zweimal vom Schicksal zutiefst gedemütigten Menschen, zu dessen Wesen die Fehlbarkeit gehört. Sein erster Verlust macht aus dem Sänger einen feurigen, ja hitzigen Redner in eigener Sache, der zweite Schicksalsschlag lässt ihn verstummen und zerstört ihn schließlich in seiner musischen Existenz.

Das Lebensrecht des Dichters im Verhältnis zu einer absoluten Staatsmacht ist in spätaugusteischer Zeit gerade am Schicksal Ovids als Problem besonders schmerzhaft aufgebrochen. In Ovids Verbannungsgedichten finden wir einerseits die Klage über die (angebliche) Zerstörung des Talents, andererseits die Besinnung auf dessen unantastbaren, unsterblichen Kern. In einer Epoche, in der die Menschen zunehmend dem Druck des Regimes ausgesetzt sind, entdecken Dichter fast zwangsläufig in neuer Weise die besondere Würde ihres Berufs. Die durch die Monarchie politisch entthronte Rhetorik wird zunehmend zum Strukturparadigma für poetische (und sogar musikalische) *inventio*[102].

POETISCHE TECHNIK

9 Das Prooemium der *Metamorphosen*[103]

9.1 Singen und Sagen

> *In nova fert animus mutatas dicere formas*
> *Corpora, di, coeptis – nam vos mutasti set illas –*
> *Adspirate meis primaque ab origine mundi*
> *Ad mea perpetuum deducite tempora carmen.*

> Von Gestalten zu künden, die in neue Körper verwandelt wurden, treibt mich der Geist. Ihr Götter – habt ihr doch jene Verwandlungen bewirkt - , beflügelt mein Beginnen und führt meine Dichtung ununterbrochen vom allerersten Anfang der Welt bis zu meiner Zeit.

Liegt in den Eingangsversen von Ovids Verwandlungsgedicht der Anspruch, ein Großepos im homerischen Sinne zu schreiben, oder nicht? Ist der Ton der ersten Zeile episch-feierlich oder persönlich, fast alltäglich? Man hat der Wendung *fert animus* und dem Verbum *dicere* die epische Stilhöhe abgesprochen und daraus weitgehende stilgeschichtliche Schlüsse gezogen[104]. Aber der Ansatz dieser Folgerungen scheint nicht nachgeprüft, und darum soll hier zunächst die Bedeutung von *dicere* und *fert animus* in unserem Text geklärt werden. Das Ergebnis wird erlauben, auch zu den genannten Folgerungen, darunter einer Konjektur[105] zu Vers 2, Stellung zu nehmen. Schließlich soll versucht werden, das Gewonnene für die Charakteristik des Prooemiums und des ganzen Gedichts fruchtbar zu machen.

Klingt *dicere* („sagen") wirklich weniger anspruchsvoll als etwa *canere* („singen")?[106] Dürfen wir von unserem neuhochdeutschen *sagen* auf das römische *dicere* schließen? Schon ein Blick auf das Mittelhochdeutsche, in dem bekanntlich – umgekehrt wie heute – *sagen* das gewichtigere und *sprechen* das alltäglichere Wort ist, sollte davor warnen, bei zeitlich weiter zurückliegenden Texten unserem modernen Sprachgefühl allzusehr zu trauen.

Wie die Texte zeigen, ist das lateinische *dicere* keineswegs so farblos wie unser *sagen*. Dem deiktischen Element entsprechend[107], das in der Wurzel (vgl. griech. δείκνυμι "ich zeige") zu liegen scheint, bezeichnet *dicere* das bedeutungsvoll hinweisende Sprechen: die inhaltsschwere politische *sententia* (den „Beschlussantrag") des Senators[108], auch das durchdachte und künstlerisch geformte Wort im Gegensatz zu *loqui* („reden"), das auf den bloßen Sprechvorgang zielt[109]. In den Bereich von *dicere* gehört das Sagen des Sehers[110], das Künden des inspirierten Dichters (*vates*) und das an die Gottheit gerichtete Wort. Gerade in den feierlichsten Dichtungen greift der Römer denn auch zu diesem Verbum. Gewichtig steht es am Anfang und am Ende von Horazens Säkulargedicht (7 f.): *dis, quibus septem placuere colles, / dicere carmen.* „Den Göttern, denen die sieben Hügel wohlgefallen, ein Lied vorzutragen". Ähnlich 75 f.: *doctus et Phoebi chorus et Dianae / dicere laudes.* „Ein Chor, geschickt, das Lob des Phoebus und der Diana zu verkünden."

Terminus des feierlichen rituellen Vortrags und des Rühmens der Gottheit bleibt *dicere* auch noch in christlicher Zeit: Unsere Stabreimwendung *singen und sagen* ist Nachbildung des kirchenlateinischen *cantare et dicere (psalmum)*[111].

Als Objekt treten zu *dicere* im hohen Stil nicht nur die vorgetragenen Worte (*carmen, laudes* usw.), sondern unmittelbar der vom *vates* verkündete Inhalt: *o mihi tum longae maneat pars ultima vitae, / spiritus et quantum sat erit tua dicere facta.* „O möge mir dann der letzte Teil eines langen Lebens fortdauern und ein Atem, groß genug, deine Taten zu verkünden." Anspruchslos ist diese Stelle aus Vergils vierter Ekloge ganz gewiss nicht: Der Dichter will sogar mit den Götterschützlingen Linus und Orpheus, ja mit Pan selbst den Wettstreit aufnehmen. Entscheidend für uns ist die Verwendung von *dicere* im epischen Prooemium: Nach feierlicher Anrufung der Muse kündigt Vergil sein *maius opus* – die zweite, der *Ilias* verwandte Hälfte der *Aeneis* mit den Worten an (*Aen.* 7, 41-45): *dicam horrida bella, dicam acies ... maior rerum mihi nascitur ordo / maius opus moveo* „Künden will ich von schrecklichen Kriegen, künden von Schlachten ... Eine bedeutendere Reihe von Geschehnissen hebt für mich an, ich beginne ein größeres Werk." Auf dieser hohen Stufe steht also auch Ovids Prooemium.

Die Nuance der Anspruchslosigkeit wird keineswegs durch *dicere*, eher durch *loqui* ausgedrückt. So sagt Aiax (*met.* 13, 12) verächtlich über Ulixes: *Quantum acie valeo, tantum valet ille loquendo.* „So stark wie ich im Kampfe bin, ist er im Reden." Um den Gegner herabzusetzen, vermeidet er den eigentlichen Ausdruck und macht aus Ulixes Reden ein bloßes φθέγγεσθαι, ein Rauschen der Zunge[112].

Von hier aus gesehen erscheint die Verbindung des etwas farblosen *loqui* mit einem hohen Gegenstand – etwa *proelia loqui* („von Schlachten reden") – fast als Oxymoron. In dieser Wortverbindung deutet Horaz (*carm.* 4, 15, 1) wohl auf ein Missverhältnis von Stoff und Aussage hin[113] (umgekehrt gibt Vergil im Prooemium des vierten *Georgica*-Buches durch die Wortverbindung *proelia dicam*[114] seiner Darstellung des Bienenstaates einen epischen Anstrich). Im Gegensatz zu der motivisch letzten Endes auf den *Aitien*-Prolog des Kallimachos[115] zurückgehenden Horazstelle, die wir soeben erwähnten, bekundet das *Metamorphosen*-Prooemium schon durch die Wahl des Verbums *dicere* den

Anspruch, hohe epische Dichtung zu sein. Dies stimmt auch zu der Tatsache, deren Bedeutung für Ovids Kunstprinzip Hans Herter aufgezeigt hat[116], dass Ovid sich in bewusten Gegensatz zu eben jenem *Aitien*-Prolog stellt. Die Prägung *carmen perpetuum* (*met.* 1, 4) kündigt ausdrücklich an, was Kallimachos zu schreiben abgelehnt hatte: ein ἓν ἄεισμα διηνεκές („ein einheitliches, ununterbrochen fortlaufendes Gedicht")[117].

Es wäre verwunderlich, wenn Ovid, der sich im vierten Vers dieses hochepische Ziel steckt, dennoch in Vers 1 sein Weltgedicht in der subjektiven Sphäre eines unverbindlichen *loqui* begonnen hätte. Nennt man Ovid „Kallimachos des Epos"[118], so beachtet man nicht, dass in dem, wie H. Hommel betont hat (s. Anm. 5), wesenhaft römischen Wort *dicere* der Anspruch, *vates* zu sein, enthalten ist.

9.2 *Fert animus* – „Ich habe Lust?"

Der Stilwert von *dicere* ist deutlich geworden; nun zu dem auf den ersten Blick „prosaischen"[119] – oder gar „elegischen"[120] – *fert animus*! Zugegeben: *fert animus* erscheint auch in einem Zwischenprooemium der *Ars amatoria*[121]. Aber ist es darum „elegisch"? Oder wer wollte es deshalb als „prosaisch" bezeichnen, weil Lucan, *magis oratoribus quam poetis imitandus*[122], es ebenso wie Ovid gebraucht?

Die lateinischen Parallelstellen *allein* erlauben noch kein abschließendes Urteil; oft genug muss man, um den Stilwert einer Wendung zu bestimmen, auch nach Genos oder Struktur verwandte griechische Texte heranziehen. Dabei ist heute freilich nicht mehr das Bestreben bestimmend, die Unselbständigkeit des Römers darzutun, vielmehr ist ‚Intertextualität' zu einem wertvollen Mittel geworden, in die eigentlichen Absichten des Schreibenden einzudringen. Vielleicht war man in der Vorstellung der unepischen Modernität dieses *fert animus* so befangen, dass man gar nicht auf den Gedanken kam (oder ihn bewusst von sich wies)[123], im homerischen Epos nach verwandten Wendungen zu suchen. Und doch ist, wer immer nach Homer ein Großepos schreibt, entweder Homeride, oder er hat sich doch – und das gilt gerade auch vom Bau des Prooemiums – zumindest mit der Technik der Aoiden auseinanderzusetzen.

Aus *Ilias* und *Odyssee* weiß man von der engen Beziehung des Aoiden zu den Musen und zu Apollon, man weiß, dass er sein Lied mit den Göttern begann, und nicht zuletzt auch, wie er bei der Wahl seiner Stoffe verfuhr[124]. Und um die Wahl des Themas geht es ja auch im Eingangsvers der *Metamorphosen*. Gibt es nun bei Homer eine Stelle, an der von der Wahl des Gegenstandes die Rede ist und an der diese Wahl gar aus dem *animus* des Sängers begründet wird? Tatsächlich steht in der *Odyssee* mehrfach die Themenwahl im Mittelpunkt des Interesses, und zwei dieser Belege sind für uns entscheidend.

Im ersten Gesang heißt Penelope den Sänger schweigen, da er sie durch eine sie allzu nahe angehende Geschichte zum Weinen brachte (336)[125]. Telemachos aber weist seine Mutter zurecht: Dem Aoiden stehe es frei, zu singen, ὅππῃ οἱ νόος ὄρνυται („wie sich ihm der Sinn erhebt")[126]. Das Prooemium der *Metamorphosen* steht dieser Stelle thematisch und im sprachlichen Ausdruck nahe. Hier wie dort wird die Wahl des Gegenstandes begründet[127] – und zwar gegenüber einem andersartigen Anspruch der Umgebung. Dies geschieht nicht leichthin mit der Bemerkung „Ich habe eben Lust dazu", sondern im Sinne eines anderen Homerwortes, das gleich bei der Einführung des „göttlichen Sängers" zu Beginn des achten Odysseebuches steht[128]: καλέσασθε δὲ θεῖον ἀοιδὸν / Δημόδοκον· τῷ γάρ ῥα θεὸς πέρι δῶκεν ἀοιδὴν / τέρπειν, ὅππῃ θυμὸς ἐποτρύνῃσιν ἀείδειν. „Ihm hat der Gott über die Maßen den Gesang gegeben, dass er ergötze, wie *ihn der Mut zu singen treibt*" (Wolfgang Schadewaldt). Dass hier nicht von einem unverbindlichen Lusthaben die Rede sein kann, bestätigt Vers 73: Dort tritt an die Stelle des θυμός die Muse[129].

Zugegeben, dass bei Ovid gerade in diesem ersten Prooemium die Muse fehlt[130] und dass an ihre Stelle nicht nur die Götter[131] treten, sondern auch der eigene *animus*, die dichterische Potenz, das eigene mächtige Naturell: Nicht mehr außen, sondern im eigenen Inneren erfährt der Poet das Göttliche[132]. Doch die Sprache, in der diese neue Erfahrung ausgedrückt wird, ist alles andere als alltäglich, alles andere als subjektiv. Es ist vielmehr die Sprache der homerischen Tradition. Das Neue tritt nicht mit völlig neuen Worten auf – diese romantische Vorstellung von Originalität gilt es aufzugeben. Nur sehr behutsam werden die Akzente verschoben[133]. Ovids *animus* tritt im Epos mit dem Anspruch des homerischen θυμός auf: Auch wo Ovid über Homer hinausgeht, ist er noch darauf bedacht, sich als Homeride auszuweisen. Dass auch bei Homer die Muse, die hinter dem dichterischen θυμός steht, nicht immer genannt zu werden braucht, mag den Römer in der Wahl gerade dieser Wendung bestärkt haben. Wichtig ist jedenfalls, dem Wort *animus* Inhalt und Gewicht zurückzugeben. Der aufgezeigte homerische Hintergrund verleiht ihm – bei allem Unterschied zwischen Ovid und Homer – wieder den vollen Klang und den Ernst, mit dem es gehört sein will.

Kurz: Ton und Stil des ersten Verses der *Metamorphosen* haben sich als episch erwiesen. In der Wahl des Wortes *dicere* spiegelt sich der Anspruch des *vates* auf ein feierliches, verbindliches Sagen; die Konfrontierung von *fert animus* mit vergleichbaren Homerstellen erlaubt, das Prooemium der *Metamorphosen* in die Reihe jener für die große römische Dichtung so bezeichnenden Rückgriffe auf Frühgriechisches einzuordnen.

9.3 Eine bedeutungsvolle Parenthese
Nachdem diese Grundlage gewonnen ist, lässt sich auch zu der Konjektur *illis* im zweiten Vers einiges sagen. a) Der überlieferte Text lautet in Vers 2 f. *di coeptis – nam vos mutastis et illas – / adspirate meis*. b) Mehrfach hat man folgende

9 PROOEMIUM

Änderung vorgeschlagen[134]: *di coeptis – nam vos mutastis – et illis / adspirate meis.*
Vorausgeschickt seien einige sprachlich-stilistische Beobachtungen, die ein Urteil über die vorgeschlagene Änderung ermöglichen sollen[135]:
1. Parenthesen der metrischen Form a sind in den *Metamorphosen* viel häufiger als solche der Form b (28: 8). Parenthesen der Form b sind nie mit *nam* eingeleitet, Parenthesen der Form a dagegen mehrfach.
2. Unter den Parenthesen, in denen *nam* an der gleichen Stelle im Vers steht wie in *met.* 1,2, endet keine einzige früher als der Hexameter.
3. *Mutare* im Aktiv ohne Objekt kommt im ganzen Werk Ovids nur ein einziges Mal vor[136]. Selbst dort steht es nur inmitten einer Häufung von Verben, die alle deutlichen Bezug auf ein gemeinsames Objekt[137] haben. Der Fall, dass, wie die Konjektur verlangen würde, – *nam vos mutastis* – ohne Objekt dastünde, wäre somit bei Ovid singulär.
4. Die Notwendigkeit einer Konjektur wurde[138] damit begründet, dass *illas* in Bezug auf das kurz vorher stehende *formas* „unpassend" sei, es müsse vielmehr *eas* heißen. Diese Annahme wird einfach durch den ovidischen Sprachgebrauch widerlegt. An den meisten Stellen, an denen der Versschluss *et illas* sonst erscheint, bezieht sich *illas* auf ein kurz vorher genanntes Wort (wie auch im überlieferten Text von *met.* 1, 2)[139]. Ja, es lässt sich sogar zeigen, dass *illas* an dieser Stelle nicht nur möglich, sondern sogar notwendig ist.

In ähnlichen Fällen knüpft nämlich *hic* an das unmittelbar vor der Parenthese stehende Wort, *ille* an das vorletzte[140] Wort an: 9,356 *at puer Amphissos – namque **hoc** avus Eurytus **illi** / addiderat nomen.* Ebenso steht auch in der Parenthese *fast.* 6, 576 *hic* mit Bezug auf das zuletzt, *ille* mit Bezug auf das zuerste Genannte. Ganz analog knüpft nun auch in *met.* 1,2 *vos* an die zuletzt genannten *di*, *illas* an die zuerst genannten *formae* an. Dass *illas* an *formas* anknüpft, ist also nichts Erstaunliches, es entspricht vielmehr dem Sprachgebrauch. Damit ist der Hauptanstoß beseitigt: Sprachlich besteht kein Grund zu einem Eingriff in das Überlieferte.
Der formale Einwand[141], der Reim *formas – illas* sei Ovid nicht zuzutrauen, wird schon durch die Zusammenstellungen Sedlmayers[142] widerlegt. Vor allem aber arbeitet das ganze Prooemium mit solchen Mitteln. Es stehen untereinander:

In nova   coeptis   formas
corpora   meis   illas

Ebenso spricht der Vergleich mit dem Prooemium 10, 148 f. für eine Aufteilung der Kola in der überlieferten Form:

Ab Iove, Musa parens – cedunt Iovis omnia regno –
Carmina nostra move.
Corpora. Di, coeptis – nam vos mutastis et illas –
Adspirate meis.

Auch formal entspricht also das Überlieferte den ovidischen Gepflogenheiten.

Was den Inhalt betrifft, ist die Konjektur *illis* dadurch gekennzeichnet, dass sie ein Erinnern an frühere literarische Erfolge voraussetzt ("nun fördert auch dies mein Beginnen")[143]. Durch diesen privaten Zug steht die Konjektur in engem Zusammenhang mit der hier eingangs widerlegten subjektiven Interpretation von *dicere* und *fert animus*. Ovid soll die Götter bitten, ihm auch bei dem bevorstehenden großen Werk beizustehen? Hat er sich denn vorher viel um die Götter gekümmert? Hat er nicht vielmehr in seinem größten Werk vor den *Metamorphosen*, der *Ars amatoria* – ähnlich wie später Lessing in seinen Fabeln – am Anfang jeden Anspruch auf Apollons oder der Musen Hilfe abgelehnt und sich allein auf die eigene Erfahrung berufen: *usus opus movet hoc* (*ars* 1, 29). Nur Venus als für den Stoff zuständige Gottheit stand ihm damals bei (ebd. 30). Das *Metamorphosen*-Prooemium bringt in Ovids Dichten einen neuen Ton, und wir haben kein Recht, diese Grenzlinie zu verwischen. Die epische Götteranrufung ist ein Neuanfang. Ovid strebt die epische Wirkung bewusst an, ja er ist in der Wahrung einzelner homerischer Stilelemente noch gewissenhafter als selbst Vergil[144]. Bei der Gestaltung der *invocatio* hält er sich (hier und auch sonst) strenger an die im Prooemium des Schiffskatalogs vorgebildete parenthetische Form. Eine – wenn auch indirekte – Anspielung auf göttliche Hilfe bei früheren literarischen Erfolgen würde nicht nur im Hinblick auf die Haltung der Liebeskunst eine Geschmacklosigkeit bedeuten, sondern als privates Element auch gegen den Stil der epischen Gattung verstoßen.

Das schwierige *et* (*nam vos mutastis et illas*) bezieht Housman (bei Lee im Kommentar zur Stelle) auf *mutastis*: „Helft mir jetzt, so wie ihr ... verwandelt habt"[145]. Et ist also keineswegs ein unnötiges Füllsel, das einem guten Dichter nicht zuzutrauen wäre, sondern ein Hinweis auf das Grundthema des Werkes. Darauf anzuspielen dürfte einem ernst zu nehmenden Dichter im Prooemium seines Weltgedichts[146] wichtiger sein, als, wie die Konjektur voraussetzt, in unepischer Weise frühere literarische Erfolge anzudeuten[147]. Soll man wirklich, nachdem die Erwähnung der früheren Dichtungen Vergils am Anfang der *Aeneis* mit Recht athetiert ist, eine solche Bezugnahme ins *Metamorphosen*-Prooemium hineinkonjizieren? Und das mit der unwahrscheinlichen Annahme einer Korruptel gleich in der zweiten Zeile eines der am meisten gelesenen und auswendig gelernten Texte, dessen überlieferte Gestalt nicht nur durch den Sprachgebrauch des Dichters allseitig gestützt wird, sondern auch mit der stilistischen Absicht des Epikers im Einklang steht und nicht zuletzt auch dem Grundgedanken des Werkes entspricht?

9.4 Ein Großgedicht *sui generis*
Die herausgearbeiteten Züge des Prooemiums der *Metamorphosen* beleuchten von drei verschiedenen Punkten aus die Frage nach der stilistischen Haltung und der künstlerischen Absicht des Dichters: Ovids Absicht war zweifellos, ein Epos

zu schreiben. *Dicere* schließt den Anspruch des *vates* auf eine hohe dichterische Aussage ein. Ovids Dichterreligiosität, die den Gott nicht mehr außen, sondern im eigenen Innern erlebt, drückt sich nicht in moderner Unverbindlichkeit, sondern nach epischem Handwerksbrauch in homerischer Sprache aus: Die Wendung *fert animus* vereinigt Freiheit und Gebundenheit; neue Gesinnung wird mit alten Mitteln ausgesprochen: ein Beispiel der antiken Form von Originalität. Auch die Prüfung der Parenthese (1, 2) ergibt, dass Ovid sich eng an die epische Stiltradition anschließt. In dem betrachteten Prooemium stellt sich Ovid nicht als „Kallimachos des Epos"[148], sondern als Anti-Kallimachos vor, zitiert er doch den Aitien-Prolog mit umgekehrtem Vorzeichen[149]. Er ist zwar ein eifriger Schüler kallimacheischer *ars*, aber das *ingenium*, das er in sich fühlt[150], spricht er dem Alexandriner ab[151]; der mächtige Atem[152] seines Naturells drängt zur großen epischen Form, zur universalen Konzeption *prima ab origine mundi ad mea tempora* („vom Urbeginn der Welt bis zu meiner Zeit")[153], das freilich nicht wie die *Ilias* in einem Besonderen das Allgemeine sichtbar macht, sondern den Raum eines *carmen perpetuum* mit zahlreichen Variationen eines Themas erfüllt.

Der Anspruch, ein Weltgedicht[154] zu schreiben, bedeutet freilich nicht, dass Ovid ständig mit Homer und Vergil konkurriert; vor allem gelten für ihn keine Forderungen der Einheit des Raumes, der Zeit und der Person. Vielmehr will er die gesamte Fülle griechischer und italischer Mythen ausbreiten. Hierfür gibt es zwei Ahnenreihen: die hesiodische der didaktischen Poesie und die kallimacheisch-alexandrinische. Anschluss an die Tradition der didaktischen Poesie – die eine Unterabteilung der epischen Poesie war – zeigt sich im Prooemium sehr deutlich in einem zentralen Punkt: der Götteranrufung. Ovid wendet sich an die Götter eindeutig in ihrer Eigenschaft als Urheber der Verwandlungen (1, 2). Es geht also um Götter, die für den Stoff des Werkes zuständig sind. So verfahren traditionellerweise didaktische Dichter, um nicht durch Anrufung der – manchmal lügenhaften – Poesiegötter ihre Glaubwürdigkeit aufs Spiel zu setzen.

Die zweite nicht-homerische Dichtungstradition, der sich Ovid – wenn auch kritisch – verbunden weiß, ist die kallimacheische. Nicht nur das zentrale Buch der *Metamorphosen*, das achte, ist zutiefst von Kallimachos geprägt[155]. Darüber hinaus ist das kallimacheische Musengespräch ein konstitutives Element im Schlussbuch der ersten Pentade[156].

Ferner verbindet der universale Anspruch Ovid mit der hellenistischen Universalgeschichte. Überhaupt sind die *Metamorphosen* ein Großgedicht eigener Prägung, das im intertextuellen Dialog nicht nur mit der ‚hohen' Epik, sondern mit der gesamten literarischen Tradition steht[157].

10 Gleichnisse: Stellung und Funktion

Die Untersuchungen zu Ovids Gleichnissen sind nicht zahlreich und beziehen sich mehr auf die Anzahl und die Motive der Gleichnisse als auf ihre Erzählfunktion[158]. Wie in vielen anderen Arbeiten zu Ovid hat man sich auch hier lange Zeit weniger um den Dichter und die Eigenart seiner künstlerischen Erfindung gekümmert als um die Stoffe und die Quellen, die er benutzt. Freilich erschienen in den letzten Jahrzehnten bedeutende Monographien, die die Originalität Ovids unterstrichen[159]. Auch Ovids Erzählkunst ist beachtet worden, vor allem in Auseinandersetzung mit R. Heinzes bekannter Abhandlung[160]. Aber über die Erzählfunktion der Gleichnisse scheint noch nicht alles gesagt zu sein.[161] Im Folgenden seien einige Beispiele ausgewählt, die geeignet erscheinen, den Zugang zur Gesamtproblematik zu eröffnen.

10.1 Das Aufflammen der Liebe
Beim Anblick von Daphnes Schönheit verliebt sich Apoll. Der Vorgang wird nach Art einer Klimax in Stufen zerlegt:
met. 1,492-496

> Phoebus liebt,
> Kaum hat er sie gesehen, begehrt er Daphne zur Ehe,
> Was er begehrt, erhofft er, und sein eigenes Orakel täuscht ihn[162].

> *Phoebus amat*
> *visaeque cupit conubia Daphnes,*
> *quodque cupit, sperat, suaque illum oracula fallunt.*

Das Erste, was an der zitierten Stelle auffällt, ist ihr dynamischer Charakter, die innere Bewegtheit. Es folgt der Vergleich mit einem angezündeten Stoppelfeld oder Zaun. Er unterstreicht zunächst die Heftigkeit und blitzartige Schnelligkeit, mit der die Leidenschaft den Gott ergreift. Ovid vergleicht selten ruhende Gegenstände miteinander. An allen Dingen erscheint ihm die Bewegung reizvoll, und er beschreibt gerne deren verschiedene Spielarten.

Nun zum Kontrast zwischen Gleichnis und Kontext. Das Gleichnis versetzt den Leser in eine andere Sphäre; anstelle der mythischen Welt umgibt ihn die Natur; statt Heroen beobachtet er einfache Menschen bei ihrer Tätigkeit. Dieser stoffliche Gegensatz fordert den Leser auf, nachzudenken und im Unterschiedlichen das Gemeinsame zu entdecken. Worin sich Ovid in dieser Beziehung von Homer unterscheidet, werden wir später feststellen. Es sei schon jetzt darauf hingewiesen, dass die Kontraste zwischen Erzählung und Gleichnis für Ovid eine Quelle origineller dichterischer Einfälle sind.

Betrachten wir nun die Stellung des Gleichnisses im Kontext. Es markiert einen psychologisch wichtigen Augenblick: das Aufflammen der Liebe bei der Begegnung mit der Schönen, oder – abstrakter ausgedrückt – das Umschlagen äußerer Qualität der einen Gestalt in seelische Bewegung der anderen und damit die Entfesselung der Kraft, die das dramatische Geschehen vorwärts treibt. Derartige Augenblicke hebt Ovid häufig durch Gleichnisse hervor: Der fliegende Merkur entbrennt beim Anblick der Herse in Liebe, gleichwie ein Schleuderblei sich im Fluge erhitzt[163]. Tereus wird von der Leidenschaft ergriffen wie Stoppeln oder Heu von den Flammen[164]. Solche Gleichnisse vertiefen zunächst die unmittelbar vorausgehenden Vorstellungen, bereiten jedoch zugleich das Künftige vor, indem sie den Affekt im Augenblick seiner Entstehung erfassen, der das folgende Geschehen vorwärts treibt.

Weiter wäre auf die indirekte Vorausdeutung hinzuweisen: Die Fruchtlosigkeit von Apolls Leidenschaft kann man etwa im Bilde des unfruchtbaren Stoppelfeldes angedeutet finden. Aber versagen wir uns fruchtlose Vermutungen. Festgehalten sei, dass die Stellung des Gleichnisses kurz nach dem Beginn einer Geschichte es dem Dichter erlaubt, frühzeitig anzudeuten, wie er seine Erzählung versteht. In dieser Position hat das Gleichnis die interpretatorische Aufgabe, die Erwartungen des Lesers in die vom Autor gewünschte Richtung zu lenken.

10.2 Jupiter und Augustus
met. 1,200-205

> So ergriff, als die Rotte der Frevler grausam im Caesarenblut den römischen Namen auslöschen wollte, das Menschengeschlecht tiefes Entsetzen angesichts des plötzlichen Sturzes, und der ganze Erdkreis schauderte. Und dir, Augustus, ist die Anhänglichkeit der Deinen nicht weniger willkommen, als sie damals Jupiter war.
>
> *Sic, cum manus inpia saevit*
> *Sanguine Caesareo Romanum exstinguere nomen,*
> *Attonitum tanto subitae terrore ruinae*
> *Humanum genus est totusque perhorruit orbis.*
> *Nec tibi grata minus pietas, Auguste, tuorum est.*
> *Quam fuit illa Iovi.*

Am Vergleich zwischen Jupiter und Augustus, dem wir uns jetzt zuwenden, sei zunächst die Psychologie der menschlichen Beziehungen beachtet. In der Götterversammlung vor der Sintflut weist Jupiter darauf hin, dass Lykaon auf ihn einen Mordanschlag verübte. Darauf erhebt sich ein Sturm der Entrüstung. Ovid vergleicht diese Reaktion mit dem Entsetzen der Welt angesichts eines Attentats auf den Caesar (wohl Augustus)[165]. Jupiter ist über diese Äußerung der Pietät ebenso erfreut wie Augustus. Das Gleichnis malt somit die Situation sukzessiv unter zwei Gesichtspunkten aus: erst den Effekt der Worte Jupiters auf die Götterversammlung, dann die Rückwirkung auf Jupiter. In diesen beiden Reaktionen schwingt die Erwähnung des Mordanschlages und des Namens Lykaon nach (wie der Dichter überhaupt gern ‚Kunstpausen' schafft, um thematisch wichtige Vokabeln hervorzuheben)[166]. Verstärkend kommt der Wechsel von der direkten Rede zur Erzählung hinzu; der Eigenname bildet den Schlussstein der Rede.

Ovid hat ein Sensorium für die Wechselwirkung zwischen dem Sprecher und seinem Zuhörerkreis. Überhaupt fesseln ihn Fragen der Psychologie und der Rhetorik im weitesten Sinne: die Beziehungen der Menschen untereinander und die Rolle, die dabei der Sprache und der Literatur zukommt. Das Gleichnis weist auch hier auf die Innenwelt der Handelnden hin. Eine ähnliche Funktion haben Gleichnisse manchmal bei Homer[167], öfter bei Apollonios Rhodios[168]. An unserer Ovidstelle ist der Wechsel des Standpunkts reizvoll – ein Zeugnis für die innere Beweglichkeit des Dichters.

All dies erklärt freilich noch nicht, wieso Jupiter gerade mit Augustus verglichen wird. Welche Beziehung besteht zwischen Mythos und historischer Realität? Man könnte annehmen, beim Vergleich mit einem Menschen werde die Würde des Gottes geschmälert. Aber dies wäre unrömisch gedacht. Ist doch Augustus in der Tat als Weltherrscher, mit dem das *nomen Romanum* steht und fällt (201), das mächtigste sichtbare Wesen. Für Jupiter bedeutet es in den Augen des römischen Lesers keine Herabwürdigung, eher einen Zuwachs an Realität und Macht, wenn er mit dem *praesens divus Augustus* verglichen wird. Die Wiederaufnahme des Vergleichs im letzten Buch der *Metamorphosen*[169] bestätigt, dass die historisch-reale Autorität neben die mythisch-makrokosmische tritt. Das vorliegende Gleichnis macht begreiflich, in welchem Sinne Ovid die mythische Götterwelt wiederbelebt: Sie wird ihm zum Spiegel menschlicher Existenzerfahrung. Paradox könnte man sagen: Das Göttliche erhält seine Aktualisierung erst im historisch-realen Menschen. Die Götter gewinnen bei Ovid dadurch neue Realität, dass in ihnen menschliches Blut zu pulsieren beginnt. Dies entspricht dem Empfinden der Römer dafür, dass historische Kräfte und Wirklichkeiten stärker ins menschliche Schicksal eingreifen als mythische Figuren. Für Ovid ist der Mythos nicht mehr Gegenstand des Glaubens, sondern ein Schatz typischer Situationen und Schicksalsverläufe. Der Dichter schafft durch das Weitergeben des Tradierten an die eigene Generation einen Spiegel, der ihr zur Selbsterkenntnis verhelfen kann. So deutet allein schon die Tatsache, dass Erzählung und Gleichnis verschiedenen Daseinsbereichen angehören, auf das Problem des Mythenverständnisses hin. Der Charakter der Gleichnisse und ihr Verhältnis zur Erzählung beweisen, dass Ovid dem Mythos eine rein menschliche Bedeutung gibt.

Betrachten wir nun die Stellung des Gleichnisses in der Erzählung. Sein Aufbau erinnert an Ringe, die sich um einen ins Wasser geworfenen Stein bilden. Das neue Thema tritt wie aus einem doppelten Rahmen hervor. Als Kunstpause unterstreicht das Gleichnis die Bedeutung der unmittelbar vorausgehenden Worte. Gleichzeitig aber ist die Empörung der Götter eine Vorankündigung von Jupiters Zorn – dem Gegenstand der folgenden Erzählung von der Bestrafung des Frevlers. Eine solche Verbindung von formaler und inhaltlicher Funktion ist bei Ovid häufig festzustellen. Das zweite untersuchte Gleichnis in gedeckter Anfangsstellung bestätigt die Ergebnisse der Analyse des ersten.

Welche Bedeutung haben die Gleichnisse in der Mitte der Erzählung? Untersuchen wir zwei Beispiele!

10.3 Belebung eines toten Punktes
met. 6,516-518

... nusquam lumen detorquet ab illa
Non aliter, quam cum pedibus praedator obuncis
Deposuit nido leporem Iovis ales in alto:
Nulla fuga est capto, spectat sua praemia raptor.

Nirgends wendet er die Augen von ihr ab, nicht anders, als wenn der Raubvogel mit den gekrümmten Krallen, Jupiters Adler, einen Hasen in den hohen Horst gelegt hat. Der Gefangene hat keine Möglichkeit zu fliehen, und der Räuber schaut seine Beute an.

Wie beleben Gleichnisse tote Punkte der Erzählung? Tereus befindet sich mit Philomela auf der Überfahrt in sein Reich. Er blickt sie an wie ein Adler einen Hasen, den er schon in sein Nest gelegt hat. Im äußeren Gange der Handlung ist durch die Seefahrt, über die es nichts Nennenswertes zu berichten gibt, ein Ruhepunkt eingetreten. Der Dichter verwandelt diesen Mangel in einen Gewinn. Durch das Gleichnis schafft er eine zweifache Perspektive, aus dem äußerlich Realen ins Psychologische, aus der Gegenwart in die Zukunft. Indem er sich in die ungeduldigen Erwartungen des Tereus einfühlt, eilt Ovid seiner Erzählung voraus. Dadurch, dass sich im Gleichnis das Opfer schon im Nest des Räubers befindet, wird die beklemmende Stimmung der Ausweglosigkeit vorweg genommen. Aus einem toten Punkt der Erzählung wird ein Augenblick stärkster seelischer Bewegung. Je weniger geschieht, desto quälender ist die innere Spannung, aber es bedarf subtiler Kunst, dem Zuhörer dieses Gefühl zu vermitteln.

Das folgende Beispiel steht ebenfalls inmitten der Erzählung, dient aber nicht der Belebung, sondern umgekehrt der Retardierung.

10.4 Eine spannende Verfolgungsjagd
met. 1,533-539

> *Ut canis in vacuo leporem cum Gallicus arvo*
> *Vidit, et hic praedam pedibus petit, ille salutem*
> *(Alter inhaesuro similis iam iamque tenere*
> *Sperat et extento stringit vestigia rostro;*
> *Alter in ambiguo est, an sit conprensus, et ipsis*
> *Morsibus eripitur tangentiaque ora relinquit):*
> *Sic deus et virgo; est hic spe celer, illa timore.*

Wie wenn ein Jagdhund aus Gallien auf dem offenen Feld einen Hasen erspäht hat und der eine nach seiner Beute, der andere um sein Leben rennt, (535:) – der eine sieht aus, als wolle er schon zubeißen, hofft von einem Augenblick zum andern zuzupacken und streift mit vorgereckter Schnauze die Fersen der Beute; der andere ist sich im Zweifel, ob er schon gefangen ist, entzieht sich gerade noch den zuschnappenden Zähnen und lässt das Maul, das ihn schon berührt, hinter sich – so ergeht es dem Gott und der Jungfrau: Den einen beflügelt die Hoffnung, die andere die Furcht.

Phoebus verfolgt Daphne wie ein Jagdhund einen Hasen. Das altehrwürdige epische Gleichnis – man erinnert sich an Hektor und Achill[170], Turnus und Aeneas[171] – wird von Ovid in eine Reihe von Antithesen aufgelöst. Die beiden gegensätzlichen Affekte treten einander gegenüber: Den Verfolgten beflügelt Furcht, den Jagenden Hoffnung. In dieser Form scheint die Gegenüberstellung von Furcht und Hoffnung im epischen Gleichnis eine Neuerung zu sein[172]. Ovid hat das ganze Gleichnis darauf ausgerichtet, die Affekte herauszuarbeiten, die das dramatische Geschehen vorwärtstreiben.

An welcher Stelle steht das Gleichnis in der Erzählung? Es akzentuiert den Augenblick, da noch alles möglich ist, den Schwebezustand, die kurze Spanne der Freiheit, den letzten Spielraum vor dem Eintreten des Unwiderruflichen. Ovid hat ein feines Empfinden für Schwebesituationen unmittelbar vor der Peripetie. Er charakterisiert sie durch Gleichnisse oder durch andere poetische Mittel, z. B. durch Monologe. Die retardierende Funktion des Gleichnisses wird vor allem in der Mitte von Erzählungen wichtig.

10.5 Gattungscharakter und Stilhöhe

Für Ovid ist das epische Gleichnis ein poetisches Mittel mit eigener Geschichte und einem in deren Verlauf erworbenen Wert. In dieser Beziehung ähnelt es keinem gewöhnlichen Bild, sondern einer alten, kostbaren Ikone. Wendet man es an, muss man mit seiner Vergangenheit rechnen.

So unterstreicht Ovid den ‚epischen' Charakter mancher Partien durch entsprechende Gleichnisse. Wie das Seesturm-Motiv das Eingangssymbol der *Aeneis* bildet, so erscheint zu Beginn des spezifisch epischen fünften Buches der *Metamorphosen*[173] das bedeutungsvolle Wort *arma* in Verbindung mit der

Vorstellung eines Seesturms. So wird der Leser mittelbar auf die epische Schlachtenschilderung vorbereitet. Entsprechend verleihen Gleichnisse aus Homer und Vergil dem zwölften und dreizehnten Buch[174] der *Metamorphosen*, die vom Trojanischen Krieg handeln, epische Größe. Im elften ist die Beschreibung der aufgewühlten See, die das Schiff verschlingt, über viele Verse hin von Belagerungsbildern begleitet[175]. So hebt Ovid das private Schicksal des Ceyx auf das Niveau großer militärischer und politischer Ereignisse. In den *Metamorphosen* hält Ovid persönliches Liebes- und Eheschicksal auch ohne politischen Kontrapunkt für wert, in epischem Stil dargestellt zu werden.

Freilich haben archaische Kunstmittel neben der pathetischen auch eine komische Seite. Vom Erhabenen zum Lächerlichen ist nur ein Schritt, und eine Gestalt bei Dostojewskij sagt nicht umsonst: „Ich meine es ernst, obwohl ich altslawische Ausdrücke verwende"[176]. Und Ovid wäre nicht Ovid, wenn er sich auf den ernsthaften Gebrauch der epischen Gleichnisse beschränkte. Sie schmücken nicht nur den tragischen Untergang des Ceyx, sondern auch die Umarmungen des Hermaphroditen und der ihn leidenschaftlich liebenden Nymphe[177]. In diesem Falle genießt der Dichter offensichtlich den Widerspruch zwischen dem hohen Stil der Gleichnisse und der unepischen Haupthandlung. Schon als Verfasser der *Liebeskunst* weiß Ovid, dass eingehende Darstellungen auf diesem Gebiet nur erträglich sind, wenn leichte Ironie sie begleitet – ein psychologisches Gesetz, das von manchen Filmregisseuren – vielleicht aus Unkenntnis der Antike – zu ihrem eigenen Schaden vergessen wird. Ovids ironisches Pathos bahnt dem Epos neue Wege, auf denen Ariost und Byron weiter gehen werden. Auch Puschkin hat die leichte Ironie unseres Dichters gut verstanden.

10.6 Unpoetische Gleichnisse?
    met. 4,121-124
    Et iacuit resupinus humo. Cruor emicat alte,
    Non aliter, quam cum vitiato fistula plumbo
    Scinditur et tenui stridente foramine longas
    Eiaculatur aquas atque ictibus aëra rumpit.

    Und er lag rücklings am Boden. Da springt das Blut hoch empor, wie wenn lange Wasserstrahlen aus einem schadhaften Bleirohr durch einen feinen Riss zischend hervorschießen und stoßweise die Luft durchbrechen.

Unser letztes Beispiel stammt aus der berühmten Erzählung von Pyramus und Thisbe. Ovid hat sie (im Unterschied zu Shakespeare) ernsthaft und rührend gestaltet. Nach einer tief empfundenen Rede hat Pyramus sich den Tod gegeben. Doch in dem Augenblick, da er das Schwert aus der Wunde zieht, spritzt das Blut hoch auf wie ein Wasserstrahl aus einem beschädigten Leitungsrohr[178]. Ein solches Gleichnis wäre bei Vergil undenkbar. Wie schon der italienische

Humanist Vida in seiner Poetik bemerkt hat[179], wahrt Vergil die Würde und vermeidet Bilder, die gewöhnlich oder lächerlich wirken könnten. Sein strenger Geschmack unterscheidet ihn von der Unbefangenheit Homers. Verglich doch dieser den Aias mit einem störrischen Esel[180], die griechischen Krieger mit Fliegen am Melkeimer[181] und den ruhelosen Odysseus mit einer Blutwurst, die beim Braten hin und her gewendet wird[182]. Der Unterschied mag mit der römischen Gesellsehaftsstruktur zusammenhängen, denn er drängt sich auch beim Vergleich zwischen Platons und Ciceros Dialogen auf. Umso schwerer wiegt die Selbständigkeit Ovids – noch dazu im Epos.

Warum entfernt er sich hier von vergilischer Strenge? Warum kehrt er in gewisser Weise zu Homers bunterer Gegenständlichkeit zurück? Zunächst erhöht das Gleichnis die Glaubwürdigkeit der Erzählung. In der Tat ist an dieser Stelle der etwas übertriebene Naturalismus nicht ganz überflüssig. Die Farbveränderung an den Früchten des Maulbeerbaumes erklärt sich nur, wenn der Blutstrahl sehr hoch emporspritzt. Technisch, nüchtern und sachlich, verleiht das Gleichnis der Erzählung größere Wahrscheinlichkeit.

Durch technische Vorstellungen werden dem Leser auch sonst märchenhafte Elemente erklärt, so die erzfüßigen Stiere, die Iason vor den Pflug spannen muss, – römischem Denken ebenso fremd wie dem unsrigen – : Ihre feurige Kraft und ihr lauter Atem erinnern an Essen und Kalköfen[183]. Die menschliche Arbeit, die Technik kann eine Vorstellung von mythischen Erscheinungen vermitteln – und zwar gerade dadurch, dass ihre Errungenschaften zuweilen die Grenzen des Natürlichen zu sprengen scheinen. Im Bestreben, dem Mythos größtmögliche Wahrscheinlichkeit zu verleihen, hat Ovid beiläufig die Poesie der Technik entdeckt[184].

Die Absicht, die phantastische Mythenwelt den Römern zugänglich zu machen, spricht auch aus mancher Beschreibung eines Verwandlungsprozesses: naturwissenschaftlich anmutende Exaktheit bei einem Gegenstand, der nicht nur der Naturwissenschaft spottet, sondern auch der Natur selbst. Wie soll man einem gebildeten Römer klarmachen, dass ein Mann, der ins Wasser geworfen wird, sich in einen Stein verwandelt – und noch dazu im Fluge? Ovid findet sogar hierfür mühelos eine ‚naturwissenschaftliche' Erklärung: Wie Regen im kalten Wind zu Schnee wird und wirbelnde Schneeflocken sich zu Hagelschloßen zusammenballen, so verwandelt sich Lichas, von Hercules durch die Luft gewirbelt, vor Angst blutleer und wie vertrocknet, in Stein[185]. Zu der ‚physikalischen' Erklärung tritt somit eine psychologische hinzu. Gleicht Ovid nicht, wenn er unerwartet aus einem Bereich in den anderen übergeht, einem Musiker, der mittels der enharmonischen Verwechslung [z. B. von fis und ges] unversehens in eine entfernte Tonart moduliert?

So erklärt sich der Sinn der Gleichnisse aus dem Bereich der Technik. Rätselhaft bleibt lediglich der emotionale Kontrast: Soeben erweckte der Dichter noch tiefes Mitgefühl mit Pyramus, jetzt vergleicht er den Unglücklichen mit einem geplatzten Leitungsrohr. Die betonte Nüchternheit, ja Kälte des Vergleichs zwingt den Leser, sich innerlich vom Ereignis zu lösen, dramatische Teilnahme und lyrische Einfühlung (die von ihm soeben noch verlangt wurden) zu vergessen und zur epischen Objektivität zurückzukehren. Auch an anderen Stellen zerstiebt die Illusion wie bei einem unerwarteten schmerzlichen Erwachen.

Darin liegt künstlerische Absicht. Das Streben nach Distanzierung ist ein innerlich notwendiges Gegengewicht zu dem starken Mitgefühl, das Ovid an anderen Stellen – ähnlich wie Apollonios Rhodios und Vergil – äußert. Will doch Ovid vergilische Beseeltheit mit homerischer Gegenständlichkeit verbinden. In dem vorliegenden Gleichnis ähnelt der Dichter einem Maler, der einen Augenblick von seinem Gemälde zurücktritt, um es kritisch zu überschauen und sich so in die Lage des Betrachters zu versetzen.

Gleichnisse, die Verwandlungen erklären, stehen vorwiegend gegen Ende der Erzählung, entsprechend dem Hauptthema der *Metamorphosen* und ihrem nicht lyrischen, sondern narrativen Charakter.

10.7 Schluss
Versuchen wir zusammenzufassen: Im homerischen Epos dient das Gleichnis nicht nur dem *ornatus*; es ist ein unentbehrliches Hilfsmittel des Denkens. Dadurch, dass er vorübergehend die Sagenwelt verlässt und sich nachdenklich in einen parallelen Prozess vertieft, der sich im Alltag beobachten lässt, durchmisst der Dichter einen bestimmten Weg. Indem er nicht nur Tatsachen, sondern Prozesse parallelisiert, nähert er sich allmählich dem abstrakten Gedanken – keinem vorgefassten, sondern einem durch Erfahrung erworbenen. So bereiten die homerischen Gleichnisse ihrerseits dem philosophischen Denken und den induktiven Methoden der Naturwissenschaften den Weg[186].

Zwischen der Zeit Homers und Ovids vollzieht sich die Entwicklung der griechischen Philosophie. Für Ovid sind, wie auch für viele von uns, die abstrakten Begriffe zuweilen selbstverständlicher als die bildhafte Rede. Diese Entwicklung wirkt sich im Hellenismus auf die Beziehung der Dichter und Literaturtheoretiker zum Gleichnis aus. Man betrachtet es nicht mehr als Weg zur Erkenntnis, sondern als Mittel der poetischen Technik. Die hellenistische Theorie und das Schaffen der damaligen Dichter verdrängen aus dem Gleichnis die sogenannten überschießenden Züge, die ursprünglich dazu gedient hatten, den betrachteten Prozess in seiner Totalität nachzuvollziehen, den wirklichen Gang der Erfahrung vollständig wiederzugeben. Indem man die Analogien zwischen Erzählung und Gleichnis präzisiert, kann man sich auf das *tertium comparationis* beschränken; der Leser braucht nicht mehr in jedem einzelnen Fall den Gang des bildhaften Ereignisses zu durchlaufen, um den Grundgedanken zu erfassen. Die Gleichnisse werden kürzer als bei Homer; dafür beginnen die Dichter häufiger ganze Gleichnisketten zu verwenden.

10 GLEICHNISSE

Das Streben nach größtmöglicher Ähnlichkeit zwischen Gleichnis und Hauptgeschehen führt bei Ovid manchmal dazu, dass – außer den Personen und dem Ort der Handlung – kein merklicher Unterschied zwischen Haupterzählung und Gleichnis besteht (wir erwähnten die Nachricht von dem Attentat auf den Herrscher im Götterrat, die mit dem gleichen Ereignis im Senat verglichen wird). Es ist, als wäre das Gleichnis letztlich verurteilt, nur noch eine blasse Wiederholung zu sein. Indessen führt der Verlust der unmittelbaren gedanklichen Unentbehrlichkeit nicht nur zu einer Verarmung; verstehen es die römischen Dichter doch, die poetische Kraft des Gleichnisses wiederherzustellen, indem sie sich in die Kontraste zwischen Gleichnis und Kontext vertiefen und so die symbolischen Züge bewusster hervorheben. Wie Viktor Pöschl[187] gezeigt hat, erhellen die Gleichnisse in der *Aeneis* Sinn und Aufbau des ganzen Epos. In diesem Zusammenhang treten die ursprünglich zweitrangigen Funktionen des Gleichnisses in den Vordergrund.

Davon geht Ovid aus. Welche Eigenschaften des Gleichnisses schätzt er besonders? Ohne hier das Problem erschöpfen zu wollen, sei in Kürze einiges Charakteristische angeführt:

Die ovidischen Gleichnisse können wie die vergilischen Mitgefühl erwecken, es aber auch ausschließen. Die nüchterne Beobachtungsgabe und die zuweilen ungemein naturalistischen Züge scheinen Ovid Homer anzunähern. Doch sind die künstlerischen Arbeitsweisen einander geradezu entgegengesetzt: Homer gelangt mit Hilfe des Gleichnisses zum Gedanken, Ovid verkörpert ihn darin. Der Gedanke ist bei Homer Endergebnis, bei Ovid Ausgangspunkt.

Die Erzählfunktion des ovidischen Gleichnisses ist mit seiner Stellung innerhalb der Erzählung verbunden. Steht es kurz nach dem Anfang, so nennt das Gleichnis die treibenden Affekte und verweist auf den Ausgang des schicksalhaften Geschehens. In Mittelposition belebt das Gleichnis dramatisch tote Punkte, oder es wirkt retardierend, indem es den letzten Augenblick vor der Entscheidung betont. Gegen Ende der Erzählung dient das Gleichnis der Glaubwürdigkeit der mythischen Metamorphose und fordert durch seine Objektivität den Leser auf, sich von den Ereignissen zu distanzieren, sie aus der Ferne zu betrachten.

Zweifellos wird die vergleichende Geschichte der epischen Erzählstrukturen hier noch manchen Aufschluss bringen. Es fällt auf, dass bei Ovid die Gleichnisse gewöhnlich weder im ersten noch im letzten Vers einer Erzählung erscheinen. Im Unterschied zu manchen volkstümlichen Epen (z.B. Bylinen) und Balladen, die den Zuhörer unvermittelt mit einem Gleichnis konfrontieren, das durch seine Schwerverständlichkeit eine geheimnisvolle lyrische Stimmung erzeugt, bereitet Ovid seine Gleichnisse vor und erläutert sie, bevorzugt somit einen vorwiegend rationalen Zugang. Doch ist es für ihn weder ein Weg zur Erkenntnis (wie vielleicht für Homer) noch Material einer symbolischen Architektur (wie für Vergil). Ovid ist ein aufmerksamer, nüchterner Beobachter der Wirklichkeit, der psychologischen Ursachen menschlicher Handlungen und der Situation des Menschen vor der Entscheidung, durch die er seine Freiheit verwirklicht und zugleich verwirkt. Indem Ovid die Kontraste zwischen Gleichnis und Kontext ausschöpft, Homer- und Vergilreminiszenzen pathetisch oder ironisch auswertet, findet er feinste gedankliche und emotionale Schattierungen und verwandelt sein Gedicht in einen Dialog nicht nur mit dem verständnisvollen Leser, sondern auch mit den großen Vorgängern. Im Glauben an das Leben und die Schöpferkraft empfindet Ovid die historische Berufung des Menschen. Indem er in seinen Gleichnissen und in seinen Verwandlungen die leblose Natur und die verblassten Götter vermenschlicht, gibt er ihnen, wie Odysseus den Schatten, neues Blut, belebt sie durch seine Gedanken und Empfindungen.

11 Ovids *Metamorphosen* und der Roman

'Ovids *Metamorphosen* und der Roman'[188] sind ein weites und äußerst komplexes Forschungsgebiet. Der vorliegende Beitrag kann nur Prolegomena bieten und anhand ausgewählter Abschnitte aus den *Metamorphosen* und antiken Romanen einzelne methodologische Probleme beleuchten. So werden die Fragen zahlreicher als die Antworten sein. An erster Stelle seien umfangreiche Problemkreise ausgeschlossen. Beispielsweise wird von Ovid als Gestalt in modernen Romanen nicht die Rede sein; zwar ist das Thema verlockend, aber der Stoff ist zu umfangreich, um hier befriedigend behandelt zu werden.

Der erste Teil der vorliegenden Überlegungen prüft einige Fälle möglicher Verwendung durch antike Romanschriftsteller, teils mit negativem (1), teils mit positivem (2) Ergebnis, auch mit Rückwirkungen auf unser Verständnis von Ovid und Kallimachos. In einem Ausblick wird kurz auf mögliche Interpretationen der *Metamorphosen* als 'Bildungsroman' und *science fiction* eingegangen.

11.1 Ovid im Vergleich mit antiken Romanen: 'negatives' Beispiel aus Apuleius

Was eine mögliche Verwendung der *Metamorphosen* durch antike Romanschriftsteller betrifft, so seien die methodologischen Schwierigkeiten an Hand bestimmter Texte erläutert. Sucht der jüngere Autor einen intertextuellen Dialog mit dem Vorgänger, oder zeugen die Parallelstellen von anderen Absichten? Will er seinen Vorgänger parodieren oder verwendet er die Anspielung hauptsächlich, um mit seinen gebildeten Lesern Kontakt aufzunehmen? Oder nimmt er nur Bezug auf allgemeine Gattungstraditionen (in Ovids Fall: Epos, Lehrdichtung, Elegie, Epigramm usw.)? Gebraucht er gar nur eine bekannte Formulierung ohne Rücksicht auf ihren ursprünglichen Kontext? Beachtet er die Absicht und Perspektive von Ovids Text, oder bezieht er sich nur auf einen Mythos als solchen oder gar auf ein bestimmtes Bildwerk, das eine uns aus Ovid bekannte Szene darstellt?

Oft liegt es nahe, den Begriff 'Intertextualität' auf Beziehungen zwischen Literatur und bildender Kunst asuzudehnen, ja sogar auf das Verhältnis zwischen unterschiedlichen kulturellen 'codes'. Das wäre ein Anlass zur Einbeziehung des kulturellen Hintergrundes, z.B. der Vorstellungen von Liebe und Sexualität bei Ovid, Petronius und Apuleius.

Actaeon (Apul. *met.* 2, 4-6). Ziemlich früh im Roman des Apuleius spielt der Ich-Erzähler Lucius auf den Actaeon-Mythos an. Beim Betreten von Byrrhaenas Haus erblickt er Statuen fast fliegender Siegesgöttinnen sowie ein anderes Bildwerk. Dargestellt sind Diana (in Begleitung ihrer Hunde) und Actaeon, der in der Nähe einer Quelle darauf wartet, sie beim Baden zu beobachten (Apul. 2,

4). Der Text stellt von vornherein zwischen der Person des Erzählers und der mythischen Gestalt Actaeons eine enge Beziehung her. Byrrhaenas doppeldeutige Worte, die ihn scheinbar nur zum Eintreten einladen, schaffen eine Verbindung zwischen dem im Bildwerk dargestellten Mythos und dem eigenen Schicksal des Lucius (2, 5): *Dum haec identidem rimabundus eximie delector,* « *tua sunt* » *ait Byrrhena* « *cuncta quae vides* ». « Und während ich mit außerordentlichem Vergnügen dem Dargestellten immer wieder nachspürte, sagte Byrrhena zu mir: 'Alles was du hier siehst, ist dein.' » (Die Doppeldeutigkeit – Actaeon als Präfiguration von Lucius' eigenem Schicksal – geht in W. Adlingtons Übersetzung verloren: « All things be here at your commandment »). Byrrhena ist so sehr darauf bedacht, Lucius klar zu machen, was sie meint, dass sie alle Zeugen fortschickt und ihn dann vor den « bösen Künsten und frevlerischen Verlockungen » (*malis artibus et facinorosis illecebris*) der Pamphile warnt, die « junge Männer mit dauerhaften Schlingen tiefgehender Liebe fesselt » (*amoris profundi pedicis aeternis alligat*). Verwandelt doch Pamphile alle, die ihr nicht gehorchen, in Stein oder in Tiere. Da die Strafe denen gilt, die ihre Liebe *zurückweisen*,[189] nicht aber denen, die sich in sie verlieben, liegt in dieser Warnung eine seltsame Mehrdeutigkeit.

Doch bestehen weitere Parallelen zwischen der Haupterzählung und dem Actaeon-Mythos: an erster Stelle das Thema « Neugier » (*curiositas*), das bekanntlich den ganzen Roman des Apuleius durchzieht[190]. Das Stichwort erscheint sowohl in der Beschreibung des mythologischen Bildwerks (*Actaeon curioso obtutu in deam sursum proiectus* « Actaeon, der sich nach vorne streckt, den neugierigen Blick empor auf die Göttin gerichtet » 2, 4, extr.) als auch in Bezug auf Lucius (2, 6 init.): *At ego curiosus alioquin, ut primum artis magicae semper optatum nomen audivi*... "Ich aber, neugierig wie ich auch sonst bin, kaum hörte ich den mir stets erwünschten Namen der Zauberkunst, ... » Actaeon ist somit bei Apuleius ein warnendes Beispiel für *curiositas*; seine Verwandlung ist die gerechte Strafe für seine Neugier.

Bei Ovid hingegen ist dies keineswegs der Fall. Ovid betont, dass Actaeons Begegnung mit Diana zufällig und völlig unabsichtlich geschah. Jegliche Neugier, jeglicher Voyeurismus ist ausdrücklich ausgeschlossen (Ovid, *met.* 4, 141 f.): « Doch, wenn du gründlich nachforschst, wirst du finden, dass Fortuna schuld war und Actaeon kein Verbrechen beging. Denn welches Vergehen konnte darin liegen, dass er sich verirrte! » *At bene si quaeras, fortunae crimen in illo, non scelus invenies; quod enim scelus error habebat?* Ovid folgt einer (Kallimacheischen) Tradition, die Actaeon entschuldigt,[191] während Apuleius die *curiositas* sogar noch betont. Noch deutlicher ist der Voyeurismus übrigens bei Nonnos ausgeprägt (*Dionysiaka* 5, 303-315), wobei die Beurteilung von Actaeons Verhalten schwankt. Am Anfang findet sich ein entschuldigender Satz (5, 290 f. « Die Jagdleidenschaft des unglücklichen Actaeon war kein Verbrechen »); später hingegen ist die Rede von der « wilden Unverschämtheit des begehrlichen Mannes ». Stärker als Ovid betonen Apuleius (2. Jh.) und Nonnos

(5. Jh.) das sexuelle Element. Nonnos ist hierin offensichtlich vom Roman des Achilleus Tatios (Ende des 2. Jh.) beeinflusst.[192] Ovids Auslegung der Sage findet, wie in Kapitel 6 dargelegt, eine Bestätigung in seiner Verbannungsdichtung. Dort vergleicht er sein Schicksal ausdrücklich mit dem Actaeons (*trist*. 2, 103 ff.). In demselben Zusammenhang betont der Dichter, dass Actaeon ganz unabsichtlich in jene Lage gelangte (ebd. 105). Es ist nicht auszuschließen, dass Ovid seine Fassung der Actaeon-Geschichte nach dem Verbannungsurteil schrieb (oder veränderte). Beiden Ovidtexten liegt der Gedanke zugrunde, Actaeon werde unschuldig bestraft. So besteht keine Notwendigkeit anzunehmen, Apuleius nehme Bezug auf Ovids Actaeon-Episode.[193] Der Mythos war allgemein bekannt, und Bildwerke, die dem von Apuleius beschriebenen ähneln, sind erhalten.[194]

11.2 Spuren Ovids in antiken Romanen: 'positive' Beispiele aus Petron[195]
An erster Stelle fällt eine Verwandtschaft in der Einstellung zum Epos ins Auge: Wie Petron in seinem Roman so parodiert auch Ovid in seinen *Metamorphosen* die heroische Dichtung. Petrons Leser kennen die lästerliche Travestie der erhabenen Begegnung zwischen Dido und Aeneas in der Unterwelt (Verg. *Aen*. 6, 450-476; Petronius 132, 11). Bei Vergil achtet die Unversöhnliche nicht auf Aeneas' Worte und blickt schweigend zu Boden. Ebenso erfolglos ist das Gespräch Enkolps mit seinem impotenten Glied.

Der Vergleich mit Ovid bietet sich hier unter verschiedenen Gesichtspunkten an. Erstens findet sich auch in den *Metamorphosen* sexuelle Vergilparodie (13, 733 f.):

> Sie hat das Gesicht einer Jungfrau und – sofern die Dichter nicht alles lügenhaft überliefert haben – war sie auch einmal Jungfrau.

Virginis ora gerens, et, si non omnia vates
Ficta reliquerunt, aliquo quoque tempore virgo.

Liest man den Text nur in seinem Zusammenhang, so klingt er völlig harmlos. Scylla ist nun ein Ungeheuer, hat aber noch das Gesicht eines Mädchens und nach der Überlieferung war sie das auch ursprünglich. Ovid spielt freilich mit der doppelten Bedeutung von *virgo*. Der Sinn der Oberfläche des Textes ist klar: Scylla war ein frei geborenes junges Mädchen gewesen. Hier ist *virgo* die Bezeichnung ihres gesellschaftlichen Status. Aber *virgo* hat auch die sexuelle Bedeutung « Jungfrau ». Und hier will Ovids Formulierung beachtet sein. Spielt er doch auf einen Passus aus Vergils *Aeneis* an (*Aen*. 1, 315), in dem sich die Liebesgöttin Venus als Jägerin aus Dianas jungfräulichem Gefolge verkleidet: *virginis os habitumque gerens...* Tatsächlich musste Vergils Erfindung an dieser Stelle recht unerwartet, vielleicht sogar unfreiwillig komisch wirken, zumindest aber zur Parodie herausfordern: die Göttin der sexuellen Liebe als Jungfrau verkleidet! Erst wenn man diese Aeneisstelle berücksichtigt, nimmt man die maliziöse Ironie in Ovids Text wahr. Während Vergil an Venus den mütterlichen Aspekt hervorhebt[196], zeigt Ovid Venus in den *Metamorphosen* gleich bei ihrem ersten Auftreten zusammen mit Mars im Vollzug der berühmten homerischen Liebesszene (*met.* 4, 171-189, oben Kapitel 4). So entsteht von Venus in den *Metamorphosen* ein vielseitigeres Bild als in der *Aeneis*[197]. Ähnliches gilt von der Entfaltung der unterschiedlichen Facetten der Liebesthematik.[198] Nur angedeutet sei, dass das Thema 'Impotenz' (das in den *Satyrica* von großer Bedeutung ist) über Ovid (*Amores* 3, 7) auf Tibull (1, 5, 39-44) und das hellenistische Epigramm (Philodem, *Anthologia Palatina* 11, 30) zurückgeht[199]. Wie Ovid die wenigen Zeilen Tibulls und ein Epigramm Philodems erweitert hatte[200], so übertrumpft nun Petron seinerseits Ovid[201]. Zusätzlich mag Petrons Dialog mit dem *corpus delicti* – eine bitterböse Vergil-Travestie – von dem (Tibull zugeschriebenen) 88. *Priapeum* beeinflusst sein, in dem das müde Glied verflucht wird. In dem vorliegenden Fall spricht die Ovidnähe einiger Petronstellen, aber auch die beobachtete Zunahme des Umfangs der Texte eindeutig für Abhängigkeit Petrons von Ovid und nicht etwa für eine Verwendung von Romanen durch den *Amores*-Dichter. Trotzdem ist heute die Frage nach Einflüssen griechischer Romane auf Ovid keineswegs mehr absurd oder weit hergeholt, sondern sie sollte erneut gestellt werden (s. 11.4).

11.3 Kallimachos – Ovid – Petron
Besonders fesselnd ist ein Fall, in dem sich Ovid und Petron mit dem Dichter Kallimachos berühren. In seiner Beschreibung von Oenotheas einfachem Haus und Herd (ein Abschnitt, den Rudolf Pfeiffer in seiner monumentalen Kallimachos-Ausgabe merkwürdigerweise vernachlässigt hat)[202] ruft ausdrücklich Kallimachos' *Hekale* in Erinnerung, verrät aber auch offensichtlich Kenntnis von Ovids *Philemon und Baucis*. Natürlich ersetzt Petron die feine, liebenswürdige Ironie von Kallimachos und Ovid durch Parodie – wie sie zu der Hexe Oenothea passt. Betrachten wir den poetischen Teil von Petrons Kapitel 135 (7-15)!

> Ich bewunderte den Erfindungsreichtum der Armut und sogar eine gewisse Kunstfertigkeit, die aus einzelnen Gegenständen sprach: Da schimmerte kein indisches Elfenbein, das in Gold gefasst war, und die um ihre Schätze betrogene Erde glänzte nicht von Marmor, auf den man trat, sondern auf Weidengeflecht war ein Büschel leergedroschenes Getreide (Stroh) gelegt und neue irdene ... Becher, welche eine billige Töpferscheibe in leichter Drehung geformt hatte. Ferner ein Trog aus weichem Lindenholz und Schüsseln, aus zähem Weidenholz, und eine Scherbe, die mit Wein befleckt war. Ringsum aber zog sich die Wand; gefüllt mit ländlichem Stroh und wahllos verteiltem Lehm, wies sie eine Anzahl grober Pflöcke auf; und mit grüner Binse verschnürt war schlankes Schilfrohr. Außerdem hütete die bescheidene Hütte besondere Schätze, an einem rauchgeschwärzten Balken aufgehängt: Milde Arlesbeeren, getrockneter Saturei

und Trauben in ausgebreiteten Dolden hingen zwischen duftenden Kränzen. So gab es einst im attischen Land die gastfreundliche Hecale, würdig heiliger Riten; Kunde von ihr hat die Muse des Battiaden den redenden Jahrhunderten mit bewundernswerter Kunst überliefert.

Mirabar equidem paupertatis ingenium singularumque rerum quasdam artes:
Non Indum fulgebat ebur, quod inhaeserat auro,
Nec iam calcato radiabat marmore terra
Muneribus delusa suis, sed crate saligna
Impositum Cereris vacuae nemus et nova terrae...
　　　　　　　　　　　(Die hier von Bücheler angesetzte Lücke kommt weiter unten zur Sprache)
Pocula, quae facili vilis rota finxerat actu.
Hinc mollis tiliae lacus et de caudice lento
Vimineae lances maculataque testa Lyaeo.
At paries circa palea satiatus inani
Fortuitoque luto clavos numerabat agrestes,
Et viridi iunco gracilis pendebat harundo.
Praeterea quae fumoso suspensa tigillo
Conservabat opes humilis casa, mitia sorba
Et thymbrae veteres et passis uva racemis
Inter odoratas pendebant texta coronas...
Qualis in Actaea quondam fuit hospita terra
Digna sacris Hecale, quam Musa loquentibus +annis+
Battiadae veteris miranda tradidit arte
(Der letzte Vers ist korrupt – ich übernehme die Konjektur *aevis* von Konrad Müller – aber die ausdrückliche Anspielung auf Kallimachos ist kristallklar und über jeden Zweifel erhaben).

Der ganze Absatz erinnert an Ovids Erzählung von Philemon und Baucis, aber Petron bietet noch weiteres Material, das zum Teil auf das Vorbild zurückgeht, das beide Lateiner im Sinne haben: Kallimachos' *Hekale*: Sogar die Einzelheit, dass der Gast der Gastgeberin hilft (Petron. 135, 5 f.) entspricht dem griechischen Text (bei Ovid bleibt diese Arbeit den Göttern erspart). Offensichtlich steht Petron Kallimachos an einzelnen Stellen noch näher als Ovid. Gelegentlich dürfte Petron uns sogar ein vollständigeres Bild von dem lückenhaften griechischen Original vermitteln. Beispielsweise kennt Kallimachos eine Reihe unterschiedlicher Arten marinierter Oliven (*fr.* 248), Ovid erwähnt Oliven zusammen mit anderen Obst-und Gemüsesorten (664 f.), Petron bezeugt Bohnen, Sorbusfrüchte, Trauben und Saturei, die drei zuletzt Genannten unmittelbar vor seinem Hinweis auf Kallimachos' *Hekale*. Ferner erwähnt Petron andere Holzarten (6 f. Linde und Weide) als Ovid (Buche, wohl im Anschluss an Tibulls Becher aus Buchenholz 1, 10, 8). Nicht selten steigert Petron gegenüber Ovid die Ironie:

Petron. 135,4 «Sie holte mit der Gabel aus der Räucherkammer einen Stoffbeutel herunter ... und ein uraltes Stückchen Schweinskopf, von dem sie schon tausendmal abgeschnitten hatte »: *Pannum de carnario detulit furca, ... et sincipitis vetustissima particula mille plagis dolata*
136, 1« Während sie auch von dem Fleisch ein klein wenig kostet ... und während sie den Schweinskopf, der gleich alt ist wie sie, mit der Gabel wieder in die Räucherkammer legt »: *Dum illa carnis etiam paululum delibat ... et dum coaequale natalium suorum sinciput in carnarium furca reponit*

Vgl. Ov. *met.* 8, 647 ff. « Er hebt mit der zweizinkigen Gabel den rauchgeschwärzten Schweinsrücken, der am schwarzen Balken hängt, und schneidet von dem lange aufgehobenen Rückenstück einen Teil – einen kleinen – ab und kocht ihn in siedendem Wasser »: *Furca levat ille bicorni / sordida terga suis nigro pendentia tigno servatoque diu resecat de tergore partem/ exiguam sectamque domat ferventibus undis.*

Paululum (« ein winziges Stückchen ») ist noch stärker als Ovids *exiguam*, und aus Ovids *servato diu* (« lang gehütet ») wird – viel ironischer – « so alt wie sie selbst ». Die Nägel oder eher Holzpflöcke (Ov. 652 f.; Petron. 135, 5) erhalten bei Petron ein bezeichnendes Attribut (*agrestes*). Was das Tongeschirr betrifft, so nennt Ovid es zuerst einfach *fictilibus* (668), spricht aber in der nächsten Zeile ironisch von «dem gleichen Silber » (*eodem argento*: 668 f.). Petron unterstreicht mit größerem Nachdruck, dass die Becher (*pocula*) ohne große Mühe auf einer billigen Töpferscheibe (*vilis rota*) hergestellt waren.

Hier sei ein kleiner Fund erwähnt, der den Petron- und den Kallimachos-Text betrifft: Nach der vierten Zeile des Versfragments (*impositum Cereris vacuae nemus et nova terrae...*) hatte Franz Bücheler eine Lücke angesetzt. Die Zeile, die hier fehlte, muss das Wort *terrae* erläutern und die anderen Elemente erwähnt haben, die bei der Herstellung von Terracotta mitwirken: Wasser und Feuer. Zum Glück gibt es bei Kallimachos ein Fragment, das alle diese Voraussetzungen erfüllt:

frg. 268 ἔστιν ὕδος καὶ γαῖα καὶ ὀπτήτειρα κάμινος.

« Vorhanden ist Wasser und Erde und der röstende Brennofen ».
Dieses Fragment hat Pfeiffer zögernd der *Hekale* des Kallimachos zugeschrieben (p. 257 « dubitanter propono »). In seiner Ausgabe ignorierte er unsere Petronstelle, auf die ich die Kallimachos-Forscher aufmerksam machen möchte. Kapitel 135 zwingt geradezu, diese Zeile der *Hekale* zuzuordnen. Das vor der Lücke überlieferte Wort *terrae*, das in diesem Zusammenhang überrascht, wird durch die Zeile des Kallimachos gerechtfertigt, in der drei Elemente erscheinen, die bei der Herstellung von Tongeschirr zusammenwirken: Erde, Wasser und Feuer.[203]

Offensichtlich spielt Petron mit beiden Vorgängern, Ovid und Kallimachos. Er ergänzt und übertrumpft Ovid, indem er auf Elemente im Text des Kallimachos zurückgreift, die Ovid beiseite gelassen hat. In diesem Geiste hatte schon Kallimachos eine komplexe Intertextualität mit seinen Vorgängern hergestellt.

Die Kallimachos-Forschung sollte nicht länger an Petron vorbeigehen. Doch Petron wäre nicht Petron, hätte er sich damit begnügt, Ovid zu variieren und durch Heranziehung des griechischen Originals zu berichtigen. Parodie wird deutlich, ja sogar allzu deutlich, wenn Oenothea stürzt, weil ein alter Stuhl zusammenbricht (136, 1-2). Gleiches gilt von der unterschiedlichen Behandlung der Gänse. Bei Ovid ist die Gans zahm und genießt göttlichen Schutz; durch ihre Rettung beweisen die Götter fast modern anmutende Feinfühligkeit und erteilen dem Leser eine Lektion in pythagoreischem Vegetariertum. Dagegen finden wir bei Petron drei Gänse, die sehr angriffslustig sind (die Verdreifachung erhöht nicht nur die Gefahr, sondern auch den komischen Effekt), und eine von ihnen wird getötet und schließlich von Enkolp verzehrt.

11.4 Möglichkeiten und Grenzen der Vergleichbarkeit:
Ovids *Metamorphosen* und die Gattung 'Roman'
Während der Vergleich mit späteren Romanschriftstellern sich auf ziemlich sicherem Boden bewegt, ist das Problem der Verwendung älterer Romane durch Ovid zugleich sehr fesselnd und sehr schwierig. Solange Erich Rohdes Ansicht[204] herrschte, die ganze Gattung des Romans sei eine späte Erscheinung, glaubte man, Ovids Beziehung zu diesem Genos vernachlässigen zu dürfen. Inzwischen hat sich unsere Kenntnis griechischer Romane erweitert, Papyrusfunde zwingen dazu, die Anfänge des griechischen Romans in hellenistische Zeit zu datieren. Zugleich sind auch andere Vorurteile – etwa hinsichtlich der Unterschiede zwischen griechischen und römischen Romanen – erschüttert worden. Es hat sich gezeigt, dass Parodie und sexuelle Freiheit nicht auf den römischen Roman beschränkt waren.

Insbesondere im Fall von Ovid und Apuleius verlangen allein schon der Titel und die Struktur der jeweiligen Werke nach einem kritischen Vergleich. Die traditionelle, stark vereinfachte Gegenüberstellung von Roman und Epos bedarf der Differenzierung. In jedem Fall dürfte ein Vergleich mit Ovids *Metamorphosen* tiefgehende Unterschiede zwischen Ovid und Apuleius sichtbar machen, obwohl ihre Werke den gleichen Titel tragen.

Zwar erhebt der Romanschriftsteller für seine Erfindungen den Anspruch, sie stünden dem wirklichen Leben nahe. Deshalb ahmen viele Romane Briefe und Memoiren nach, um den Anschein der Wirklichkeitsnähe zu erwecken. Zu diesem Anspruch passt die Prosaform. Dennoch geht es schon im antiken Roman allenfalls um den *Anschein* von Lebensnähe, grundsätzlich aber um Erfindung (*fiction*).[205]

Dagegen hatte in der Antike das Epos einen gewissen nicht-fiktionalen Status, der es der Geschichtsschreibung annäherte, obwohl seine Stoffe großenteils mythisch waren und seine Erzählmethoden auf buchstäbliche 'Wirklichkeitsnähe' wenig Wert legten. Das Epos entstand unter den Bedingungen des öffentlichen und mündlichen Vortrags, während der Roman eher privaten Charakter hatte. Wenn ein Roman – nicht umsonst kommt das englische *novel* vom italienischen *novella* – überwiegend mit Zeitgenössischem zu tun hat, kann man Ovids Behandlung der mythologischen 'Geschichte' in dieser Beziehung nicht als Roman bezeichnen.

Andererseits bestehen zwischen Ovid und dem Roman Gemeinsamkeiten, was die Haltung des Autors betrifft. Ovids Behandlung seiner Stoffe erinnert insofern an das Vorgehen eines Romanschriftstellers, als ein ironisches Wechselspiel besteht zwischen den Bedeutungen, welche die Gestalten ihrer eigenen Situation beilegen und den ganz andersartigen Bezügen, die der Autor im Auge hat. Eine Untersuchung der Parenthesen Ovids[206] enthüllt eine Fülle ironischer Implikationen dieser Art. Genauer gesagt, besteht eine Ähnlichkeit mit der Haltung der Romanschriftsteller zum Epos: in der reichen – und vielfach parodistischen – Verwendung epischer Vorbilder, besonders Homers und Vergils[207].

Was die *Metamorphosen* betrifft, so mag man die Anregung akzeptieren, der narrative Charakter dieser Dichtung zwinge uns, sie im Sinne der Erzählforschung zu analysieren und mit modernen Romanen zu vergleichen. Das besagt jedoch nicht, dass die *Metamorphosen* ein Roman sind. Der erzählerische Charakter ist ein Zug, der Roman und Epos verbindet. Aber die Versform der *Metamorphosen* gehört zum Epos, nicht zum Roman als Gattung. Ferner sind Erscheinungen wie 'Fiktion der Realität' und die 'Gestalt des Dichters als Erzähler' keineswegs auf den Roman beschränkt. Ihr Erscheinen in den *Metamorphosen* beweist also nicht, dass dieses Werk ein Roman ist.

Es trifft zwar zu, dass in Ovids *Metamorphosen* die Erzählweise und die Beschreibung fast kinematographisch an das 'Realitäts'-Empfinden appellieren und zum Miterleben einladen. In dieser Beziehung steht Ovid der Romangattung im neuzeitlichen Sinne nahe. Trotzdem waren die *Metamorphosen* für antike Leser ein Epos (wenn auch ein Epos *sui generis*): Für sie war der Unterschied zwischen Prosa und Vers ausschlaggebend. Darum scheint es zweifelhaft, ob Ovid bewusst an griechische Romane anknüpfte, zumal er sonst ausdrücklich benennt, was er anderen Gattungen verdankt.

Immerhin zeigen viele Ovidtexte eine Affinität zum Roman oder verwandten Gattungen. Hier stellen sich komplexe methodologische Probleme: Beruhen solche Ähnlichkeiten auf direkter Kenntnis von Romanen? Sind sie durch gemeinsame (z.B. epische) Vorbilder bedingt? Wie wirkt sich die Verwendung prosaischer Quellen auf Ovids Stil aus? Wie verhalten sich bei Ovid – im Vergleich mit dem Roman – poetische und 'prosaische' Diktion zueinander?

Das heroische Epos ist in der Regel (trotz Einschaltung zahlreicher Episoden) auf einen einzigen Helden zentriert (Achill, Odysseus, Iason, Aeneas). Dies gilt auch für den Roman des Apuleius (der in einen Esel verwandelte Lucius), aber nicht für Ovid. In diesem Zusammenhang sollte man Begriffe wie «Bildungsroman» oder «Entwicklungsroman» in Bezug auf antike Texte nur mit Vorsicht gebrauchen. Für Apuleius ist die Anwendung dieser Termini unter anderem von Antonie Wlosok[208] abgelehnt worden. Das allgemeine Problem der

Entwicklung oder Veränderung von Charakteren in antiker Literatur ist immer noch umstritten. Es lässt sich nicht trennen von dem wohlbekannten Prinzip, dass bei vielen Autoren die Handlung den Vorrang vor der Charakterzeichnung hat. Was die innere Entwicklung betrifft, so macht Lucius in ethischer Beziehung keine nennenswerten Fortschritte. Seine Erlösung am Ende ist eher ein Akt göttlicher Gnade als das Ergebnis einer moralischen Entwicklung. (Ähnliches gilt freilich sogar von Augustins *Confessiones*, obwohl dieses Werk in gewisser Weise als Prototyp autobiographischer Entwicklungsromane gelten muss.)

Werke von Ovid und Apuleius tragen beide den Titel *Metamorphoses*. Doch ist eines davon in Versen, das andere in Prosa verfasst, – für antike Leser ein bedeutsamer Unterschied. Beide verwenden ähnliche narrative Verfahren, so die Einschachtelungstechnik. Andererseits hat der *Goldene Esel* im Unterschied zu Ovids Verwandlungsdichtung einen einzigen Haupthelden und eine gewisse Einheit der Handlung. Ovids Epos hingegen umfasst Mythos und Geschichte im Ganzen und beschränkt sich nicht auf das Schicksal eines Einzelnen. Dennoch nennt Thomas Cole,[209] Ovids Epos einen (kollektiven) Bildungsroman.[210] Zwar kann auf ein Epos, das keinen Haupthelden hat, der Begriff *Bildungsroman* nur metaphorisch angewandt werden, und der ‚Fortschritt' in der Erziehung des Menschengeschlechts im Laufe von Ovids *Metamorphosen* ist immer noch eine offene Frage. Um Coles fesselnden Einfall zu stützen, mag man mehrere literarische Traditionen in Betracht ziehen. Einmal den Einfluss von Dichtung auf den Roman: Überrascht es doch nicht, dass Romanschriftsteller gerne Homer und die Tragiker (besonders Euripides) zitieren. Aber sogar ernsthafte Historiker sind der Poesie verpflichtet. Anerkanntermaßen hat Herodot von Homer gelernt, weiträumige literarische Spannungsbögen zu gestalten.[211] Für die Verwendung von Tragödientechniken durch Thukydides hat man (wenn auch nicht ohne Übertreibung im Einzelnen) einen analogen Nachweis zu führen versucht[212].

Gilt solches für den wissenschaftlichsten der antiken Geschichtsschreiber, was darf man dann von anderen Historikern erwarten, die großzügig Tragödienstrukturen übernahmen, um ihre Erzählungen auszugestalten? Was Wunder, wenn so mancher Gelehrte fast im gesamten Corpus der antiken Historiographie Züge 'historischer Romane' witterte? Jedenfalls dürfte die enge Beziehung von Ovids *Metamorphosen* zu Geschichtswerken wie dem Diodors, vor allem aber auch zu antiker *science fiction* (wie sie sich nicht selten bei Lukrez und später bei Lucan findet) ein fruchtbares Forschungsgebiet sein. Man sollte nicht vergessen, dass im Mittelalter Ovid and Lucan als 'naturwissenschaftliche' Autoren gelesen wurden.

11.5 Epilog
Die hier untersuchten Beispiele zeigen, dass Ovid in manchen Fällen auf den lateinischen Roman (z.B. Petron) eingewirkt hat und dass ein Vergleich zwischen Ovid, Petron und Kallimachos vielleicht sogar zur Herstellung des

Kallimachostextes beitragen kann. Zugleich fällt Licht auf Ovids und Petrons ironischen Zugang zur Intertextualität. Andererseits sollte man im Falle des Apuleius jeden Abschnitt genau prüfen, bevor man ihn auf Ovid zurückführt.

Was die Annahme eines Einflusses älterer Romane auf Ovid betrifft, so muss die Frage weiterhin offen bleiben[213]. Viele Ähnlichkeiten zwischen Ovid und den Romanen der Neuzeit mögen modernen Lesern den Zugang zu Ovids Text erleichtern, aber Ovids Perspektive ist eine andere: Vor allem beachtet er Epos, Elegie, Epigramm und Rhetorik und treibt sein Spiel überwiegend mit diesen Traditionen.

Während die neuzeitliche Dichtungslehre meist von Lyrik und Roman ausgeht, war die antike Poetik vom Drama her bestimmt. Daher kümmerte die Theorie des Romans antike Leser weniger als uns. Obwohl in dem vorliegenden Beitrag negative Schlussfolgerungen überwiegen, mag er dennoch zu einer genaueren Lektüre der Texte und zum Bemühen um ein klareres Verständnis der Beziehung zwischen dem Roman und den von Ovid behandelten Gattungen anregen. Insbesondere sollte die Bedeutung des Kallimachos für Petron und Ovid wie auch die Stellung Ovids zum historischen Roman und zur *science fiction* durch weitere Forschungen erhellt werden.

TRADITION UND FORTWIRKEN

12 Tradition und Originalität

12.1 Die Aufgabe[214]
Mit Vergils ›Aeneis‹ erhält Rom sein klassisches Nationalgedicht. Die Aneignung der homerischen Kunstformen, wie Ennius sie im Sprachlich-Stilistischen und Metrischen vollzog, ist nun auch im Bereich der künstlerischen Großform geleistet. Will Ovid im Großepos mit Vergil wetteifern, ohne in Epigonentum zu verfallen, so bieten sich nur verhältnismäßig wenige Möglichkeiten an: einmal die Rückkehr zum historischen Epos ennianischer Prägung – sie wäre freilich damals künstlerisch als Rückschritt empfunden worden; auch liegt sie Ovids dichterischem Naturell fern. Zum andern die Abfassung eines rein mythologischen Einzelepos – sie hätte zweifellos Ovids Veranlagung entsprochen, würde ihn aber zum Nachahmer der *Argonautica* des Varro herabgedrückt haben; auch hätte ein partikuläres mythisches Geschehen beim römischen Publikum kaum ein mit der *Aeneis* vergleichbares Interesse erwecken können. Eine dritte Möglichkeit – die Abfassung eines didaktischen Epos – wäre – nach Lukrez und Vergil – nichts Neues mehr gewesen. Ein vorbehaltloser Anschluss an die hellenistisch-römische Kleinepik schließlich hätte Ovids Streben nach einer umfassenden Thematik nicht befriedigt und auch einen Verzicht auf die Großform bedeutet. Ovid findet eine Lösung, die zugleich seinem Wesen entspricht, mit allgemeinem literarischem Interesse rechnen kann und ziemlich unerwartet ist.

12.2 Vorbereitung in den früheren Werken
Ursprünglich Elegiker, bleibt Ovid es in gewissem Sinne bis an sein Lebensende. Noch in der von ihm selbst verfassten Grabschrift nennt er sich *tenerorum lusor Amorum* („Spielmann zarter Amouren‘ *trist.* 3, 3, 73). Die römische Liebeselegie gestaltet literarisch den Eros als persönliche Daseinserfüllung ohne politischen Kontrapunkt. Trägerin einer individualistischen Haltung, weiß sie sich in einer Spannung gegenüber den traditionellen Werten der römischen Gesellschaft, oder sie verändert diese Vorstellungen durch Transposition ins Private. ‚Kosmos‘ der Elegie ist die Seele des Einzelnen. Soweit menschliche Beziehungen in ihr eine Rolle spielen, tragen sie persönlichen Charakter. In seinen elegischen Dichtungen zeigt sich Ovid als großer

Psychologe; insbesondere ist sein Verständnis für die Seele der Frau hervorzuheben. Inwieweit ist nun die Projektion des Eros und der Psychologie ins epische Großformat in seinen früheren Dichtungen bereits vorbereitet? Die *Amores* behandeln die Liebe unter allen nur denkbaren Aspekten; als Gesamtwerk zeichnen sie sich durch Objektivität und geradezu systematisch anmutende Allseitigkeit aus. Die *ars amatoria* erhebt die bisher empirische Vollständigkeit zur didaktischen Systematik. Die *Heroides* erschöpfen das Thema der vom Geliebten getrennten Frau und bilden aufs Ganze gesehen eine Enzyklopädie der Frauenseele. So sind schon in den Werken der ersten Schaffensperiode Ansätze zur objektivierenden und universalen Behandlung der erotischen wie der psychologischen Thematik festzustellen.

Ähnliches gilt von der Fähigkeit, ein bestimmtes Thema in zahlreichen Variationen abzuhandeln. An die Stelle von ‚Liebe', ‚Trennung', ‚Liebeslehre' rückt jetzt das Thema ‚Verwandlung' (freilich ohne den alten Hauptgegenstand zu verdrängen). Das Systematische und Lehrhafte tritt insbesondere am Anfang und am Ende des Werkes deutlich zutage (Kosmogonie, Pythagorasrede). Mit seinem Drang zum Enzyklopädischen und Didaktischen setzt Ovid eine eigene Linie fort, aber auch einen Grundzug der römischen Literatur seit Ennius.

Ein weiteres Element, in dem Ovids Veranlagung und die epische Form miteinander konvergieren, ist das Erzählerische. Schon in seinen frühen Dichtungen ist Ovid ein guter Erzähler, und man kann beobachten, wie seine Erzähltechnik sich im Laufe der Zeit verfeinert und fortentwickelt.[215] Auch in dieser Beziehung ist der Wechsel von der Elegie zum Epos folgerichtig.

Wichtige Erfahrungen strömen dem Dichter der *Metamorphosen* aus seiner erfolgreichen Beschäftigung mit der Tragödie zu. Ovids *Medea* galt – neben dem (ebenfalls verlorenen) *Thyestes* des Varius – als die bedeutendste Tragödie der augusteischen Zeit. Das psychologische Thema, das auf Senecas gleichnamiges Drama vorausweist, ist euripideisch. Von der Behandlung durch Ovid können wir uns aus der zwölften *Heroide* und aus dem siebten Buch der *Metamorphosen* ungefähr ein Bild machen. Inhaltlich fasziniert den Dichter das Besessensein (*fr.* 2), das Auseinanderklaffen von Einsicht und Handeln (Eurip. *Med.* 1078; *Hippol.* 380; Ov. *met.* 7, 20f.). Der irrationale Stoff wird rational gemeistert, wie es die strenge Form der Tragödie verlangt (anerkennend Quint. *inst.* 10, 1, 98). Der dramatische Aufbau einer Handlung, die Gestaltung von Monologen oder auch einzeiligen knappen Äußerungen, die Kunst der Vorbereitung durch tragische Ironie, überhaupt die Fähigkeit, den Leser zum Zuschauer zu machen: All dies muss hier praktisch erprobt worden sein. Dass diese Schulung nicht vergeblich war, beweisen die *Metamorphosen* auf Schritt und Tritt.

12.3 Der räumliche Kosmos der *Metamorphosen*
Die *Metamorphosen* bilden aber nicht nur eine private Antithese zu der politischen Welt der *Aeneis*. Ovids Epos ist zugleich ein ‚Weltgedicht'.[216] Es

liefert Erklärungen für die Entstehung der Welt im Ganzen und auch von Steinen, Pflanzen und Tieren im Einzelnen. Es ist also auch ein Epos über die Natur. Ovid stellt sich als Dichter des natürlichen Kosmos in eine Reihe zwischen Lukrez und Lucan[217], obwohl beide genannten Autoren ‚nüchterneren' Philosophenschulen angehören und zum Mythos ein problematisches Verhältnis haben. Man wird ihn im Mittelalter zum Teil als naturwissenschaftlichen Autor lesen. Seinem naturkundlichen, oft geradezu ‚technischen' Interesse entspricht auch seine Beobachtungsgabe sowie das ausgeprägte visuelle Element in der Darstellung. Im Unterschied zu Lukrez beschränkt er freilich die wissenschaftliche Betrachtungsweise auf wenige Abschnitte des Buches, während im Ganzen des Werkes die Mythologie vorherrscht, die Ovid besonders naheliegt.

Seine *Metamorphosen* greifen in doppelter Hinsicht weit aus: im Räumlichen wie im Zeitlichen. Der Raum der Verwandlungen, ihr Schauplatz und oft auch ihr Produkt, ist die äußere Natur. Zwar sind für die Darstellung von ‚Ursprungssagen' Kallimachos' *Aitia* Vorbild; aber es besteht ein entscheidender Unterschied: Kallimachos schrieb kein Großepos, ja er lehnte eben dies ausdrücklich im Prooemium ab. Der Einfall, Stoff und Form der *Aitia* in das bei Kallimachos verpönte Großformat zu projizieren, ist eine Paradoxie. Ovid hat sie nicht gescheut. Wie kommt er dazu? Das Verhältnis des Römers zum hellenistischen Erbe ist von Anfang an janushaft. Einerseits ist man bestrebt, so viel wie möglich aus hellenistischer Theorie und Praxis zu lernen, sich die fremden Methoden und Techniken immer vollkommener zueigen zu machen. Andererseits empfindet der Römer von Anfang an ein tief eingewurzeltes Ungenügen an dem esoterischen Rückzug vieler hellenistischer Dichter aus der großen Öffentlichkeit, an ihrem Verzicht auf große Gestaltungen, auf die Behandlung umfassender Probleme, wie sie das relativ unverbrauchte römische Leserpublikum erwartet. Dementsprechend verwandelt sich selbst ein so stark vom Hellenismus geprägter Autor wie Ennius vor seinen römischen Lesern in den wiedergeborenen Homer, und noch Ovid gibt seinem hellenistischen Novellenkranz einen seriösen historischen und naturphilosophischen Rahmen. Das Ganze gipfelt in der Verherrlichung Roms und des Augustus. So sind die mythische und die natürliche Welt – die im Übrigen dominieren – am Ende zumindest äußerlich auch mit der politischen verbunden.

Für diese Dreiheit der Aspekte kann Ovid auf ein Schema zurückgreifen, das sich bei dem großen römischen Gelehrten Varro findet. Wie Augustinus in seiner Schrift *De civitate Dei* (6, 5 ff.) ausführlich berichtet, unterscheidet Varro drei Formen der Theologie: die natürliche oder vernünftige (d.h. diejenige der Philosophie und Naturwissenschaft), die mythische (d.h. diejenige der Poesie und des Theaters) und die bürgerliche (d.h. diejenige der Staatsreligion). Nach Varros eigener Meinung hat nur die natürlich-vernünftige einen Wahrheitsgehalt; dennoch stellt die heidnische Antike die beiden anderen Formen nicht radikal in Frage, sondern spricht jeder in ihrem jeweiligen Bereich eine relative Daseinsberechtigung zu. Das Christentum wird den Monotheismus der erstgenannten Theologie konsequent gegen die beiden anderen geltend machen und die verstreuten Argumente heidnischer Kritik am Mythos und am Staatskult sammeln und verschärfen.

Ovid lässt wie Varro die drei Bereiche und die ihnen jeweils gemäßen Anschauungsformen nebeneinander bestehen. Dementsprechend herrscht in den *Metamorphosen* auf weite Strecken das mythische Weltbild eines dreigeschossigen Kosmos, bestehend aus Himmel, Erde und Unterwelt, bevölkert mit den jeweils entsprechenden Wesen. Daneben steht ziemlich unvermittelt im kosmogonischen Vorspann und im pythagoreisch-didaktischen Exkurs des letzten Buches die damalige naturwissenschaftliche Kosmologie mit der Erde als Kugel in der Mitte des Alls und der Gliederung des Globus in fünf Klimazonen. Auch die Staatstheologie fehlt nicht ganz: An sichtbarer Stelle – im ersten und im letzten Buch – wird Augustus als politischer Weltherrscher mit dem mythischen Kosmokrator Jupiter parallelisiert.

Man kann nicht behaupten, Ovid habe die drei genannten Weltanschauungen miteinander in Einklang gebracht oder auch nur in eine klare Beziehung zueinander gesetzt; aber als Dichter braucht er dies gar nicht zu tun; er findet sich einfach damit ab, dass der Mensch von Natur in drei Bereichen steht, und es ist ihm klar, dass der Mythos von niemandem wörtlich genommen wird. Immerhin tritt aufs Ganze gesehen der politisch-historische Lebenskreis erheblich mehr zurück als bei Vergil. Entsprechendes gilt für die rationale Naturwissenschaft im Vergleich zu Lukrez. Dafür verselbständigt sich bei Ovid zunehmend ein vierter Daseinsbereich: die Psyche des Menschen, das Individuum als Mikrokosmos.

Zwar bestehen keine direkten Übereinstimmungen zwischen den verschiedenen Arten des Zugangs, sehr wohl aber Konvergenzen. Eine der wichtigsten ist das Problem der Naturerklärung, das Ovid in den theoretischen Mantelstücken wissenschaftlich, im mythischen Corpus seines Epos anschaulich behandelt. Die beiden Pole, bzw. die beiden festen Daten, von denen jede Naturerklärung ausgeht, sind der Mensch und die Natur, die ihn umgibt. Für eine Erklärung bieten sich vor allem zwei Verfahren an: einmal die Herleitung des Menschen aus der Natur – ein aszendierendes Denkmodell, wie es z.B. die neuzeitliche Biologie bevorzugt. Wir wollen es kurz die ‚Fortschrittstheorie' nennen. Die Antike kennt auch den entgegengesetzten Ansatz: die Herleitung der Natur aus dem Menschen, also ein deszendierendes Schema, wie es unter anderen Platon im *Timaios* vertritt. Es sei hier kurz als ‚Dekadenztheorie' bezeichnet. Der Fortschrittsgedanke findet sich schon in der Antike mit Vorliebe in wissenschaftlichem, die entgegengesetzte Konzeption in mythischem Zusammenhang.

Nun ist ein gemeinsamer Zug so gut wie aller Verwandlungssagen[218] der Übergang eines menschlichen Wesens in einen Bestandteil der unbelebten Natur, des Pflanzenreichs oder der Tierwelt, wobei dieser Vorgang die Entstehung, den Ursprung der betreffenden Naturerscheinung erklären soll. Eigenschaften von

Steinen und Gewächsen, Verhaltensweisen von Tieren sind ihrem Wesen nach festgelegt und können daher dem mythischen Denken als perpetuierte Formen einseitig ausgebildeter menschlicher Verhaltensweisen erscheinen. Lässt man einmal die Dekadenztheorie als Prämisse einer poetischen Naturerklärung gelten, so wird z. B. das Naturphänomen ‚Spinne' aus dem Verhalten einer menschlichen Weberin geradezu logisch ableitbar: *Arachne,* eine große Meisterin der Webekunst, scheut sich nicht, die Göttin Minerva zum Wettkampf herauszufordern und damit ihre handwerkliche Arbeit absolut zu setzen, zum einzigen Wert ihres Lebens zu machen. Das Ergebnis ist eine perfekte Webarbeit, an der nicht einmal die Göttin etwas aussetzen kann – aber um den Preis der Entmenschlichung der Weberin, deren einseitiges Arbeitsverhalten ‚hektisch', d.h. zum unentrinnbar festgelegten Verhaltensmuster wird. Damit ist aber die Weberin zum Tier, zur Spinne geworden.

Diese Deutung der Metamorphose steht der platonischen Lehre von der Entstehung der Tiere relativ nahe: „Die Vögel aber gingen durch Umgestaltung... aus den Männern hervor, die harmlos, aber leicht waren und sich zwar mit dem Überirdischen beschäftigten, aber aus Einfalt vermeinten, dass die Erklärung dieser Dinge durch den Augenschein die zuverlässigste sei, die Landtiere aber aus denen, die gar keine Liebe zur Wissenschaft hatten und nie über die Natur des Weltalls Beobachtungen anstellten, weil sie nicht von den Umläufen in ihrem Haupte Gebrauch machten, sondern den in der Brust wohnenden Teilen ihrer Seele als Führer folgten..., die Unverständigsten von ihnen aber, die vollständig ihren ganzen Körper zur Erde niederstreckten, wurden, weil der Füße ferner nicht bedürftig, fußlos und sich auf der Erde hinwindend" (Platon, *Timaios* 91D-92A). Am Ende des Abschnitts stellt Platon den Zusammenhang zwischen Metamorphose und Metempsychose her, indem er diese Art der Zoogonie sich auch heute noch vollziehen lässt (92C). Man wird den sublimen Humor in Platons zitierten Ausführungen nicht verkennen, ihn aber auch nicht zu einer Ironie vergröbern, die das Gesagte radikal in Frage stellte.

Die naturkundlichen Hintergründe des ovidischen Verwandlungsepos sind durch Platons *Timaios* nur allgemein bezeichnet. Es ist außerdem mit der Fortbildung der Naturanschauung in hellenistischer Zeit zu rechnen. Genannt seien der Philosoph Poseidonios (dessen Begriff der *hexis* für Ovid nicht unwichtig ist),[219] der römische Erzmagier Nigidius Figulus, der große Gelehrte Varro (*Antiquitates*) und Ovids Zeitgenosse, der Neupythagoreer Sotion, der die römische Damenwelt für vegetarische Ideale begeistert. Unser Dichter schmückt wohl dessen Lehre mit empedokleischen und lukrezischen Glanzlichtern aus"[220]. Prinzipiell erklärt Ovid immerhin seine *Metamorphosen* nach einer Methode, die derjenigen Platons zum Verwechseln ähnlich ist: Er deutet die äußere Gestalt oft als habituell gewordene Folge bestimmter Verhaltensweisen[221]. Als Dichter lässt er die doch recht wenig anschauliche Metempsychose weitgehend aus dem Spiel – bezeichnenderweise zieht er sie erst im ‚philosophischen' Teil, der Pythagorasrede, heran.

Der gemeinsame Nenner der naturwissenschaftlichen und der mythischen Teile der *Metamorphosen* ist also eine Art des Fragens und Antwortens, wie sie in der Kosmogonie und Zoogonie des Platonischen *Timaios* vorgebildet ist, und zwar in derselben Reihenfolge: Kosmogonie, Zoogonie, Metempsychose. Dabei rückt der Poet, der Eigenart seines Ressorts entsprechend, die mythischen Verwandlungen in den Vordergrund, lässt aber durch Darstellung der Kosmogonie und Metempsychose den philosophischen Rahmen gegenwärtig sein. Doch hütet er sich, seine Kompetenz zu überschreiten. Ovid ist kein Philosoph; mit sicherem Instinkt wählt er unter verschiedenen möglichen philosophischen Prämissen diejenigen, die es ihm am ehesten gestatten, in den wesentlichen Teilen seines Werkes poetisch zu bleiben. Er geht also nicht von der Natur bzw. den Atomen aus, sondern vom Menschen. Damit erfasst er ganz bewusst den künstlerischen Vorteil, den ihm die Verwandlungsmythen durch ihre Struktur bieten. Natur wird als Produkt und Folge menschlichen Verhaltens verstehbar.

Hier beginnt die dichterische Aufgabe: Der Elegiker kann seine reiche Erfahrung in der Darstellung seelischer Vorgänge unmittelbar für sein neues episches Thema fruchtbar machen. Es besteht eine tiefe Einheit zwischen dem Menschen und seiner Umwelt; ist sie doch in jedem ihrer Teile gewissermaßen festgeschriebenes menschliches Verhalten. Die ausführliche Behandlung der Leidenschaften in den *Metamorphosen* ist somit nicht abtrennbar von der Verwandlungsthematik. Die unendlichen Möglichkeiten der menschlichen Psyche bis hin zu den abgründigsten Verirrungen finden ihre Entsprechung in der nicht geringeren Vielfalt von Naturerscheinungen, die für denjenigen, der in ihnen zu lesen versteht, von ebenso vielen psychologischen Problemen und menschlichen Schicksalen künden. Wie ein Paläontologe aus Versteinerungen das Leben versunkener Epochen rekonstruiert, so baut Ovid aus dürren aitiologischen Daten und Legenden jeweils ein seelisches Drama als Gesamtheit derjenigen Verhaltensweisen auf, die zu der jeweils vorliegenden Konfiguration führten, bzw. sie als festen Abdruck hinterließen. Somit erscheint bei Ovid nicht der Mensch als Produkt der Umwelt, sondern die Umwelt als Produkt des Menschen. Mythisch verschlüsselt kommt so ein Gedanke zum Ausdruck, dessen Tragweite wir erst heute voll ermessen können.

12.4 Der welthistorische Rahmen
Nicht weniger umfassend als der räumliche ist der zeitliche Rahmen: Er reicht von der Schöpfung bis in Ovids eigene Zeit (1, 3f.). Die in den *Metamorphosen* fassbare Abfolge einer wissenschaftlich begründeten Kosmogonie, eines mythischen und eines historischen Teils entspricht dem Dispositionsschema hellenistischer Universalgeschichten,[222] von denen wir etwa bei Diodoros von Sizilien einen Abglanz finden.

Ovid schreibt somit ein universalhistorisches Epos, das freilich einem bestimmten Thema untergeordnet ist, dem Thema *Verwandlung*. Oder, anders ausgedrückt: Ovid gibt den Metamorphosensagen einen weltgeschichtlichen Rahmen. Das Einmünden der allgemeinen Geschichte in die römische ist eine Beobachtung, die sich bereits großen Historikern wie Polybios aufgedrängt hatte. Ovid beansprucht für diese Konzeption keine Originalität. Aber wir erkennen, dass die erwähnten Hinweise auf den Kosmokrator Augustus kein äußerlicher oder gar nachträglicher Zusatz, sondern strukturbedingt sind. Unter dem universalhistorischen Gesichtspunkt ist das Verwandlngsthema für Ovid zum epischen Thema geworden. Und zum Epos gehört für die Römer seit den Anfängen ihrer Literatur die geschichtliche Dimension. So können die *Metamorphosen* räumlich und zeitlich als ein ‚Weltgedicht' gelten.

12.5 Der mythische Stoff: Spiel
Sammlungen von Verwandlungssagen hatte es schon vor Ovid gegeben: Aus frühhellenistischer Zeit stammte die *Ornithogonie*, die man einer delphischen Priesterin Boio oder einem Boios zuschrieb. Ovids Freund Aemilius Macer (*trist.* 4,10, 43) schuf davon eine römische Nachbildung. Nicht auf Vogelverwandlungen beschränkt waren Nikanders *Heteroiumena*, von denen uns Auszüge bei Antoninos Liberalis vorliegen. Gerne wüsste man mehr über die *Metamorphoseis* des Parthenios von Nikaia, der in Rom lebte und dem von Ovid bewunderten Cornelius Gallus nahestand. Andere Autoren sind für uns nur noch Namen. Einzelne Sagen waren bereits in lateinischen Kleinepen behandelt (s.u.). Was das Verhältnis zu Nikander betrifft, so kommen fast alle uns für Nikander bezeugten Sagen auch bei Ovid vor; doch stimmen die Versionen zum großen Teil nicht miteinander überein. Mit den Auszügen des Antoninos Liberalis aus der *Ornithogonie* sind bei Ovid nur wenige Anspielungen in Verbindung zu bringen. Der Dichter legt Wert darauf, seine Kenntnis des Materials zu beweisen, aber in der Ausführung seine Selbständigkeit zu wahren.

Für die Chronologie der mythischen Zeit – also indirekt auch für die Disposition großer Teile seines Werkes – war es für Ovid wohl am bequemsten, ein mythographisches Handbuch zu benützen, und es ist nicht einzusehen, was ihn davor zurückgehalten haben soll, sich dieses praktischen Hilfsmittels zu bedienen. Andererseits müssen wir uns darüber im Klaren sein, dass ein solches Handbuch lediglich technische, aber so gut wie keine künstlerischen Anregungen bieten konnte. So können wir zwar mit einiger Sicherheit behaupten, Ovid habe ein mythographisches Handbuch benutzt, aber diese Erkenntnis fördert kaum unser ästhetisches Verständnis der *Metamorphosen*. Derartige Kompendien hinderten ihn natürlich nicht daran, Homer, die Tragiker und Kallimachos zu lesen (s.u.). Ob man aus Parallelen zwischen Ovid und Nonnos gemeinsame hellenistische Vorbilder rekonstruieren kann, ist umstritten; eine Benutzung des Ovid durch Nonnos[223] möchte man doch wohl für weniger wahrscheinlich halten. Für die Aeneas-Sage ist Vergil, für die italischen Legenden sind wohl Ennius und Varro die Quellen.

Welche Funktion hat der mythische Stoff im Ganzen der *Metamorphosen*? Ein buchstäblicher Glaube an die gestalthaften Götter des griechischen Mythos liegt den Römern fern, deren Gottesvorstellung abstrakt und funktional ist. Die literarische Einbürgerung des Mythos vollzieht sich in Rom vor allem über die tragische Bühne, aber auch durch das Epos. Die *Odusia* des Livius Andronicus begreift ihren Gegenstand als ein Stück italischer Urgeschichte; ähnlich verstehen Naevius und Ennius in Epos und Drama den trojanischen Sagenkreis. Aber neben diesem vaterländischen Aspekt des Mythos als Goldgrund der eigenen Geschichte wird auch eine andere Seite der griechischen Sagenstoffe bedeutsam: die rein menschliche. Der Mythos ist eine Schatzkammer menschlicher Verhaltensweisen, archetypischer Schicksalsverläufe. Varro ordnet die Fabeltheologie dem Theater zu. Als Enzyklopädie des Mythos sind Ovids *Metamorphosen* ein ‚Welttheater'. Der natürliche Kosmos und die Geschichte bilden einen bedeutenden Rahmen; aber im Mittelpunkt steht der Mensch[224].

Der Mythos stellt uns nun freilich vor ein schwerwiegendes ästhetisches Problem: Er bildet als unrealistischer und zudem importierter Stoff eine eigene Sphäre des Artifiziellen, Spielerischen. Das Problem des Spielerischen hat für die *Metamorphosen* zentrale Bedeutung. Indem Ovid sich *tenerorum lusor Amorum* nennt, stellt er sich in die Nachfolge der neoterischen poetischen Theorie des ‚Spiels' (*lusus*). Diesem Wort wohnt schon bei Catull (bei dem es der hellenistischen παιδιά entspricht) eine erotische und eine literarische Komponente inne. Die Welt des Spiels tritt derjenigen des Lebensernstes, vor allem des politischen *labor* des Römers, selbständig gegenüber. Hier kann der Dichter frei tun und lassen, wozu ihn die Inspiration treibt. Die Gesetze der Schwerkraft und der Unveränderlichkeit scheinen außer Kraft gesetzt. Menschen können sich in Tiere, Pflanzen und Steine verwandeln, und man darf sich mit großer Gewissenhaftigkeit der harten Arbeit widmen, solch absurde Dinge logisch zu begründen und mit minutiöser Genauigkeit vor dem Auge des Lesers wiedererstehen zu lassen. Man kann fünfzehn Bände mit Geschichten füllen, die man selbst nicht für wahr hält und an die kein vernünftiger Zeitgenosse mehr glaubt.

Kein Zweifel: Stoff und Behandlung sind artifiziell. Was der Mythos in diesem Falle leistet, hat ein griechischer Dichter der mittleren Komödie klar ausgesprochen. Da er als Autor bürgerlicher Stücke jeweils eine neue Handlung erfinden muss und gezwungen ist, deren Zusammenhänge dem Zuschauer in einer Exposition zu verdeutlichen, erkennt er die Vorzüge mythischer Stoffe und den Abbreviaturcharakter mythischer Namen: „Ach, die Tragödie hat's in allen Stücken / gar gut. Sind doch zunächst die Stoffe / den Zuschauern vertraut, eh man was sagt. / Der Dichter braucht sie nur drauf hinzuweisen. / Sag ich nur „Ödipus", so weiß man alles: / Dass Laios der Vater, dass die Mutter / Iokaste, Töchter kennt man auch und Söhne, / weiß, was er dulden wird, was er getan. / Wir haben's nicht so gut, / wir schaffen alles neu: zuerst die Namen, / dann, was vorher geschah, was jetzt geschieht, / den Ausgang und den Eingang. Lässt hiervon / ein Chremes oder Pheidon etwas aus, / so wird er ausgezischt. Jedoch ein Peleus, /ein Teukros darf sich so etwas erlauben" (Antiphanes *fr.* 191, übs. v. A. Körte).

Wie im Schachspiel bestimmten Steinen bestimmte Eigenschaften zukommen, so verfügen die mythischen Figuren von der Tradition her über bestimmte Möglichkeiten und Funktionen, die der Autor und der Leser kennen. Es ist nun Sache des Poeten, diese festgelegten Elemente spielerisch in unerwartete Zusammenhänge zu stellen und so zum Vorwissen des Zuschauers reizvolle Alternativen zu schaffen. Im Falle Ovids lautet die durch die Mehrheit der Verwandlungssagen festgelegte Spielregel: Der Dichter hat einerseits seine visuelle Phantasie so einzusetzen, dass eine möglichst lückenlose Herleitung der neuen Gestalt aus der alten möglich wird. (Der realistische Einwand, dass sich faktisch derartige Prozesse nirgends beobachten lassen, ist als systemfremd zurückzuweisen; denn was gilt, sind ja die Prämissen und Regeln des Spiels). Zum andern muss der Autor auch sein logisches Denkvermögen und seine psychologische Einfühlung in den Dienst seiner Aufgabe stellen: Gilt es doch, die Metamorphose möglichst glaubwürdig aus den äußeren und inneren Bedingungen des Geschehens, aus dem möglichst genau zu erforschenden seelischen und körperlichen Verhalten des zu verwandelnden Menschen zu begründen, Der Mythos gibt dem Dichter Gelegenheit, innerhalb eines in den Grundzügen festgelegten (und dadurch für den Leser den Vorzug der Vertrautheit besitzenden) Rahmens aus seinem Vorrat an Lebenserfahrung, Beobachtung und Menschenkenntnis zu schöpfen, wobei jedoch die Regel des Spieles dazu zwingt, nur das jeweils Wesentliche und zur Sache Gehörende vorzubringen. Eine überzeugende poetische Gestaltung mythischer Themen lagert also zwei Erfahrungsschichten übereinander: die kollektive, die im Stoff konzentriert ist, und die individuelle des Dichters, der diesen Stoff mit den seiner Zeit gemäßen Mitteln zu beleben versucht. So kann mythisches Geschehen indirekt doch zum Spiegel individueller und gesellschaftlicher Lebenserfahrung werden. Die ‚unrealistischen' Prämissen und Spielregeln geben dem Dichter paradoxerweise Gelegenheit, durchaus ‚realistische' Fähigkeiten walten zu lassen. Der zunächst eliminierte Wirklichkeitsbezug kommt in geläuterter, ja gesteigerter Form bei der Darstellung wieder zur Geltung; der Verzicht entpuppt sich als Gewinn.

Ovid wäre ein schlechter Dichter, dienten ihm die Verwandlungssagen nicht häufig nur als Anlass, ja beinahe nur als Vorwand, um die genannten poetischen Qualitäten zu entfalten. Was er an römischen Realitäten in seiner Darstellung der Mythen in eigenem Namen erwähnt, sollte man nicht als Anachronismus bezeichnen (die Gleichnisse und Erläuterungen sollen ja der Gegenwart entstammen oder naheliegen, um das Verständnis zu erleichtern!). ‚Anachronistisch' ist eher die Tatsache, dass Ovids Gestalten – Männer und Frauen, Alte und Junge – nicht anders denken, reden und handeln als die Römer seiner Zeit (s. Kapitel 1: Ovidlektüre heute?).

Aber gerade dies ist vielleicht der beste Beweis für die Lebenskraft der ovidischen Reduktion und Erneuerung des Mythos. Der Dichter stellt sich nicht auf den Kothurn, er appelliert an den Erfahrungsschatz der Menschen seiner Zeit. Auf diese Weise verbindet er das Allgemeingültige mit dem Lebendigen. Man fühlt sich an die vermenschlichende Aktualisierung biblischer Motive in der Malerei seit der Renaissance erinnert, wobei der Bildvorwurf immer mehr zum Anlass für psychologische Charakteristik und Naturbeobachtung wird. Ovid ist sich der Mehrschichtigkeit seines Gemäldes bewusst, und er wäre nicht Ovid, wenn er nicht damit spielte: mit dem erheiternden Kontrast zwischen mythischer Götterwürde und moderner Psychologie.

Ein weiterer Aspekt des Spiels mit dem Mythos ist die Herstellung überraschender Beziehungen zwischen mythisch-anthropomorpher Erscheinung und natürlichem Element der Götter: Die Mutter Erde zieht ihr Antlitz „in sich selbst" zurück (2, 303); der Flussgott Inachus weint und vermehrt dadurch seine Fluten (1, 584). Ovid erinnert uns daran, dass wir ein Spiel vor uns haben, aber er spielt ehrlich und mit einem Höchstmaß an Erfahrung und Intelligenz.

Wir haben gesehen, dass die Vermenschlichung der Götter, ihre Annäherung an römische Verhältnisse, zwei miteinander konkurrierende Wirkungen hat: Sie kann ihre Würde verringern, aber sie vermag auch die Ausstrahlung ihrer Macht zu steigern. Beides setzt eine sehr weitgehende Säkularisation des Mythos voraus. Die Annäherung an das römische Leben gibt den verblassten Göttern neue Vitalität. So sind religiöser Tod und künstlerische Neubelebung des Mythos ein Grund für die (von Weltanschauungen unabhängige) Übertragbarkeit der Mythen der *Metamorphosen* in andere Epochen – als *lingua franca* der Künstler und Poeten.

12.6 Menschendarstellung und literarischeTraditionen

Bei der Darstellung der Menschen ist Ovid, wie zu erwarten, in seinem eigensten Element. Hunderte von Gestalten sind, mit der Kunst eines Miniaturmalers, ebenso fein wie individuell gezeichnet: Herren und Knechte, Vornehme und Einfache, Einzelne und Gruppen, Könige und Tyrannen, Väter, Söhne, Brüder, Reiche und Arme, Glückliche und Unglückliche, Liebende und Streitende, Kluge und Einfältige, Freche und Fromme. Daneben, fast noch bunter, die Schar der Frauen: die beherrschende Mutter, die eifersüchtige Schwester, die grausam kalte Schöne; die Liebende, die Vater und Vaterland verrät; die Verschmähte, die sich in Sehnsucht verzehrt; die Gekränkte, die sich bitter rächt; die Emanzipierte, die durch ihren Antrag einen Jüngling erröten macht; die lange Reihe der Liebenden, deren Probleme mit großer Offenheit behandelt werden; die Künstlerin, die alles ihrer Kunst unterordnet. Scharf gezeichnet auch die Nebenfiguren: die verschlagene Dienerin, die, um ihre Herrin zu retten, die Geburtsgöttin überlistet; das junge Mädchen, das, während es geraubt wird, um einen verlorenen Blumenstrauß trauert; die allzu dienstfertige Amme, die ihrem Prinzesschen jeden

12 TRADITION UND ORIGINALITÄT

Wunsch erfüllt, sogar den verworfensten. Daneben stehen, bei dem angeblich sittenlosen Ovid überraschend, Gestalten, die eheliche Treue und Opferbereitschaft verkörpern. Auch die Welt des Kindes ist dem Dichter nicht fremd: der Streit zweier Jungen, die sich gegenseitig mit Worten zu übertrumpfen versuchen, bis der eine voll Unmut verstummt und bei der Mutter sein Herz ausschüttet, oder der spielende Icarus, der seinen Vater bei der Arbeit nachahmt und ihn durch sein Spiel stört.

Zur künstlerischen Bewältigung und Darstellung dieser Fülle stellt die literarische Tradition dem Dichter wichtige technische Hilfsmittel zur Verfügung. Sie sind sehr verschiedener Herkunft, von Epos und Tragödie bis hin zu Komödie und Roman.

Heldengestalten wie Achill, Odysseus, Aeneas sind durch das Epos vorgeprägt. Dieser Gattung zollt Ovid schon durch die Wahl des Versmaßes seinen Tribut, wenn auch manchmal im Zusammenklang zweier Verse zu einer dem Distichon verwandten Wirkung der Elegiker sich nicht verleugnet. Inhaltlich ist freilich hervorzuheben, dass Ovid derjenige antike Dichter ist, der sich am wenigsten scheut, sich offen gegen Homer zu wenden.[225] Die bezeichnendsten Stücke dieser Homerkritik befinden sich freilich außerhalb der *Metamorphosen*: Im Brief der Briseïs (*epist.* 3) zeigt uns Ovid Sinn und Unsinn des Trojanischen Krieges vom Standpunkt einer Frau. In den *Metamorphosen* weicht die Kritik einer Nachfolge: Wir erkennen das majestätische Nicken des Zeus wieder (1, 178ff.), aber auch die lose Geschichte von Ares und Aphrodite (4, 171-190). Nicht selten kontrastiert die Stilhöhe epischer Kunstmittel köstlich mit dem unfeierlichen Kontext (z. B. 4, 362-367).

Zu den epischen Elementen gehören auch die Beschreibungen von Kunstwerken, z.B. die Schilderung der Türflügel am Sonnenpalast, eine symbolische Abbildung des Kosmos, die nicht zufällig an deutlich sichtbarer Stelle steht (2, 1-18), oder auch der Seesturm (11, 478-572). Sinnbezug und rhetorische Ausführung sind freilich eher hellenistisch und römisch. Bezeichnend ist auch die quasi-epische Darstellung zweier Saalschlachten (5,1-235 und 12, 210-535), die durch epigrammatische Zuspitzung und lebhafte Anschaulichkeit frühere Gestaltungen (darunter Odysseus' Freiermord) zu überbieten trachtet – eine nicht unwichtige Zwischenstufe zwischen *Aeneis* und der *Pharsalia*, nicht frei von Effekthascherei und fast komischen Nebenwirkungen (die bei Ovid wohl nicht unbeabsichtigt sind). Was daran auf uns mit Recht kalt und grausam wirkt, sollte man in einem Volk, das sich an Gladiatorenkämpfen erfreute, einem einzelnen Autor nicht anlasten.

Immerhin befassen sich längere Abschnitte mit Episoden des Trojanischen Krieges, wenn auch weitgehend mit solchen, die in der *Ilias* keine Rolle spielen. Dabei lehnt sich Ovid bald stärker an die Tragödie (Hecuba 13, 408-575), bald an die Rhetorik an (Streit um die Waffen des Achilleus 13,1-398). Ovids ›*Aeneis*‹-Handlung[226] meidet das von Vergil näher Ausgeführte und verweilt an Punkten, die Vergil kürzer behandelt oder die vom Thema ‚Verwandlung' her eine neue Behandlung lohnend erscheinen lassen (Metamorphose der Schiffe 14, 527-565).

Die Auseinandersetzung mit der hellenistischen erzählenden Poesie können wir nur noch an wenigen Stellen überprüfen: Für Apollonios Rhodios bietet sich die *Medea-Erzählung* (7, 1-158), für Kallimachos[227] die *Erysichthon-Geschichte* an (8, 738-878). Die Grundelemente der epischen Technik sind in einer Form gegenwärtig, die letzten Endes auf Homer zurückgeht, aber die praktischen Erfahrungen und theoretischen Maximen der hellenistischen Zeit berücksichtigt. So kennt Ovid das epische Gleichnis[228], beschneidet aber die bei Homer festzustellenden ‚überschießenden Züge', strebt nach weitgehender Analogie der Situation in Erzählung und Gleichnis, fasst sich in derartigen Partien im Einzelfall kürzer, gebraucht dafür aber öfter ganze Ketten von Vergleichen. Auch in der relativen Häufigkeit von Gleichnissen psychologischen Charakters zeigt sich der Einfluss alexandrinischer Kunst – hier hatte Apollonios Rhodios Schule gemacht. Ebenso kann sich die Technik der Rahmenerzählung[229] im Prinzip auf Homer berufen (Odysseus erzählt bei den Phäaken seine Irrfahrten). Die ovidische Praxis zeigt über das sachbedingt Typische hinaus (Gastmahl bzw. Gespräch als Ausgangspunkt) auch kallimacheische Elemente (aitiologische Fragestellungen; Musengespräch). Die Vorliebe für tragische Ironie und kurze, pointierte Reden, für Pointen auch tragischer Art sind weitere nachhomerische Züge, die sich, wie manches andere typisch Ovidische, teils von Tragödie und Rhetorik, teils von Epigramm und Elegie herleiten. Auch im buchstäblichen Sinne schließt Ovid ein Epigramm in die *Metamorphosen* ein (2, 327f.) bei Phaëthons Tod, vgl. auch seine Bemerkung über den ermordeten Argus: „Die hundert Augen überwältigt eine einzige Nacht" (1, 721).

Hinzu kommen Elemente der Bukolik. Die Werbung des Kyklopen um Galatea (aus Theokrit) wird grotesk übersteigert, indem eine dort gefundene Stilfigur („weißer als geronnene Milch, zarter als ein Lamm" *Idyll* 11, 20) mehr als dreißigfach variiert wird. Es handelt sich, ähnlich wie bei der Kallimachosnachfolge, um die Umwandlung einer feinen Miniatur in ein großflächiges Freskogemälde. Nicht als verlöre sich dabei die Schärfe der Zeichnung – der Publikumsbezug ist ein anderer. Der Römer steht als Redner und Psychagoge vor seinen Lesern. Es ist kein Zufall, dass sich Ovid auf sein weltweites Leserpublikum beruft. Hier herrscht ein römischer Öffentlichkeitsbezug, ein Wille zur psychologischen Wirkung, der große Atem des Redners, der gewohnt ist, vor vielen Menschen zu sprechen.

Ovid hat nicht wenige Tragödienstoffe behandelt. Er benutzt die griechischen und römischen Tragiker – der Einfluss der altrömischen Tragödie auf ihn ist noch nicht genügend untersucht[230]; doch kann man bei ihm mehr von Elementen des Tragischen als von eigentlichen Tragödien sprechen. Am deutlichsten tritt das Tragische vielleicht in der Pentheus-Erzählung zutage (3, 511-733). Die Geschichten von Cephalus und Procris (7, 661-865) und von Ceyx und Alcyone (11, 410-748) gehören in den Umkreis der Tragödie, aber auch hellenistischer

Novellistik, die das Drama ins Bürgerliche transponiert. Die betont anspruchsvolle Erhöhung privaten Liebesschicksals bei Ovid hängt mit dem psychologischen Interesse des Elegikers zusammen, das in der epischen Form die Möglichkeit einer umfassenden Objektivation findet, aber auch mit der politischen Situation der augusteischen Zeit, die dem einzelnen Römer eine gesellschaftsbezogene Daseinserfüllung immer weniger erlaubt und dadurch indirekt eine Aufwertung des Privaten mit sich bringt, schließlich die Tatsache, dass Ovid freiwillig dem Ritterstande treu bleibt und auf eine politische Karriere verzichtet.

Besonders wichtig ist die Beziehung zur *neoterischen Poesie*. Es reizt Ovid, die Verwandlungen, die zum großen Teil in hellenistischen Werken behandelt worden waren, nicht nur äußerlich zu einem „großen Buch" (μέγα βιβλίον) anschwellen zu lassen, was allein schon eine Sünde wider den Geist des Alexandrinismus war, sondern auch innerlich mit allem Pathos und aller Ironie anzureichern, die Lebensgefühl und Leserschaft dem Römer nahelegten. Die Aneignung und Verwandlung des Hellenismus in Rom ist eines der wichtigsten Kapitel der römischen Literaturgeschichte. Es beginnt nicht erst mit den Neoterikern; sind doch gerade die frühesten römischen Dichter in Personalunion hellenistische Literaten und römische Epiker. Unnötig, daran zu erinnern, dass die römische Komödie so gut wie ganz, die Tragödie teilweise hellenistisch ist, dass Lucilius' reflektierendes Künstlertum, die Epigrammatiker der Wende vom 2. zum 1. Jh. und der experimentierende Poet Laevius zu den geistigen Ahnen jener Richtung in Rom zählen, die das Alexandrinertum, bisher selbstverständliche Atemluft der Gebildeten, zum Kunstprogramm erhob. Der unerbittlichen Strenge der ästhetischen Maßstäbe, dem Streben nach Verfeinerung und nach Ausarbeitung jedes Details, wichtigen Forderungen der Neoteriker, haben die Augusteer Entscheidendes zu verdanken, wenn sie auch, jeder auf seine Weise, über jene Stufe hinauswachsen. Horaz findet zu Alkaios, Vergil zu Homer, Ovid vom Privaten zum Überpersönlichen. Inhaltlich bleiben die Elegiker den Neoterikern relativ nahe. Wir haben aber gesehen, wie in Ovids *Amores* und in der *Liebeskunst* das subjektive Genre selbst immer mehr objektiviert und systematisiert wird. So wie Ovid die subjektiv-erotische Dichtung vollendet und zugleich zu Ende führt, vollzieht er dies auch an einer anderen Gattung, der hellenistischen Mythenerzählung. Sie ist in Rom seit Cicero, Cornificius, Catull, Calvus, Cinna gepflegt worden (wobei die Themen zum Teil bei Ovid wiederkehren). Ebenso wie Ovid den ersten Neuansatz des Cornelius Gallus, die Elegie, abschließt, tut er dies auch mit einem zweiten Aspekt seines Schaffens. Wir wissen nicht, wie es um die narrativen Dichtungen des Gallus stand, aber wir sehen, dass Vergil in der sechsten Ekloge ihre Themen in einem langen Gesang des weisen Silens aufklingen lässt, der mit einer Kosmogonie beginnt. Mit dieser Ekloge Vergils verfährt Ovid also nicht anders als mit seinen sonstigen hellenistischen Vorbildern; er projiziert sie ins Großformat und schafft damit etwas von ihr Wesensverschiedenes. Ovid ist als Vollender der neoterischen Bestrebungen[231] zugleich der Vollender (und Überwinder) der Bestrebungen des Cornelius Gallus. Wir verstehen jetzt auch, wieso er als Einziger nicht müde wird, den Namen des verfemten Vorgängers zu preisen (z.B. *am.* 1, 15, 29 f.; *trist.* 4, 10, 53; 5, 1, 17). Er fühlt sich in doppelter Beziehung als sein Erbe. Der Schluss liegt nahe, dass der Princeps den Verdacht nicht los wurde, der dichtende Präfekt von Ägypten habe dem Paeligner nicht nur seine Stoffe, sondern auch seinen Geist der Auflehnung vermacht. Wenn nun freilich die Stoffe hellenistischer Epyllien zu einem Großepos verarbeitet werden, das die stilistische und psychologische Verfeinerung mit enzyklopädischer Vollständigkeit, der ungebrochenen Vitalität eines starken poetischen Naturells und dem großangelegten Öffentlichkeitsanspruch des Römers verbindet, sind die Bestrebungen des Cornelius Gallus nicht nur vollendet, sondern auch zu einem natürlichen Ende gekommen.

Ovids *Metamorphosen* sind auch eine Synthese der verschiedensten Literaturgattungen (sowie von Gedichttypen, die keinem festen Genos zugehören, wie z.B. dem *Paraklausithyron* 14, 718-732) und ihrer Techniken zum Zweck einer Gesamtdarstellung der Welt und des Menschlichen.

12.7 Autor und Leser

Wie zeigt sich Ovid als Autor in seinem Werk? An einzelnen Stellen lässt er uns erkennen, dass er von anderen als von den zugrunde gelegten Sagenversionen[232] weiß. Als *poeta doctus* gewinnt er auf diese Weise seinem Material eine zusätzliche Tiefendimension ab. Gelegentlich deutet er auch in dunklen und gelehrten *praeteritiones* an, wieviel mehr Verwandlungssagen er kennt als wir, bzw. was alles er uns vorenthält oder erspart. Derartige Elemente sind typisch hellenistisch; der Autor zeigt sich dem Leser gewissermaßen am Schreibtisch und lässt ihn an der Auswahl des überreich gesammelten Materials teilnehmen.

Ein spielerischer Zug liegt in den zahllosen Variationen, in denen das Verwandlungsgeschehen präsentiert wird, den immer neuen Überleitungen, die oft recht waghalsigen Balanceakten gleichen, in den Katalogen, die gelegentlich in die sonst so klare Darstellung einen Hauch abstruser Gelehrsamkeit und Dunkelheit bringen. Die Wortschatzübung kann zum Sport werden: Das Register der Jagdhunde Actaeons umfasst an die drei Dutzend Namen (3, 207-225), die Werberede des Polyphem über dreißig Komparative (13, 789-807).

Allgemein gehören Raffung und Erweiterung zu jener Technik einer studierten Asymmetrie, die man zur Denkbelebung des verwöhnten Lesers kultiviert. Zugleich handelt es sich um eminent subjektive Elemente, die der Objektivitätsforderung der epischen Gattung zuwiderlaufen. Zu dem nicht unpersönlichen Prooemium, das die Gattungstradition gestattet, ja in gewissem Sinne sogar fordert, tritt bei Ovid als Gegenstück ein höchst persönlicher Epilog. Er verbindet die Frage nach dem Fortleben des Dichters mit dem Grundthema des Werkes, dem *Metamorphosen*gedanken. Das Schlusswort *vivam* ist zugleich eine

Aussage der dichterischen Individualität und eine Schlussfolgerung aus der Gesamtheit der berichteten Verwandlungssagen.

Der Autor ist aber nicht erst im Schlussabschnitt gegenwärtig; Subjektives und Objektives durchdringen sich in Ovids Erzählung. Beteuernde oder skeptische Randbemerkungen führen eine urbane Verständigung mit dem Leser über den fiktiven Charakter des Erzählten herbei.[233] Verwandte Funktion haben ‚abkühlende' Gleichnisse und Schlusspointen voll trockenen Humors, die am Ende rührender Erzählungen wie Ohrfeigen wirken. Pyramus, soeben noch mit Liebe und Einfühlungsvermögen geschildert, wird (nach seinem Selbstmord) mit einem geplatzten Leitungsrohr verglichen (4, 122ff.). Zu dem Weltbrand, den Phaëthons Katastrophe auslöst, bemerkt Ovid frostig: „Wegen der vielen Brände brauchte man bei Nacht keine Beleuchtung, und so hatte auch dieses Übel sein Gutes"[14] (2, 331 f.). Indem der Dichter auf diese Weise Distanz zum Geschehen hält, regt er auch den Leser dazu an. In gewissem Sinne entgegengesetzt ist die Wirkung lebhafter Anreden an handelnde Personen, z.B. an Narcissus (3, 432-436). Auf den ersten Blick fühlt man sich an ein Kind erinnert, das aus dem Zuschauerraum durch wohlmeinende Warnungen das Bühnengeschehen beeinflussen möchte; aber Ovid ist hier nicht naiv. Die an solchen Stellen extrem starke Einfühlung bildet den Gegenpol zu den erwähnten Mitteln der Distanzierung. Die Intensität beider Haltungen ist ein Element der Psychagogie des Autors und verlangt vom Leser viel innere Beweglichkeit. Der letzte Grund für diese Polarität liegt in der Konzeption der *Metamorphosen*, die einerseits objektive Erscheinungen der Außenwelt erfassen und erklären wollen (was inneren Abstand und Nüchternheit erfordert), andererseits deren Entstehung überwiegend auf psychologische Ursachen zurückführen (was Einfühlung verlangt). So entsteht ein für Ovid charakteristisches Pendeln zwischen Innen und Außen, zwischen der durch rhetorische Mittel unterstützten Analyse verborgener psychischer Triebkräfte (in Rede, Monolog, Brief oder poetischem Kommentar) und scharfer Beobachtung, visueller Erfassung der Außenwelt bis hin zum Naturalismus (z.B. in Beschreibungen und Gleichnissen).

Ovid ist auch sehr hellhörig für die Doppeldeutigkeit von Vokabeln. In den nicht seltenen Fällen tragischer Ironie sagt die Gestalt mehr als sie ahnt und bereitet dadurch den Ausgang der Handlung vor. Auch hier ist der Dichter sich zweier Ebenen bewusst und erinnert halb spielerisch, halb ernsthaft den Leser daran, sich nicht vorbehaltlos dem fiktiven Geschehen hinzugeben, sondern es aus der Distanz zu betrachten, die seiner Scheinhaftigkeit angemessen ist. Während das antike Drama zwar mit dem Vorwissen des Zuschauers rechnet, ihm aber im Allgemeinen keine grobe Durchbrechung der Illusion zumutet, tut Ovid gerade dies mit einer gewissen Vorliebe. Er verständigt sich augenzwinkernd mit dem Leser über den einfältigen Wunderglauben der Vorzeit und über die Lügenhaftigkeit der Dichter, ja er parodiert an einer Stelle sich selbst: Argus wird durch eine Geschichte eingeschläfert, die einer kurz zuvor von Ovid erzählten zum Verwechseln ähnlich ist (1, 689-712).

12.8 Rhetorik

In diesem Zusammenhang muss die Rolle der Rhetorik besonders gewürdigt werden. In seiner Jugend war Ovid Schüler der besten Lehrer auf diesem Gebiet. Wir wissen aus dem älteren Seneca (*contr.* 2, 2, 62), dass ihm Argumentationen wegen der ihnen eigenen Pedanterie lästig waren und dass er sich daher bei bestimmten Redeübungen *(controversiae)* auf solche psychologischen Charakters, „ethische" *controversiae*, beschränkte. Der Schulrhetorik stehen die beiden Reden aus dem Streit um die Waffen des Achill nahe (13, 1-398). Hier geht es darum, einen Streitfall von zwei Seiten zu behandeln. Derartiges war eine nützliche Schulübung für künftige Gerichtsredner. Um diesen Teil der *Metamorphosen* zu verstehen, muss man sich die antike Situation vergegenwärtigen: Das Publikum verfolgte Redekämpfe mit einem geradezu sportlichen Interesse. Jede überraschende Wendung, jeder elegante Coup wurde sachkundig mit Beifall oder Kritik quittiert. Nur wenn man sich diesen gesellschaftlichen Kontext vergegenwärtigt, gewinnt man eine Vorstellung davon, mit welchen Augen Römer diese uns etwas ferngerückten Seiten lasen.

In anderen rhetorischen Übungen, den Suasorien, galt es, sich in eine gedachte Lage zu versetzen und ihre psychologischen und ethischen Aspekte im Hinblick auf eine Entscheidung zu entwickeln. Ovid arbeitete nicht ungern an solchen Aufgaben (Sen. ebd.). Ein häufig gerügter Fehler rhetorischer Schulübungen waren ihre oft recht phantastischen, wirklichkeitsfremden Gegenstände. Man übersieht oft, dass gerade derartige Stoffe geeignet waren, die Einbildungskraft und die Erfindungsgabe in Bewegung zu setzen; der Schüler wurde gezwungen, sich zu einem gewissen Schwung zu erheben. Gleichgültig, wie man vom Nutzen solcher Studien für den Redner denkt, für den Dichter können sie nicht hoch genug eingeschätzt werden. Galt es nicht für den Autor der *Metamorphosen*, sich in die phantastische Welt der Verwandlungssagen einzuleben und innerhalb dieser Sphäre so exakt und glaubwürdig wie möglich zu argumentieren? Eine wichtige Rolle spielen hier, was die Motivation der Handlung betrifft, die Monologe;[234] sie sind wohlbemerkt keine Suasorien, aber die technische Schulung trägt in ihnen künstlerische Früchte.

Bezeichnend sind die Beschreibungen allegorischer Gestalten und ihrer Wohnorte. Personifikationen kennt die griechische Poesie seit Homer und ganz besonders seit Hesiod. Römischer Denkweise liegen sie besonders nahe: So ist z.B. *Fides* eine recht alte römische Gottheit. Doch stellte man sich solche Lebensmächte in Rom zunächst nicht gestalthaft vor. Ovid bietet nun seine ganze poetische Technik auf, derartige Gestalten bis in alle Einzelheiten anschaulich zu zeichnen, wobei jedes Detail mit der Bedeutung des betreffenden Wesens in enger Beziehung steht. Ja, er tut noch mehr: Er dehnt diese Darstellungsweise auch auf den Wohnort aus, er schildert auch ‚allegorische Orte' (*Invidia* 2, 760-786: Personen- und Ortsbeschreibung; *Somnus* 11, 592-615: Personen- und

Ortsbeschreibung; *Fames* 8, 799-811: nur Personenbeschreibung; *Fama* 12, 39-63: nur Ortsbeschreibung, wohl um Konkurrenz mit Vergil zu vermeiden). An solchen Stellen offenbart sich Ovids dichterischer Ansatz in seiner Eigenart. Ähnlich wie bei seiner Darstellung des Mythos, nur noch radikaler, geht es hier darum, Vorstellungen aufzubauen, die zunächst keine unmittelbare Entsprechung in der empirischen Wirklichkeit haben. Aus der konkreten Welt sind Einzelzüge ausgewählt, die den Gedanken besonders deutlich veranschaulichen, aber zugleich zu einem Ganzen zusammengestellt, das in der Natur nicht vorkommt. Hier liegt ein Zusammenwirken von Gedanklichkeit und Anschaulichkeit vor, das für Ovids Kunst bezeichnend ist. Der Dichter macht sich hier nicht nur von der Außenwelt, sondern auch vom Mythos frei und baut eine Vorstellung auf, die den Gedanken bis aufs Äußerste konkretisiert. Auch hierbei leistet ihm seine rhetorische Schulung vortreffliche Dienste, da sie ihn gelehrt hat, beim Aufsuchen der Details systematisch vorzugehen und durch konsequentes Fragen seinem Denkbild in allen Einzelheiten Präzision zu verleihen.

Hier zeigt sich vielleicht am deutlichsten die Bedeutung der Rhetorik für den Dichter Ovid: Sie gestattet ihm die Emanzipation von der äußeren Wirklichkeit, die erschöpfende Analyse von Situationen, die Bestandsaufnahme denkbarer Argumente und Vorstellungen sowie ihren systematischen Aufbau zu einem selbständig gestalteten Ganzen. Indirekt ermöglicht sie somit die Anreicherung einer auf den ersten Blick unrealistischen Gattung mit realem Detail nach streng funktionalen Gesichtspunkten.

12.9 Struktur und Einheit

Der Aufbau der *Metamorphosen* ist im Großen und Ganzen relativ klar, im Einzelnen schwer zu analysieren. Persönliches Prooemium und Epilog bilden einen Rahmen; ebenso beruht es nicht auf Zufall, dass die beiden naturwissenschaftlichen Stücke (Kosmogonie und Pythagorasrede) sich jeweils in den Randbüchern befinden. Ähnliches gilt von den Bezugnahmen auf Rom und auf Augustus.

Im Ganzen ist ein chronologisches Schema zugrunde gelegt, das Ovid selbst im Prooemium aufstellt („Vom Anfang der Welt bis auf meine Zeiten" 1, 3f.). Grob gesprochen sind die Götter vor den Heroen behandelt und die mythische vor der historischen Zeit. Doch gibt es im Einzelnen reizvolle Abweichungen; gehört doch Abwechslung (*varietas*) zu den Kunstprinzipien, denen Ovid sich ebenso wie seine hellenistischen Vorgänger verpflichtet fühlt.

Die Strukturanalyse[235] muss sich sowohl nach der Übergangstechnik[236] Ovids richten als auch nach thematischen Zusammenhängen[237] zwischen den verschiedenen Erzählungen. Die Übergänge sind zwar in erster Linie zu berücksichtigen, besitzen aber nicht immer Aussagekraft. Vielfach genügt ein Ort, eine Zeit oder eine Person (oder gar nur die Abwesenheit einer solchen), um eine kühn geschwungene Brücke zur nächsten Erzählung zu schlagen. Nicht selten aber werden wichtige Themen (Liebe, Macht und Zorn der Götter), die verschiedene Erzählungen thematisch miteinander verbinden, an den Übergängen oder an anderen Stellen hervorgehoben. Je mehr sich Strukturanalysen auf derartige eigene Hinweise Ovids stützen, desto glaubwürdiger sind sie.[238]

Die Entwicklung vom Chaos zum Kosmos, gipfelnd in der Neuschöpfung nach der Sintflut und in dem (auch im Hinblick auf Augustus) symbolkräftigen Sieg Apollons über Python, bildet den ersten Teil des Werkes Buches (1, 5-451). Der zweite Teil (1, 452-2, 835)[239] handelt von der Liebe der Götter zu sterblichen Frauen; die Reihenfolge entspricht derjenigen in antiken Hesiodausgaben: An die Theogonie schließen sich unmittelbar die Frauenkataloge an. Zwischen die Liebeserzählungen schiebt sich als langes kontrastierendes Zentralstück die Phaëthongeschichte. Auch den zweiten Teil beherrscht also eine kosmische Katastrophe, aber das zerstörende (und auch das zeugende) Element ist nicht mehr das Wasser, sondern das Feuer. Insofern gehören Phaëthon und das Götterliebchen Semele thematisch eng zusammen. Das Thema ‚Liebe' wird am Ende des ‚mythischen' Zeitraums wiederkehren (9, 447-11, 193); in seinem Zentrum steht das Thema Götterzorn (5, 250-6, 420); dazwischen schieben sich je zwei auf Personen bezogene Stücke (Bacchus 2, 836-4, 606; Perseus 4, 607-5, 249; Theseus 6, 421-9, 97, sich leicht überschneidend mit Hercules 9, 1-446).

Während der mythische Zeitraum (Buch 1-11, 91) somit im Großen eine axialsymmetrische Rahmenstruktur besitzt, ist der historische Teil parallel strukturiert: Vor dem Trojanischen Krieg (11, 91-795); Trojanischer Krieg (12, 1-13, 621); Aeneas (13, 623-14, 440); Italien von Aeneas bis Augustus (14, 441-15, 870).

In dieses Gesamtbild kommt etwas Leben, sobald man sich klar macht, welch unterschiedlichen Umfang die jeweiligen Teile besitzen[240] und wie sehr Ovid darauf bedacht ist, durch kontrastierende Einlagen Abwechslung zu schaffen. Andererseits erkennt man, dass die *Metamorphosen* in ihrem Aufbau zwar durch verschiedene Faktoren bestimmt, doch alles andere als ein zufälliges oder willkürliches Konglomerat sind.

Neben der – an vielen Stellen förderlichen, aber nicht überall problemlosen – Gliederung in 12 „Großteile" (W. Ludwig) steht die Analyse nach Bücherpentaden (R. Rieks; A. Bartenbach), für die auch wir wiederholt Argumente fanden. Man weiß heute, dass in ein und demselben Werk unterschiedliche Strukturen koexistieren können. Dies gilt von den mutigen Versuchen von A. Crabbe[241] und R. Gordesiani[242], die Zusammenhänge zwischen Anfang, Mitte und Ende des Werkes feststellen. Interpretationen einzelner Bücher – jeweils auch im Vergleich mit dem Ganzen der *Metamorphosen* können hier zu weiteren Fortschritten führen.

Wichtig ist dabei die Kunst der gleitenden Übergänge (die Ovid selbst einmal mit dem Ineinanderspielen der Regenbogenfarben illustriert: 6, 63-67). Die Buchschlüsse werden häufig durch eine Technik überspielt, deren sich auch unsere Fortsetzungsromane bedienen. Gegen Ende setzt ein neues Thema ein, das den Leser dazu verlockt, nach dem nächsten *volumen* zu greifen. Ein erleseneres Beispiel ist die Scharnierfunktion Apollos zwischen dem ersten und dem zweiten Teil des ersten Buches. Als Sieger über Python schließt er thematisch den ersten Teil ab, der die Entwicklung vom Chaos zum Kosmos behandelt, als Liebhaber der Daphne eröffnet er den zweiten Teil. Doch der Hinweis auf die römische Bedeutung des Lorbeers und auf Augustus (1, 560-563) nimmt die augusteischen Akzente des ersten Teils wieder auf und führt sie weiter.

Im Ganzen sind die *Metamorphosen* ein komplexes Gebilde, in dem sich Strukturen der Einzelerzählungen, Buchstrukturen, chronologische und topographische Einheiten sowie thematische Gliederungen überlagern und durchdringen. Ein Gesamtbild wird sich erst zeichnen lassen, wenn Einzelinterpretationen und Buchinterpretationen in ausreichendem Maße vorliegen.

Wo die thematische Einheit des Werkes zu suchen ist, haben wir eingangs angedeutet. Doch gibt es weitere einheitschaffende Elemente. Einmal wäre an die Einheit des Tons zu erinnern, an die stets unveränderte Leichtigkeit und Präzision von Sprache und Stil, die sich trotz der Vielzahl der amalgamierten Stoffe und Gattungen stets treu bleiben; eine Mischung von Würde und Vertrautheit, die an Mozarts Musik erinnert. Die Unzerstörbarkeit der ovidischen Handschrift ist das beste Signum der Einheit des Werkes und der Selbständigkeit des Dichters.

Schwieriger ist es, die künstlerische Einheit zu beschreiben. Immerhin haben die neueren Strukturanalysen zwingend erwiesen, dass der Aufbau des Ganzen doch weit planvoller ist, als man es von einem locker zusammengefügten Novellenkranz erwarten würde. Wenn die Einheit der *Metamorphosen* sich relativ klar an Axialsymmetrien und Parallelismen aufweisen lässt, so ist dies auch mehr, als man (mit Ausnahme Vergils) von einem römischen Epos erwartete. Eine Einheit der Person oder der Handlung gab es bei Ennius nicht, sehr wohl aber eine gedankliche. Es wäre also Ovids gutes Recht gewesen, sich mit einer ideellen, thematischen Einheit zu begnügen. Tat er es nicht, so zeugt das von jener nicht zuletzt durch Vergil geförderten Sensibilität für die Kongruenz von Gehalt und Gestalt. Wenn aber Ovids Lösung sich dennoch radikal von der vergilischen unterscheidet, so beweist dies Ovids Eigenständigkeit; er setzt den von Ennius beschrittenen Weg des römischen Universalgedichts in charakteristisch anderer Weise fort als Vergil.

Die *Metamorphosen* entsprechen also zwar nicht den ‚homerisch'-aristotelisch-vergilischen Einheitsforderungen, sehr wohl aber den römisch-ennianischen, die sie an Strenge ebenso übertreffen wie die der hesiodeischen Katalogtradition. Strukturell gleichen die *Metamorphosen* nicht einem einzelnen Tempel, sondern einem Komplex von Gebäuden, die einen Platz oder eine Stadt bilden: Makro-Architektur ist ein wichtiges Teilgebiet der römischen Baukunst! Noch näher liegt der Vergleich mit der malerischen Ausgestaltung ganzer Räume durch thematisch angeordnete Bilderreihen, wie sie in vornehmen römischen

Häusern an der Tagesordnung waren (ein später Analogiefall ist die Ikonostase in orthodoxen Kirchen, ein nach weltgeschichtlichen Gesichtspunkten geordnetes Ensemble von Bildern, die zusammengenommen eine Deutung der Welt ermöglichen). Ovids Panorama des Menschlichen setzt nun im Unterschied zur Ikonostase und auch zur *Aeneis* beim Leser keine eigentliche Glaubensüberzeugung voraus, lediglich Interesse für Menschen und für die Welt. Wir haben bereits gesehen, wie Ovid Erscheinungen in Natur und Geschichte ursächlich aus menschlichem Verhalten herleitet und so ein Panorama der Taten und Möglichkeiten des Menschen entwirft. Die Tatsache, dass es sich um ein mehr oder weniger vollständiges Tableau handelt, hängt mit Ovids Römertum zusammen, nicht nur mit dem auch sonst zu beobachtenden Hang der Römer zum Enzyklopädischen, sondern auch mit ihrem historischen Sinn, besser gesagt: mit ihrem Bedürfnis, ihre spontan als groß erlebte Gegenwart vor den Hintergrund einer Vergangenheit zu stellen, die man, wo nicht erfindet, so doch borgt und retrospektiv mit dem Atem der Gegenwart neu belebt. Dies geschieht hier in Bezug auf psychische Verhaltensformen und charakteristische Lebensläufe, ohne programmatische Einengung auf das Politische, also in einem Bereich von allgemeiner Gültigkeit. Aber bei dem ehemaligen Elegiker Ovid durchdringt das typisch römische Bewusstsein von der hohen Bedeutung des gerade jetzt gelebten Augenblicks auch diejenigen Sphären des Daseins, die der Altrömer traditionellerweise weniger hoch schätzte: den Eros und die Kunst. Die vorurteilslose Offenheit für alles Menschliche und der nüchterne Blick für die Wirklichkeit, sowie das Bedürfnis und die Möglichkeit, das Einzelne in einen universellen Bezugsrahmen zu stellen, sind spezifisch römische Eigenschaften, die zugleich Voraussetzungen für die Entstehung der *Metamorphosen* bilden. Wenn Ovid den Mythos, der den religiösen Bindungen ja längst entwachsen war, nun auch aus der politischen Bevormundung weitgehend entlässt, so gibt er dennoch weder die Einheit des Kosmos noch sich selbst als Römer auf. Die Verbindung von empirischer Diesseitigkeit und der Suche nach dem Ganzen, aber nicht apriorisch, sondern auf dem Wege einer möglichst vollständigen Induktion, entspricht römischer Mentalität, ebenso aber auch der Mut, die gesamte bisherige Menschheitsentwicklung für verfügbar zu halten und auf den eigenen Standort zu beziehen. Auch in dieser Unbefangenheit erinnert Ovid an Ennius, wie auch in seiner Freude an farbiger Vielfalt und in seinem Sprachschöpfertum, das sich vom Konservatismus des Lateinischen nicht einschüchtern lässt.

Als Epos im antiken Sinne können die *Metamorphosen* allein schon deshalb gelten, weil sie in Hexametern geschrieben sind. Aber auch inhaltlich entsprechen sie der antiken Forderung, ein Epos habe eine „umfassende Darstellung göttlicher, heroischer und menschlicher Dinge" (und ihres Zusammenwirkens)[243] zu sein (Diom. *gramm.* 1, 483, 27 ff., wohl nach Theophrast). Die stoffliche Vielfalt ist durch die Autorität des Hesiod und des Ennius gerechtfertigt, die philosophisch-didaktischen Elemente ebenfalls durch Ennius.

So entsteht ein Kollektivgedicht neuer Art, zwar äußerlich vergleichbar mit hesiodeischen Kataloggedichten und technisch geschult an hellenistischer Aitiologie, aber durch die Universalität des Blickfeldes spezifisch römisch und ovidisch.

12.10 Erzählkunst: ‚Episches' und ‚Elegisches'

Eines der wichtigsten Geheimnisse von Ovids Erzählkunst ist der sorgfältige Wechsel des Tempos. Solange der Leser den Ausgang des Geschehens mit Ungeduld erwartet, spart Ovid nicht mit Einzelheiten und lässt kein Glied in der Kette der Ereignisse aus; retardierende Momente – z. B. Gleichnisse (s. Kap. 10), Kataloge (s. Kap. 6) oder eingefügte Reden (Kap. 6; Kap. 8) – erhöhen die Spannung. Ist aber der Höhepunkt überschritten und droht die Anteilnahme des Lesers zu erlahmen, so eilt Ovid zum Schluss (Kap. 6).[244] Dabei wird sogar Wichtiges übersprungen und erst nachträglich als vollendete Tatsache konstatiert (‚überholendes' Plusquamperfekt). Sorgfältige Detailschilderung (die man an Ovid kennt) lebt also eigentlich allein von der Wechselbeziehung zur (nicht minder ovidischen) Kürze. Erst beide zusammen – Retardierung und Beschleunigung (ja ‚Präzipitation') – sind Säulen der ovidischen Erzählkunst.

Den Verlauf der Erzählung bereitet Ovid in der Exposition sorgfältig vor. Landschaftsbeschreibungen können eine Gestalt indirekt charakterisieren oder durch betonte Idyllik einen Kontrast zu einer bevorstehenden Tragödie bilden. Gleichnisse deuten die Stimmung an und benennen den die Handlung bestimmenden Affekt (Kap.10); Reden können den Charakter des Sprechers spiegeln oder durch tragische Ironie die künftige Katastrophe vorwegnehmen (Kap. 6).

Man hat die Erzählungen der *Metamorphosen* denjenigen der elegischen Dichtungen gegenübergestellt: Hier herrsche ein Gleiten der Gefühle, dort epische Würde und Objektivität.[245] Die Unterscheidung von epischer und elegischer Erzählung ist gewiss in einem typologischen Sinne fruchtbar; doch hat neuere Forschung erhebliche Einschränkungen und Korrekturen gebracht.[246] So wird man heute vorsichtiger sagen, dass es Ovid nicht so sehr darum ging, eine ‚elegische' und eine ‚epische' Bearbeitung desselben Themas nebeneinander zu stellen, als vielmehr das elegische Genos durch epische und das epische durch elegische Züge zu bereichern.

Wir können heute noch an Ovids elegischen Dichtungen das sukzessive Eindringen epischer Elemente beobachten. Ein Testfall ist der überwiegende Gebrauch des historischen Präsens, der seit alters für das römische Epos charakteristisch ist. Erst von der *Ars amatoria* an bedient sich Ovid dieses Erzähltempus auf längere Strecken.[247] Andererseits fließen in die epische Erzählung elegische Elemente ein, wie man auch im Einzelnen nachgewiesen hat.[248] Aufgeschlossenheit für Psychologisches, wie sie seit Apollonios Rhodios im Epos hervortritt, vertieft Ovid im Anschluss an Catull und Vergil und unter

Einbeziehung der reichen psychologischen Erfahrung der Elegie (einschließlich der *Heroidenbriefe* und der Didaktik). Die Darstellung selbst bringt in den *Metamorphosen* eine gewisse Objektivation mit sich, und vor allem hierin scheint dennoch ein zumindest gradueller Unterschied gegenüber den *Amores* zu bestehen. Die Unterschiede gegenüber der *Liebeskunst* liegen auf einer etwas anderen Ebene: Dort ist die Erzählung von Cephalus und Procris (3, 683-746) als *exemplum* eingeführt („übereilte Eifersucht schadet"); in den *Metamorphosen* dagegen handelt es sich um ein *Aition* (7, 672-862): Cephalus erzählt die Geschichte seines Speeres. Diese Waffe, ein Geschenk der Procris, führt, vom Beschenkten geworfen, den Tod der Geberin herbei. Das Interesse gilt dem Geschehen, den geheimnisvollen schicksalhaften Zusammenhängen, die sich darin offenbaren.

Ähnlich dient die Daedalusgeschichte in der *ars amatoria* (2, 17-98) als *exemplum* für die Unmöglichkeit, ein geflügeltes Wesen festzuhalten. Die Einzelausführung verrät darüber hinaus ein vorwiegend psychologisches Fragen. Dagegen ist dieselbe Geschichte in den *Metamorphosen* (8, 152-259) in enge Beziehung zu einer anderen gesetzt. Daedalus verliert Icarus; aber er hat zuvor seinen Neffen Perdix aus Künstlerneid ermordet.

Unterschiede zwischen den Erzählungen der elegischen Dichtungen und der *Metamorphosen* sind also durch den jeweiligen Rahmen und die Art der Problemstellung bedingt. Dieser Rahmen ist in der *Ars amatoria* mehr vom Psychologischen her bestimmt, in den *Metamorphosen* mehr von der Frage nach dem Geschehen selbst und nach den allgemeineren Zusammenhängen, in die es sich einordnet. Beide Fragestellungen sind für die epische Gattung charakteristisch: Für das Geschehen als solches liegt dies bei einer narrativen Dichtung ohnehin auf der Hand, für die Frage nach dem inneren Zusammenhang zweier Handlungen, die in einem komplementären Verhältnis zueinander stehen (Schuld und Sühne, Liebe und Tod usw.), gilt dies in noch höherem Maße. Daraus ergibt sich, dass Heinzes Intuition zwar vielleicht einseitig formuliert, aber im Ansatz berechtigt war. Die *Metamorphosen* stehen auch als erzählende Poesie in einem ‚epischen' Fragehorizont.

12.11 Ovid als ‚Augusteer'
Aber Ovid trägt zugleich typische Züge eines ‚letzten' Vertreters einer Epoche. Daher ist ein Blick auf den letzten großen attischen Tragiker sinnvoll. Wie Euripides ist auch Ovid größer im Aufwerfen von Schicksalsfragen als in ihrer Beantwortung. Wie für den letzten attischen Tragiker der Kosmos der Tragödie, so ist für den jüngsten augusteischen Epiker der Kosmos des Epos zwar nicht mehr unproblematisch, aber als Fragehorizont und Bezugsrahmen noch gegenwärtig. Nie war die Tragödie so irdisch wie bei Euripides, nie das Epos so diesseitig wie bei Ovid. Aber eben deswegen war es gerade den jeweils spätesten

Vertretern ihrer Epoche beschieden, so stark fortzuwirken: Auf das rein Menschliche reduziert, haben die alten Gattungen auch in weniger glaubensstarken Zeiten eine Überlebenschance, und während die Scheu vor fertigen Antworten zunimmt, bleibt die Anteilnahme für die ohne Beschönigung gezeichneten Schicksale lebendig, die bezeugen, wie brennend, ja unabweislich jene Fragen sind.

Damit hängt ein weiteres schwerwiegendes Problem zusammen. Hat Ovid als Vertreter einer ‚Klassik' oder einer ‚Moderne' zu gelten? Es ist nicht schwierig, an Ovid Züge herauszuarbeiten, die ihn als unklassisch, ‚manieristisch' erscheinen lassen. Seine Welt ist facettenreich; die Bilder wechseln kaleidoskopartig; glutvolles Pathos kühlt sich unvermittelt zu frostiger Ironie ab; warmes Mitgefühl wechselt mit grausam diagnostizierender Kälte, knappe Andeutungen mit breit ausgeführten Passagen; Gestalten verschwinden ebenso plötzlich, wie sie auftreten, und man weiß oft nicht, welcher unscheinbare Faden der Erzählung dazu ausersehen ist, die nächste daran anzuknüpfen. Die Beobachtung der Wirklichkeit artet zuweilen zu krassem Naturalismus aus, und die bohrende Psychologie scheint keine moralischen Tabus zu kennen. Was liegt näher als der Schluss, mit dem Zurücktreten der Römertugenden laufe hier eine Auflösung des Kosmos parallel und der Spätling, dem nichts heilig sei, versuche seine Selbständigkeit zu beweisen, indem er alles, was nach Ordnung, Moral und gutem Geschmack aussehe, verzerre und in den Staub ziehe? Solche Aspekte ergeben sich, vor allem beim Vergleich mit Vergil, mit einer gewissen Zwangsläufigkeit aus der Versuchsanordnung. Vergleicht man jedoch umgekehrt einmal Ovid mit Dichtern der Silbernen Latinität, so ist man erstaunt über die Klarheit und Übersichtlichkeit seiner Syntax, das ruhige und folgerichtige Fortschreiten seiner Erzählung, die Schärfe seiner Beobachtung (die übrigens auch der Vergleich mit Vergil sichtbar macht), das relativ geringe Maß an rhetorischen Kommentaren, wie sie bei Späteren die Handlung geradezu überwuchern. Man entdeckt mit einiger Überraschung Ovids Lakonismus, die Sparsamkeit seiner Gestik, die Ausgewogenheit seines Urteils, das darauf verzichtet, den Leser missionarisch zu irgendeiner Entscheidung zu drängen. Mit anderen Worten: Der Vergleich mit späteren Römern lässt uns den ‚Augusteer', ja den ‚Klassiker' Ovid entdecken.

Im Grunde passt weder eine ‚augusteische' noch eine ‚manieristische' Schablone genau auf unseren Dichter. Zwar sucht er im Bereich des Epos eine Alternative zur *Aeneis*; dabei bieten ihm hellenistische Stoffe, hellenistischer Psychologismus und Verismus wichtige Anregungen. In den Webteppich der Arachne mit den ausdrucksvollen, die Empfindung widerspiegelnden Gesichtern, den naturnahen Tier- und Landschaftsdarstellungen ist viel von Ovids eigener Ästhetik eingegangen, die eine Antithese zur *augusta gravitas* von Minervas hieratischem Bildteppich sucht (6, 103-128). Hinzu kommt bei Ovid ein italischer Sinn für Farbe und Bewegung – Züge, die sein Schaffen ‚barock' erscheinen lassen könnten.

All dies ist jedoch gebändigt durch ein ausgeprägtes formales Talent, das selbst dem Unvorstellbaren, Phantastischen und Formlosen Klarheit und Schärfe zu verleihen weiß. So bleibt die Syntax stets deutlich gegliedert und überschaubar; aber auch im Inhalt ist Genauigkeit erstrebt. Zwar lässt sich kaum etwas Vernunft- oder Naturwidrigeres vorstellen als die Verwandlungen, die Ovid beschreibt; aber er tut alles, um sie so vernünftig und natürlich wie möglich erscheinen zu lassen (vgl. S. 153 über 9, 220-225). Wie hier die Vernunft, so wird in anderen Fällen das Auge mit Erfolg getäuscht. Dies gilt von den zahllosen Schilderungen des Verwandlungsaktes, bei denen Ovid (in einer verwandten Technik der Aufgliederung in kleinste Stufen) Ähnliches in Ähnliches übergehen lässt, bis etwas völlig Anderes dasteht. So bleibt selbst bei den absurdesten Gegenständen die Schärfe der Beobachtung, die Nüchternheit des analytischen Denkens, die Klarheit des gedanklichen Aufbaus und der syntaktischen Form gewährt. Das Irrationale der Gegenstände wird zwar sehr stark empfunden (ein wichtiger Grund der Affinität unserer Zeit zu Ovid), aber das führt nicht zu einer Lockerung der rationalen Kontrolle beim Dichter. In gewissem Sinne sind sogar Rationalität und visuelle Präzision von allen Augusteern bei Ovid wohl am schärfsten ausgeprägt. Vereinfachend könnte man sagen, es handle sich in den *Metamorphosen* um die Bewältigung ‚unklassischer' Thematik mit ‚klassischen' Mitteln, eine Verbindung, die oft mehr an Surrealismus als an Barock erinnert. Ovid – Klassiker einer Moderne? Vieles macht Ovid zum Erben des Hellenismus, vieles zum Vater der kaiserzeitlichen Poesie, aber die luzide Transparenz und der intellektuelle Charme seiner Darstellung weisen ihn eindeutig der Epoche zu, in der er gelebt und gelitten hat.

13 Ovid: Dichter der Erinnerung[249]

Erinnerung *(memoria)* spielt für die Betrachtung von Dichtung eine zweifache Rolle: Einerseits begleitet sie den Dichter in seinem Schaffensprozess, andererseits regt sie spätere Generationen zu eigenen Schöpfungen an. Wir wollen daher zunächst kurz über die *Metamorphosen* selbst sprechen, um uns dann ihrem reichen künstlerischen Fortwirken zuzuwenden, das seinerseits wieder auf die Interpretation der *Metamorphosen* zurückstrahlt und neue Zugänge zu diesem Werk erschließt.

13.1 Die Erinnerung und ihre Töchter: ein Werk von und für Generationen
Den passendsten Einstieg bieten uns zweifellos die Musen. In alexandrinischer Manier bezeichnet Ovid sie im fünften Buch (5, 280) als *Mnemonides,* „Töchter der Erinnerung" (Mnemosyne); entsteht doch Dichtung aus Erinnerung. Wie treffend diese Genealogie ist, beweist das fünfzehnte Buch, in dem (15, 623) aus Homer folgende Begründung für die Musenanrufung zitiert wird: *scitis enim, nec vos fallit spatiosa vetustas* „Denn ihr wisst es, und euch entgeht die ferne Vergangenheit nicht" (15, 623). Die Musen werden also wegen ihres umfassenden Gedächtnisses angerufen. Auch im zehnten Buch tritt der Musensohn Orpheus auf, der zu seiner Mutter, der Muse, fleht: *Ab Iove, Musa parens – cedunt Iovis omnia regno – carmina nostra move.* „Mit Jupiter, mütterliche Muse – denn alles steht unter seiner Herrschaft – lass unser Lied anheben" (10, 148). Somit werden die Musen in den Büchern 5, 10 und 15, also jeweils im Schlussteil einer Pentade, erwähnt, dort, wo Ovid über Dichtung und Erinnerung spricht.[250] In allen anderen Büchern sind die Musen nicht genannt.

Hinzu kommt, dass die Bücher 5, 10 und 15[251] untereinander durch ihre jeweiligen Epiloge verbunden sind, in denen sich Reflexionen über Tod und Unsterblichkeit von Dichtern und Künstlern finden. So lesen wir – als Epilog zur Orpheus-Erzählung des zehnten Buches – am Anfang des elften von der Ermordung des Orpheus durch die Bacchantinnen, und der Beginn des sechsten Buches handelt von der Bestrafung Arachnes durch Minerva, eine Göttin, die im fünften Buch eine wichtige Rolle spielte, nach der Arachnegeschichte aber nicht mehr auftritt. Diese Erzählung ist gewissermaßen ein Epilog zum fünften Buch. Unschwer erkennt man die Parallele zwischen den gewebten Kunstwerken der Arachneerzählung und den ovidischen *Metamorphosen;* auf die frappanten Gemeinsamkeiten zwischen Orpheus und Ovid werden wir zurückkommen. Ohne mythische Einkleidung spricht Ovid im Epilog des fünfzehnten Buches über seinen eigenen Tod und seine Unsterblichkeit.

Wenden wir uns nun den Aussagen zu, die Ovid im Prooemium und im Epilog ausdrücklich über seine Dichtung und deren Fortleben trifft. Allerdings bezieht sich die Formulierung des Prooemiums *perpetuum... carmen* (1, 4) keineswegs auf das Nachleben seines Gedichtes, sondern auf die Struktur des Werkes; handelt es sich doch um eine Übersetzung des kallimacheischen Ausdrucks für einen unkallimacheischen literarischen Anspruch: ἓν ἄεισμα διηνεκές, „ein zusammenhängendes, ununterbrochenes Gedicht". Trotzdem findet sich eine andere Form der Erinnerung im Prooemium: die „Erinnerung an die Taten", wie der Römer die Geschichte bezeichnet (*memoria rerum gestarum*). Diese Erinnerung an die gesamte Weltgeschichte will der Dichter festhalten. Er schreibt also ein Epos im Sinne der suetonischen Definition, eine „umfassende Darstellung göttlicher, heroischer und menschlicher Handlungen" *divinarum et heroicarum humanarumque rerum comprehensio* (Sueton, p. 17 Reifferscheid), zugleich aber legt er ein universalhistorisches Schema zugrunde: Das Werk reicht „vom ersten Ursprung der Welt bis in meine Zeit" (1, 3-4).[252] Dieser Ansatz des Prooemiums wird im letzten Buch bestätigt, wo Jupiter der Venus in einer typisch ovidischen Allegorie voll visueller Suggestivität das „Archiv der Weltgeschichte" (*rerum tabularia*) vor Augen stellt (15, 807-815):

> Zu ihr spricht der Vater also: ‚Willst du, Tochter, allein das unüberwindliche Schicksal ändern? Du magst selbst das Haus der drei Schwestern betreten; dort wirst du in riesiger Größe aus Erz und gediegenem Eisen das Archiv der Weltgeschichte sehen, das weder das Beben des Himmels noch des Blitzes Wut fürchtet noch sonst eine Zerstörung, sicher und ewig, wie es ist. Dort wirst du, in dauerhaften Stahl eingeritzt, das Schicksal deines Geschlechtes finden. Ich habe es selbst gelesen und es mir ins Herz geprägt. Berichten will ich es dir, damit du nicht länger der Zukunft unkundig seist.'

Talibus hanc genitor: 'sola insuperabile fatum,
Nata, movere paras? intres licet ipsa sororum
Tecta trium: cernes illic molimine vasto
Ex aere et solido rerum tabularia ferro,
Quae neque concussum caeli neque fulminis iram
Nec metuunt ullas tuta atque aeterna ruinas:
Invenies illic incisa adamante perenni
Fata tui generis. legi ipse animoque notavi
Et referam, ne sis etiamnum ignara futuri.'

Jupiter verheißt hierauf Caesars Apotheose, und Venus eilt, das Versprochene zu verwirklichen. Dies ist die letzte von Ovid erzählte Metamorphose. In dieser Apotheose laufen mehrere Fäden des Werkes zusammen: das Thema Verwandlung, Ovids Interesse am Individuum und dessen Fortleben und die historische Perspektive seines Werkes. Caesar als bedeutende historische Gestalt ist in diesem dreifachen Sinne ein überzeugender Schlusspunkt. Doch Ovid entdeckt noch zwei weitere Möglichkeiten der Überbietung: die Verherrlichung des Augustus als Kosmokrator und – als krönenden Abschluss – die Selbstverewigung des Dichters. Die sichere Sprache, die Ovid hier führt, klingt nicht zufällig an die soeben zitierte Beschreibung des Archivs der Weltgeschichte an: „Nun habe ich ein Werk vollendet, das nicht Jupiters Zorn, nicht Feuer, nicht

Eisen, nicht das nagende Alter wird vernichten können. Mag jener Tag, der nur über meinen Leib Gewalt hat, meines Lebens ungewisse Frist beenden, wann er will. Mit meinem besseren Teil werde ich dennoch fortdauern und mich hoch über die Sterne emporschwingen. Mein Name wird unzerstörbar sein, und so weit sich die römische Macht über den unterworfenen Erdkreis erstreckt, werde ich gelesen und in aller Munde sein und, sofern an den Vorahnungen der Dichter auch nur etwas Wahres ist, durch alle Jahrhunderte im Ruhm fortleben" (15, 871-879). Die Attribute der Festigkeit und Unzerstörbarkeit sind vom Archiv der Weltgeschichte auf Ovids Werk übertragen. Zwar nicht identisch mit den *Metamorphosen*, ist jenes Archiv doch der Urgrund, der ihren Fortbestand garantiert. Wie jener göttliche Text vermittelt auch der menschliche Text Ovids zwischen Vergangenheit und Zukunft. Die Sternverwandlung Caesars wird insofern in den Schatten gestellt, als der Dichter „hoch über die Sterne" fliegt.[253]

Weltgeschichte spielt in den Bericht von Caesars Metamorphose herein, aber auch schon in Ovids Prooemium. Dort soll Geschichte – meist nennt sie der Römer *rerum memoria* – in einem *carmen perpetuum*, einem „ständig weiterfließenden" Gedicht, Gestalt gewinnen. Dieses Werk schließt übrigens in sich auch das Gedächtnis an frühere Epen ein. Das römische Epos als geistiges Kontinuum über Generationen ist gegenwärtig, wenn im vierzehnten Buch der *Metamorphosen* Mars vor der Apotheose des Romulus Jupiter durch ein Ennius-Zitat an sein früheres Versprechen erinnert (14, 812-815): „Du hast mir einst vor den versammelten Göttern gesagt – ich trage es im Gedächtnis und habe deine väterlichen Worte treu im Herzen bewahrt – : 'Einer wird sein, den du in das Blau des Himmels erheben wirst.' Du hast's gesagt. Erfüllt sei, was dein Wort verhieß." Hier wird sichtbar, dass die Tradition des römischen Epos gewissermaßen einen einheitlichen ‚Text' bildet, ein geistiges Kontinuum, das Ovid an anderer Stelle in das Bild des „Archivs der Weltgeschichte" fasst. Die betonte Verwendung der Worte *memoro* und *memori* (14, 813) unterstreicht die Bedeutung der Aktivierung dieses kollektiven Gedächtnisses (das jedoch auf von Individuen gesprochenen Worten beruht).

Während im Prooemium mit *carmen perpetuum* an die epische Tradition angeknüpft wird, das Gedenken der Nachwelt an den Dichter aber ausgeblendet ist, tritt dieses im Epilog deutlich hervor. Hier bedeutet das Wort *perennis* „unsterblich" (15, 875-876), wobei die Etymologie (*per annos*) deutlich mitschwingt. Auf die Unsterblichkeit der Seele (von der kurz zuvor Pythagoras gesprochen hatte: *morte carent animae* „Die Seelen sind frei vom Tod" [15, 158]) geht dieser Epilog nicht ausdrücklich ein, aber am Fortleben des Werkes im Gedächtnis der Leser besteht kein Zweifel, wenn der Dichter sagt: *ore legar populi* „Ich werde vom Mund des Volkes gelesen werden" (15, 878). Dieses neue Leben bildet gewissermaßen die Zusammenfassung und Krönung des gesamten Werkes; so zieht Ovid ganz zum Schluss in einem Wort die Folgerungen aus allen bisher erzählten Verwandlungen: *vivam* („ich werde leben", 15, 879). Ein sehr berechtigter Ausspruch; denn nicht nur die Entstehung der Dichtung, auch ihr Fortleben hängt von der Erinnerung ab. Sie geht also aus dem

Gedächtnis hervor, um wieder ins Gedächtnis überzugehen. Auf diese wohl größte aller ovidischen *Metamorphosen*, die sich erst im Gedächtnis seiner Leser vollzieht, geht Ovid erst im Epilog ein.

13.2 Gipfelgespräche: Ovid und große Dichter Europas
Wie fiel die Erinnerung an die *Metamorphosen* im Einzelfall aus? Die Unterschiede nach Personen, Institutionen und künstlerischen Gattungen sind erheblich.

Um mit den Personen zu beginnen: Nur ungern gibt man als Philologe die unbestreitbare Tatsache zu, dass Dichter oft gesünderes Urteil bewiesen haben als Gelehrte. Das hohe Ansehen Ovids in der Antike ergibt sich aus einer Liste großer Autoren, die ihm nachfolgten: Lucan, der unorthodoxe lateinische Epiker, ist durch sein frühreifes Talent, seinen rhetorischen Schwung und die Verbindung von psychologisch-moralischem und kosmologischem Blick ein Geistesverwandter des Paeligners.[254] Statius und Claudianus, vielleicht die begabtesten Hexametriker nach Ovid, sind die Erben seiner visuellen Suggestivkraft. Ebenso hat seine Kunst seit Seneca auch auf bedeutende Vertreter anderer Gattungen ausgestrahlt.[255]

Dantes Vergil nennt in seiner Reihung der größten Dichter Ovid nach Homer und Horaz als den dritten *(inf* 4, 88-90), und Dante selbst lässt sich, nachdem Vergil ihn verlassen hat, an der Schwelle des Paradieses, für seine Poetik der Wandlung von Ovid inspirieren.[256] Auf Shakespeares Ovidnähe werden wir zurückkommen; auch Milton kann sich seinem Zauber nicht entziehen. Hollands größter Dichter, Joost van den Vondel, hat die *Metamorphosen* so übersetzt, dass sie zum Bestandteil seiner Nationalliteratur wurden. Dänemarks Klassiker, Holberg, rühmt in seinen (lateinischen) *Lebensbriefen* seinen Liebling Ovid als geborenen Dichter; er lobt den natürlichen Fluss seiner Sprache, die Abwechslung von Humor und Ernst, die Verbindung von Erhabenheit und Einfachheit und Ovids Nähe zur Musik.[257] Gegen Herders Kritik am „überkultivierten" Ovid, in der bereits der einseitige deutsche Philhellenismus und die aufkommende Vorliebe für nationales Kolorit spürbar werden, wendet sich Goethe mit der wichtigen Feststellung, „was ein vorzügliches Individuum hervorbringe, sei doch auch Natur".[258] Neben Goethes Rechtfertigung des Werkes aus dem schöpferischen Ingenium tritt bei Puschkin autobiographisch bedingte Sympathie für den Verbannten, der zur Verkörperung der Heiligkeit der Poesie und des Dichters wird, aber auch die Bewunderung für den großen Erzähler („eine Stimme wie des Wassers Rauschen").[259] Trifft also Puschkins These zu, nur der Dichter könne den Dichter verstehen? In der Tat haben geborene Poeten das Naturell des unkonventionellen Klassikers erkannt und geliebt. Wird somit das poetische Gedächtnis beschränkt auf das Gipfelgespräch zwischen den größten Dichtern?

13.3 Ovid – der ‚meistgelesene' Autor
Während die Schar der Dichter sich mehr durch Rang als durch Zahl auszeichnet, gibt es doch auch den großen Kreis gebildeter Leser, der von Ovid keineswegs verachtet wird. Schon frühzeitig erreichte der Dichter das breite Publikum der Stadt, und noch zu Lebzeiten war er weltweit der meistgelesene Autor. Dafür bedurfte es äußerer und innerer Voraussetzungen.

Wie kam es dazu? Zwar verbrannte Ovid unter dem Eindruck des Verbannungsurteils ein Exemplar der damals im Wesentlichen abgeschlossenen (und zum Glück bereits im Freundeskreis kursierenden) *Metamorphosen*. Doch entschloss er sich unterwegs nach Tomis zur Veröffentlichung, obwohl, wie er hervorhebt, dem Werk die letzte Feile fehlte (*trist.* 1,7; 2, 555; 3, 14, 19-24). Es besteht kein Grund, deshalb an der Verbrennung des Manuskripts zu zweifeln, weil sie unter den gegebenen Umständen sinnlos war; es war nur natürlich, auf eine sinnlose Verordnung mit einer sinnlosen Handlung zu reagieren. Vielleicht sind mit dem verbrannten Exemplar wichtige Endkorrekturen verlorengegangen, da die Veröffentlichung sich auf ältere Abschriften stützen musste. Trotzdem dürfte Ovid, nachdem er sich zur Herausgabe hatte überreden lassen, noch einzelne Stellen geändert haben. So meint man im Epilog den Trotz des Verbannten gegen den Zorn des irdischen Jupiters zu hören, und die Bemerkungen zur Entschuldigung Actaeons, der etwas Verbotenes sah, berühren sich auffallend eng mit der Selbstrechtfertigung Ovids in seiner Exilpoesie.[260] Es verdient erwähnt zu werden, dass trotz der Entfernung der *Liebeskunst* aus öffentlichen Bibliotheken die *Metamorphosen* und die Verbannungsdichtungen sofort in Rom erscheinen konnten. Außerdem fanden pantomimische Aufführungen zu seinen Gedichten auch in der Zeit seiner Verbannung lebhaften Beifall,[261] Veranstaltungen, von denen sich der Dichter jedoch vorsichtig distanzierte.

Die äußeren Voraussetzungen für die Verbreitung der Werke waren somit gegeben. Die inneren beruhten nicht allein auf ästhetisch-literarischem Interesse. Gelesen wurde Ovid oft nicht um seiner Wortkunst willen, sondern wegen der Gegenstände, von denen seine Werke handeln. Die Popularität seiner Verse bekunden z.B. poetische Grabinschriften.[262] Doch Ovid war nicht nur ein Gesprächspartner für Trauernde, sondern, wie er es selbst vorausgesehen hatte (*am.* 2, 1), auch und besonders für Verliebte, die seine Sinnsprüche auf ihre eigene Existenz bezogen – man denke an pompejanische Wandkritzeleien. Der Dichter, dem nichts Menschliches fremd war, fand auf Grund seines psychologischen Scharfblicks ein reiches Echo. Indessen reichte das Augenmerk der Leser und Exzerptoren über den Bereich menschlichen Handelns hinaus. Die naturkundliche Seite der *Metamorphosen* fand schon seit Manilius, Seneca und Lucan Verständnis. In welch hohem Maße dies von den Gelehrten des 12. und 13. Jh. gilt, hat Simone Viarre überzeugend nachgewiesen.[263] In der volkstümlichen Tradition wird Ovid zum weisen Magier oder gar zum Propheten und Bischof. Noch bei Molière zitiert ein falscher Arzt Ovid als medizinische Autorität (*Le médicin volant,* scène 5). Nicht vergessen sei schließlich die

Wechselwirkung zwischen Metamorphosenidee[264] und Naturwissenschaft – angedeutet schon von Ovid selbst in der Erwähnung der natürlichen Metamorphose des Schmetterlings im fünfzehnten Buch und gipfelnd in Goethes *Metamorphose der Pflanzen* und *Metamorphose der Tiere*. In den Bereich der Theologie weist der Begriff der μεταμόρφωσις im Sinne von „Verklärung": einige der ovidischen Apotheosen bereiten auch diesen Aspekt vor. Die Bedeutung der Apotheosen in den späteren Teilen der *Metamorphosen* hat Dante mit der ihm eigenen Intuition erkannt.[265] Das althergebrachte Verständnis der *Metamorphosen* als Handbuch des menschlichen und göttlichen Wissens tritt schließlich im 20. Jh. etwas unerwartet wieder in den Vordergrund. Ezra Pound[266] hält die Schriften des Konfuzius und Ovids *Metamorphosen* für die einzigen sicheren Leitfäden auf dem Felde der Religion (vielleicht wegen ihrer Freiheit von Vorurteilen?).

13.4 Vom Nutzen der Institutionen: Schulen, Kirchen, Fürstenhöfe

Andererseits steht auch fest, dass die Überlieferung von Dichtern nicht nur von der inneren Haltung einzelner Persönlichkeiten, sondern auch von der Fortdauer der Institutionen abhängt. Wenn wir also darüber staunen, dass die Blüte der lateinischen Sprache und Literatur über so viele Jahrhunderte anhielt, und uns wünschen, sie möge fortdauern, so müssen wir die Bedeutung der Schulen, Kirchen und Regierungen mitberücksichtigen.

Schon am Anfang freilich hatte es in den Rhetorenschulen – aus denen Ovid selbst hervorgegangen war – nicht an kritischen Stimmen gefehlt. Man denke nur an den illustren Rhetoriklehrer Quintilian[267] und an Seneca den Älteren, der zwar selbst kein Rhetor war, aber uns die Urteile überliefert hat, die in den Rhetorenschulen über Ovid umliefen. Da gab es Leute, die sagten, Ovid verstehe es nicht, was ihm gut gelungen sei, hinter sich zu lassen: *Ovidium nescire quod bene cessisset relinquere* (Sen. contr. 9, 5, 17) – eine Bemerkung, der man eine gewisse Berechtigung nicht absprechen kann. Der jüngere Seneca beanstandet das Umkippen der grandiosen Sintflutschilderung in „kindische Spielereien" (*pueriles ineptiae*) und urteilt: *Non est res satis sobria lascivire devorato orbe terrarum* „es zeugt von Mangel an Nüchternheit, wenn man witzelt, während die Welt untergeht".[268] Auch fehlte es nicht an Lesern, die prophezeiten, er hätte mehr „leisten können, wäre er nur fähig gewesen, sein Talent zu beherrschen, statt ihm nachzugeben", *quantum ille vir praestare potuisset, si ingenio suo imperare quam indulgere maluisset.*[269] Diese Art zu urteilen scheint Geistern eigen zu sein, die das cartesianische *cogito ergo sum* durch ein *corrigo ergo sum* ersetzt haben. Dennoch möge keiner die Schulmeister verachten, die im Gegenteil Bewunderung und höchstes Lob verdienen, haben sie doch zu Ovids Fortleben Beachtliches beigetragen[270] und werden es auch weiterhin tun – sofern die Politiker es ihnen gestatten. Über das ungewöhnliche Format von Ovids Talent sind sich freilich auch seine Kritiker einig, und der Historiker Velleius nennt ihn unter den bedeutendsten Autoren.[271]

Im Mittelalter haben Klöster, Stifte und Schulen wesentlich zur Erhaltung und Pflege der antiken Autoren beigetragen. Der Schule kam dabei eine wichtige Rolle zu. Im frühen Mittelalter wurde unser Dichter von einzelnen Autoren vor allem als poetisches und rhetorisches Muster studiert. Vom elften bis zum dreizehnten Jahrhundert zählte Ovid zu den wichtigsten Schulautoren. Ludwig Traube nannte jene Epoche mit Recht *aetas Ovidiana*. Mit dem folgenreichen Aufkommen des Interesses für die Natur[272] und auch für die erotische Thematik wurde Ovid nun zu einem Vorboten der Renaissance und begann z.T. sogar Vergil in den Schatten zu stellen. Die Zahl der Ovidhandschriften stieg an, man verfasste Einleitungen (*accessus*) und Kommentare, Fälschungen und Übersetzungen.[273] Im vierzehnten Jahrhundert (1328) schrieb ein Franzose den einflussreichen *Ovide moralisé,* der es ermöglichte, den oft unsittlichen Mythen einen höheren Sinn abzugewinnen und die *Metamorphosen* auf diese Weise als Schulbuch zu retten.[274] Dem Beispiel dieses Gelehrten folgten viele andere, darunter Petrarcas Freund Petrus Berchorius (Berçuire, † 1362). Derartige Bücher, so sonderbar sie uns heute anmuten mögen, trugen in jener Zeit viel dazu bei, die Würde der Dichtung zu verteidigen und die Dichterlektüre auf der Schule zu erhalten. Gleiches versuchen heute diejenigen, die Ovid im Sinne Freuds oder Jungs auslegen – der Mitwelt zu Gefallen, der Nachwelt vielleicht zum Gespött.

Indessen stützt sich die Erinnerung nicht nur auf die Lateinschulen. Welcher Staatsmann oder Senator hätte selbst in früheren Zeiten soviel Muße gehabt, um lateinische Dichtung gründlich im Original zu lesen? Deshalb kommt den Übersetzungen in die modernen Nationalsprachen besondere Bedeutung für das Fortwirken antiker Literatur zu. Die erste deutsche Übersetzung der *Metamorphosen* schuf Albrecht von Halberstadt (1210); in derselben Epoche, der *aetas Ovidiana,* verfasste später Maximos Planudes eine griechische Version. In französischer Sprache erschienen die ersten beiden Bücher der *Metamorphosen* 1532, aus der Feder von Clément Marot, wenig später übertrug François Habert alle fünfzehn Bücher. Ins Englische übersetzte William Caxton schon 1480 den Berchorius. Wie belebend Übersetzungen auf die modernen Literaturen wirken können, zeigt die 1567 erschienene *Metamorphosen*-Übertragung von Arthur Golding. Diese eher bescheidene Leistung begeisterte keinen Geringeren als William Shakespeare für Ovid, den er später auch im Original las. Die Verwendung der ovidischen Monologe in Shakespeares Tragödien und Komödien hat John Velz glänzend gewürdigt.[275]

Kurz erwähnt sei auch noch die wichtige Rolle staatlicher Verordnungen für das Fortwirken antiker Texte. Ein Segen für Europa war in dieser Beziehung die Maßnahme Karls des Großen, der befahl, in allen Klöstern und Stiften Schreibstuben zu errichten und antike Texte abzuschreiben; ein Fluch waren und sind die zuerst unter Kaiser Wilhelm II. und danach mit seltener Einmütigkeit unter nationalsozialistischen, kommunistischen und demokratisch gewählten Regierungen in Ost[1] und West kontinuierlich erfolgten Reduzierungen des Latein- und Griechischunterrichts an den Gymnasien. Für Ovids Fortwirken speziell waren zahlreiche Fürstenhöfe förderlich, die in ihrem Bilder- und Figurenschmuck überwiegend auf Ovids *Metamorphosen* Bezug nahmen, aber auch Übersetzungen und Vertonungen in Auftrag gaben (s. unten 13.6).

13.5 Poetik und Literaturgattungen

Ovids *Metamorphosen* regen ihre Leser immer wieder dazu an, über Wesen und Bedeutung von Poesie und Mythos nachzudenken. Die poetische Reflexion späterer Generationen entzündet sich an Ovids Text und der darin implizit enthaltenen Poetologie. In Spätmittelalter und früher Neuzeit bieten Ovids *Metamorphosen* als Grundtext der antiken Mythologie immer wieder Anlass zur Rechtfertigung von Poesie und Mythos; das gilt von Boccaccio und Natalis Comes (Conti) bis hin zu dem niederländischen Klassiker Vondel.[276]

Kaum überblicken lässt sich die Vielfalt der Literaturgattungen, die von Ovids *Metamorphosen* angeregt wurden; sie sind ebenso zahlreich wie die von Ovid verwerteten oder gestalteten Genera. Man denke nur an die Epiker, die ihre Erzählkunst an Ovid schulten, an den Farbenreichtum eines Statius, Claudian[277], Ariost[278], Byron, Puschkin! Oder an Dichter von Kunstmärchen wie Puschkin, E.T.A. Hoffmann[279] und viele andere! Überhaupt wäre es lohnend, der Beziehung zwischen dem Kunstmärchen und Ovids *Metamorphosen* nachzugehen.[280]

Hier müssen wir auch die Romane nennen, eine in unserer Zeit sehr fruchtbare Gattung. Einige Romanciers schrieben über Ovids Leben und Verbannung – so der Rumäne Vintilă Horia[281] oder Ovids deutscher Namensvetter Eckard von Naso;[282] andere verfassten mehr oder weniger autobiographische Romane im Zeichen der Metamorphose, so der holländische Dichterfürst Louis Couperus – als Stilist mit Ovid und Apuleius vergleichbar –, der unter dem Titel *Metamorfose* seine geistige Entwicklung nachzeichnete. Wieder andere führten die mythischen Gestalten Ovids ins reale Leben zurück, wie Christoph Ransmayr, der, unter Benutzung einer Prosaübertragung[283] der *Metamorphosen* sein Buch *Die letzte Welt* verfasste,[284] in dem viele Gestalten aus Ovids *Metamorphosen* wieder aufleben. Seine Art des Erzählens stimmt gut mit der Ironie zusammen, mit der Ovid wie Hoffmann Lebenswirklichkeit und mythische Traumwelt vermischen. Doch unterscheiden sich Hoffmann wie Ransmayr darin von Ovid, dass dieser in den *Metamorphosen* den mythischen Gestalten den Atem des alltäglichen Lebens einhaucht, während jene Autoren alltägliche Personen mit mythischen Namen belegen. Geistvolle hermeneutische Reflexionen liegen Cees Nootebooms Roman *Het volgende verhaal* zugrunde.[285]

Über das rein literarische Fortwirken hinaus wurde Ovid für viele zu einem Meister der Lebenskunst, der die ganze Welt nicht nur mit Sinnsprüchen über die Liebe, sondern überhaupt mit klugen Ratschlägen zur Lebensgestaltung erfüllt hat. Davon zeugen pompejanische Wandinschriften, mittelalterliche Florilegien und die höchst anmutigen *Essais* von Denkern wie Michel de Montaigne mit ihrem Reichtum an Ovidversen.

13.6 Kunst und Musik

Seit der Renaissance haben die *Metamorphosen* als Thesaurus der Gelehrsamkeit, Grundtext der Mythologie und Themenschatz für Künstler nicht nur die Literatur, sondern auch die Malerei,[286] Bildhauerei, Teppichweberei und alle musischen Künste erobert, so dass es uns an Zeit und Raum gebricht, alles darzulegen. Unser Poet vermittelt Autoren, Malern, Bildhauern und Musikern nicht nur stoffliche, sondern auch künstlerische Anregungen. Wagt sich Ovid im Streben nach bildhafter Anschaulichkeit bis an die Grenzen der Poesie, so stoßen andererseits große Bildhauer bei der Darstellung der Verwandlung (Berninis *Daphne;* mehrere Werke Rodins) bis an die Grenzen ihrer Kunst vor.[287]

Zwar hat die Neuzeit Ovid sehr oft nicht direkt, sondern durch mythologische Handbücher benutzt, die sich vielfach auf die *Metamorphosen* stützten, so Boccaccios († 1375) *Genealogiae deorum gentilium libri*[288] oder Natalis Comes' *Mythologiae libri* (Patavii 1616). Außerdem stützten sich viele praktische Handbücher für Maler auf die *Metamorphosen,* man veröffentlichte Holzschnitte oder Kupferstiche (zusammen mit Ovids Text oder auch ohne ihn), so dass eine ikonographische Vulgata entstand. Aus solchen publizierten Abbildungen schöpften auch große Maler; z.B. beruht Albrecht Düreres *Tod des Orpheus* auf einem italienischen Stich. In ganz Europa schmückten viele vornehme Familien ihre Paläste und Häuser, Parks und Gärten mit Statuen, Fresken und Teppichen, deren Motive aus den *Metamorphosen* stammten – man denke nur an das Sanssouci Friedrichs des Großen![289]

Einzelne Mythen – so Pygmalion, Daphne, Pyramus und Thisbe, Philemon und Baucis – haben eine eigene Wirkungsgeschichte, die von Wissenschaftlern in gesonderten Monographien untersucht worden ist.[290] Die Gemälde eines Tizian, eines Rubens sind so von ovidischen Stoffen durchdrungen, dass eine Aufzählung zu weit führen würde. Es muss hier genügen, anzudeuten, dass Stoffwahl und Art der Behandlung oft die Eigenart des rezipierenden Malers erkennen lassen: Malt doch Adam Elsheimer Philemon und Baucis in einem Interieur, in dem alles Licht vom Herdfeuer und von den Göttern ausgeht; Peter Brueghel der Ältere lässt Daedalus und Icarus über eine detailreich ausgeführte Landschaft fliegen; Rembrandt verwandelt den *Raub der Proserpina* in einen Kampf zwischen Licht und Finsternis; Tiepolo gestaltet die Apotheose des Aeneas als himmlische Vision; Camille Corot versetzt Byblis in eine seiner lichten Baumlandschaften, Edward Burne-Jones stellt uns eine verruchte Circe vor Augen. Aus dem 20. Jh. seien Picasso, Maillol, Dalí, Henninger, Finsterlin, Ruppert-Tribian genannt.

Unter den gedruckten Illustrationen ragt ein Band hervor, der 1717 in Amsterdam erschien: (wir würdigten oben den Ertrag solcher Bilder für das Verständnis der *Metamorphosen*).[291] Der Band dokumentiert aufs Schönste die Zusammenarbeit zwischen bedeutenden Übersetzern (John Dryden, Joseph Addison u.a.) und fähigen Illustratoren. In diesem Werk wird jeweils der Inhalt eines Buches auf einem Bild dargestellt, so dass das Buch auf einen Blick überschaut werden kann. Diese Abbildungen sind wohl das Schlussglied in einer Kette, die letztlich auf die italienische Renaissance zurückgeht und ihren Höhepunkt im 17.-18. Jh. erreicht. Hier verbinden sich viele überlieferte Einzelbilder zu einem Ganzen; gleichzeitig können sie als bedeutende Stütze für unser Gedächtnis gelten; kann man sich doch mit Hilfe dieser Illustrationen leicht in Erinnerung rufen, welche Mythen jedes Buch enthält; zugleich fällt Licht auf die planvolle Struktur der *Metamorphosen*. Das ist auch für die Wissenschaft heute wieder von Nutzen. Denn nicht lange nach Erscheinen jener Ausgabe hat der einflussreiche Johann Heinrich Voß das Corpus der *Metamorphosen* auseinandergerissen, indem er einzelne Kleinepen isolierte. Ebenso hörten die bildenden Künstler auf, ganze Bücher zu illustrieren; sie widmeten ihre Aufmerksamkeit nur dem einzelnen Mythos. Gleiches widerfuhr den Gelehrten: Sie begannen den Aufbau der ganzen Bücher zu vernachlässigen, obwohl doch die Anordnung der Mythen im Werk mit Sicherheit von Ovid stammt. Daran krankt die Forschung zum Teil noch heute. So lassen sich auch aus dem Fortwirken der *Metamorphosen* wissenschaftliche Ergebnisse für das Verständnis der Eigenart der *Metamorphosen* gewinnen.

Die Wechselwirkung Ovids mit der Bildhauerei erschließt nicht weniger wichtige Aspekte. Berninis Daphne scheint sich von selbst zu bewegen und in einem Verwandlungsprozess zu befinden, den der Beschauer buchstäblich nachvollziehen kann, indem er das Kunstwerk umschreitet und die wechselnde Nähe und Ferne des Paares sowie die Phasen des Verwandlungsprozesses aus verschiedenen Perspektiven beobachtet. Vollends Auguste Rodin! Er stellt uns in Werken wie der *Métamorphose ovidienne* den Übergang einer Gestalt in die andere vor Augen. Diese Meister ihres Faches scheinen – ähnlich wie Ovid – versucht zu haben, die Grenzen ihrer jeweiligen Kunst zu überschreiten. Versuchten sie doch, dem Stein Leben und gleichsam musikalische Bewegung einzuhauchen, während umgekehrt Ovid seinen Worten geradezu plastische Anschaulichkeit verlieh. Gleichen nicht solche Künstler, die aller Schranken zwischen Gattungen und Künsten spotten, dem großen Orpheus, der Bäume in Bewegung setzte und Flüsse stillstehen ließ?[292]

Schließlich noch einige Worte zum Fortleben Ovids in der Musik.[293] Vom Einfluss auf die Oper zeugen Daphne-Vertonungen von den frühen Italienern bis Richard Strauss;[294] das reiche musikalische Fortwirken der Sage von Pyramus und Thisbe hat Franz Schmitt von Mühlenfels[295] mit Kennerschaft untersucht; der große Gluck hat sich – auch außerhalb des Orpheus-Stoffes – vielfach mit ovidischen Sujets beschäftigt.[296] Nach Ovids *Metamorphosen* komponierte Karl Ditters von Dittersdorf[297] zwölf Symphonien, kein Nebenwerk, sondern ein anspruchsvolles Lieblingsprojekt des Komponisten! Ursprünglich plante er dreimal fünf, also fünfzehn Symphonien; und den Kompositionen sollten jeweils Kupferstiche beigegeben werden. Die Planung des Werkes reizt (zumindest, was den Griff nach dem Ganzen betrifft) zum Vergleich mit dem von uns untersuchten Abbildungszyklus. Die stolze Zielsetzung Dittersdorfs, Ovids fünfzehnteiliger Dichtung ein ebensolches musikalisches Werk an die Seite zu stellen, ist sogar in der reichen Wirkungsgeschichte Ovids einmalig. Im 20. Jahrhundert wird die Idee der Metamorphose in Kompositionen verwirklicht, die in unterschiedlicher Weise dem Variations- oder Entwicklungsprinzip huldigen und zuweilen sogar den Titel *Metamorphosen* tragen. Solche Werke kennen wir z.B. von Richard Strauss,[298] Paul Hindemith[299] und Georg von Albrecht[300]. Benjamin Britten schrieb *Sechs Metamorphosen* für Oboe solo, ein Instrument, das dem antiken Aulos relativ ähnlich ist. Hier ist der Bezug zu bestimmten ovidischen Mythen auch in den Titeln der Stücke spezifiziert.

13.7 Schluss

Zwischen Poesie und Gedächtnis herrscht eine doppelte Beziehung. Zum einen entsteht Dichtung aus dem Erinnern; ist doch die Muse eine Tochter der Erinnerung; der Musensohn Orpheus ist für Ovid Inbegriff des Poeten. Zum anderen hat die Erinnerung an die *Metamorphosen* unzählige Dichter, Maler, Bildhauer, Komponisten inspiriert, neue bedeutende Werke zu schaffen. Aus diesen beiden Funktionen der Erinnerung entsteht ein Drittes: Zum Beispiel tragen die Illustrationen der Ovid-Ausgaben – die das Gedächtnis der Leser unterstützen sollen – auch ihrerseits zum Verständnis der künstlerischen Eigenart der *Metamorphosen* bei.

Somit ist Ovids Muse eine Tochter des poetischen Gedächtnisses der Antike und die Mutter moderner literarischer und künstlerischer Traditionen. Wer die Töchter kennt, wird vielleicht auch über die Mutter gerechter urteilen. Jedenfalls hat sich Ovids außergewöhnliche Anrede an die Nachwelt (*trist.* 4, 10, 2) durch ein sehr starkes Echo als gerechtfertigt erwiesen. Seine intertextuelle Berufung auf eine lateinische mythisch-historische Tradition als einen von Generationen geschaffenen, aber als einheitliches Kontinuum erfahrenen ‚Text' (vor der Romulus-Apotheose) und auf das unzerstörbare Archiv des Weltgedächtnisses (vor der Caesar-Apotheose) hat in ihm die Überzeugung geweckt, sein eigener Text habe an eben dieser Unzerstörbarkeit teil (im Epilog). In der Tat haben die *Metamorphosen* ihrerseits erheblich zur Kontinuität der Bildersprache unserer Kultur beigetragen und tun dies weiterhin. Ständig entstehen Gemälde,[301] Gedichte, Musikstücke zu Ovid; sie alle sind kein bloßer Abglanz der *Metamorphosen*, sondern Sterne mit eigenem Licht, das auf Ovids Werk zurückstrahlt und an ihm immer wieder neue Seiten sichtbar macht.

14 Vom Fällen heiliger Bäume:
Erysichthon – Caesar – Bonifatius[302]

Ein Beispiel für Tradition, Fortwirken und Aktualität der *Metamorphosen* ist Ovids Erysichthon-Erzählung (*met.* 8,738-878). Wir vergleichen sie im Folgenden mit ihrem Vorbild, dem Demeter-Hymnus des hellenistischen Dichters Kallimachos und einer Nachgestaltung des neronischen Epikers Lucan (3, 399-452), in dessen Nachfolge Conrad Ferdinand Meyers Gedicht *Das Heiligtum* steht[303]. Nicht zu derselben Tradition gehört der Bericht von der Fällung der Donar-Eiche bei Geismar (723 n.Chr.) durch Bonifatius (Willibald, *Vita Bonifatii* 6); wir ziehen diesen Text unter thematischen Gesichtspunkten heran. Folgende Leitfragen sollen den Zugang erschließen:
- Wie gliedern sich die jeweiligen Erzählungen formal und inhaltlich?
- Welche Akzentsetzungen ergeben sich hieraus?
- Auf wessen Seite stehen Gottheit und Recht?
- Welche Beziehung hat der jeweilige Held zu der betreffenden Gottheit?
- Welchem Zweck dient das Fällen des Baumes? Was soll dadurch jeweils bewiesen werden?
- Was wird über die sonst an dem Geschehen beteiligten Menschen ausgesagt?
- Welche Funktion haben Natur und Landschaft?

14.1 Aufbau und Akzentuierung der Erzählung

Kallimachos
Bei dem hellenistischen Dichter steht die Erysichthon-Erzählung in einem Götterhymnus (*hymn.* 6, *Auf Demeter*). In den Rahmenpartien werden die Frauen der Stadt aufgefordert, der Göttin zu huldigen (1-6; 118-133); den Schluss bildet eine Bitte um Wohlergehen der Polis (134-138).

Im Mittelstück (7-117) geht der Dichter zunächst auf die Not der ihre Tochter suchenden Demeter ein, lässt aber bald dieses Thema fallen, da es nicht zur Festtagsstimmung passt (7-17); in Bezug auf das Folgende kommt diesem Abschnitt vorbereitende Funktion zu, ähnlich wie das Fasten einen düsteren Auftakt zur hellen Festesfreude bildet.

Lieber will Kallimachos von der kulturstiftenden Macht der Göttin des Ackerbaus singen. Die Erysichthonsage soll lehren, sich frevelhafter Übertretungen zu enthalten (22), und soll wohl auch die Gerechtigkeit der Göttin demonstrieren. Es wird sich zeigen, dass der durch den Rahmen vorgegebene Bezug auf die Gemeinde auch die eigentliche Erzählung wesentlich bestimmt.

Die Erysichthon-Geschichte gliedert sich in zwei etwa gleich lange Hauptteile: die Erzählung vom Fällen des Baumes und der Bestrafung Erysichthons (24-68) und die Schilderung der bösen Folgen von Erysichthons Hunger für seine Hausgenossen (69-115), abgeschlossen durch ein Gebet des Dichters, der sich von dem Frevler distanziert (116 f.).

Im ersten Teil verläuft nach einer einleitenden Beschreibung des Hains (24-30) das Geschehen dramatisch: Erysichthon, dem der Daimon zürnt, lässt eine hohe Schwarzpappel fällen (31-39). Dazwischen schiebt sich ein retardierendes Moment: Als Warnerin tritt Demeter in Gestalt der Priesterin Nikippe auf (40-49). Daraufhin zeigt sich der junge Mann wütender als eine Löwin (50-56). Jetzt offenbart sich Demeter in ihrer göttlichen Würde und straft Erysichthon mit unstillbarem Hunger (57-68).

Der Hymnus hat 138 Verse; die Bestrafung steht also unmittelbar vor der Mitte des Gedichts. Die ganze zweite Hälfte des Hauptteils ist der Beschreibung der Folgen von Erysichthons Fressgier für seine Hausgenossen und Haustiere gewidmet. Die Breite der Schilderung zeugt nicht nur von hellenistischer Lust am pittoresken Detail, sie beweist auch, dass dem Dichter daran gelegen war, die verhängnisvollen sozialen Auswirkungen von Erysichthons Verhalten zu vergegenwärtigen. Nicht genug, dass er sich von der Polis isoliert, er stürzt auch seine Angehörigen ins Unglück und vernichtet die kleine, geordnete Welt seines Hauses.

Ovid

Die äußere Verankerung der Erzählung in den *Metamorphosen* beruht auf der Verwandlungsfähigkeit von Erysichthons Tochter. Das Mädchen wird am Anfang erwähnt und tritt am Ende als Heldin einer Verwandlungssage in den Vordergrund. Der Held erscheint bei Ovid also nicht mehr als Sohn, sondern als Vater.

Nach einer einleitenden Schilderung des heiligen Baumes und seiner unmittelbaren Umgebung vollzieht sich der Frevel in dreifacher Stufung; Erysichthon ist bereit, die Eiche zu fällen, selbst wenn es sich dabei um eine Göttin handeln sollte. Dieser Anschlag auf die Pflanzenwelt wird durch ein Prodigium überboten: Der Baum blutet wie ein Opferstier (752-764). So wird Erysichthon zum ‚Tierschlächter'. Doch nicht genug damit: Der Warner, der sich ihm in den Weg stellt, wird von ihm erschlagen. Erysichthon ist bei Ovid ein Mörder. Der Erfindung des römischen Dichters liegt also die Stufenordnung Pflanze – Tier – Mensch zugrunde.

Im Folgenden treiben Nebenfiguren die Handlung voran (worauf zurückzukommen sein wird). Der Hunger tritt dem Leser bei Ovid als allegorische Gestalt vor Augen – es geht um Veranschaulichung der Idee, nicht um anekdotisches Detail. Man erfährt nicht einmal, zu welchem Zweck Erysichthon den Baum hatte fällen lassen. Er ist der Frevler schlechthin. Die Strafe ist insofern verschärft, als der Hunger schließlich zur Selbstzerfleischung führt.

Der Hauptakzent liegt auf der Steigerung des Baumfällens zum Mord und widergöttlichen Frevel, der allegorischen Herausarbeitung des Themas ‚Hunger' und der Ausgestaltung des Verwandlungsschicksals der Tochter. Mit Ausnahme des Schlussteils wird an Einzelheiten gespart, sofern sie nicht geeignet sind, die Würde zu erhöhen.

Lucan
Während die einleitende Schilderung bei Kallimachos eine liebliche, bei Ovid eine ehrfürchtige Stimmung vermittelt, ist die entsprechende Passage bei Lucan von lähmendem Entsetzen geprägt (399-425).

Die zweite Phase der Erzählung ist kurz, fast undramatisch; Caesar braucht Holz für die Belagerung von Massilia. Die Soldaten wagen nicht, den heiligen Hain zu verletzen, da sie abergläubisch befürchten, das Beil werde ihre eigenen Glieder verwunden (426-431).

In der dritten Handlungsphase übernimmt Caesar selbst die Verantwortung und ergreift die Initiative; die Bäume fallen (432-445). In einer letzten Phase werden die Reaktionen der Menschen geschildert: Die Gallier seufzen; die eingeschlossenen Massalioten freuen sich darauf, dass die Strafe des Himmels die Frevler ereilen wird. Doch die erwartete Reaktion der Götter bleibt aus. Sie können offenbar nur Unglücklichen zürnen und lassen Schuldige leben (445-452).

Im Vergleich mit Kallimachos und Ovid ist die Dramatik reduziert. Das retardierende Moment einer breit ausgeführten Warnerszene entfällt. Sogar der klassische Mechanismus von Schuld und Sühne ist außer Kraft gesetzt. Das Augenmerk des Lesers wird durch die Struktur der Erzählung auf das Ausbleiben des üblicherweise Erwarteten gelenkt. Dem Umfang nach ist die unheimliche Schilderung des heiligen Haines besonders gewichtig. Die Götter erscheinen innerhalb unserer Textreihe erstmals als barbarisch, mörderisch, inaktiv, veraltet, ja vielleicht tot.

Conrad Ferdinand Meyer
Der große Schweizer Dichter Conrad Ferdinand Meyer geht von Lucan aus, stellt aber im Vergleich zu diesem die äußere Dramatik wieder her. In den eingangs geschilderten Hain sieht man die Truppe einmarschieren; individualisiert werden ein Gallier und ein Legionar. Der erstere übernimmt die Funktion des Warners und versetzt die Römer in Angst. Erst jetzt erscheint Caesar. Das verspätete Auftreten des Haupthelden bedeutet, dramatisch gesehen, eine Verbesserung gegenüber allen Vorgängern. In dem Augenblick, da Caesar mit der Axt zuschlagen will, tritt ein zweites retardierendes Moment ein: Seine Leute halten ihn zurück. Dennoch fällt er den Baum, um anschließend die befreienden Worte zu sprechen: „Seht, Kinder, ich bin heil!" Dies ist ein spürbar anderer Ton als bei Lucan (dort: *credite me fecisse nefas* „Glaubt, dass ich den Frevel begangen habe), von dem Wüterich Erysichthon ganz zu schweigen. Die von ihrem Aberglauben geheilten Soldaten ziehen die Konsequenz und sprechen aus, was bei Lucan nur unterschwellig mitschwang: „Verendet hat der Gott".

Formal gilt hier das Hauptaugenmerk der Dramatik und der szenischen Anschaulichkeit der Erzählung; inhaltlich werden Linien schärfer ausgezogen, die schon bei Lucan zu erkennen sind. Caesars Dämonie tritt jedoch gegenüber seinem Charisma zurück.

Die Bonifatius-Vita
Die Exposition stellt uns vor Augen, dass die Hessen zum großen Teil getauft sind, manche von ihnen aber noch heimlich oder gar öffentlich den Bäumen und Quellen opfern und Wahrsagerei und Zauberei treiben. In der zweiten Phase der Erzählung versucht Bonifatius auf Anraten der Gläubigen, die Donar-Eiche in Anwesenheit anderer katholischer Priester zu fällen. Die Heiden stehen dabei und verfluchen den Feind ihrer Götter. Daran schließt sich unmittelbar die dritte Phase: Kaum berührt, stürzt die Eiche durch göttliches Wehen und spaltet sich ohne menschliches Zutun in vier Teile. In einem vierten und letzten Abschnitt erfährt man, dass die Heiden sich bekehren und Bonifatius aus dem Holz ein Bethaus errichtet.

Die Erzählung ist einfach, aber wirkungsvoll strukturiert: Der Akzent liegt auf dem Kontrast zwischen dem dekadenten Götzendienst der Germanen und dem plötzlich eintretenden göttlichen Wunder. Wichtig ist auch die Antithese zwischen dem Fluchen der Heiden vor dem Mirakel und ihrer Bekehrung danach.

14.2 Gottheit und Recht
Auf welcher Seite stehen Gottheit und Recht bei den verschiedenen Autoren?

Kallimachos
Bei Kallimachos (und Ovid) widersetzt sich der Hauptheld der Gottheit und ist eindeutig im Unrecht. Bei dem griechischen Dichter zürnt der Daimon dem jungen Mann (man erfährt nicht, warum), und „schlechterer Rat" ergreift von ihm Besitz. Frevelhaft ist vor allem das Beharren auf dem Vorsatz trotz einer ausdrücklichen Warnung, doch werden auch mildernde Umstände – z.B. die Jugendlichkeit des Helden – geltend gemacht.

Die Göttin erscheint bei dem griechischen Dichter zunächst in Verkleidung, dann in grotesker Riesengestalt. Die Sprache, die sie führt („Hund, Hund!") ist nicht gerade gewählt.

Ovid
Bei Ovid ist Ceres eine große Dame, die sich im Hintergrund hält und nur durch Bediente handelt. Für den römischen Dichter ist der Baum nicht nur der Göttin eigen (vgl. Kallimachos 6, 4 „Wer holzt mir die schönen Bäume ab?"), sondern der Baum ist selbst eine Göttin. Gegen sie – in all ihrer Majestät – richtet sich die

Zerstörungswut des Helden. Der Waldfrevel hat überhaupt keinen praktischen Zweck, er entspringt einem widergöttlichen Vorsatz und reiner Lust am Bösen, die nicht durch Einwirkung eines Daimons entschuldigt wird.

Lucan

Bei Lucan halten sich die Götter so sehr im Hintergrund, dass man an ihrer Realität oder zumindest an ihrer Gerechtigkeit zweifeln muss. Die Gottheiten des Hains sind unbekannt, sie tragen keinen eindeutigen Namen und treten nicht als Handelnde auf. Im Dienste dieser Götzen ist früher Menschenblut geflossen; die Stätte ihres Kults umgibt abergläubischer Schrecken. Diesmal erscheint die Gottheit nicht als Natur, die Volk und Stadt nährt (wie bei Kallimachos) oder als übermenschliche Majestät (wie bei Ovid); es handelt sich vielmehr um mörderische, abergläubisch gefürchtete, barbarische Abgötter.

Auf der anderen Seite steht der Mensch Caesar. Freiwillig nimmt er es auf sich, das Unrecht an den Göttern (*nefas*) zu verantworten. Vorurteilslos, selbstsicher, über konventionelle Bedenken erhaben, weiß er seinen Genius den alten Götzen überlegen. In Caesars Bedenkenlosigkeit liegt etwas Dämonisches, ein Aspekt, der sonst bei Lucan noch stärker zum Ausdruck kommt als hier. Einerseits ist zu Caesars Zeit der Glaube an heidnische Gottheiten schon geschwunden, und die alten Götter sind tot. Andererseits sind in der Hand eines Einzelnen so starke Machtmittel vereinigt, dass sich ihm fast unbegrenzte Möglichkeiten auftun und er seiner Souveränität innewird. Der mündig gewordene Mensch tritt den alten Göttern mit neuem Selbstbewusstsein gegenüber. Bei Ovid scheitert er noch; bei Lucan entdeckt er, dass ihre Majestät alt und ohnmächtig geworden ist. Wenn überhaupt noch von etwas Göttlichem oder Dämonischem die Rede sein soll, so wird es schon für Lucan allein im Inneren des Menschen erfahrbar.

Conrad Ferdinand Meyer

Bei Conrad Ferdinand Meyer, der Mommsens *Römische Geschichte* ins Französische übersetzt hat, überrascht es nicht, dass trotz engem Anschluss an Lucan das Caesarbild positiver ausfällt als bei dem römischen Epiker. Von einem *nefas*, das Caesar bewusst auf sich nimmt, ist nicht mehr die Rede. Es geht um den Sieg der Aufklärung über den Aberglauben. Das hier pointiert herausgearbeitete Motiv „Göttermord" führt Meyer in einem (so betitelten) Gedicht näher aus: „Heut aber tat ich, was die Frommen freut: / Entgöttert meine Schriften hab ich heut ..." Es geht um den Ersatz heidnischer Götternamen durch christliche Begriffe. Innerhalb von Conrad Ferdinand Meyers Schaffen kommt dem Lucan-Stoff ein neuer Stellenwert zu: Caesar tritt in eine Reihe mit Aufklärern und Reformatoren.

Die Bonifatius-Vita
Die *Bonifatius-Vita* stimmt (ohne dass wir an Abhängigkeit denken sollten) darin mit Lucan überein, dass der abgeholzte Baum nicht mit einer lebendigen göttlichen Macht in Verbindung gebracht wird, sondern mit dekadenten magischen Kultformen, die es zu überwinden gilt: Zauberei und Wahrsagerei, niedrigen Äußerungen einer verfallenden Religion. Die Gottheit steht auf Seiten des Haupthelden – eindeutiger als bei Lucan. Sie unterstützt sein Zerstörungswerk durch ein Wunder. Wichtig für den neuen Kontext ist der Glaube, die Bereitschaft, die Gottheit im eigenen Innern wirken zu lassen und das menschliche Handeln in ihren Dienst zu stellen. Diese Form des Bewusstseins übernimmt zwar als Daseinsgefühl den römisch-caesarischen Aktivismus, aber sie bändigt ihn durch verinnerlichten Gehorsam und Läuterungswillen. Die Gottheit wirkt nicht mehr in der Natur, sondern gegen sie; sie hat eine zersprengende, befreiende Kraft. Die Beziehung des Bonifatius zu seinem Gott ist aber auch getragen von dem Gefühl, in einer Gemeinschaft zu stehen.

14.3 Der Zweck der Abholzung des Baumes
Kallimachos
Äußerlich soll der gefällte Baum zum Bau eines Speisesaals dienen. Dadurch ist die Verbindung mit der Strafe (Hunger) besonders eng (vgl. die ironischen Worte der Göttin 63 f.). Vielleicht will Erysichthon durch das Abholzen des Baumes auch seine Macht beweisen; darin liegt vom Standpunkt des Dichters aus eine besondere Ironie, da es der eigentliche Zweck der Erzählung ist, umgekehrt die Macht der Göttin zu demonstrieren, wozu Erysichthon wider Willen beiträgt. Der ausführliche zweite Teil stellt dem Leser vor Augen, dass Erysichthon auch äußerlich das Gegenteil dessen erreicht, was er beabsichtigt. Statt ein Haus zu errichten, richtet er seinen gesamten Hausstand zugrunde.

Ovid
Bei Ovid erfährt man nichts über den äußeren Zweck der Abholzung des Baumes. Erysichthon will sich durchsetzen, sogar gegen Götter. Anders als bei Kallimachos ist der Held kein unbesonnener Knabe, den ein Daimon verblendet, sondern ein erwachsener Mann, der genau weiß, was er tut. Sein Untergang wird zum Schulbeispiel der Selbstzerstörung des Menschen durch Frevel am Göttlichen, ein düsteres Gegenstück zu der unmittelbar vorausgehenden Legende von dem frommen Paar Philemon und Baucis, einer Sage, die in anderer Weise die Allmacht der Götter feiert und in einer Apotheose als Baumverwandlung gipfelt.

Lucan
Bei Lucan soll das Holz zur Belagerung von Massilia verwendet werden, wie überhaupt alles dem Krieg Caesars zu dienen hat. Zweck der Erzählung ist es herauszuarbeiten, wie angesichts von Caesars unbedingtem Willen jeder Widerspruch der Menschen verstummt. Sogar die alt gewordenen Götter schweigen, und der Mechanismus von Schuld und Sühne ist außer Kraft gesetzt.

Conrad Ferdinand Meyer
Der äußere Zweck ist der gleiche wie bei Lucan; doch wird Caesar von den Seinen mehr geliebt als gefürchtet und erteilt ihnen als verdienstvoller Aufklärer eine Lektion, die zum Sinneswandel der Truppe führt.

Die Bonifatius-Vita
Das Holz wird in den Dienst Gottes gestellt: Bonifatius errichtet ein Bethaus. Hatte Erysichthon der Gottheit das Eigentum geraubt, so gibt der christliche Heilige es ihr wieder zurück. Der Zweck der Erzählung ist die Bekehrung der Ungläubigen und die Überwindung des alten Aberglaubens.

14.4 Die Nebenfiguren
Was wird über die sonst an dem Geschehen beteiligten Menschen ausgesagt?

Kallimachos
Der am Anfang und am Ende des Götterhymnus angeredete weibliche Teil der Bevölkerung ist für den Griechen die Quelle für Wohlstand und Fruchtbarkeit. Insofern kommt diesem Personenkreis für den Kult der Demeter tragende Bedeutung zu. Die unmittelbaren Adressatinnen verkörpern somit auch in inhaltlicher Beziehung die Verankerung des Textes in der Gemeinschaft. Dies gilt zumindest im Rahmen der poetischen Fiktion – auch wenn man sich dessen bewusst ist, dass Kallimachos nicht kultische, sondern literarische Ziele verfolgt. Der heilige Hain ist von Pelasgern angelegt; so ist Kallimachos der Einzige, in dessen Erzählung die Bäume von Menschenhand gepflanzt sind. Menschliches Eingreifen in die Gestaltung des Haines wird zum Beispiel bei Lucan ausdrücklich bestritten. Mit feinem Sinn für das Angemessene gibt Kallimachos der Göttin des Ackerbaus und der Kultur keine Wildnis, sondern einen gepflegten Garten zu eigen.

Erysichthons Zerstörungswerk unterstützen zwanzig ‚lange Kerls' (34). Diese Unverzagten, wohl auch Unverschämten (36) werden freilich recht bald angesichts der übermenschlich großen Erscheinung der Göttin vor Angst „halb tot" (59) davonrennen und sogar ihr wertvolles Handwerkszeug in den Bäumen stecken lassen. Das Spiel mit den Vorstellungen ‚Riesenwuchs' und ‚Unerschrockenheit' ist unüberhörbar. Die Göttin lässt die Handlanger laufen und bestraft allein Erysichthon. Die Erwähnung der Dienerschaft ist also nicht nur ein pittoreskes Detail, sondern lässt die Größe, Milde und Gerechtigkeit der Göttin zum Vorschein kommen. Offenbar soll das Volk nicht für die Tat eines einzelnen Mächtigen büßen – insofern steht die Moral der Erzählung im Einklang mit der gesellschaftlichen Einbettung des Hymnus.

Ganz im Unterschied zum Volk im Allgemeinen werden jedoch Erysichthons Eltern, Hausgenossen und Haustiere aufs Schwerste von dem Unheil mit betroffen, was eingehend geschildert wird. Die Funktion der Nebenfiguren erschöpft sich hier nicht im Anekdotischen; sie machen die Einordnung des Einzelschicksals in die engeren und weiteren Kreise des gesellschaftlichen Lebens sichtbar.

Ovid
Bei Ovid wirkt sich Erysichthons Strafe nicht auf die Eltern, sondern auf die Tochter des Helden aus: Sie – und nicht der Vater – betet zu Poseidon (Neptun). Während man von einem Erfolg des Gebets bei Kallimachos nichts erfährt, erhält bei Ovid das Mädchen von Neptun die Gabe, sich zu verwandeln, und kann dadurch die Notlage ihres Vaters erleichtern, dass sie sich an immer neue Eigentümer als Sklavin verkaufen lässt und ihnen dann entflieht. Diese Gestalt bildet den Rahmen der Erzählung. Offenbar will Ovid den zweiten Teil der Geschichte des Kallimachos verbessern und überbieten, indem er an die Stelle bloßer Schilderungen eine lebhafte Erzählung setzt.

Mehr Leben und Individualität als bei Kallimachos haben bei Ovid Götter, die als Nebenfiguren auftreten. Selbst die kleine Bergnymphe wird über ihre bloße Botenrolle hinaus mit lebendigem Empfinden ausgestattet: Obwohl sie den Hungerdaimon nur kurze Zeit und aus der Ferne erblickt, verspürt sie Hunger. Was die Nymphen des Waldes betrifft, so erwähnt Kallimachos nur ihr Spiel (38); dagegen zeigt uns Ovid ihren Reigentanz unter der Eiche und ihren rührenden Versuch, den Eichenstamm gemeinsam zu umspannen. Auch der Baum selbst erscheint als Göttin; seine Wunden bluten, und er redet wie ein Mensch. Die Dryaden (offenbar die Nymphen der übrigen Eichen) eilen wie ein tragischer Chor zu Ceres und bitten sie, den Frevler zu bestrafen. Ovid interessiert sich offenbar mehr für die Auswirkungen von Erysichthons Tat auf die Natur, der er durch verschiedene Personifikationen menschliche Empfindung und Gestalt verleiht. Dagegen stand bei Kallimachos der gesellschaftliche Kontext im Vordergrund.

Im Gegensatz zu Kallimachos verzichtet Ovid darauf, das Aussehen der Diener zu beschreiben; ihm kommt es auf den Befehl (*iubet* 752) und das Zögern der Knechte bei der Ausführung an. Dieses Zaudern – eine Neuerung gegenüber Kallimachos – ehrt die Holzfäller und macht sie aus bloßen Handlangern zu fühlenden Menschen. Ja noch mehr: Wenn einer aus seiner Schar hervorzutreten wagt, um Erysichthon vor dem Frevel zu warnen, so überträgt Ovid die Rolle, die Kallimachos der Göttin selbst zugedacht hatte, einem einfachen Mann. Die

Stimme des Volkes wird für ihn zur Stimme Gottes, wie man dies ähnlich auch in der Pentheus-Erzählung beobachten kann: An die Stelle des Gottes Dionysos tritt dort ein schlichter Fischer (*met.* 3, 573-576). Der Warner büßt seine Frömmigkeit mit dem Tode. Ohne Zweifel hat Ovid den Dienern eine rühmlichere Rolle zugedacht als Kallimachos.

Dem römischen Dichter geht es um Machtverhältnisse und Zuständigkeiten. Erysichthon will um jeden Preis beweisen, dass er die Befehlsgewalt besitzt. Die Knechte sind von der Ehrwürdigkeit des Hains (die Ovid in seiner Schilderung gesteigert hat) ergriffen, und einer von ihnen entschließt sich, Gottesfurcht über Menschenfurcht zu stellen. Römischem Empfinden entspricht auch der Instanzenweg, der erforderlich ist, um den Mechanismus der Bestrafung ins Werk zu setzen: Die Nymphen legen Trauergewänder an (man kennt diesen Zug auch als Mittel römischer Politik) und führen Beschwerde bei Ceres. Diese greift ihrerseits nicht persönlich ein, sondern entsendet eine Oreade, um den Hungerdaimon zu Erysichthon abzuordnen. Wieder liegt der Akzent auf Befehl und Gehorsam (814 f.).

Individuell charakterisiert Ovid auch Erysichthons Tochter. Sie ist zu stolz (*generosa* 848), sich einem Sklavenhalter zu unterwerfen, und betet zu ihrem Neptun um Hilfe. Überhaupt ist das Mädchen alles andere als begriffsstutzig; sie bemerkt sofort ihre Verwandlung und spielt gegenüber ihrem bisherigen Eigentümer mit köstlicher Unbefangenheit die Rolle des wildfremden Anglers. Bei allem Stolz und aller Schalkhaftigkeit hat Erysichthons Tochter auch noch ein gerüttelt Maß an Gutmütigkeit. Sie lässt sich mehrmals von ihrem Vater verkaufen, um seine ewig leere Küchenkasse aufzufüllen.

Ovid zeichnet, der Einordnung in die Metamorphosendichtung entsprechend, die Trägerin des Verwandlungsmotivs, Erysichthons Tochter, besonders lebensnah. Auch die Diener und Nymphen sind beseelt und fest in die Handlung verwoben. Ferner sind für Ovid die Dämonie des Hungers und Gottfeindlichkeit Erysichthons von entscheidender Bedeutung. Die Behandlung der Nebenfiguren beleuchtet schlaglichtartig die den Römer beschäftigende Problematik von Macht, Subordination und Selbstbehauptung.

Lucan
Lucans Hain ist keineswegs mit Nymphen oder ähnlichen Gottheiten bevölkert (403). Im Gegensatz zu Kallimachos, bei dem der Baumgarten von Menschen angelegt ist, zeichnet Lucan einen von Menschen, Vögeln und Tieren, ja von Winden und Blitzen gemiedenen Ort, vor dem sogar dem zuständigen Priester schaudert. Der Hinweis auf das Fehlen bestimmter Nebenfiguren unterstreicht den Kontrast gegenüber den bisherigen Versionen.
Wie bei Ovid zögert die Truppe zunächst, den Befehlen zu gehorchen, da man glaubt, die Axt werde die eigenen Glieder treffen (6, 53). In betontem Gegensatz zu (Kallimachos und) Ovid bleibt die Warnerszene aus, da die Soldaten Caesars Zorn mehr fürchten als den der Götter (439). Die Reduktion der Dramatik bei

Lucan gibt sich somit als spannungsreiche Antithese zu dem Vorgänger zu erkennen. Die Dynamik wird ins Innere der Seele zurückgedrängt. Die Sprachlosigkeit der Befehlsempfänger spiegelt die dumpfe Schreckensatmosphäre der Kaiserzeit. Nachdem der Hain abgeholzt ist, seufzen die Gallier, und die Einwohner von Massilia triumphieren in Erwartung der Rache der Götter. Diese beiden Äußerungen von Menschengruppen schaffen den wirkungsvollen Hintergrund für das Ausbleiben der himmlischen Strafe. Lucan benutzt also Nebenfiguren durchweg dazu, die Andersartigkeit seiner Handlungsführung im Vergleich zu vertrauten Mustern zu unterstreichen.

Conrad Ferdinand Meyer
Bei Conrad Ferdinand Meyer sind die Vertreter der Gruppen individualisiert. Die Exposition – noch ohne den Feldherrn – wird im Gespräch zwischen einem Gallier und einem Legionar entwickelt. Direkte Rede ist ein weiteres Mittel der Belebung. Wenn die ganze Truppe versucht, den Feldherrn zurückzuhalten, so ist diese Situation mit Ovid vergleichbar, der ebenfalls dem Volk die Warnerrolle zuwies. Doch wird hier kein Einzelner hervorgehoben, alle Soldaten zeigen sich solidarisch. Von der bei Lucan thematisierten Angst vor Caesar ist nichts zu spüren (man sieht an dieser Einzelheit, dass der Schweizer Dichter in einer freien Republik lebt). Die Truppe bekundet gegenüber Caesar Anhänglichkeit und Fürsorge. Formal dienen die Nebenfiguren der dramatischen Entfaltung; inhaltlich wird ihre Warnerrolle akzentuiert. Beides ist mit Ovid vergleichbar; doch fehlt der ernsthafte Bezug der Warner zur Wirklichkeit – die Angst erweist sich als kindisch („Seht, Kinder, ich bin heil.").

Die Bonifatius-Vita
Stärker als in allen übrigen Erzählungen ist in der *Bonifatius-Vita* die Solidarität des Helden mit seinen Anhängern ausgeprägt; Bonifatius handelt nicht eigenmächtig, er folgt dem Rat der gläubigen Hessen. Als Amtsträger steht er in einer großen Gemeinschaft. Bei Bonifatius (und Conrad Ferdinand Meyer) tritt – im Unterschied zu den antiken Autoren – ein Sinneswandel der Menge in den Vordergrund. Bei Lucan werden immerhin Denkanstöße vermittelt, doch ohne dass von einer radikalen Bekehrung der Anwesenden die Rede wäre.

Insgesamt zeigt sich, dass die Einbettung in einen festen sozialen und religiösen Kontext bzw. dessen Verleugnung jeweils in der Behandlung der Nebenfiguren klar zum Ausdruck kommt. Bei Kallimachos sind Polis und Hausstand die Bezugspunkte, bei Ovid geht es insbesondere um den Frevel der Menschen an der Gottheit (und zwar in einem deutlich erkennbaren Bezug zu den übrigen Stufen des Naturreichs), bei Lucan spiegeln die Nebenfiguren die traditionellen Erwartungen, z.B. einer göttlichen Strafe, deren Ausbleiben zum kritischen Nachdenken anregen soll. In der *Bonifatius-Vita* sind die zuschauenden Heiden, die erst zaubern und fluchen, hernach aber den Herrn preisen, aus Nebenfiguren zu Hauptakteuren geworden. Bonifatius ist mehr Priester denn Einzelheld, sein Axthieb bildet nur noch den Kristallisationspunkt für das Wirken des Heiligen Geistes. In der betrachteten Textreihe ist er der Einzige, der sein Verhalten nach dem Rat der Gruppe richtet. Die Episode aus dem Leben eines Heiligen hat für den mittelalterlichen Autor nicht so sehr biographische als vielmehr kirchengeschichtliche Bedeutung.

14.5 Natur und Landschaft
Welche Funktion haben Natur und Landschaft bei unseren Autoren?

Kallimachos
Der Baum, den Erysichthon fällt, ist eine besonders hohe Pappel. Die Wahl der Baumart hängt wohl mit der Verwendung als Bauholz zusammen; Schwarzpappelholz (Vitruv 2, 9, 9) ist besonders leicht und eignet sich überdies gut für Schnitzarbeiten. Nur bei Kallimachos ist außerdem von Obstbäumen die Rede; diese passen zu der Segen spendenden Funktion der Göttin für die Polis. Der Hain ist von Menschen angelegt und mit Wassergräben durchzogen. Seine Unantastbarkeit beruht nicht auf irgendwelchen mystischen Qualitäten, sondern wird – fast juristisch – einfach damit begründet, dass es sich um ein Eigentum der Gottheit handelt (Vers 1 und 46; vgl. 29).

Ovid
Der Aspekt der Nützlichkeit (Bauholz) verschwindet bei Ovid ebenso wie die Obstbäume. Dafür wird die sakrale Würde des Baumes gesteigert: Es ist eine alte Eiche, die mit Votivtafeln behangen ist. Vor allem aber deutet Ovid Erysichthons Angriff auf diesen Baum als Anschlag auf die Göttin[304] und bringt dieses Attentat in Zusammenhang mit allen Naturreichen. Zunächst wird in Erinnerung an ein ähnliches Geschehen in Vergils *Aeneis*[305] von einem Bluten des Baumes gesprochen. Der Vergleich mit einem Opferstier macht die Beziehung zur Tierwelt explizit[306]. Wenn Erysichthon dann den Mann zu Boden streckt, der ihn warnen will, so versündigt er sich an dem nächsthöheren Naturreich: am Menschen. Auch der Baum trägt insofern menschliche Züge, als er die Gabe der Rede besitzt. So wird klar, wie Ovid Erysichthons Frevel deutet. Das Fällen der alten Eiche trifft nicht nur die Pflanzenwelt, es tastet die gesamte Ordnung der Natur an: Pflanzen, Tiere, Menschen, Götter. Innerhalb unserer Textreihe steht Ovid mit dieser Interpretation allein. Am nächsten berührt er sich mit Kallimachos, der, wenn auch in ganz anderer Weise, die Zerstörung des Kosmos anhand der verheerenden Auswirkungen von Erysichthons Fresslust auf seinen gesamten Hausstand schildert.

Ist diese Einordnung von Erysichthons Tat in den großen Zusammenhang der Natur ein Einzelfall innerhalb der *Metamorphosen*? Betrachtet man dieses Werk insgesamt, so stellt man fest, dass rund 250 Erzählungen eine Verwandlung enthalten. Dabei handelt es sich überwiegend um Metamorphosen von Menschen in Wesen anderer Naturbereiche (Steine, Pflanzen, Tiere, Götter). Anders als die Neuzeit sieht Ovid den Menschen nicht als Produkt seiner Umwelt, sondern umgekehrt die Umwelt als Produkt menschlichen Verhaltens – ein Aspekt, den wir heute wieder entdecken. Wenn es dem Dichter erlaubt ist, in den Gegenständen und Lebewesen seiner Umgebung verwandelte Menschen zu sehen, so lässt sich dies heute nicht wörtlich übernehmen – zumal ein naiver Glaube an den Mythos schon Ovid fremd war, der diese Vorstellung vielmehr als Chiffre in seiner poetischen Kunstwelt verwendet. Durch diese Strukturierung des poetischen Zeichensystems der *Metamorphosen* wird jedoch deutlich, dass der Mensch mit all diesen Naturreichen in einer Schicksalsgemeinschaft steht, sie also nicht nur als Objekt der Ausbeutung, vielmehr als Partner betrachten sollte.

Eine instruktive Parallele zur Erysichthon-Erzählung bildet die Midas-Geschichte (*met.* 11, 85-146). Unterschiedlich ist die Motivation (bei Midas: Habgier, bei Erysichthon: Hybris), gleich aber die selbst verschuldete Strafe (bei beiden: unstillbarer Hunger). Andersartig ist wiederum die Haltung gegenüber dem Göttlichen: Midas findet die Kraft zu Umkehr und Läuterung, Erysichthon endet in kannibalischer Selbstzerstörung. Unterschiedlich wirkt sich das Fehlverhalten auf die Umwelt aus: Midas verwandelt alles in Gold und entzieht sich dadurch die Lebensgrundlage, Erysichthon bemächtigt sich in seinem Hunger alles Erreichbaren und verzehrt schließlich sogar sich selbst.

Lucan
Bei Lucan ist der Hain nie von Menschenhand berührt, er wird sogar von Vögeln, Winden und Blitzen gemieden. Die Vorstellung von Menschenopfern steigert den numinosen Schauder ins Grausige und Entsetzliche. Allerlei rätselhafte Geräusche, kaltes Feuer und Drachengezücht vervollständigen den abstoßenden, unheimlichen Eindruck: wahrlich der Gegenpol zu dem von Kallimachos geschilderten *locus amoenus*! Dementsprechend ist aus dem „schimmernden" (Kallim. 6, 28) „schwarzes" Wasser geworden (Lucan. 3, 411). Mit dieser Antithese zu Kallimachos überbietet Lucan auch Ovid. Der Leser erwartet daraufhin zunächst ein besonders strenges Strafgericht der Götter über den Frevler – und die Pointe liegt darin, dass dieses ausbleibt.

Der rhetorischen Steigerung des Frevels dient auch die Kombination der Erysichthon-Legende mit dem epischen Topos des Baumfällens: Die Aufzählung von Bäumen verschiedener Art, die reihenweise fallen, macht die Zerstörung des gesamten Waldes sinnfällig[307]. Wenn Lucan kurz darauf hinweist, dass die Beschlagnahmung der Zugochsen die Landwirtschaft zum Erliegen bringt, so ist damit in säkularisierter Form auf den Ursprungsbereich der mythischen Vorlage, das Reich der Ceres, hingewiesen. Caesar kann der Stadt Massilia ungestraft die Lebensgrundlage entziehen; die Natur lässt sich widerstandslos zerstören. Auch in dieser Beziehung ist Lucan Gegenpol zu Kallimachos, bei dem die Naturgottheit sich mit Erfolg wehrt, die Wohlfahrt der Polis sicherstellt und den

Einzelnen nur sich selbst und den eigenen Hausstand zugrunderichten lässt. Bei Lucan sind die archaischen Mechanismen, die man unter Begriffen wie ‚Talionsprinzip', ‚poetische Gerechtigkeit', ‚Selbstisolierung des Sünders', ‚Selbstbestrafung des Frevlers' zusammenfassen könnte, außer Kraft gesetzt. Die Natur wird zum Ausbeutungsobjekt des souveränen Menschen.

Conrad Ferdinand Meyer
Die Natur ist ähnlich geschildert wie bei Lucan. Die stärkere Akzentuierung des Kontrastes zwischen Licht und Finsternis deutet auf eine etwas positivere Bewertung von Caesars Tat hin als bei Lucan: Der Aberglaube, der sich an die Natur heftet, wird durch Vernunft überwunden.

Die Bonifatius-Vita
Wie bei Lucan und Conrad Ferdinand Meyer ist die Natur als Objekt törichten und verderblichen Aberglaubens gesehen. Das ungestrafte (ja durch ein göttliches Wunder unterstützte!) Fällen des heiligen Baumes macht den Weg frei für ein neues, höheres Selbstverständnis des Menschen. Im Unterschied zu Lucan ist die Zweckbestimmung des Holzes nicht militärisch, sondern religiös. Der gefällte Baum dient als Baumaterial für ein Bethaus. Der Schluss der Erzählung ist kein rein erbauliches Anhängsel, sondern illustriert die christliche Vorstellung, dass Natur nicht zerstört, sondern verwandelt werden soll: Die erste Schöpfung (die Natur) vollendet sich in der zweiten (der Kirche). Hierin liegt auch der Grund, warum – entgegen dem Eindruck, den die vorliegende Textreihe bei oberflächlicher Betrachtung erwecken könnte – die Schuld an dem heutigen Verhältnis zur Natur als bloßem Ausbeutungsobjekt nicht dem Christentum angelastet werden sollte.

14.6 Ausblick
Für den Heiden war die gesamte Natur von Göttern erfüllt, die ihm Furcht und Ehrfurcht einflößten. Religiöse Tabus aller Art hielten ihn vor einer bedenkenlosen Ausbeutung seiner Umwelt zurück. Wenn Ovid in den verschiedensten Naturreichen verwandelte Menschen entdeckt, so sind aus ursprünglich religiösen Vorstellungen poetische Sinnbilder geworden, die als solche keinen dogmatischen Glauben verlangen.

Auf die weitgehende Ästhetisierung der heidnischen Religiosität in der Literatur folgt als nächster Schritt ihre Überwindung – sei es durch Aufklärung und Inthronisierung des souveränen Menschen (Lucans Caesar) oder durch eine neue, verinnerlichte Religion (Bonifatius). Das Christentum stimmt darin mit Aufklärung und Philosophie überein, dass es die heidnische Naturreligion überwindet und Gott in und durch Menschen wirken lässt. Einer totalen Entgötterung und Vergegenständlichung der Natur war jedoch zunächst dadurch ein Riegel vorgeschoben, dass sie im Sinne des ersten Glaubensartikels als Schöpfung Gottes angenommen und (unter Danksagung) gebraucht wurde (die Kirchenväter verwenden den Terminus χρεία „Gebrauch"). Später trat vielfach im Zeichen eines missverstandenen Calvinismus durch die stärkere Betonung der Erbsünde die ‚erste Schöpfung' (die Natur) gegenüber der ‚zweiten Schöpfung' (der Erlösung und der Kirche) etwas in den Hintergrund. Auch hierin lag noch keine Gefahr für die Natur, solange die Gebote *ora et labora* als gleichwertig betrachtet wurden. Erst als mit zunehmender Säkularisierung die erstere Vorschrift in Vergessenheit geriet und geschäftlicher Erfolg zum alleinigen Gradmesser der Erwähltheit des Menschen wurde, war der schrankenlosen Ausbeutung der Natur Tür und Tor geöffnet. Viele verstanden noch die alttestamentliche Aufforderung, sich die Erde untertan zu machen, aber nur wenige – wie Franz von Assisi oder Albert Schweitzer – haben das neutestamentliche Liebesgebot auf das Belebte insgesamt ausgedehnt. Die vorgelegte Lektüreeinheit kann veranschaulichen, dass es heute in keiner Weise darum gehen kann, zu einer mythischen Beziehung zur Natur zurückzukehren, die ja schon zu Ovids Zeit veraltet war. Es ist jedoch lohnend, ja angezeigt, sich die Wandlungen der Einstellung des Menschen zu seiner Umwelt bewusst zu machen. Diese hängen nicht nur mit der oben beschriebenen zunehmenden Emanzipation des Menschen zusammen, sondern auch mit dem Anwachsen der Machtmittel in seiner Hand.

15 An der Schwelle des Paradieses: Dante und Ovid[308]. Metamorphose und neue poetische Identität

15.1 Dantes Einschätzung Ovids
Dantes tiefe Beziehung zu Vergil, besonders zu seiner *Aeneis* und zur vierten *Ekloge,* ist allgemein bekannt. Weniger beachtet hat man, dass Dante auch Ovids *Metamorphosen* in einem tieferen Sinne verpflichtet ist, als man zunächst annehmen möchte. Dabei hätte man dies allein schon auf Grund von Dantes Katalog der heidnischen Dichter (*inf.* 4, 88-90) vermuten können. Dort werden Homer, Horaz, Ovid und Lucan genannt. Der wichtigste Lehrmeister, Vergil, bleibt hier unerwähnt, – doch nur, weil er der Sprecher ist; sich selbst ordnet Dante stolz-bescheiden an sechster Stelle ein. Bei Homer, der unserem Mittelalter überwiegend aus lateinischen Nacherzählungen in Prosa bekannt war, handelt es sich um eine Symbolfigur (*poeta sovrano, inf.* 4, 88). Horaz wird als *satiro* (*inf.* 4, 89) bezeichnet; für den Zeitkritiker Dante ist die römische Satire in der Tat ein wichtiger Bezugspunkt[309]. An nächster Stelle folgt schon Ovid. Diese Stelle verrät nichts über Art und Bedeutung von Ovids Einfluss; doch vielfältige Spuren im Werk lassen unterschiedliche Stufen von Ovids Wirkung auf Dante erkennen.

15.2 Die *Metamorphosen* als Exempelschatz
An erster Stelle denkt man an die *Metamorphosen* als Quelle für antike Mythen. Ovidische Gestalten dienen als archetypische Muster menschlichen Fehlverhaltens. So ist Jason der Prototyp des Verführers (*inf.* 18, 86-96). Besonders das *Purgatorio* verwendet Ovids *Metamorphosen* parallel zum *Alten Testament* als Exempelschatz.[310] Niobe (*met.* 6, 146-312) und Arachne (*met.* 6, 1-145; *purg.* 12, 43-45) sind Beispiele für Hochmut (*purg.* 12, 37-39). Aglauros (*met.* 2, 737-832) dient als Beleg für Neid (*purg.* 14, 139), Progne (*met.* 6, 601-674) für bestraften Zorn (*purg.* 17, 19-24), Midas (*met.* 11, 90-193) für Habsucht (*purg.* 20, 106-108), Erysichthon (*met.* 8, 738-878) für Fressgier (*purg.* 23, 25-27). Solche Passagen bestätigen die Tatsache, dass Ovids *Metamorphosen* (und ihre moralisierenden Deutungen) dem christlichen Europa den antiken Mythos als Arsenal typischer Schicksalsverläufe vermittelt haben. Bezeichnend für Dante ist dabei der selbstverständliche, geradezu systematische Rückgriff auf ovidische Mythen als Parallele zu alttestamentlichen Geschichten und die häufige Zuordnung zur Traumsphäre im Zeichen eines archetypischen Verständnisses.

15.3 Transposition aus dem Erotischen ins Diabolische

Weiter in die Tiefe führt die Frage nach Dantes Verständnis der Metamorphose. Diesem Prinzip wohnt bei Dante eine starke Dynamik inne, die den Menschen in seinem Wesen verändern kann – im Bösen wie im Guten. Ein zentraler Text ist *inf.* 25. Hier schildert Dante eine besonders verwickelte Metamorphose und betont dabei ausdrücklich seinen Wetteifer mit Ovid *(inf.* 25, 97-102):

> Nun mag Ovid von Arethusa schweigen
> und Cadmus; macht er ihn zu einer Schlange
> und sie zur Quelle, will ich's ihm nicht neiden,
> denn niemals hat er zwei Naturgebilde
> Stirn gegen Stirn verwandelt, so dass beide
> bereit gewesen, ihren Stoff zu tauschen.[311]

> *Taccia di Cadmo e d'Aretusa Ovidio,*
> *ché se quello in serpente e quella in fonte*
> *converte poetando, io non lo 'nvidio*
> *ché due nature mai a fronte a fronte*
> *non trasmutò sí ch'amendue le forme*
> *a cambiar lor matera fosser pronte.*

Dante geht es hier um eine wechselseitige Doppelverwandlung im Sinne des Austauschs zweier Naturen: Ein Mensch wird zur Schlange, und gleichzeitig wird eine Schlange zum Menschen. Der Dichter weiß, dass er damit Neuland betritt. Gerade deswegen ist es lohnend, etwas länger bei den ovidischen Anknüpfungspunkten zu verweilen. Zum Beispiel entstand aus Hermaphroditus und Salmacis ein Zwitterwesen (*met.* 4, 373-379). Dantes Gleichnis von den Efeuranken (*inf.* 25, 58-60) klingt dabei stark an Ovids Beschreibung der Umarmung der Liebenden[312] an (*met.* 4, 365-367); die Schlange gehörte bei Ovid zur Gleichnissphäre (*met.* 4, 361-364), während Dante sie in die Haupthandlung versetzt. Entscheidend ist, dass eine Transposition aus dem Erotischen ins Diabolische erfolgt. Noch mehr trifft dies auf das von Dante in demselben Zusammenhang verwendete Wachs-Gleichnis zu (*inf.* 25, 61-63), das bei dem römischen Dichter eindeutig positiv besetzt war (Pygmalions Statue erwacht in den Armen des Geliebten zum Leben: *met.* 10, 280-286). Als eigenes Bild führt Dante das verbrennende Papier ein, « das noch nicht schwarz ist, und das Weiße stirbt » (*inf.* 25, 66). Damit gelingt es ihm, Ovid auf seinem eigenen Felde zu schlagen, können doch derartige Übergänge geradezu als Spezialität des Metamorphosendichters gelten[313]. Freilich hat das von Dante geschaffene Bild eine eigene Dynamik: Der von Ovid bevorzugte Schwebezustand wird durch einen gegenläufigen, schmerzhaften Prozess von Werden und Vergehen ersetzt.

Aufschlussreich für das Verständnis der von Dante hier beschriebenen neuartigen Doppelmetamorphose ist der ihm selbst herausgeforderte Vergleich mit Ovids Schlangenverwandlung des Cadmus. Analog ist das zugrunde liegende Prinzip: Metamorphose als Buße (*contrapasso: inf.* 28, 142). Die Details stimmen freilich nicht überein: Cadmus nimmt die Verwandlung als Strafe freiwillig auf sich, und das Resultat ist die Überwindung der bösartigen Schlangennatur: Cadmus und Harmonia sind *placidi... dracones* (*met.* 4, 602). Es handelt sich um eine Form der Heroisierung, die mit anderen Doppelapotheosen bei Ovid vergleichbar ist (Philemon und Baucis, Romulus und Hersilia). Dagegen bildet die wechselseitige Durchdringung und Ablösung von Schlange und Mensch in Dantes *Inferno* einen wahren Teufelskreis, aus dem es kein Entrinnen gibt.

Wie im Falle der tyrrhenischen Schiffer (Ov., *met.* 3, 673-675) handelt es sich um eine Bestafung gottlosen und räuberischen Verhaltens. Die Anrede des Gefährten an den sich verwandelnden Freund (*inf.* 25, 67-70) überbietet die ovidische Parallelstelle (*met.* 3, 673-675) durch das Prinzip der Wechselseitigkeit: *Beide* Beteiligten rufen einander die gleichen Worte zu[314]. Nicht genug, dass Dante mit Ovids anschaulicher Darstellungsweise wetteifert: Die Berufung auf eigenen Augenschein und die Anrede an den Leser verstärken die Suggestion (*inf.* 25, 46-48):

> Und wenn du jetzt, o Leser, mir zu glauben
> was ich dir sage, zögerst, nimmt's nicht wunder,
> denn ich, der es gesehn, kann's selbst kaum glauben.
>
> *Se tu se' or, lettore, a creder lento*
> *ciò e' io dirò, non sarà meraviglia,*
> *che io che 'l vidi, a pena il mi consento.*

Die ungewöhnliche Verwandlung in zwei gegenläufigen Richtungen bezeichnet Dante durch den doppelten Ausdruck *mutare e trasmutare* (*inf.* 25, 143), sprachliches Abbild ständiger Veränderung. Vergleichbar sind ovidische Formulierungen wie *redit itque*. Das *Inferno* entlarvt die Veränderlichkeit der Welt des Scheins in der Extremform einer permanenten gegenläufigen Metamorphose. Im *Paradiso* wird demgegenüber das Dauernde in allem Wechsel hervortreten[315]; auch die Metamorphose wird dort einen ganz andersartigen, neuen Sinn erhalten.

In diesem Zusammenhang ist es erwähnenswert, dass Dante ausführlich auf die Geschlechtsverwandlung des Tiresias bei Ovid eingeht (*inf.* 20, 40-45): In der vierten Abteilung des achten Kreises der Hölle erscheinen die Wahrsager und Magier; ihr Gesicht ist nach hinten gedreht. Eine Beispielfigur aus dem thebanisehen Sagenkreis, Amphiaraos, gibt Anlass, den Grund solcher Bestrafung zu nennen (*inf.* 20, 38-39):

> Weil er zu weit nach vorwärts schauen wollte,
> schaut er zurück und muss nach rückwärts schreiten.
>
> *perché volse veder troppo davante,*
> *di retro guarda e fa retroso calle.*

Als nächster wird der ovidische Tiresias genannt, wobei seine zweimalige Geschlechtsverwandlung ausführlich besprochen wird *(inf.* 20, 40-45):

> Sieh auch Tiresias, der sich so verwandelt,
> als er aus einem Mann zum Weibe wurde
> und alle seine Glieder ausgewechselt;
> und der dann noch einmal hat schlagen müssen
> die zwei verschlungenen Schlangen mit der Rute,
> bevor er wieder Mannsgestalt erhalten.

> *Vedi Tiresia, che mutò sembiante*
> *quando di maschio femmina divenne,*
> *cangiandosi le membra tutte, quante;*
> *e prima, poi ribatter li convenne*
> *li duo serpenti avvolti, con la verga,*
> *che riavesse le maschili penne.*

Bei diesen Verwandlungen legt Dante Gewicht auf die Vertauschung der Perspektiven. Wir haben an anderer Stelle zeigen können, dass auch die Illustratoren der neueren Zeit sich dieses Aspekts bewusst waren[316].

15.4 Dantes neue Freiheit im Zeichen ovidischer *Metamorphosen*
Von der infernalischen Spielart wechselseitiger Verstrickung streng zu unterscheiden sind andere Formen der Metamorphose, die Dante im *Purgatorio* und *Paradiso* als Bilder für den Aufstieg des Menschen in den Himmel verwendet. Hier entfaltet sich der ovidische Einfluss vor allem in dem bedeutsamen Augenblick, als Dante von seinem bisherigen Führer Vergil für mündig erklärt und verlassen wird[317]. Es verdient hervorgehoben zu werden, dass die Phase der neuen Selbständigkeit des Dichters, der jetzt endlich nur noch seinem eigenen Belieben folgen soll (*purg.* 27, 131), psychologisch und poetologisch von ovidischen Bildern begleitet ist und im Zeichen der Metamorphosenidee steht. Bei den Worten (*purg.* 27, 131):

> Zum Führer nimm fortan nur dein Belieben![318]
> *Lo tuo piacere omai prendi per duce.*

denkt man an den Dichter, der sich am Anfang seines Weltgedichts nur von seinem eigenen Wunsch leiten lässt (*fert animus:* Ov., met. 1, 1).

Dantes Loslösung von seinem bisherigen Lehrer Vergil – eine zutiefst schmerzliche Erfahrung (*purg.* 30, 49-54) – vollzieht sich beim Übergang vom Purgatorium zum Paradies. Um die himmlische Welt wahrzunehmen, bedarf der Dichter einer neuen Orientierung. Zu einer wenig beachteten Episode aus einem der späteren Bücher der *Metamorphosen* stellt Dante hier eine innere Beziehung her (*par.* 1, 64-69):

Beatrice hatte in die ewigen Kreise
den Blick versenkt; ich hatte meine Augen
auf sie geheftet, nicht mehr nach dort oben.
Ich war von ihrem Anblick so verwandelt
Wie Glaucus vom Genuss des Wunderkrautes,
als er Gefährte ward der Meeresgötter.

Beatrice tutta ne l'etterne rote
fissa con li occhi stava; ed io in lei
le luci fissi, di là su remote.
Nel suo aspetto tal dentro mi fei,
qual si fe' Glauco nel gustar de l'erba
che 'l fe' consorto in mar de li altri Dei.

Die Berufung auf Glaucus ist kein beliebiges Gleichnis. Ovid hatte in recht überraschender Weise Glaucus die Erfahrung seiner eigenen Apotheose psychologisierend in der ersten Person beschreiben lassen (*met.* 13, 942-948):

„Welches Kraut, so sprach ich, hat denn solche Kräfte?" Ich pflückte mir davon mit der Hand zur Speise, pflückte und zerbiss es mit den Zähnen. Kaum hatte meine Kehle die unbekannten Säfte so recht geschluckt, als ich plötzlich in meiner Brust ein Beben verspürte und fühlte, wie mein Herz von der Liebe zu einer anderen Natur hingerissen wurde. Und ich vermochte nicht lange zu verweilen: 'Auf Nimmerwiedersehen leb wohl, Erde!' So sprach ich und tauchte meinen Leib in die Fluten. Die Götter des Meeres haben mich aufgenommen und würdigen mich, ihr Genosse zu sein[319].

«Quae tamen has» inquam «vires habet herba?» manuque
Pabula decerpsi decerptaque dente momordi.
Vix bene conbiberant ignotos guttura sucos,
Cum subito trepidare intus praecordia sensi
Alteriusque rapi naturae pectus amore.
Nec potui restare diu «repetenda» que «numquam
Terra, vale!» dixi corpusque sub aequora mersi.
Di maris exceptum socio dignantur honore.

Nach der Läuterung durch die Wassergottheiten erhält Glaucus eine neue Gestalt und ein neues Bewusstsein. *Tertium comparationis* ist für Dante die Sehnsucht nach einer höheren Existenz, die in Glaucus durch die Kräuter, in Dante durch Beatrice geweckt wird[320].

Ovids Glaucus schildert seine Erfahrung des Übergangs in eine höhere Daseinsform in der ersten Person; Dante beruft sich auf diesen Text, um seine eigene Überwindung der Grenzen der Menschennatur anzudeuten. Für diesen Vorgang schafft er ein neues Wort: *trasumanar* und fügt hinzu, diese Erfahrung lasse sich durch Worte nicht beschreiben; daher müsse das angeführte Beispiel (Ovids Glaucus!) dem Leser genügen (*par.* 1, 70-72):

Trasumanar significar per verba
non si poria; per esemplo basti
a cui esperienza grazia serba.

Das Menschsein übersteigen: nicht in Worte
zu fassen ist's; das Gleichnis soll genügen,
wem Gnade die Erfahrung vorbehält[321].

Nachdem Vergil Dante verlassen hat, wird Ovid hier zum Vermittler einer Grenzerfahrung. Durch die Rezeption in solch wichtigem Zusammenhang fällt neues Licht auf die späteren Teile der *Metamorphosen,* die von der Forschung bisher weniger beachtet worden sind. Ein Apotheosenbericht in der ersten Person findet sich bei Ovid auch im Falle des Hippolytus-Virbius (*met.* 15, 530-546). Im Rahmen der *Metamorphosen* haben solche Ich-Erzählungen eine doppelte Funktion: Einmal bereiten sie Ovids Selbstverewigung im Epilog vor. Zum andern verdeutlichen sie, zusammen mit den anderen Apotheosen, das Menschenbild dieses Werkes. In den *Metamorphosen* steht der Mensch vor unterschiedlichen Möglichkeiten, sein Wesen zu verwirklichen. Steine, Pflanzen, Tierreich bieten ihm eine Fülle von Identifikationsmodellen an, oft verbunden mit einem Abstieg und einer Verengung des Wirkungskreises. In den späteren Büchern tritt der entgegengesetzte Weg – Aufstieg und Erweiterung des Bewusstseins – immer stärker hervor, und er wird zunehmend in der ersten Person, aus der Sicht des Betroffenen, geschildert.

Die Fähigkeit zur Metamorphose scheint für Ovid eine Grundbedingung menschlicher Wesensart zu sein. Für Dante gehört sie in besonderer Weise zu seinem Wesen als Dichter. Er ist nach seinen eigenen Worten... *da mia natura / trasmutabile ... per tutte guise* (*par.* 5, 99) „... auf alle Weise / schon von Natur verwandelbar geschaffen". Die Verwandlung des Dichters beim Aufstieg zum Paradies ist ein schmerzhafter Vorgang. Nach dem Abschied vom Lehrer ist der Dichter auf sich selbst gestellt. Dies bedeutet zwar eine Befreiung, zwingt aber auch zur Loslösung von Altvertrautem und zur Überwindung der früheren Identität, verbildlicht als Läuterung durch Wasser (*purg.* 33, 142-145)[322]:

> Ich kehrte wieder von dem heiligen Bronnen,
> verjüngt, wie junge Pflanzen sind's im Kerne,
> die, sich erneuernd, neues Laub gewonnen,
> bereit und rein, zu steigen in die Sterne[323]!

> *Io ritornai dalla santissima onda*
> *rifatto sì come plante novelle*
> *rinovellate di novella fronda,*
> *puro e disposto a salire a le stelle.*

Ovid verbindet mit dem Aufstieg zum Göttlichen unterschiedliche Läuterungsriten: Wasser bei Aeneas und Glaucus, Feuer bei Hercules, Hersilia und Caesar; am vollständigsten ist die Liste bei Hippolytus: Er geht unter die Erde, wärmt sich im Wasser des Feuerstroms Phlegethon und wird schließlich in Wolken (Luft) gehüllt.

Auch Dante begnügt sich nicht mit der relativ sanften Wassersymbolik. Um die Veränderung seines dichterischen Bewusstseins auszudrücken, verwendet er weitere ovidische Bilder, in denen die Schmerzhaftigkeit des Vorgangs deutlich wird. Sein Verhältnis zum göttlichen Feuer Beatrices fasst er in das mythische Bild von Semele (Ovid, *met.* 3, 259-309), die an der Nähe des Gottes verbrennt (*par.* 21,6). Es ist bemerkenswert, dass hier in der Bildsphäre die Geschlechter kühn vertauscht sind. Beatrice verkörpert das Prinzip von Jupiters himmlischem Feuer, Dante gleicht der verbrennenden Semele[324]: ein besonders instruktives Beispiel einer wechselseitigen Verwandlung, wie sie Dante am Herzen liegt, nun freilich unter dem Vorzeichen des Paradieses und unter Durchbrechung jenes im *Inferno* geschilderten *circulus vitiosus*.

Ein extremes Bild für die Verwandlung des Dichters in den Sänger des Paradieses ist Marsyas (*met.* 6, 382-400). Bei Ovid straft Apollon den Sänger, der ihn herausgefordert hat, indem er ihn schindet. Das Abziehen der Haut wird bei Dante zum Symbol der Veränderung der Identität des Dichters in der Ekstase. Er bittet Apoll ausdrücklich darum (*par.* 1, 19-21):

> Füll meine Brust und gib mir deinen Atem,
> wie einst, da du den Marsyas zur Strafe
> gezogen aus der Hülle seiner Glieder.

> *Entra nel petto mio, e spira tue*
> *si come quando Marsia traesti*
> *de la vagina de le membra sue.*

Der Dichter ist selbständig geworden. Dieses Geschehen fasst Dante sowohl in seinen befreienden als auch seinen schmerzhaften Aspekten in Bilder aus Ovids *Metamorphosen;* hatte doch dieser als Weltdichter wie als Verbannter das Problem von Identitätsverlust und neuer Identitätsschöpfung mit besonderer Schärfe erfahren. Einige moderne, emanzipatorische, auf die Renaissance vorausweisende Züge an Dante orientieren sich an Ovid. Zwar wird Vergil, der Führer durch Hölle und Purgatorium, auf der existentiellen Ebene von Beatrice abgelöst, auf der poetologischen aber von Ovid. Darüber hinaus pointiert Dante das anthropologische und poetologische Potential der ovidischen Verwandlungsidee schärfer als sein Vorgänger: hier die ständig wiederholte Fesselung ans Dämonische, dort die vergeistigte Überwindung der alltäglichen Menschennatur. Auch ist es kein Zufall, dass Dante bei den beiden gegensätzlichen Verwandlungstypen unterschiedliche intertextuelle Bezüge herstellt: im Negativen zum *Alten,* im Positiven zum *Neuen Testament.* So liefert einerseits Ovid für Dantes

Poetologie wesentliche Bilder, die den Aufstieg des autonom gewordenen Dichters in den Himmel erhellen; andererseits entdeckt Dante in den *Metamorphosen,* besonders den letzten Büchern, den ‚Apotheosenbericht in der ersten Person': ein zentrales Thema und auch einen fesselnden Texttypus, an dem die Ovidforschung nicht länger vorübergehen sollte.

ANMERKUNGEN
Zu Kapitel 1
Auswahlbibliographie zu Ovids *Metamorphosen*
Forschungsberichte: Vf., in: *Anzeiger für die Altertumswissenschaft* 11, 1958, 129–146; 16, 1963, 1–14; 18, 1965, 193–208; Vf., ebd., 25, 1972, 55–76; 267–290; Vf., Bibliographie und Nachwort; in: P. Ovidius Naso, *Metamorphosen*, erkl. v. M. Haupt und R. Ehwald, Bd. 1, 10. Aufl., Zürich/Dublin 1966, 457–502; Vf., „Quellen- und Interpretationsprobleme in Ovids *Metamorphosen*", in: G. Lafaye, *Les Métamorphoses d'Ovide et leurs modèles grecs,* Paris 1904, Neudruck Hildesheim 1971, S. V–XXX; s. jetzt die regelmäßig erscheinenden Forschungsberichte von U. Schmitzer in der Zeitschrift *Gymnasium* und auf seiner Homepage, bes.: Kirke Bibliographie zu Ovid (www.kirke.hu-berlin.de/Ovid). Zahlreiche Beiträge verschiedener Autoren zu Ovid enthält folgendes neue Doppelheft: *Der Altsprachliche Unterricht* 56, Heft 4 + 5, 2013.

Lit.: Vf., *Die Parenthese in Ovids Metamorphosen und ihre dichterische Funktion*, Hildesheim 1964; [2]1994; Vf. und H.-J. Glücklich, *Interpretationen und Unterrichtsvorschläge zu Ovids Metamorphosen*, Göttingen [3]2002 (neu bearb.); Vf., *Ovid. Eine Einführung*, Stuttgart 2003; Vf., „Zur Funktion der Tempora in Ovids elegischer Erzählung (*Fast.* 5,379–414)", in: *Ovid*, hg. M. v. Albrecht und E. Zinn, Darmstadt 1968, 451–467; M.C. Álvarez Morán, R.M. Iglesias Montiel, Hgg., *Y el mito se hizo poesia*, Madrid 2012; J. W. Ashton, "The Fall of Icarus", in: *Philological Quarterly* 20, 1941, 345–351 (zu vv. 183–235); L. Barkan, *The Gods Made Flesh: Metamorphosis and the Pursuit of Paganism*, New Haven 1986; A. Bartenbach: *Motiv- und Erzählstruktur in Ovids Metamorphosen. Das Verhältnis von Rahmen- und Binnenerzählungen im 5., 10. und 15. Buch von Ovids Metamorphosen,* Frankfurt 1990; D.W. Boyd, Hg.; *Brill's Companion to* Ovid, Leiden 2002; R. Buxton, *Forms of Astonishment: Greek Myths of Metamorphosis*, Oxford 2009; H. Dörrie, „Wandlung und Dauer, Ovids *Metamorphosen* und Poseidonios' Lehre von der Substanz", in: *Der altsprachliche Unterricht* 4, 2, 1959, 95–116; Th. Döscher, *Ovidius Narrans. Studien zur Erzählkunst Ovids in den Metamorphosen*, Diss. Heidelberg 1971; E. Fantham, *Ovid's Metamorphoses*, Oxford 2004 (schmal); D.C. Feeney, *The Gods in Epic*, Oxford 1991; H. Fränkel, *Ovid, A Poet Between Two Worlds*, Berkeley 1945; G.K. Galinsky, *Ovid's Metamorphoses*, Berkeley 1975; F. Graf, "Myth in Ovid", in: P. Hardie, Hg., 2002, 108-121; F. Graziani, *La pensée fossile: mythe et poésie d'Aristote à Vico*, Thèse Paris 2010; dieselbe, « *Synthesis* mythographique et *confabulatio* poétique: une lecture humaniste du principe de structuration des *Metamorphoses* », in: M.C. Álvarez u.a., Hg., (s.oben) 2012, 271-283; W. Haedicke, „Die Nicht-Metamorphose", in: *Der altsprachliche Unterricht* 12, 3, 1969, 73 f.; P.R. Hardie, A. Barchiesi, S. Hinds, Hgg., *Ovidian Transformations: Essays on the Metamorphoses and Its Reception*, Cambridge 1999; P. Hardie, *Ovid's Poetics of Illusion*, Cambridge 2002; P. Hardie, Hg., *The Cambridge Companion to* Ovid, Cambridge 2002; H. Harich-Schwarzbauer, A. Honold, Hgg., *Carmen perpetuum. Ovids Metamorphosen in der Weltliteratur*, Basel 2013; R. Heinze, *Ovids elegische Erzählung = Berichte über die Verhandlungen der Sächsischen Akademie der Wissenschaften zu Leipzig*, phil.-hist. Kl., Bd. 71, Leipzig 1919; N. Holzberg, *Ovid* (dort reiche englischsprachige Lit.), München 1997 (engl. 2002); F.M.C. Forbes Irving, *Metamorphosis in Greek Myth*, Oxford 1990; K. Jäger, „*Crambe repetita?*", in: *Ovids Ars amatoria und Remedia amoris, Untersuchungen* zum Aufbau, hg. E. Zinn, = *Der altsprachliche Unterricht*, Beiheft 2 zu Reihe 13, Stuttgart 1970, 51–60; P.E. Knox, Hg., *Oxford Readings in Ovid*, Oxford 2006; P.E. Knox, Hg., *A Companion to Ovid*, Chichester 2009; W. Kraus, „Ovidius Naso", in: *RE* 18,2, 1942, Sp.1910–1986; überarbeitet in: *Ovid*, hg. v. M. v. Albrecht und E. Zinn, Darmstadt 1968, 67–166; J. Krupp, *Ovids Metamorphosen und die Frage der Ironie*, Diss. Budapest 2008; B. Latta, *Die Stellung der Doppelbriefe (Heroides 16–21) im Gesamtwerk Ovids. Studien zur ovidischen Erzählkunst*, Diss. Marburg 1963 (dazu Vf. in: *Gnomon* 37, 1965, 207–209); W. Ludwig, *Struktur und Einheit der Metamorphosen Ovids*, Berlin 1965; K.S. Myers, *Ovid's Causes: Cosmology and Aetiology in the Metamorphoses*, Ann Arbor 1994; B. Otis, *Ovid as an Epic Poet*, Cambridge [2]1970; H. Peters, *Symbola ad Ovidii artem epicam cognoscendam*, Diss. Göttingen 1908; C. Reitz, „Describing the Invisible – Ovid's Rome", in: *Hermes* 141, 2013, 283-293 (Lit.); H. Schneider, *Ovids Fortleben bei Puschkin*, Frankfurt 2008; W. Schubert, *Die Mythologie in den nichtmythologischen Dichtungen Ovids*, Frankfurt 1992; J.P. Solodow, *The World of Ovid's* Metamorphoses, Chapel Hill 1988; U. Schmitzer, *Ovid*, Hildesheim 2001; W. Schubert, Hg., *Ovid. Werk und* Wirkung, 2 Bände, Frankfurt 1999; G. Tissol, *The Face of Nature: Wit, Narrative and Cosmic Origins in Ovid's Metamorphoses*, Princeton 1997; C. Tsitsiou-Chelidoni, *Ovid Metamorphosen Buch VIII. Narrative Technik und literarischer Kontext*, Frankfurt 2003 (gehaltvoll); K. Volk, *Ovid*, Chichester 2010; dt. Ausgabe *Ovid. Dichter des Exils,* Darmstadt 2012 (auch für Ovids andere Werke empfehlenswert; dort neuere englischsprachige Lit.); H.Walter, H.-J.Horn, Hgg., *Die Rezeption der Metamorphosen des Ovid in der Neuzeit: Der antike Mythos in Text und Bild*, Berlin 1995; S.M. Wheeler, *A Discourse of Wonders: Audience and Performance in Ovid's Metamorphoses*, Philadelphia 1999; S.M. W., *Narrative Dynamics in Ovid's Metamorphoses* , Tübingen 2000; L. P. Wilkinson, *Ovid Recalled*, Cambridge 1955; G. Zanker, *Modes of Viewing in Hellenistic Poetry and Art*, Wisconsin 2004; T. Ziolkowski, *Ovid and the Moderns*, Ithaca 2005.

Zu Kapitel 2
Zu Ovids Leben und Selbstdarstellung: P.E. Knox, "A Poet's Life" in: P.E. Knox, Hg., *A Companion to Ovid*, Chichester 2009, 3-7; K. Volk, *Ovid: Dichter des Exils*, Darmstadt 2012, 31-47; 161 f. (Lit.). K. Volk lehnt mit Recht die Vermutung ab, Ovid habe sein Exil nur erfunden (a.O. 43, Lit.); P. White, "Ovid and the Augustan Milieu", in: B.W. Boyd, Hg. 2002, 1-25; P. White, "Pompeius Macer and Ovid", in: *Classical Quarterly* 42, 1992, 210-218.
[1] W. Stroh, „ Ein missbrauchtes Distichon Ovids", in: *Ovid*, hg. v. M.v.A. und E. Zinn, Darmstadt 1968, 567-580.
[2] J. C. Thibault, *The Mystery of Ovid's Exile*, Berkeley 1964.

Zu Kapitel 3
[3] *Ovid's Metamorphoses, Translated by the Most Eminent Hands, Adorn'd with Sculptures*, Amsterdam 1717. Die Erforschung dieser Ausgabe steht noch in den Anfängen (anglistisch D. Hopkins, "Dryden and the Garth-Tonson *Metamorphoses*," in: *Review of English Studies*, n.s. 39, 153, 1988, 64-74; kunsthistorisch G. Huber-Rebenich, in: G. Huber-Rebenich u.a., *Repertorium ...*, Bd. 2 *Sammeldarstellungen* (zit. unten in der alphabetischen Liste), z.B. S. XXIII). Eine kunsthistorische Würdigung der Illustrationen

ist hier nicht beabsichtigt; die Leistung der Graveure Lud. Du Guernier (Buch 1, 4 und 8), E. Kirkall (Buch 5, 7, 9, 10 und 15), R. Smith (Buch 11), V. Gusht (Buch 2 und 14) bzw. ihrer Inspiratoren wäre vor dem Hintergrund einer langen Tradition zu untersuchen. Ein erster Schritt ist der Vergleich mit den (anonymen) Abbildungen der vorhergehenden Ausgabe von B. Cnipping (Amsterdam 1683); einige signifikante Abweichungen werden hier mitgeteilt. Wichtige ältere illustrierte Ovid-Ausgaben: Bernard Salomon, *La Métamorphose d' Ovide figurée*, Lyon: Ian de Tournes 1557 (Ndr. 1564); auf Salomons Holzschnitten basieren die Illustrationen von Virgil Solis in: Johannes Spreng, *Metamorphoses Ovidii quidem soluta oratione ... una cum vivis singularum transformationum iconibus a Virgilio Solis, eximio pictore, delineatis*, Frankfurt 1563; ferner G. Sandys, Hg., *Ovid's* Metamorphoses*, Englished, Mythologiz'd and Represented in Figures*, London ²1640 (die Erstausgabe von 1626 ist mir unzugänglich). Die zweite Auflage enthält Sammelabbildungen zu jedem Buch von dem Graveur Salomon Savery (1594-1665) nach Zeichnungen von Francis Clein (1582-1658).

Zu Ovid in der bildenden Kunst: C. Allen, "Ovid and Art", in: P. Hardie, Hg., *The Cambridge Companion to Ovid*, Cambridge 2002, 336-367; C. Avery, *Bernini: Genius of the Baroque*, London 1997, 55-65 (zu Daphne, unserem Titelbild); L. Barkan, *The Gods Made Flesh. Metamorphosis and the Pursuit of Paganism*, New Haven 1986; F. Barolsky, "As in Ovid, so in Renaissance Art", in: *Renaissance Quarterly* 51, 1998, 451-474; G. Bickendorf, „Eigensinn der Illustration. Ovids *Metamorphosen* in Druckgraphiken des 17. Jh.", in: M. Keiner u.a., *Der verblümte Sinn. Illustrationen zu den Metamorphosen des Ovid. Galerie der Stadt Kornwestheim. Ausstellung 1997-1998*, 13-82; E. Blattner, *Holzschnittfolgen zu den Metamorphosen des Ovid: Venedig 1497 und Mainz 1545*, München 1998; M. Bull, *The Mirror of the Gods*, Oxford 2005; R. Granobs, S. Otto, Hgg., *Antiker Mythos in Text und Bild von Aeneas bis Vertumnus. Antikerezeption auf Werken der Gemäldegalerie Berlin*, Berlin 2001; M.D. Henkel, „Illustrierte Ausgaben von Ovids *Metamorphosen* im 15., 16. und 17. Jh.", in: *Vorträge der Bibliothek Warburg* 6, 1926-1927, 58-144; Hollstein, s. Matham; G. Huber-Rebenich, *Metamorphosen der ‚Metamorphosen': Ovids Verwandlungssagen in der textbegleitenden Druckgraphik* (Ausstellungskatalog mit Kommentar), Rudolstadt 1999; G. Huber-Rebenich, S. Lütkemeyer, H. Walter, *Ikonographisches Repertorium zu den Metamorphosen des Ovid. Die textbegleitende Druckgraphik*, Bd. 2: *Sammeldarstellungen*, Berlin 2004; G. Huber-Rebenich, S. Lütkemeyer, H. Walter, *Ikonographisches Repertorium zu den Metamorphosen des Ovid. Die textbegleitende Druckgraphik*, Bd. 1, 1: *Narrative Darstellungen*, Berlin 2014 (angekündigt); M. Keiner u.a., *Der verblümte Sinn. Illustrationen zu den Metamorphosen des Ovid. Ausstellung 15.Oktober 1997 – 5. Januar 1998*, (Kornwestheim) 1997. Weitere Materialien und Bibliographie bei D. Kinney und E. Styron, „Ovid Illustrated: The Reception of Ovid's *Metamorphoses* in Image and Text. Site Constructed by D. Kinney with E. Styron" (online); E. Leuschner, *Antonio Tempesta. Ein Bahnbrecher des römischen Barock und seine europäische Wirkung*, Petersberg 2005, zu Ovid: S. 435-439 und passim; V. Lotoro, *Arte e mito nel circuito mediterraneo: la fortuna dei temi delle Metamorfosi nel Seicento e nel Settecento*, Bd. 1, Rom 2012 (Bd. 2 noch nicht erschienen); J. Matham u.a., Hgg., *The New Hollstein Dutch and Flemish Etchings, Engravings and Woodcuts 1450-1700*, Bd.1, Amsterdam: Sound and Vision 2007, zu Ovid 592-616; U. Reinhardt, *Ovids Metamorphosen in der modernen Kunst*, Bamberg 2001; U. Reinhardt, Der antike Mythos in der europäischen Kunst von der Renaissance bis in die Gegenwart (1. Teil)", in *Ianus. Informationen zum altsprachlichen*

Unterricht 34, 2013, 39-49; E. J. Sluijter, *De 'heydensche fabulen' in de schilderkunst van de Gouden Eeuw. Schilderijen met verhalende onderwerpen uit de klassieke mythologie in de Noordelijke Nederlanden, circa 1590-1670*, 2. überarb. u. erw. Aufl. Leiden 2000 (darin bes. auch Appendix II: "Schema van de invloed van Bernard Salomons houtsneden op de in de Nederlanden verschenen Metamorfosen-illustraties, tot 1700", S. 193-195; M. Thimann, *Jean Jacques Boissard. Ovids Metamorphosen 1556. Die Bildhandschrift 79 C 7 aus dem Berliner Kupferstichkabinett*, Berlin 2005; K. Volk, *Ovid: Dichter des Exils*, Darmstadt 2012,141-150 (Pollaiuolo, Bernini, Correggio, Tizian); 166 f. (Lit.). Für wichtige Literaturhinweise dankt der Verf. herzlich Herrn Prof. Dr. Eckard Leuschner (Universität Erfurt).

[4] *Sic, modo quae fuerat rudis et sine imagine tellus / induit ignotas hominum conversa figuras* (*met.* 1, 87 f.).

[5] Es ist möglich, dass der Illustrator hier den durch einen Pfeil getöteten Python, den er auf älteren Abbildungen (z.B. Ausg. B. Cnipping, Amstelodami 1683) fand, missverstand.

[6] Neuerdings wird die Kontinuität innerhalb des ersten Buches bis zum Ende der Daphne-Geschichte wieder stärker beachtet, z. B. C. Tsitsiou-Chelidoni, *Ovid, Metamorphosen, Buch VIII. Narrative Technik und literarischer Kontext*, Frankfurt 2003.

[7] *Ilias* 1, 343; 3, 109. Aus dieser Sicht ist es wohl mehr als nur Zufall, dass das Elternpaar der heutigen Menschheit, Deucalion und Pyrrha, als „Sohn des Vordenkers und Tochter des Nachdenkers" (*Promethides* und *Epimethis*) bezeichnet werden (1, 390) – und zwar im Augenblick vor dem rituellen Steinewerfen, das zur Entstehung der neuen Menschheit führt.

[8] Hier muss man mit Rücksicht auf die Schicklichkeit rechnen; doch ist dies wohl nicht der einzige Grund für die Auslassung.

[9] Es ist kein Zufall, dass mit der deucalionischen Flut, dem phaëthontischen Weltbrand, dem Sieg des Cadmus über die Erdgeborenen und dem Weltenflug des Perseus im Verlauf der ersten Bücherpentade der Bereich der vier Elemente durchschritten ist.

[10] Auffälligerweise versieht der Illustrator Perseus ständig mit dem Flügelpferd, während sich dieser Held bei Ovid mit Flügelschuhen begnügt.

[11] Ähnlich war in der Illustration zum ersten Buch die verbindende Rolle Pythons nicht beachtet worden (in dieser Beziehung waren ältere Abbildungen zu Buch 1 genauer, s. oben). Dagegen ist auf der entsprechenden Abbildung zu Buch 8 von 1683 die verbindende Rolle des Theseus auch nicht klar erkennbar.

[12] Die Gestalt des Hercules stellt eine Verbindung zu der zentralen Partie des Werkes (Buch 9) her.

[13] Diana erscheint in Buch 15 bei der Auferweckung des Hippolytus und der Verwandlung Egerias; ihre Rolle ist positiver als in den Büchern 3 und 6.

[14] Der Hercules-Teil umfasst freilich etwas weniger als die Hälfte des Buches.

[15] Dem stürzenden Giganten auf der linken Seite entspricht auf der rechten in symmetrischem Gestus der bestrafte Lycaon.

[16] Im Gegensatz zu der älteren Illustration von 1683.

[17] Bedenkenswert scheinen unter anderem die anthropologische Sicht der Abbildung zum 13. Buch (die den Menschen als zur Metamorphose fähiges Wesen zwischen Tier und Gott vor eine Art Lebenswahl stellt) oder auch die Deutung der geistigen Seite der Sexualität in den Abbildungen zum 3. und 4. Buch; ein Gesichtspunkt den man nicht länger vernachlässigen sollte (Lit. zur Sexualiät bei Ovid ist zusammengestellt bei K.Volk, *Ovid* ..., Darmstadt 2010, 164 f.). Außerdem arbeiten die Illustratoren immer

wieder mit Recht Zusammenhänge heraus, die durch ‚römische' Werte wie *pietas* gestiftet werden. Wichtige motivische Verbindungen zwischen den Büchern beobachten: A. Crabbe, "Structure and Content in Ovid's *Metamorphoses*", in: *Aufstieg und Niedergang der römischen Welt* II 31, 4, 1981, 2274-2327; R. Gordesiani, „Zu den Prinzipien der kompositionellen Organisation in Ovids *Metamorphosen*", in: *Klio* 67, 1985, 198-204 (Zusammenhänge zwischen den Büchern 1/2, 8/9 und 15); umfassend C. Tsitsiou, „Erzählerische Querverbindungen in Ovids *Metamorphosen*", in: W. Schubert, Hg., *Ovid: Werk und Wirkung*, Frankfurt 1999, 269-303; M.C. Álvarez, R.M. Iglesias, "Observaciones sobre la intencionalidad en la disposición de algunos relatos en las *Metamorfosis* de Ovidio", ebd. 387-399.

Zu Kapitel 4

[18] Dem Andenken an Henri Le Bonniec gewidmet. Ursprünglich französisch in: *Latomus* 201, 1988, 1-9; hier verändert ; s. auch Vf., „Venus in Ovids *Metamorphosen*", in: Vichiana n.s. 11, 1982, 318-331; Vf., „De Ovidio Tibulli imitatore", in: *De Tibullo eiusque aetate*, (Beiträge von O. Dilke und anderen), Romae 1983, 37-45; auf die hier behandelten Strukturprobleme der *Metamorphosen* geht das sonst ausgezeichnete Buch von D.C. Feeney nicht ein: *The Gods in Epic*, Oxford 1991; zu Jupiter: C. Segal, "Ovid's Arcadia and the Characterization of Jupiter in the *Metamorphoses*", in: W. Schubert, Hg. 1999, 401-412; zu Apollon J.F. Miller, "The Lamentations of Apollo in Ovid's *Metamorphoses*", ebd. 413-421.

[19] R. Heinze, „Ovids elegische Erzählung", in: *Sitzungsberichte der Sächsischen Akademie der Wissenschaften* 71, 7, Leipzig 1919, 1-130, bes.11; wh. in R. H., *Vom Geist des Römertums*, Darmstadt ³1960, 308-403, bes. 315.

[20] Hier Kapitel 15.

[21] Es verdient Erwähnung, dass Ovid in den *Fasti* gerade im Zusammenhang mit der ihrem Wesen nach so besonders zurückhaltenden Vesta die traditionelle poetische Fiktion der sichtbaren Erscheinung der Gottheit aufgibt und durch eine innere Erleuchtung des Betenden ersetzt (*fast.* 6, 253).

[22] Schon in den Liebesdichtungen stellt Ovid zwischen Amor und Aeneas Verbindungen hergestellt: *am.* 3, 9, 13 f.; indirekt auch *ars* 1, 60.

[23] Immerhin wird Ino und ihrem Sohn eine Apotheose zuteil werden, allerdings nicht mit Hilfe des Bacchus, sondern der Venus.

[24] Freilich lässt Ovid in diesem Fall die Beurteilung offen.

[25] Die Elegie *trist.* 5, 3 (11 oder 12 n. Chr.) ist an Bacchus und die römischen Dichterkollegen gerichtet, die sich an den Liberalia (17. März) zu versammeln pflegten. Ovids Bildnis im Hause seines Verlegers trug einen bacchischen Efeukranz (*trist.* 1, 7, 2), den der Verbannte zum Zeichen der Trauer zu entfernen bittet.

[26] Es ist auch kein Zufall, dass in dieser ersten Erzählung Cupido, Venus und der Hochzeitsgott Hymen zusammen erwähnt werden. Während sich Daphne um Hymen und Amor nicht kümmert (480), wird ihr Verfolger Phoebus von Amor selbst beflügelt (532 und 540); W. S. Anderson (Ausg.), Leipzig 1977, schreibt im Text an den beiden zuletzt genannten Stellen *amor* klein, verweist aber im Register unter *Amor* auf diese Stellen.

[27] Mars ist Schutzgott der von Cadmus getöteten Schlange (3, 32); auf beide wird sich Pentheus berufen (3, 531-561); zur Episode von Mars und Venus R. Häußler, „Rund ums Dreieck. Ovid über Mars, Venus und Vulcanus", in W. Schubert, Hg., 1999, 205-236.

[28] Den Beinamen *Cythereia* brachte man in der Antike mit der Insel Cythera in Zusammenhang, auf der ein berühmter Tempel der Aphrodite Urania stand. Nach Hesiod, *theog.* 188-193 trieb die abgeschnittene Scham des Uranos zunächst zur Insel Cythera, ehe Aphrodites eigentliche Geburt bei Cypern erfolgte. Bei dieser antiken Etymologie bleibt allerdings der Wechsel von Epsilon und Eta unerklärt (Κυθέρεια, Κύθηρα). Die Bezeichnung *Cythereia* ließ also an den erhabensten Aspekt dieser Göttin denken.

[29] A. Wlosok, *Die Göttin Venus in Vergils Aeneis*, Heidelberg 1967.

[30] Die Bacchus-Offenbarung findet im vierten Buch nochmals eine Spiegelung in der Verwandlung der Webstühle der Minyastöchter.

[31] Die Verwandlung der Venus in einen Fisch (5, 331) ordnet sich in eine ganze Reihe theriomorpher Göttererscheinungen ein, die wohl als Herabwürdigung empfunden wurden. Die Stelle erinnert an 4, 45: Dercetis, die phoenicische Astarte, stürzt sich in einen See und wird zum Fisch.

[32] Der Stellenwert der Passage ist vergleichbar mit 5, 331.

[33] Hier kann man Kleinschreibung erwägen; doch ruft Byblis an anderer Stelle Venus an.

[34] Venus ist im zweiten Werkdrittel mit Isis verbunden, im ersten und dritten mit Bacchus.

[35] Bei der Heirat des Orpheus (10, 1-5) ist Hymenaeus anwesend, wie am Ende des neunten Buches, aber ohne Segen zu bringen.

[36] Hier ist die Großschreibung durch den Kontext – *deus* – geboten.

[37] Konsequenterweise ist auch hier *Amor* groß zu schreiben; vgl. die sorgfältige Inszenierung des Pfeilschusses im fünften Buch. Kleinschreibung an der zweiten Stelle z.B. bei E. Rösch (Ausgabe München 1952; ⁵1972).

[38] Cyparissus, Hyacinthus.

[39] Ganymed.

[40] Venus steht hier im Widerstreit mit *pietas* (324). Cupido freilich bestreitet, Myrrhas strafwürdige Liebe herbeigeführt zu haben (311). Die Schuld trifft eine der Furien (314).

[41] 11, 306 Apollon bei Chione: *spem Veneris differt*; vgl. 12, 198 Neptun bei Caenis.

[42] Auroras Bittgang zu Jupiter kann in seinem hochepischen Charakter (vgl. die Venus-Szene aus *Aen. 1*) als Auftakt zum Aeneas-Venus-Teil (13, 623-Ende des Buches) betrachtet werden.

[43] Amor und Aeneas parallelisiert Ovid schon in seinen Liebesdichtungen, z. B. *am.* 3, 9, 13 f.; vgl. auch (indirekt) *ars* 1,60.

[44] Interessant ist die gemeinsame metaphorische Nennung von Ceres und Bacchus am Anfang der Erzählung (13, 639). Die Töchter des Anius haben mit Brot, Wein, Öl zu tun, den Grundnahrungsmitteln. Hier wird die spätere Rolle des Bacchus vorbereitet, während die Erwähnung von Ceres auf das fünfte Buch zurück verweist.

[45] Apollon ist hier kein besonders hilfreicher Gott, vgl. sein abwartendes Verhalten im Falle des Andros und auch des Orpheus und dagegen das Eingreifen des Bacchus in den entsprechenden Erzählungen. Auch in den Geschichten von Daphne, Coronis, Cyparissus, Hyacinthus ist Apollon kaum mehr als ein hilfloser Zuschauer. Im Kontrast dazu wird sein Sohn Aesculap als großer Helfer dargestellt (15, 433 führt dieser die Apotheose des Hippolytus herbei).

[46] Dort traten, wie erwähnt, Venus und Amor als strafende Gottheiten mit Apollon (bzw. Sol) in Verbindung; Zu Bacchus bestanden verwandtschaftliche Beziehungen.

[47] Zugleich geht es um die Bewahrung göttlicher Geheimnisse und ihren Schutz vor dem Zugriff brutaler Machtpolitik. In dieser Beziehung ist die Pyreneus-Geschichte aus dem fünften Buch zu vergleichen.

[48] Der Cyclop bezeichnet das liebende Zusammensein von Acis und Galatea als *Veneris concordia* (13, 875). Die Apotheose des Acis wird von Galatea bewirkt und zudem durch seine Herkunft von einer Flussnymphe (und Faunus) erleichtert. Auch sonst spielen Wassergottheiten bei Apotheosen eine wichtige Rolle (so bei Ino und Aeneas).

[49] Nachträglich wird auch die Aeneas-Anspielung in 4, 190 bestätigt; vgl. auch 14, 494 *iratam Venerem*.

[50] 14, 694; vgl. 3, 406: einzige Belege in den *Metamorphosen* für *Rhamnusis (-ia)*.

[51] Verhängnisvoll isoliert ist der Mars-Aspekt bei Pentheus (3, 531-563). Auch die Tendenz der Einlagen ist ähnlich: Narcissus ist ein Verächter der Liebe wie Anaxarete.

[52] Pythagoras gibt eine apollinische Offenbarung (15, 144); er ist ja der hyperboreische Apollon. Dass diese Offenbarung ‚wissenschaftlichen' Charakter hat, ist kein Widerspruch; es entspricht der Selbstdarstellung antiker Philosophen, die ihre Wissenschaft gerne metaphorisch als Einweihung in Mysterien bezeichneten; vgl. A. Wlosok, *Laktanz und die philosophische Gnosis*, Heidelberg 1960.

[53] Hercules (vgl. Buch 9) wäre auch eine naheliegende *figura* für Caesar. Aber Ovid ist geschmackvoll genug, den wohlfeilen Vergleich mit Hercules und Bacchus nicht zu ziehen. Es ist interessant zu sehen, wie sehr er Bacchus hier schont, seine Würde nicht antastet. Ovid meidet hier ausgetretene Pfade der augusteischen Herrscherpanegyrik.

[54] Zur Pentaden-Struktur (wohl wie der Vf. letzlich von E. Zinn angeregt) E. Rieks, „Zum Aufbau von Ovids *Metamorphosen*", in: *Würzburger Jahrbücher N.F.* 6 b, 1980, 85-103; A. Bartenbach, *Motiv- und Erzählstruktur in Ovids Metamorphosen. Das Verhältnis von Rahmen- und Binnenerzählungen im fünften, zehnten und fünfzehnten Buch...*, Frankfurt 1990; die Pentadenstruktur akzeptiert auch N. Holzberg, *Ovid. Dichter und Werk*, München 1997, 123-158, er erwähnt Bartenbach nicht.

[55] Vorbereitet durch die vergebliche Bitte um Verjüngung des Anchises im 9. Buch.

[56] Vgl. Vf., „De Ovidio Tibulli imitatore", zit. Anm.18.

[57] Vgl. Anm. 54.

Zu Kapitel 5

[58] Eine ältere italienische Fassung: "Viaggi nelle *Metamorfosi* di Ovidio," in: *Latina Didaxis XIX. Atti del Congresso a cura di S. Rocca*, Genova 2004, publ. 2005, 99-109.

[59] Eine Reise, die übrigens in der *Liebeskunst* vorbereitet ist.

[60] Das Meer als bedrohliche Gegenwart und die Flugreise als ‚Flucht' erscheinen auch in Horazens *carm.* 2, 7.

Zu Kapitel 6

[61] Aus: Vf., *Interpretationen und Unterrichtsvorschläge zu Ovids Metamorphosen*, Göttingen ²1990, 37-45 (in der 3. Auflage nicht mehr enthalten); M. Bischoff, „Diana und Aktäon – eine ikonographische Erfolgsgeschichte in Venedig, Rom und Prag", in: H. Borggrefe, V. Lüpkes u.a., Hgg., *Hans Rottenhammer (1564-1625)*, Marburg 2007, 73-88; V. Cristóbal, "El Acteón de Ovidio y su descendencia española", in: M.C. Álvarez, R.M. Iglesias, Hgg., *Y el mito se hizo poesía*, Madrid 2012, 285-300; W. Cziesla, *Aktaion*

Polypragmon. Variationen eines antiken Themas in der europäischen Renaissance, Frankfurt 1989; Th. Döscher, *Ovidius narrans. Studien zur Erzählkunst Ovids in den Metamorphosen* , Heidelberg 1971, 86-145; B. Otis, *Ovid as an Epic Poet* , Cambridge ²1970, z.B. 133; 137 u.ö.; hilfreich K. Galinsky, *Ovid's Metamorphoses. An Introduction to the Basic Aspects* , Oxford 1975, 66 ("It is really the peak of Diana that is Actaeon's downfall"); 92-96 (zum Aufbau: "The form reflects metamorphosis" 95); 102; 133 ("the exploitation of a paradox"); 172; 195 (Hundenamen); P. Kuhlmann, "Theologie und Ethik in Ovids *Metamorphosen*", in: *Gymnasium* 114, 2007, 317-335; B. Morros, *El tema de Acteón en algunas literaturas europeas. De la Antiguedad clásica a nuestros días*, Alcalá de Henares 2010; J.C. Nash, *Veiled Images. Titian's Mythological Paintings for Philip II*, Philadelphia 1985; U. Schmitzer, "Strenge Jungfräulichkeit. Zur Figur der Göttin Diana in Ovids *Metamorphosen*", in: *Wiener Studien* 114, 2001, 305-321; K. Volk, *Ovid: Dichter des Exils,* Darmstadt 2010, 148-150. Natürlich ist 'Selbstentfremdung' keine erschöpfende Erklärung der Metamorphose, sondern nur ein Aspekt (Gleiches gilt freilich auch von der Metamorphose als 'Metapher'); entscheidend ist, womit sich der Verwandelte identifiziert; die Erfahrung der Selbstentfremdung setzt das Fortbestehen des Bewusstseins der menschlichen Identität voraus (Io, Callisto, Actaeon). Ovid selbst beleuchtet die Problematik in der Arachne-Erzählung, in der auf Arachnes Teppich *sua facies* das tatsächliche Aussehen bezeichnet, während auf Minervas Teppich derselbe Ausdruck die Übereinstimmung mit dem Idealtypus signalisiert.

Gliederung des Textes: A. 138-142 Ankündigung; B. 143-154 Actaeon und die Gefährten, ‚Ende' der Jagd; C. 155-173 Bad der Diana; D. 174-203 Auftritt, Verwandlung und Flucht Actaeons; E. 204-252 Actaeons Tod F. 253-255 Beurteilung (und Weiterführung).

[62] Neu ist das Thema ‚Feiertagsarbeit', stärker akzentuiert das Thema ‚Eros', das die eingelegten Erzählungen bestimmt, wobei sich der Bogen von der romantischen Liebe (Pyramus und Thisbe) bis zu betonter Sinnlichkeit spannt (Mars und Venus, Salmacis und Hermaphroditus).

[63] M. Pohlenz, „Die Abfassungszeit von Ovids *Metamorphosen*", in: *Hermes* 48, 1913, 11 f.; zur Kontroverse hierüber s. F. Bömer im Kommentar, Heidelberg 1969, zu *met.* 3, 142.

[64] In Vers 155 sollte man nach *erat* ein Komma setzen.

[65] Dieses Verb darf nicht mit *densa* verbunden werden, vgl. Caesar, *Gall.* 2, 9, 1: *palus erat non magna inter nostrum atque hostium exercitum* („Es gab einen kleinen Sumpf"..., und nicht „Der Sumpf war nicht groß").

[66] Ausgabe der *Metamophosen*, Leipzig 1875.

[67] Zur dramatisch-rhetorischen Gestaltung des Dilemmas vgl. Vf., *Meister römischer Prosa* , Heidelberg 1971, 69-72 (Darmstadt ⁴2013, 47).

[68] Der Hundename „Hirschmörder" (211) enthüllt z.B., dass schon bei der Namengebung dieses Tieres tragische Ironie waltete. Die Namen entlarven das ‚fröhliche Jagen' in allen Stadien (Spurengänger, Waldmann, Schluchtengängerin, Sputedich, Fassan, Haltefest, Wildzahn, Tigerin usw.) als grausames und blutrünstiges Spiel und dokumentieren die Umkehrung der an Tieren verübten Gewalt gegen den eigenen Herrn. Aus Spiel wird bitterer Ernst. Eine Trennung dieser beiden Elemente ist schlechthin unmöglich. S. auch Ch. Reitz, „Zur Funktion der Kataloge in Ovids *Metamorphosen*", in: W. Schubert, Hg., 1999, 359-372, bes. 364 f.; Ch. Reitz, "Does Mass Matter? The Epic Catalogue of Troops...", in: G. Manuwald und A. Voigt, Hgg., *Flavian Epic Interactions*, Berlin 2013, 229-243.

[69] Vgl. Vf., *Römische Poesie*, Darmstadt ³2014, Kap. 1 „Der Held in Bedrängnis".
[70] *Inscius Actaeon vidit sine veste Dianam* (*trist*. 2, 103).

Zu Kapitel 7

[71] Ursprünglich französisch: "L'épisode d'Arachné dans les *Métamorphoses* d'Ovide," in: *Revue des Etudes Latines* 57, 1979, 266-277; dort verwendete Lit.: M.v.A., *Römische Poesie*, Heidelberg 1977, 63-79; ders., „Der Teppich als literarisches Motiv," in: *Deutsche Beiträge zur geistigen Überlieferung* 7, 1972, 11-89; H. Dörrie, „Wandlung und Dauer, Ovids *Metamorphosen* und Poseidonios' Lehre von der Substanz", in: *Der altsprachliche Unterricht* 4, 2, 1959, 95-116; H.B. Guthmüller, *Beobachtungen zum Aufbau der Metamorphosen Ovids*, Diss. Marburg 1964, 36 f.; I. Hahn, Der Wettstreit zwischen Menschen und Göttern, in: *Die Antike in der soz. Kultur. Internationale Arbeitskonferenz des Instituts für Altertumswissenschaften der Friedrich-Schiller-Universität Jena* (1973), ersch. Jena 1974, 122-145. Empfohlene ergänzende Lit.: H. Bernsdorff, „Arachnes Efeusaum (Ov. *met*. 6, 127-8)", in: *Hermes* 125, 1997, 347-365; ders., *Kunstwerke und Verwandlungen. Vier Studien zu ihrer Darstellung im Werk Ovids*, Frankfurt 2000; B. Harries, "The Spinner and the Poet. Arachne in Ovid's *Metamorphoses*", in: *Proceedings of the Cambridge Philological Society* 36, 1990, 64-83; U. Reinhardt, *Arachne und die Liebschaften der Götter* = Paradeigmata 22 (angekündigt Hamburg 2014); zur Künstlerthematik: W. S. Anderson, "The Artist's Limits in Ovid: Orpheus, Pygmalion, and Daedalus", in: *Syllecta Classica* 1, 1989. 1-11; E.W. Leach, "Ekphrasis and the Theme of Artistic Failure in Ovid's *Metamorphoses*", in: *Ramus* 3, 1974, 102-142; D. Lateiner, "Mythic and Non-Mythic Artists in Ovid's *Metamorphoses*", in: *Ramus* 13, 1984, 1-30; P. J. Johnson, *Ovid Before Exile: Art and Punishment in the Metamorphoses*, Madison 2009. S. auch Anm. 73.
[72] H. Dörrie, s. die vorige Anm.

Zu Kapitel 8

[73] Für Ursula und Warren Kirkendale. Eine frühere, kürzere Fassung war: Vf., „Orpheus in Ovids *Metamorphosen*", in: S. Gmeinwieser u.a., Hgg., *Musicologia humana. Studies in Honor of W. and U. Kirkendale*, Florenz 1994, 43-57. *Lit.:* W. S. Anderson, "The Artist's Limits in Ovid: Orpheus, Pygmalion, and Daedalus"(s. oben Anm. 71; dort weitere Lit.); A. Becker u.a., „Orpheus", in *Die Musik in Geschichte und Gegenwart*, Sachteil 7, 1997, 1099-1108; G.-B. Conte, "Aristeo, Orfeo e le *Georgiche*. Struttura narrativa e funzione didascalica di un mito", in: ders., *Virgilio, il genere i suoi confini*, Milano 1984, 43-53; ders., "Aristeo, Orfeo e le *Georgiche*. Una seconda volta", in: *Studi classici e orientali (Pisa)* 46, 1998, 123-128; J. Dangel, "Orphée sous le regard de Virgile, Ovide et Sénèque: trois arts poétiques", in : *Revue des Etudes latines* 77, 1999, 87-117 ; A. Darab, "Orpheus und Eurydike. Parallelen in Literatur und bildender Kunst", in : *Acta ad archaeologiam et artium historiam pertinentia (AAAH*, Oslo) 49, 1999, 81-94; J. Fabre-Serris,"Histoires d'inceste et de *furor* dans les *Métamorphoses IX* et dans le chant d'Orphée: une réponse d'Ovide au livre IV des *Géorgiques*", in: *Dictynna* 2, 2005, 21-38; B. Pavlock, *The Image of the Poet in Ovid's Metamorphoses*, Madison 2009; B. Simons, „Orpheus bei Vergil und Ovid", in: *Der Altprachliche Unterricht* 49, 2 und 3, 2006, 36-44; L. Spahlinger, *Ars latet arte sua. Untersuchungen zur Poetologie in den*

Metamorphosen Ovids, Stuttgart 1996; das Orpheus-Kapitel (ebd. 130-151) berücksichtigt mit Recht die Pentadenstruktur der *Metamorphosen* und die Beziehungen zwischen den Gesängen des Orpheus (in Buch 10) und der Calliope (in Buch 5), und gibt ein hilfreiches Referat der einschlägigen Literatur; J.L. Vidal, *Orpheus in musica: un mito para la ópera*, Madrid 2007.

[74] Vgl. Vf., *Rom: Spiegel Europas* 517-568; Abb. 537.

[75] Die maßgeblichen Gestaltungen der Orpheus-Sage finden sich in Vergils *Georgica* und in Ovids *Metamorphosen*; unter den Späteren ragen Seneca und Boethius hervor, auf die wir hier aus Raumgründen nicht eingehen können.

[76] E. Norden, „Orpheus und Eurydike. Ein nachträgliches Gedenkblatt für Vergil", *Sitzungsberichte der Preußischen Akademie der Wissenschaften* 22, 1934, 626-683.

[77] C. Segal, *Orpheus. The Myth of the Poet*, Baltimore 1989.

[78] Vergil denkt hier an die *Odyssee* , s. die folgende Anmerkung.

[79] In Vergils Vorbild, dem vierten Buch der *Odyssee*, folgt auf den Hinweis „Du weißt es" (*Odyss.* 4, 465), dem homerischen Stil entsprechend, dann dennoch zur Sicherheit nochmals die Darlegung des Problems, dessen Lösung von Proteus erwartet wird.

[80] Vgl. Heraklit, *Die Fragmente der Vorsokratiker* (Diels-Kranz) 22 B 93 „Der Herr, dem das Orakel in Delphi gehört, *sagt* weder noch *verbirgt* er, sondern er *weist hin.*"

[81] Vgl. Vf., *Meister röm. Prosa* ^{3}1995, 69 f.(^{4}2013, 47) mit Anm.

[82] Der Text wird hier wie folgt gegliedert:
I: 1-10 Einleitung: Hochzeit und Tod der Eurydice.
II: 11-16 Abstieg des Orpheus in die Unterwelt.
III: 17-39 Sein Gesang
    17 f. *prooemium*: Anrede
    19-26 *narratio*: Bericht von Eurydices Tod, übergehend in:
    26-37 *argumentatio* in zwei Schritten:
        26-29 erste Beweisführung [emotional: Ethos und Pathos]: Die Macht der Liebe habt auch ihr erfahren. 29 ff. Bitte: Macht Eurydices frühen Tod rückgängig!
        32-35 zweite Beweisführung [rational: Epicheirema, breites Enthymema]: Alle unterstehen der Macht des Todes. 36 f. Eurydice bittet nur, ihre Lebenszeit *nutzen* zu dürfen, euer Recht als Eigentümer bleibt unangetastet.
    38 f. *peroratio:* Pathos.
IV: 40-52 Wirkung des Gesanges: Eurydice wird gerufen.
V: 53-63 Aufstieg aus der Unterwelt und zweiter Tod der Eurydice.
VI 64-85 Ausklang: Orpheus' Entsetzen, Trauer und Resignation.

[83] Man beachte die drei schweren Spondeen: *Orphea nequiquam* (10, 3).

[84] Vier Spondeen geben dem Vers das nötige Gewicht: *in talum serpentis dente recepto* (10,10). Auffällig ist die rasch wechselnde Farbigkeit der Vokale am Anfang, einem Aufschrei vergleichbar, und das absichtlich hässliche Flachwerden des Vokalklanges mit der Häufung der e-Vokale in der zweiten Hälfte des Verses o-i-i-i-a-u / e-e-i-e-e-e-o.

[85] Vf., *Rom: Spiegel Europas* 179-203 („Vondels niederländischer Ovid: ein poetisches Testament").

[86] Götter und Heroen treten bei Ovid nicht selten als Paare auf; die Polarität der Geschlechter, ist ein wichtiges, noch nicht ausgeschöpftes Thema der *Metamorphosen* (vgl. hier Kapitel 3.3; 3.8; 3.14).

[87] S. beispielsweise F. Mehmel, *Virgil und Apollonius Rhodius*, Hamburg 1940.

[88] Im Lateinischen ist *o* beim Vokativ viel seltener als im Griechischen.

[89] Der Ausdruck *deus hic* (26) zwingt zur Großschreibung von Amor.

[90] Vgl. Vf., „Der Teppich als literarisches Motiv" in: *Deutsche Beiträge zur geistigen Überlieferung* 7, 1972, 11-89, bes. 51 ff.

[91] Der Syllogismus besteht aus drei Sätzen, z.B. 1. Alle Menschen sind sterblich. 2. Nun aber ist Sokrates ein Mensch. 3. Also ist Sokrates sterblich. Das rhetorische Enthymema lässt den mittleren der drei Sätze aus, so entsteht die Gefahr von Fehlschlüssen. Epirrhema: eigentlich: das nachher Gesagte.

[92] Es ist mit N. Heinsius (Ausg. Amsterdam: Elzevier 1658-1661) und dem Laurentianus 36.12 (11.-12. Jh.) *debemur* zu lesen, das viel aussagekräftiger ist als das farblose *debentur* der übrigen Handschriften. W.S. Anderson (Ausg. Leipzig 1977) entscheidet sich an den Parallelstellen (18 und 32) jeweils verschieden: er liest *creamur*, aber *debentur*.

[93] *Dicentem* bezeichnet den feierlichen und bedeutungsvollen Vortrag, s. hier Kap 9.

[94] Vgl. P. Rabbow, *Seelenführung*, München 1954.

[95] Vergil stellt die Wirkung der ersten Klage des Orpheus als „zentripetale" Bewegung dar (die Nymphen, die Natur, Orpheus). Das Echo seines zweiten Gesanges bewegt sich in umgekehrter Richtung (Orpheus, die Schatten, der Palast, die Eumeniden, Cerberus, Ixion). Diese antithetische Struktur macht deutlich, dass der Gesang deswegen die Welt erschüttern kann, weil er aus der Klage der Natur erwachsen ist.

[96] Vergil betont die rasende Leidenschaft, Ovid die zarte Rücksicht; dennoch ist es auch bei ihm die Liebe, die den Erfolg des Orpheus zunichte macht.

[97] Vgl. auch Vergil, *Aen.* 6, 450 *recens a vulnere Dido*; doch Ovid beobachtet die Gangart Eurydices genauer.

[98] Vgl. Vf., *Roman Epic* 123-129; s. auch Ps.-Longinus, *De subl.* 9, 2.

[99] So stellt sich Ovid auch selbst in der Verbannung dar: *trist.* 3, 14, 46.

[100] Orpheus selbst sprach am Ende seines Gesanges mit auffallender Schärfe davon, dass er zusammen mit Eurydice sterben wolle (10, 39), und die Gleichnisse des Schlussteils (10, 64-71) nehmen im Versteinerungsmotiv die Todesstarre vorweg.

[101] Vgl. 22, 50-53 mit 15, 871-879.

[102] Ovids Dialog mit Vergil ist nicht Selbstzweck, sondern Mittel zum Zweck. Ovid verständigt sich mit seinen Lesern, indem er deren Vergilkenntnis zum Bestandteil der gemeinsamen ‚Sprache' macht. Man sollte Ovid weder zum braven Vergilianer machen, noch zu einem Autor, dessen Hauptabsicht es ist, den vergilischen Kosmos in ein Chaos zu verwandeln. Der Gefahr der Vereinfachung entgehen nicht ganz: einerseits L. Spahlinger, *Ars latet arte sua. Die Poetologie der Metamorphosen Ovids*, Stuttgart 1996, andererseits R.F. Glei, „Der interepische poetologische Diskurs: zum Verhältnis von *Metamorphosen* und *Aeneis*", in: *ScriptOralia*, Tübingen 1998, 85-104. Zu Ovids Kontinuitätsbewusstsein innerhalb des lateinischen Epos s. hier die Kap. 9, 12 und 13. Andererseits ist klar, dass Ovid andere poetologische und anthropologische Akzente setzt als Vergil.

Zu Kapitel 9

[103] Ursprünglich in: *Rheinisches Museum* N.F. 104, 1961, 269-278; hier überarbeitet; weiterführend E. Mensching, „*Carmen perpetuum novum?*", in: *Mnemosyne* ser, 4, 22, 1969, 165-169; C.D. Gilbert, „Ovid, *met.* 1, 4", in: *Classical Quarterly* 70, n.s. 26, 1976,

111 f.; E.J. Kenney, "*Ovidius prooemians*", in: *Proceedings of the Cambridge Philological Society* 22, 1976, 46-53.

[104] U. Fleischer, in: *Antike und Abendland* 6, 1957, 27-59, bes. 33: *canere* klinge „anspruchsvoller" als *dicere*. *Fert animus* habe „keineswegs epischen oder poetisch gehobenen Sprachton", klinge „eher elegisch als episch."

[105] Ebd. passim.

[106] S. Anm. 104.

[107] Über diese Eigenart des lat. *dicere* H. Hommel, „Die Bildkunst des Tacitus", in: *Würzburger Studien* 9, 1936, 130. Zu *dicere*: Walde-Hofmann, *Lateinisches etymologisches Wörterbuch*, Heidelberg 1938, ⁴1965, 348 f.; Graeber, in: *Thesaurus linguae Latinae* 5, 1, 1913, 967-989.

[108] *Dicere* (absolut) = *dicere sententiam in senatu*.

[109] *Dicere* (absolut) = als Redner auftreten. Zur Verdeutlichung diene Cic. *Brut*. 58, 212: *Scipio ... mihi sane bene et loqui videtur et dicere* (Vgl. Piderit im Kommentar z. St.: *bene loqui* „eine gute Aussprache haben"; *bene dicere* „ein guter Redner sein"); vgl. auch den Bedeutungsunterschied von *dicax* und *loquax*.

[110] Beispielsweise Prop. 4, 1, 49 f. *tremulae cortina Sibyllae / dixit Aventino rura pianda Remo*.

[111] Als Spielleute und Minnedichter die Wendung in den weltlichen Bereich rückten, wurde bezeichnenderweise *singen* dem lyrischen, das dem lat. *dicere* entsprechende *sagen* aber dem epischen Dichten zugeordnet, vgl. F. Kluge, *Etymologisches Wörterbuch der deutschen Sprache*, hg. W. Mitzka, Berlin ¹⁷1957 s.v. *singen*.

[112] So Schiller in seiner Übersetzung der vergilischen Fama-Stelle (*Aen*. 4, 173-188). Das unverbindliche *loqui* ist dem Bereich der Fama zugeordnet: Martial 5, 25, 5; Lucan 4, 273. (Durch Verbindung mit der Fama kann auch *loqui* größeren Nachdruck gewinnen, freilich mehr extensiv als intensiv).

[113] Auf diese Eigenart der genannten Wortverbindung findet sich weder im Kommentar von Kießling-Heinze noch bei Eduard Fraenkel (*Horace*, Oxford 1957) ein Hinweis. Hochpathetisch *dicam* (*carm*. 3, 25, 7): *dicam insigne, recens, adhuc indictum ore alio*.

[114] Verg., *georg*. 4, 5; vgl. 3, 46 *dicere pugnas Caesaris*.

[115] *Fr*. 1, 21-38 Pfeiffer.

[116] H. Herter, „Ovids Kunstprinzip in den *Metamorphosen*", in: *American Journal of Philology* 69, 1948, 129-148.

[117] *Fr*. 1, 3 Pfeiffer.

[118] Fleischer (zit. Anm. 104) a.O. 59.

[119] S. Anm. 104. Die Wendung *fert animus* ist als solche weder spezifisch prosaisch noch auf eine einzelne Literaturgattung beschränkt. Innerhalb eines bestimmten Genos – hier des Epos – muss sie jedoch an dem in der Gattung schon Vorgebildeten gemessen werden und gewinnt dementsprechend eine besondere Färbung. (Zu *fert animus*: Klotz, in: *Thesaurus linguae Latinae* 2, 1900, 96, 26-30, wobei Hor. *carm*. 1, 14, 8 in Hor. *epist*. 1, 14, 8 zu verbessern ist).

[120] Ibid. Die Diskussion über epische und elegische Elemente bei Ovid ist von R. Heinze eröffnet worden: *Ovids elegische Erzählung* = *Sitzungsberichte der sächsischen Akademie der Wissenschaften* 71, 1919, 7.

[121] *Ars* 3, 467.

[122] Quint. *inst*. 10, 1, 90; Lucan 1, 67.

[123] Fleischer (zit. Anm. 104) 33.

[124] Vgl. W. Schadewaldt, *Von Homers Welt und Werk*, Stuttgart ³1959, 54-86, bes. 78 mit Belegen.
[125] Ähnlich ergeht es Odysseus (*Odyssee* 8, 86 und 521).
[126] *Odyss.* 1, 347 (Übersetzung nach: Homers *Odyssee*, übs. von W. Schadewaldt, Hamburg 1958).
[127] Es sei daran erinnert, dass das Thema von Ovids *Metamorphosen* recht weit von dem entfernt war, was das offizielle Rom – Augustus – vom Dichter erwartete. Mit einem „ich habe eben Lust dazu" ließ sich eine solche Wahl nicht vor der Öffentlichkeit begründen.
[128] 8, 43 ff., vgl. Apollonios Rh. 4, 249.
[129] Μοῦσ' ἄρ' ἀοιδὸν ἀνῆκεν.
[130] Anders 15, 623; vgl. *Ilias* 2, 484-487.
[131] 1, 2.
[132] *Est deus in nobis* (*ars* 3, 549).
[133] Für die Nuancen dieser Sprechweise müssen wir uns erst wieder das Gespür erwerben. Ähnlich geht es uns mit der Sprache der Mythologie und auch mit der Rhetorik.
[134] Fleischer (zit. Anm. 104), 56.
[135] Vgl. Vf., *Parenthese*.
[136] *Met.* 9, 524; R.J. Deferrari u.a., *A Concordance of Ovid*, Washington 1939, 1208 f.
[137] *Tabellas*.
[138] Fleischer (zit. Anm. 104) 53.
[139] 3, 677; 6, 471; 7, 571.
[140] Oder vorvorletzte.
[141] Fleischer ebd. 53 f.
[142] „Die Aufeinanderfolge gleicher oder ähnlicher Versschlüsse bei Ovid", in: *Wiener Studien* 2, 1880, 233 ff.
[143] Gleiches gilt von der Konjektur *illa* („denn ihr habt auch meine Pläne geändert"), zuletzt ohne Nennung der Vorgänger aufgegriffen von N. Holzberg, *Ovid* , München 1997, 123.
[144] Vgl. Vf., *Parenthese* 232. Richtig Fleischer a.O. 51.
[145] Ich ließ mich inzwischen von der Unrichtigkeit der Deutung bei Haupt-Ehwald überzeugen (s. meinen Zusatz in der Neuausgabe des Kommentars, Zürich 1966, S. 14).
[146] Über die *Metamorphosen* als „Weltgedicht" vgl. E. Zinn, „Die Dichter des alten Rom und die Anfänge des Weltgedichts", in: *Antike und Abendland* 5, 1956, 7-26; wh. in: E. Z., *Viva Vox. Römische Klassik und deutsche Dichtung*, Frankfurt 1994, 123-148.
[147] Daher ist auch die Konjektur *illa* unpassend.
[148] Siehe Anm. 120.
[149] Siehe Anm. 117.
[150] Beispielsweise *trist*. 3, 3, 74 und öfter in den Verbannungsgedichten.
[151] *Quamvis ingenio non valet, arte valet* (*am.* 1, 15, 14), über Kallimachos.
[152] Das Bild des Atems und Windes beherrscht das ganze Prooemium der *Metamorphosen* und auch die bekannte Stelle *ars* 3, 550 (*spiritus*).
[153] Der universalhistorische Rahmen ist eigenste Erfindung Ovids. Seine Stellung zur Geschichte verdient gesonderte Behandlung.
[154] Ich übernehme den Terminus von E. Zinn, s. Anm. 146.
[155] C. Tsitsiou-Chelidoni, *Ovid Metamorphosen Buch VIII. Narrative Technik und literarischer Kontext*, Frankfurt 2003.

[156] A. Bartenbach, *Motiv- und Erzählstruktur in Ovids Metamorphosen. Das Verhältnis von Rahmen- und Binnenerzählung im 5., 10. Und 15. Buch von Ovids Metamorphosen*, Frankfurt 1990.
[157] Wegweisend für die Interpretation der *Metamorphosen* K. Galinsky, "Ovid's Poetology in the *Metamorphoses*", in: W. Schubert, Hg., 1999, 305-314.

Zu Kapitel 10

[158] Ursprünglich in: H. Görgemanns und E.A. Schmidt, Hgg., *Studien zum antiken Epos Festschrift F. Dirlmeier und V. Pöschl,* Meisenheim 1976, 280-290. Literatur zum Thema: J. A. Washietl, *De similitudinibus imaginibusque Ovidianis*, Diss. Wien 1883; S. G. Owen, "Ovid's Use of the Simile", in : *Classical Review* 45, 1931, 97-106; E. G. Wilkins, "A Classification of the Similes of Ovid", in : *Classical Weekly* 25, 1932, 73-78; 81-86; weiterführend: D.F. Bauer, "The Function of Pygmalion in the *Metamorphoses* of Ovid", in: *Transactions of the American Philological Association* 93, 1962, 1-21 (über die Bedeutung des Stein-Symbols); T.F. Brunner, "The Function of the Simile in Ovid's *Metamorphoses*", in: *Classical Journal* 61, 1965/66, 354-363; weiterführend M.L. von Glinsky, *Simile and Identity in Ovid's Metamorphoses*, Cambridge 2012 (Lit.).
[159] G. Lafaye, *Les Métamorphoses d'Ovide et leurs modèles grecs*, Paris 1904, Neudruck Hildesheim 1971; W. Kraus, „Ovidius Naso", in: *RE* 18, 2, 1942, 1910-1986; überarbeitet in: *Ovid*, hg. von M.v.A. und E. Zinn, = Wege der Forschung 92, Darmstadt 1968, 67-166; H. Fränkel, *Ovid, A Poet Between Two Worlds*, Berkeley 1945; L.P. Wilkinson, *Ovid Recalled*, Cambridge 1955; vgl. S. Stabryła, *Owidiusz*, Kraków 1989; die Renaissance der Ovidstudien setzte erheblich früher ein, als N. Holzberg, *Ovid*, München 1997, 11 glaubt. Wenn er sein Buch für die erste deutsche Ovid-Monographie hält, ist an die fundamentalen Leistungen von E. Martini, *Einleitung zu Ovid*, Prag 1933 und W. Kraus zu erinnern, sowie an die kundigen und attraktiven Einführungen von M. Giebel (Reinbek 1991) und S. Döpp, *Werke Ovids. Eine Einführung*, München 1992. Inzwischen erschien U. Schmitzer, *Ovid*, Hildesheim 2001 und besonders K. Volk, *Ovid*, Chichester 2010; dt. Ausgabe: *Ovid. Dichter des Exils,* Darmstadt 2012.
[160] R. Heinze, *Ovids elegische Erzählung* (= *Berichte über die Verhandlungen der Sächsischen Akademie der Wissenschaften zu Leipzig*, phil.-hist. Klasse, Bd. 71), Leipzig 1919; Th. Döscher, *Ovidius Narrans, Studien zur Erzählkunst Ovids in den Metamorphosen*, Diss. Heidelberg 1971; vgl. auch M.v. A., „ Zur Funktion der Tempora in Ovids elegischer Erzählung *(fast.* 5, 379-414)", in: M.v.A. und E. Zinn, Hgg., *Ovid* (zitiert oben Anm. 159) 451-467; älter: H. Peters, *Symbola ad Ovidii artem epicam cognoscendam*, Diss. Göttingen 1908. Zur Problematik ‚episch'-‚elegisch' vgl. aber Vf., Forschungsbericht in: *Anzeiger für die Altertumswissenschaft* 25, 1972, 267-290.
[161] Gute Ansätze zur Interpretation finden sich in der oben (Anm. 158) zitierten Untersuchung von Brunner. Im Folgenden wird zunächst nicht nach der Bedeutung der Gleichnisse für den Gesamtaufbau der *Metamorphosen* gefragt, sondern nach ihrer Funktion innerhalb der jeweiligen Erzählung.
[162] Übersetzungen vom Vf., meist aus: P. Ovidius Naso, *Metamorphosen.* Lat.-dt. (überarb.) Stuttgart 2010.
[163] *met.* 2, 727-729.
[164] *met.* 6, 455-457.
[165] Der „plötzliche Sturz" (*subitae ... ruinae*) passt freilich besser auf Caesar.

[166] Vgl. im Prolog von Menanders *Samia* die Hervorhebung der Titelfigur durch eine unmittelbar vorausgehende Parenthese. Grundsätzlich siehe Vf., *Die Parenthese in Ovids Metamorphosen und ihre dichterische Funktion*, Hildesheim 1964, ²1994.

[167] Wilamowitz hat mit Recht die Funktion des Gleichnisses als « Stimmungsbild" betont; s. H. Fränkel, *Die Homerischen Gleichnisse*, Göttingen 1921, S. III und 5 ff. Beispiele: *Ilias* 9, 555 (Freude des Hirten); 13, 492 (ebenso); 15, 624 (Angst der Schiffsleute und der Achaier).

[168] O. Bussenius, *De Valeri Flacci in adhibendis comparationibus usu*, Diss. Jena 1872.

[169] *met*. 15, 858 f. Erzähl- und Gleichnissphäre sind gegenüber dem ersten Buch vertauscht. Dadurch wird die Einheit des Werkes unterstrichen. ‚Fernbezüge' mit Vertauschung von Erzählsphäre und Gleichnissphäre schlagen auch z. B. zwischen *Aeneis* I und VII eine Brücke (*Aen*. 1, 148-156; 7, 586-590; 594: Seesturm und politische Unruhe).

[170] *Ilias* 22, 189-193.

[171] *Aen*. 12, 749-755.

[172] Vgl. Vf., *Die Parenthese* ... (zitiert oben Anm. 166) 180; H.-G. Finke, *Furcht und Hoffnung als antithetische Denkform von Plautus bis Tacitus*, Diss. Tübingen 1950, 128.

[173] *met*. 5, 1-7.

[174] Mars: *met*. 12, 91; *Aen*. 12, 332; Fels: *met*. 12, 124; *Aen*. 6, 471; eroberte Stadt: *met*. 12, 225; *Aen*. 4, 669 ff.; *Aen*. 2 passim; Stier: *met*. 12, 248; *Aen*. 2, 223 f.; brennende Saat: *met*. 12, 274; *Aen*. 2, 304; Hagel: *met*. 12, 480; *Aen*. 5, 458; die Löwin und ihr Junges: *met*. 13, 547; Homer, *Ilias* 18, 318-322 (sehr bezeichnend wegen des epischen Zornmotivs).

[175] *met*. 11, 508-553.

[176] *Dämonen* 3, 3, 2; *Gesammelte Werke (Sobranie sočinenij)* 7, Moskau 1957, 549.

[177] *met*. 4, 362 ff. Hervorzuheben ist die erotische Umdeutung des altehrwürdigen Bildes vom Adler und der Schlange: vgl. *Aen*. 11, 751-756; *Ilias* 12, 200-207.

[178] *met*. 4, 122-124.

[179] Vf., „Gleichnis und Innenwelt in Silius' Punica", in : *Hermes* 91, 1963, 352-375; auch in: Vf., *Silius Italicus*, Amsterdam 1964, 90-118.

[180] *Ilias* 11, 558.

[181] *Ilias* 16, 641; vgl. 2, 469.

[182] *Odyss*. 20, 25.

[183] *met*. 7, 106-110.

[184] Die homerischen „ Automaten" (vgl. *Ilias* 18, 373-379) und der Sampo des finnischen Epos *Kalevala* sind technische Phantasien; die Poesie der handwerklichen Arbeit hat schon Homer entdeckt.

[185] *met*. 9, 220-225; vgl. Enn. *trag*. 356 ff. Jocelyn.

[186] Auf die philosophische Bedeutung des Gleichnisses weist K. Riezler hin („Das homerische Gleichnis und der Anfang der Philosophie"; in: *Die Antike* 12, 1936, 253-271), ohne jedoch den ‚Weg-Charakter' des Gleichnisses hervorzuheben, auf den es uns hier ankommt. H. Fränkel (zit. oben Anm. 167) betont mit Recht, dass das *tertium comparationis* nicht punktuell ist, dass das Gleichnis gewissermaßen dieselbe Melodie auf einem anderen Instrument wiederholt und dass nicht nur die ausdrücklich hervorgehobene Verbindung auf das *tertium comparationis* hinweist.

[187] *Die Dichtkunst Virgils*, Wiesbaden 1950; Berlin ³1977.

Zu Kapitel 11

[188] Verändert nach: "Ovid and the Novel" in: *Gaudeamus igitur. Studies to Honour the 60th Birthday of A.V. Podossinov*, ed. by T.N. Jackson (and others), Moscow 2010, 33-48; auch in: M. Futre Pinheiro, J. Harrison, Hgg., *Fictional Traces. Receptions of the Ancient Novel*, Bd. 1, Eelde 2011, 3-20. Literaturauswahl: *Scriptores erotici Graeci*, ed. G. A. Hirschig, Paris 1856; R. Hercher, vol. 1, Lipsiae 1858; M.v.A., *Geschichte der römischen Literatur*, 2 Bände, Berlin ³2012 (Lit.); M.v.A., *Roman Epic*. Leiden 1999; I. Aurenty, «Des Cyclopes à Rome», in: *Conceptions et représentations de l'extraordinaire dans le monde antique*. Actes du colloque international, Lausanne, 20-22 mars 2003, éd. par O.Bianchi et O.Thévenaz sous la direction de P. Mudry, Bern 2004, 25-52; B. Baldwin, Petronius and Ovid", in: *Eranos* 90 (1992) 63; A. Barchiesi, *Intertextuality and Narrative in Ovid and Other Latin Poets*, London 2001; T. Cole, *Ovidius Mythistoricus. Legendary Time in the Metamorphoses*, Frankfurt 2008; A. Collignon, *Etude sur Pétrone. La critique littéraire, l'imitation et la parodie dans le Satiricon*, Paris 1893, bes. 263-265; 359-360; H. MacL. Currie, "Petronius and Ovid", in C. Deroux, Hg., *Studies in Latin Literature and Roman History*, Bd. 5, Bruxelles 1989 (= Collection Latomus 206) 317-335; M. Garrido, "Note on Petronius' *Satyricon* 135", in: *Classical Review* 44, 1930, 10-11 (wertvoll); S.J. Harrison, Hg., *Oxford Readings in the Roman Novel*, Oxford 1999; H. Hofmann, Hg., *Latin Fiction. The Latin Novel in Context*, London 1999; N. Holzberg, *Der antike Roman*. München 1986; N. Holzberg, *Ovid*. München 1997; N. Holzberg, *Ovids Metamorphosen*. München 2008; V. Hunink, Besprechung über H. Müller (s. unten), in: *Bryn Mawr Classical Review* 1999.05.02 (pp.1-4); H. (=Hendrik) Müller, *Liebesbeziehungen in Ovids Metamorphosen und ihr Einfluss auf den Roman des Apuleius*. Göttingen, Braunschweig 1998; C. Mazzilli, "Petronio 98, 7-100,2: stratigrafia intertestuale e risemantizzazione del modello", in: *Aufidus* 17 (no.50-51) 2003, 33-85; L. Pepe, „Un motivo novellistico negli *Amores* di Ovidio", in: *Studi classici in onore di Q. Cataudella*, vol 3, Catania 1972, 339-343; G. Schmeling, Hg., *The Novel in the Ancient World*. Leiden 1996; S. Swain, Hg., *Oxford Readings in the Greek Novel*. Oxford 1999; P. Veyne, « La Sibylle dans la bouteille », in: *Hommages à J. Bayet*, hg. M. Renard und R. Schilling, Bruxelles 1964, 718-721; K. Volk, *Ovid: Dichter des Exils*, Darmstadt 2012, bes. 150-155 (zu Ovids Fortleben in modernen Romanen ; vgl. auch P. Hardie, *Ovid's Poetic of Illusion*, Cambridge 2002, Kapitel 10); J. Winkler, *Auctor et actor: A Narratological Reading of Apuleius's The Golden Ass*, Berkeley 1985.

[189] Dieses Thema ist in einem griechischen Roman bezeugt (*Metiochos und Parthenope*, Nr. 2622 f. P (A. Lesky, *Geschichte der griechischen Literatur*, Bern ³1971, 964).

[190] Siehe schon A. Wlosok, „Zur Einheit der *Metamorphosen* des Apuleius", in: *Philologus* 113, 1969, 68-84.

[191] Hier wird auf Diana übertragen, was Kallimachos über das von Tiresias unabsichtlich beobachtete Bad der Pallas geschrieben hatte; Tiresias verlor zur Strafe sein Augenlicht (*hymn*. 5, 75-83). In demselben elegischen Hymnos zieht Kallimachos die Parallele zu Actaeon, der seinerseits Artemis ganz zufällig gesehen hatte (5, 113 οὐκ ἐθέλων περ), aber grausamer bestraft worden war. Denselben Vergleich stellt Nonnos in umgekehrtem Sinne an: Bei ihm beschwert sich Actaeon, Artemis gehe mit ihm grausamer um als Athene mit Tiresias. Bei Kallimachos steht hinter der Bestrafung das unabänderliche Gesetz des Zeus, und Athene mildert das Los des Tiresias, soweit es in ihrer Macht steht. Bezeichnenderweise findet sich bei Apollodor (3, 4, 4, 3) keine Abwägung persönlichen Verschuldens. Es zählt nur die Tatsache, dass der Heros die Göttin gesehen hat. Andere

Fassungen des Actaeon-Mythos zeigen, dass das ursprüngliche Motiv des Mythos nicht Voyeurismus, sondern Hochmut war: nach Akusilaos (bei Apollodor ebd.) wollte er Semele heiraten und erregte so den Zorn des Zeus. Nach Diodor (4, 81, 4 f.) kränkte er Artemis, indem er sich für einen besseren Jäger hielt als die Göttin (so schon Euripides, *Bakchai* 339 f.), sich die Jagdbeute aneignete (die der Göttin gebührte) und einen Hochzeitsschmaus im Tempel der jungfräulichen Artemis abhielt. Ursprünglich war er also ein Gottesverächter (s. W. Nestle, *Griechische Studien*, Stuttgart 1948, 574 (= *Archiv für Religionswissenschaft* 33, 1936, 251). In Euripides' *Bakchai* 337-342 (vgl. 1227; 1291) wird er in gleichem Zusammenhang als warnendes Beispiel genannt.

[192] Typisch für Achilleus Tatios (den man jetzt gegen Ende des 2. Jh. datiert) sind: Ich-Erzählung, Betonung der Macht des Eros, Beschreibung eines Kunstwerks am Anfang (der Raub der Europa, der auch Nonnos' *Dionysiaka* eröffnet und bei Ovid, *met.* 2, 833-875, den Cadmus und Bacchus gewidmeten Großteil einleitet. Das Interesse für sexuelle Thematik bereitet sich bei Kallimachos und Euphorion vor. Übrigens stammt der ‚wandernde Wald' in Shakespeare's *Macbeth* letzten Endes aus Achilleus Tatios (E. Rohde, *Der griechische Roman*, ^{3}516).

[193] Obendrein nimmt Apuleius ausdrücklich auf eine Skulptur Bezug.

[194] Vgl. z.B. einen Sarkophag im Louvre (103 Froehner): «Actéon surprend Diane à la fontaine Gargaphie».

[195] Parallelen zwischen Ovid und Petron verzeichnet A. Collignon, *Etude sur Pétrone. La critique littéraire, l'imitation et la parodie dans le Satiricon*, Paris 1893, bes. 263-265; 359-360; weitere Berührungen: P. Veyne, « La Sibylle dans la bouteille », in: *Hommages à J. Bayet*, hg. M. Renard und R. Schilling, Bruxelles 1964, 718-721 (Petron. 48, 7-8, vgl. Ov., *met.* 14, 130-153; jedoch scheinen beide Autoren eine gemeinsame folkloristische Quelle zu benutzen; vgl. auch L. Pepe, „Un motivo novellistico negli Amores di Ovidio", in: *Studi classici in onore di Q. Cataudella*, Bd. 3, Catania 1972, 339-343 (*Amores* 2, 8 [extr.] und Petron. 85-87 (die Inversionstechnik ist auffallend ähnlich); auch hier dürfte eine gemeinsame (romanhafte) Quelle vorliegen. ‚Parodie' als petronisches Element betont I. Aurenty, « Des Cyclopes à Rome », in: *Conceptions et représentations de l'extraordinaire dans le monde antique. Actes du colloque international, Lausanne, 20-22 mars 2003*, hg. von O.Bianchi und O.Thévenaz unter Leitung von P. Mudry, Bern 2004, 25-52.

[196] A. Wlosok, Die Göttin Venus in Vergils Aeneis, Heidelberg 1967.

[197] Die einzige ausgesprochen sexuelle Szene der *Aeneis* bezieht sich auf eheliche Liebe: Venus verführt ihren eigenen Gemahl, Vulcanus (*Aen.* 8, 404-406; vgl. *georg.* 2, 325-327; vgl. Aeschyl., *Danaides, frg.* 44).

[198] Vgl. M.v.A., *Das Buch der Verwandlungen*, Düsseldorf 2000, 53-66. In der ersten Pentade der *Metamorphosen* (besonders in Buch 4), werden alle Aspekte der Venus entfaltet: geschlechtliche Liebe, Rachsucht, Beschützerrolle für eine Stadt (Theben, zusammen mit Mars), Mutterrolle (Inos Apotheose); als kosmische Macht erscheint Venus in den Büchern 1 und 5. Die Rolle der Venus wird schrittweise vergeistigt. Im letzten Teil der *Metamorphosen* ist sie Spenderin der Apotheose. Doch bleibt die Identität von Venus und *voluptas* durchweg bestehen. Stärker als Vergil betont Ovid die Rachsucht der Göttin und ihren Sinn für Macht (so erscheint bei ihm Venus gewissermaßen noch 'römischer' als bei Vergil). Ähnlich wie Lukrez (im Prooemium) stellt Ovid schon im ersten Werkdrittel Venus und Liebe als kosmische Macht dar.

[199] Nach Barbara Weinlich könnte Ovid durch seine Bezugnahme auf Tibull indirekt angedeutet haben, dass ihn seine tiefe Bindung an Corinna unfähig machte, eine andere Frau zu lieben. Wie dem auch sein mag, betont sie mit Recht die Tibullnähe von Ovids Text (*Ovids Amores. Gedichtfolge und Handlungsablauf*, Stuttgart 1999, 224).

[200] Den Nachweis führt F.W. Lenz in seiner zweisprachigen Ausgabe der *Amores*, Berlin 1965, 223 f.

[201] Vieles Ovidische kehrt wieder, so bereits der Anfang der Elegie, der den Leser durch abrupte Lebhaftigkeit in seinen Bann schlägt: *At non formosa est, at non bene culta puella, / at, puto, non votis saepe petita meis*. Petron verwendet denselben Gedanken, verwandelt aber den inneren Monolog des Elegikers in einen dramatischen Dialog. Folglich äußert nicht der junge Mann, sondern die Dame den entsprechenden Gedanken (gegenüber ihrer Dienerin Chrysis: 128, 3): „Bin ich etwa hässlich? Etwa ungepflegt?" *Numquid indecens sum? Numquid incompta?* Das ist die genaue Paraphrase der Eingangsverse von Ovids Elegie. Im vorhergehenden Kapitel (128, 1) stellt die Geliebte dem jungen Mann ganz ähnliche Fragen: „Stört dich etwa mein Kuss? Ist etwa mein Atem vom Nüchternsein übelriechend? Gibt es etwa unordentlichen Achselschweiß? Oder, wenn all dies nicht der Fall ist: Hast du etwa Angst vor Giton?": *Numquid te osculum meum offendit? Numquid spiritus ieiunio marcens? Numquid alarum neglegens sudor? Aut si haec non sunt: numquid Gitona times?*

[202] Bd. 1, Oxford 1949; Bd. 2, 1953.

[203] Κάμινος lässt an Luft denken.

[204] E. Rohde, *Der griechische Roman und seine Vorläufer* (1876), Darmstadt ³1974.

[205] Das 'Realitäts'-Verständnis im Roman ist weltlicher als im Epos. Es beruht auf ständiger Beachtung der Oberfläche der Dinge.

[206] M.v.A., *Die Parenthese in Ovids Metamorphosen und ihre dichterische Funktion*, Hildesheim ²1994.

[207] Der Versuch, einen großen Teil der Werke Ovids als 'Romane' zu bezeichnen, soll hier nicht systematisch geprüft werden.Immerhin ist die von Niklas Holzberg angedeutete Beziehung zwischen Ovids elegischen Episteln (*Tristia*) und griechischen Briefromanen ein erfolgversprechender Ansatz. In der Tat verwendet Ovid in manchen Fällen eine Brieffolge, um eine bestimmte Abfolge von Handlungen zu vermitteln. Hier wäre weitere Forschung zu begrüßen. Nennt man die *Amores* einen „elegischen Liebesroman" (N. Holzberg, *Ovid*, München 1997, z.B. 62; 55, 75), gewissermaßen einen Roman in Gestalt einer Abfolge von Gedichten, so klingt dies zunächst reizvoll. Doch könnte hier die Mehrdeutigkeit des deutschen Wortes *Roman* Verwirrung stiften. Ähnlich dem englischen Wort *romance* kann Roman sowohl einen Texttypus (eine Literaturgattung) als auch eine Liebesaffäre bezeichnen. Die Vermutung, griechische Liebesromane hätten auf die *Amores* eingewirkt, steht auf ziemlich schwachen Füßen: „Was uns in den Elegien ([*am. 1*,] 3-5) vom Ich-Sprecher erzählt wird, entspricht exakt dem dreistufigen Handlungsschema eines griechischen Liebesromans wie Longos' *Daphnis und Chloe*: Beginn der erotischen Beziehung – Hindernisse (zum Beispiel Trennung) – Liebesvereinigung" (Holzberg ebd. 56 f.). Dieses dreistufige Schema ist so abstrakt, dass es auf jede Liebesgeschichte in jeder Literaturgattung passt. Trotzdem hinkt der Vergleich in dem gegebenen Fall: Bei Ovid steht die Liebesvereinigung ziemlich früh im Buch (*am.* 1, 5!), bei Longos erst am Ende des Romans. Anders als in Ovids *Amores* bleibt in griechischen Liebesromanen das Mädchen bis zur Hochzeit Jungfrau. Es gibt also keine genaue Entsprechung; Longos ist hier mit Ovid nicht vergleichbar.

[208] A. Wlosok (zit. oben Anm. 196), 69.
[209] T. Cole, *Ovidius Mythistoricus*,. Frankfurt 2008, passim.
[210] "Ovid's myth-historical poem is true to the 'facts' of *fabularis historia* transmitted in Varro and Castor in the same way realistic historical novels are true to those of *vera historia*, but it combines fact with fictional supplements to create its own interpretation of the period dealt with. The result is a collective *Bildungsroman* taking mankind from its beginnings under divine *patria potestas* (Books 1-5) past the erotic and military adventurism of 6-13 into a period of maturity (14-15), during which a series of leaders culminating in Augustus join or supplant the gods as guarantors of the universal rule of reason and law". Cole behandelt "the relationship between the fictional and the myth-historical ingredients in the hybrid narrative Ovid offers to his readers". So in der Zusammenfassung auf der Rückseite des Umschlags. Im Text erscheint der Begriff *Bildungsroman* z.B. auf S. 78.
[211] Vgl. L. Huber, „Herodots Homerverständnis", in: *Synusia. Festgabe für W. Schadewaldt zum 15.März 1965*, hg. H. Flashar und K. Gaiser, Pfullingen 1965, 29-52.
[212] F.M. Cornford, *Thucydides Mythistoricus*, London 1907. Seine Sicht hat sich jedoch nicht durchgesetzt.
[213] Zweifellos lassen Heroidenbriefe wie die von Acontius und Cydippe an Einflüsse des Romans denken (in diesem Fall durch das Prisma des Kallimachos). Offensichtlich verlangen manche Erzählungen in den *Metamorphosen* – z.B. Pyramus and Thisbe – geradezu nach einer solchen Interpretation. Ovid ist der Erste, der *fabulae Milesiae* erwähnt (*trist.* 2, 413; 443 ff.).

Zu Kapitel 12
Zu Ovids Beziehungen zu seinen Vorgängern: Epos: Th. Baier, „Apologe bei Homer, Vergil und Ovid", in: *Hermes* 127, 1999, 437-454; R.F. Glei, „Der interepische poetologische Diskurs: zum Verhältnis von *Metamorphosen* und *Aeneis*", in: *ScriptOralia*, Tübingen 1998, 85-104. R.F.Thomas, "Ovid's Reception of Virgil", in: P.E. Knox, Hg., 2009, 294-308.
Lehrdichtung (Hesiod): I. Ziogas, *Ovid and Hesiod. The Metamorphosis of the Catalogue of Women* , Cambridge 2013 (hilfreich); (Lukrez): M.L. Delvigo, "La voce e il corpo: Ovidio tra mitología e scienza", in: in: M.C. Álvarez, R.M.Iglesias, Hgg., *Y el mito se hizo poesía*, Madrid 2012, 211-228 (Lit.).
Drama: A. Pociña, "Ovidio y el teatro", in W. Schubert, Hg., *Ovid: Werk und Wirkung*, Frankfurt 1999, 41-51; T.P. Wiseman, "Ovid and the Stage", in: B.W. Boyd, Hg., 2002, 1-25.
Hellenismus: J.L. Lightfoot, "Ovid and Hellenistic Poetry", in: P.E. Knox, Hg., 2009, 219-235; E. Calderón Dorda, "El *P.Oxy.* 4711 y las *Metamorfosis*", in: M.C. Álvarez, R.M.Iglesias, Hgg., *Y el mito se hizo poesía*, Madrid 2012,69-88; zu Kallimachos gründlich C.Tsitsiou-Chelidoni 2003 (zit. zu Kapitel 1); B. Acosta-Hughes, "Ovid and Callimachus. Rewriting the Master, in: P.E. Knox, Hg., 2009, 236-251; zu den Neoterikern: D. Wray, "Catullus and the Neoteric Movement in Roman Poetry", ebd. 252-264; zu den Elegikern: S.J. Heyworth, "Propertius and Ovid", ebd. 265-278; R. Maltby, "Tibullus and Ovid", ebd. 279-293; M.v.A., *Große römische Autoren* 3, Heidelberg 2013, bes. 185-202 ("Die Gestalt der Geliebten von Catull und Properz zu Ovid").

Zur Gattungsproblematik: J. Farrell, "Ovid's Generic Transformation", in: P.E. Knox, Hg., 2009, 370-380; K.Volk, "Lehrgedicht oder Naturgedicht? Naturwissenschaft und Naturphilosophie in der Lehrdichtung von Hesiod bis zur Aetna" in: C. Reitz und M. Horster, Hgg., *Wissensvermittlung und dichterische Gestalt*, Stuttgart 2005, 155-173.
Zur Rhetorik: E. Fantham, "Rhetoric and Ovid's Poetry", in P.E. Knox, Hg., 2009, 26-44; bevorstehend W. Stroh, „Ovid als Rhetoriker".
Zur Erzählkunst: A. Barchiesi, „Narrative Technique and Narratology in the *Metamorphoses*", in: P. Hardie, Hg., *The Cambridge Companion to Ovid* ; Cambridge 2002, 180-199.
Zum Motiv 'Verwandlung': A. Feldherr, "Metamorphosis in the *Metamorphoses*", ebd. 163-179.
Zu Ovids Poetologie: G. Rosati, *Narciso e Pigmalione: Illusione e spettacolo nelle Metamorfosi di Ovidio*, Firenze 1983; L. Spahlinger, *Ars latet arte sua. Die Poetologie der Metamorphosen Ovids*, Stuttgart 1996; K. Galinsky, "Ovid's Poetology in the *Metamorphoses*", in : W. Schubert, Hg., *Ovid : Werk und Wirkung*, Frankfurt 1999, 305-314; K.Volk, "*Cum carmine crescit et annus*. Ovid's *Fasti* and the Poetics of Simultaneity", in: *Transactions and Proceedings of the American Philological Association* 127, 1991, 287-313; dieselbe, *Ovid*, Darmstadt 2010, 164 (Lit.).
[214] Dem zusammenfassenden Charakter dieses Kapitels entsprechend sind Berührungen mit den übrigen Kapiteln nicht vermieden, sondern gesucht. Eine ältere Fassung: "Ovids *Metamorphosen*", in: E. Burck, Hg., Das römische Epos, Darmstadt 1979, 120-153.
[215] Vgl. Vf., „Qua arte narrandi Ovidius in Amoribus usus sit", in: Acta Conventus omnium gentium Ovidianis studiis fovendis, Bucurestiis 1976, 57-63; s. jetzt Vf., Große römische Autoren, Bd. 3, 189-197.
[216] E. Zinn, „Die Dichter des alten Rom und die Anfange des Weltgedichts", in: *Antike und Abendland*, 1956, 7-26; wh. in: *Römertum*, hg. von H. Oppermann, Darmstadt 1962, 155-187; auch in: Z. Zinn, *Viva Vox. Römische Klassik und deutsche Dichtung*, Frankfurt 1994, 123-148.
[217] Vgl. Vf., „Der Dichter Lucan und die epische Tradition", in: *Lucain*, Entretiens ... Fondation Hardt 15, Vandœuvres-Genève 1970, 269-308; Vf., *Große römische Autoren*, Bd. 2, Heidelberg 2013, 181-196.
[218] Ausnahmen sind selten: Deukalions Steine, die Myrmidonen.

[219] H. Dörrie, „Wandlung und Dauer, Ovids *Metamorphosen* und Poseidonios' Lehre von der Substanz", in: *Der altsprachliche Unterricht* 4, 2, 1959, 95-116.
[220] Zur Pythagorasrede weiterführend: A. Setaioli, "L'impostazione letteraria del discorso di Pitagora nel XV libro delle *Metamorfosi*", in: W. Schubert, Hg., 1999 (zit. hier vor Anm. 1), 487-514; S. Newmyer, "Ovid on the Moral Grounds for Vegetarianism", ebd. 477-486 (mit Lit.); K. Volk, "Ovid's Pythagoras", in: K. Volk und G.D. Williams, Hgg., *Roman Reflections. Essays on Latin Philosophy,* New York 2014 (angekündigt).
[221] Die Metamorphose kann von einer Metapher ausgehen oder zu ihr hinführen: G. Lieberg, „Das Verhältnis der Metapher und des Vergleichs zur Metamorphose in den *Metamorphosen*", in: W.Schubert, Hg. 1999, 343-358; E. Pianezzola, „Ovidio: dalla figura retorica al procedimento diegetico", ebd. 331-342.
[222] S. z.B. W. Ludwig, *Struktur und Einheit der Metamorphosen Ovids*, Berlin 1965, 78.
[223] So J. Braune, *Nonnos und Ovid*, Greifswald 1935.
[224] N. Holzberg, *Ovid*, München 1997, 158 betont im Dialog mit E.A. Schmidt die Bedeutung der Stellung des Menschen „innerhalb einer permanent sich wandelnden

Welt." Dabei gilt es, die historische Dimension, die natürliche Umwelt und die Tatsache zu beachten, dass der ständige Wandel unter anderem auch vom Menschen selbst ausgeht.

[225] J. Tolkiehn, *Homer und die römische Poesie*, Leipzig 1900, bes. 191 ff.

[226] S. Döpp, *Virgilischer Einfluss im Werk Ovids*, Diss. München 1968.

[227] Zur Bedeutung des Kallimachos für Ovid C. Tsitsiou-Chelidoni, *Ovid Metamorphosen Buch VIII. Narrative Technik und literarischer Kontext*, Frankfurt 2003.

[228] S. hier Kapitel 10 (Stellung und Funktion der Gleichnisse).

[229] K. Gieseking, *Die Rahmenerzählung in Ovids Metamorphosen*, Diss. Tübingen 1965; A. Bartenbach, *Motiv- und Erzählstruktur in Ovids Metamorphosen. Das Verhältnis von Rahmen- und Binnenerzählungen im 5., 10. und 15. Buch...*, Frankfurt 1990.

[230] A. Pociña, "Ovidio y el teatro", in W. Schubert, Hg., *Ovid: Werk und Wirkung*, Frankfurt 1999, 41-51.

[231] E. Martini, „Ovid und seine Bedeutung für die römische Poesie", in: *Epitymbion, H. Swoboda dargebracht*, Reichenberg 1927, 165-194.

[232] H. Hofmann, „Ausgesprochene und unausgesprochene motivische Verwebung im 6. Metamorphosenbuch Ovids", in: *Acta Classica* (Kapstadt) 14, 1971, 91-107.

[233] M.v.A., *Parenthese* 1963, 209 ff. u. ö.

[234] Über sie ausgezeichnet R. Heinze 1919 (zit. hier vor Anm. 1), Anh. III.

[235] Grundlegend W. Ludwig 1965.

[236] R. Schmidt, *Die Übergangstechnik in den Metamorphosen des Ovid*, Diss. Breslau 1938.

[237] Besonders B. Otis (1966) [2]1970 passim.

[238] Positiv z.B. H. B. Guthmüller 1964 (mit Literaturbericht).

[239] Die Verbundenheit der Daphne-Erzählung mit dem ersten Teil betont C. Tsitsiou-Chelidoni, *Ovid Metamorphosen Buch VIII. Narrative Technik und literarischer Kontext*, Frankfurt 2003, Kap. 3.

[240] An Ludwigs Strukturanalyse überzeugt am wenigsten die sehr unterschiedliche Größe der „Großteile". Insbesondere ist der „6. Großteil" ein Block, der sich über mehrere Bücher hinzieht. Indirekt spricht die Geschlossenheit dieses Mittelteils für die ‚pentadische' Gliederung des Ganzen.

[241] A. Crabbe, „Structure and Content in Ovid's *Metamorphoses*", in: *Aufstieg und Niedergang der römischen Welt* 2, 31, 4, 1981, 2274-2327.

[242] R. Gordesiani, „Zu den Prinzipien der kompositionellen Organisation in Ovids *Metamorphosen*", in: *Klio* 67, 1985, 198-204.

[243] S. Koster, *Antike Epostheorien*, Wiesbaden 1970, 85-92.

[244] Vgl. M.v.A., *Große römische Autoren*, Heidelberg 2013, Band 2, Kapitel 13.

[245] R. Heinze 1919, zit. Anm. 19.

[246] Beispielsweise H. Tränkle, „Elegisches in Ovids *Metamorphosen*", in: *Hermes* 91, 1963, 459-476.

[247] M.v.A., *Große römische Autoren*, Heidelberg 2013, 195 ff.

[248] S. Anm. 246.

Zu Kapitel 13

Bibliographie zum Thema in: Verf., *Geschichte der römischen Literatur*, Berlin [3]2013, und Verf. (Hg. und Übs.), Ovid, *Metamorphosen*, Stuttgart 2010 (mit Nachwort und

Bibliographie); Vf., *Rom: Spiegel Europas*, Tübingen ²1998; Vf., *Literatur als Brücke*, Hildesheim 2003; M.v.Albrecht, E. Zinn (Hgg.), *Ovid*, Darmstadt 1968; C.Álvarez, R.M. Iglesias, „Fortuna de las *Metamorfosis*", in: dieselben, Hgg., *Ovidio, Metamorfosis*, Madrid 1995, 107-134 (gehaltvoll); W.S. Anderson, Hg., *Ovid: The Classical Heritage*, New York 1995; L. Barkan, *The Gods Made Flesh: Metamorphosis and the Pursuit of Paganism*, New Haven 1986; G. Braden, "Ovid and Shakespeare", in: P.E. Knox, Hg., 2009, 442-454; S.A. Brown, *The Metamorphosis of Ovid: From Chaucer to Ted Hughes*, London 1999; L. Enterline, *The Rhetoric of the Body from Ovid to Shakespeare*, Cambridge 2000; I. Gallo, L. Nicastri, Hg., *Aetates ovidianae. Lettori di Ovidio dall'Antichità al Rinascimento*, Napoli 1995; P.L. Gatti, N. Mindt, Hgg., *Undique mutabant atque undique mutabantur*. Beiträge zur augusteischen Literatur und ihren Transformationen, Göttingen 2012; P. Hardie, A. Brchiesi, S. Hinds, Hgg., *Ovidian Transformations. Essays on Ovid's Metamorphoses and Its Reception*, Cambridge 1999; F. Harzer, *Erzählte Verwandlung. Eine Poetik epischer Metamorphosen (Ovid – Kafka – Ransmayr)*, Tübingen 2000; C. Heselhaus, "Metamorphose-Dichtungen und Metamorphosen-Anschauungen", in: *Euphorion* 47, 1953, 121-146; R.J. Hexter, "Ovid in the Middle Ages: Exile, Mythographer and Lover", in: W. Boyd, Hg., *Brill's Companion to Ovid*, Leiden 2002, 413-442; M. Hofmann, J. Lasdun, Hgg., *After Ovid. New Metamorphoses*, New York 1995; G.Highet, *The Classical Tradition*, Oxford 1949; D.F. Kennedy, "Recent Receptions of Ovid", in: P. Hardie, Hg., *The Cambridge Companion to Ovid*, Cambridge 2002, 320-335; M. Kilgour, *Milton and the Metamorphosis of Ovid*, Oxford 2012; P.E. Knox, Hg., *A Companion to Ovid*, Chichester 2009, bes. 395-484 (Einzelbeiträge verschiedener Autoren zur Rezeption); C. Martindale, Hg., *Ovid Renewed. Ovidian Influences on Literature and Art from the Middle Ages to the Twentieth Century*, Cambridge 1988; M. Moog-Grünewald, *Metamorphosen der «Metamorphosen». Rezeptionsarten der ovidischen Verwandlungsgeschichten in Italien und Frankreich im 16. und 17. Jh.*, Heidelberg 1979; U. Schmitzer, M. Vischer, R. Hexter, "Ovid", in: C. Walde, Hg., *Die Rezeption der antiken Literatur* (=Der Neue Pauly Suppl. 7), 2010, 558-607; H. Schneider, *Ovids Fortleben bei Puschkin*, Frankfurt 2008; K. Stackmann, „Ovid im deutschen Mittelalter", in: *Arcadia* 1, 1966, 231-254; W. Stroh, *Ovid im Urteil der Nachwelt. Eine Testimoniensammlung*, Darmstadt 1969; W. Schubert, Hg., *Ovid. Werk und Wirkung*, Frankfurt 1999, bes. S. 805-1216; A.B. Taylor, Hg., *Shakespeare's Ovid*, Cambridge 2000 (enthält auf den Seiten 181-197 einen neuen kritischen Forschungsbericht von J. Velz); G. Tissol, S.M. Wheeler, Hgg., *The Reception of Ovid in Antiquity*, Baltimore 2002; J. Velz, *Shakespeare and the Classical Tradition*, Minneapolis 1968 (umfassend); S. Viarre, *La survie d'Ovide dans la littérature sicentifique des XIIe et XIIIe siècles*, Poitiers 1966; K. Volk, *Ovid: Dichter des Exils*, Darmstadt 2012, 134-155 (Rezeption, bes. in mittelalterlicher Liebesdichtung, in der bildenden Kunst [Pollaiuolo, Bernini, Correggio, Tizian] und im modernen Roman); 166 f. (moderne Bibl.); H.Walter, H.-J.Horn, Hgg., *Die Rezeption der Metamorphosen des Ovid in der Neuzeit: Der antike Mythos in Text und Bild*, Berlin 1995; L.P. Wilkinson, *Ovid Recalled*, Cambridge 1955, Kap. 11 und 12; E. Zinn, *Viva Vox. Römische Klassik und deutsche Dichtung*, Frankfurt 1994; T. Ziolkowski, *Ovid and the Moderns*, Ithaca 2005; T. Ziolkowski, "Ovid in the 20th Century", in P.E. Knox, Hg., 2009, 454 bis 484; zum Fortwirken einzelner Mythen s. unten Anm. 290; zur Bildenden Kunst: s. hier Kapitel 3 mit Anm. 3; zur Musik siehe unten Anm. 293 ff.

²⁴⁹ Ursprünglich lateinisch in: *Ovidio poeta della memoria. Atti del Convegno Internazionale di studi ovidiani,* Sulmona (19-21 ottobre 1989) 181-189; hier erweitert.
²⁵⁰ Zur Bedeutung der Musenanrufung bei der Eröffnung des Schlussteils des 15. Buches s. C. Tsitsiou-Chelidoni, *Ovid Metamorphosen Buch VIII. Narrative Technik und literarischer Kontext,* Frankfurt 2003, 389.
²⁵¹ Vgl. A. Bartenbach: *Motiv- und Erzählstruktur in Ovids Metamorphosen. Das Verhältnis von Rahmen- und Binnenerzählungen im 5., 10. und 15. Buch von Ovids Metamorphosen,* Frankfurt 1990; zu Arachne s. hier Kapitel 7.
²⁵² Gute Beobachtungen zum universalhistorischen Rahmen bei W. Ludwig, *Struktur und Einheit der Metamorphosen Ovids,* Berlin 1965, 74-81.
²⁵³ « Selten, vielleicht nie, war ein Dichter sich so des Nachruhmes sicher, hat sich derart gelobt. Dass er sein Werk und den Auftrag ernst nahm bis ins Letzte und über die Grenzen der Kunst hinaus, daran kann kein Zweifel bestehen". Ernst Jünger, *Zahlen und Götter. Philemon und Baucis. Zwei Essays,* Stuttgart 1974, 127.
²⁵⁴ Als Dichter der Natur war Ovid schon von Manilius ernst genommen worden.
²⁵⁵ Martial, Juvenal, Apuleius, Ausonius und die christlichen Dichter.
²⁵⁶ Zu Dante und Ovid: hier Kapitel 15.
²⁵⁷ L. Holbergs *Tre Levnedsbreve,* hg. A. Kragelund, Bd. 2, Kopenhagen 1965, 438 -442.
²⁵⁸ *Dichtung und Wahrheit,* 10. Buch, *Weimarer Ausgabe* 27, 319-320; Vf., *Rom: Spiegel Europas,* Tübingen ²1998, 645-659.
²⁵⁹ Vf., „Der verbannte Ovid und die Einsamkeit des Dichters im frühen 19. Jh. Zum Selbstverständnis F. Grillparzers und A. Puschkins", in: Vf., *Rom: Spiegel Europas,* Tübingen ²1998, 433-469; s. auch A. Podossinov, „Die Exilmuse Ovids in russischer Dichtung des 20. Jh. (Mandelstam und Brodskij)", in: W. Schubert, Hg., *Ovid: Werk und Wirkung,* Frankfurt 1999, 1061-1077.
²⁴⁵ Vf., *Rom: Spiegel Europas,* Tübingen ²1998, 240 f.
²⁶⁰ Ov., *met.* 3, 141 f.; *trist.* 2, 105; 3, 5, 49; 4, 10, 89.
²⁶¹ Ov., *trist.* 5, 7, 25 f.
²⁶² *Carm. epigr.* Nr. 1785; 1786; 2292.
²⁶³ S. Viarre, *La survie d'Ovide dans la littérature scientifique des XIIe et XIIIe siècles,* Poitiers 1966.
²⁶⁴ C. Heselhaus, „Metamorphose-Dichtungen und Metamorphosen-Anschauungen", in: *Euphorion* 47, 1953, 121 -146; zum 20. Jh.: E. Zinn, „Rainer Maria Rilke und die Antike", in: *Antike und Abendland* 3, 1948, 201-259; bes. 219; wh. in: E. Zinn, *Viva Vox. Römische Klassik und deutsche Dichtung,* Frankfurt 1994, 315-377, bes. 331; s. auch unten Anm. 284 (zu Ransmayr).
²⁶⁵ S. hier Kap. 15.
²⁶⁶ An H. Monroe, 16. 7. 1922.
²⁶⁷ Quint. *inst.* 10, 1, 88; 93; 4, 1, 77.
²⁶⁸ Sen. *nat.* 3,27, 13.
²⁶⁹ Quint. *inst.* 10, 1, 98; ähnlich 88: *Lascivus quidem in herois quoque Ovidius et nimium amator ingenii sui, laudandus tamen in partibus*: „Spielerisch ist Ovid zwar sogar in der epischen Dichtung und allzu verliebt in sein eigenes Talent, aber in Teilen verdient er Lob". (Die Deutung, wonach *in partibus* sich auf die Anordnung der Teile beziehe, ist zu fein gesponnen).
²⁷⁰ Grammatiker und Rhetoren zitieren ihn; kommentiert wird jedoch nur der *Ibis,* der durch seine Dunkelheit dazu herausfordert. Umfassend zur Geschichte der *Ibis-*

Kommentierung R.Guarino Ortega, *Los comentarios al Ibis de Ovidio. El largo recorrido de una exégesis*, Frankfurt 1999.

[271] Seneca nennt Ovid an der soeben zitierten Stelle *poetarum ingeniosissimus;* vgl. ferner Vell. 2, 36, 2-3.

[272] S. Viarre, zit. Anm. 263.

[273] Griechisch: Maximos Planudes, Ende des 13. Jh.; deutsch: Albrecht von Halberstadt im Jahr 1210.

[274] *Ovide moralisé.*

[275] J.W. Velz, "The Ovidian Soliloquy in Shakespeare", in: *Shakespeare Studies* 18, 1986, 1-24.

[276] Zu Boccaccio und Natalis Comes s. unten Anm. 288; zu Vondel: Vf., *Rom: Spiegel Europas* 179-203.

[277] Zu Ovid bei Statius s. Vf., *Roman Epic,* Leiden 1999, 277-290, zu Claudian ebd. 317-327.

[278] Vgl. D. Javitch, *Ariosto classico. La canonizzazione dell' Orlando furioso;* cap. 4: „Affiliazione alle *Metamorphoses* di Ovidio" , Milano 1999.

[279] Zu E.T.A. Hoffmann : Vf., *Rom: Spiegel Europas,* 147-176.

[280] Vgl. Vf. ebd.

[281] *Dieu est né en exil. Journal d'Ovide à Tomes*, Paris 1960; vgl. auch J. Bocheński, *Nazo poeta*, Warszawa 1974.

[282] *Liebe war sein Schicksal. Roman um Ovid*, Hamburg 1958.

[283] Vf., Hg. und Übs., Ovid, *Metamorphosen,* Stuttgart 2010.

[284] Ch. Ransmayr, *Die letzte Welt. Roman*, Nördlingen 1988; dazu Vf., Rom: Spiegel Europas, Tübingen ²1998, 696-721; H.-A. Koch, „Die autistische Psyche im Spiegel der Landschaft. Zu Christoph Ransmayrs Romanen ...", in: W.Schubert, Hg., *Ovid: Werk und Wirkung*, Frankfurt 1999,1107-1121.

[285] Von G.W. Most unter dem Titel "The following article" glänzend analysiert, in: W.Schubert (Hg.), *Ovid. Werk und Wirkung,* 1079-1095. Erwähnung verdienen ferner Luca Desiato, *Sulle rive del Mar Nero,* Milano 1992 und Hartmut Langes Stück *Staschek oder das Leben des Ovid.*

[286] H. Walter, H.-J. Horn, Hgg., *Die Rezeption der Metamorphosen des Ovid in der Neuzeit: Der antike Mythos in Text und Bild*, Berlin 1995.

[287] Vf., „Metamorphose in Raum und Zeit. Vergleichende Untersuchungen zu Rodin und Ovid", in: M.v.A., *Rom: Spiegel Europas*, Tübingen ²1998, 517-568; zu Grenzen der *evidentia* / ἐνάργεια in Ovids Verbannungsdichtung: C. Reitz, "Describing the Invisible – Ovid's Rome", in: *Hermes* 141, 2013, 283-293 (Lit.).

[288] Wichtig R. M. Iglesias Montiel, M.C. Álvarez Morán, Hgg., *Natale Conti. Mitología. Traducción con introducción notas e índices*, Murcia 1988; B. Hege, *Boccaccios Apologie der heidnischen Dichtung in den Genealogie deorum gentilium, Buch 14*, Text, Übersetzung, Kommentar und Abhandlung, Tübingen 1997.

[289] Konzertzimmer in Schloss Sanssouci mit Szenen aus den *Metamorphosen* von Antoine Pesne (1747); Reliefs im Spiegelsaal („Ovidgalerie") nach den *Metamorphosen* von Johann David und Johann Lorenz Wilhelm Ränz. Weiteres z.B. bei L. Finscher, zit. unten Anm 297.

[290] H. Anton, *Der Raub der Proserpina. Literarische Traditionen eines erotischen Sinnbildes* ..., Heidelberg 1967; M. Beller, *Philemon und Baucis in der europäischen Literatur*, Heidelberg 1967; A. Dinter, *Der Pygmalion-Stoff in der europäischen*

Literatur, Heidelberg 1967; H. Dörrie, *Die schöne Galatea* , München 1968; A.B. Renger, Hg., *Narcissus. Ein Mythos von der Antike bis zum Cyberspace*, Stuttgart 2002; F. Schmitt-von Mühlenfels, *Pyramus und Thisbe. Rezeptionstypen eines ovidischen Stoffes in Literatur, Kunst und Musik*, Heidelberg 1972; B. Morros, *El tema de Acteón en algunas literaturas europeas*, Alcalá de Henares 2010; K. Smolak, „Consule Nasonem. Pyramus und Thisbe in mittellateinischen Dichtungen", in: *Wiener Studien* 105, 1992, 233-246; Teil des Fortwirkens ist Ernst Jünger, *Zahlen und Götter. Philemon und Baucis.Zwei Essays*, Stuttgart 1974.

[291] S. hier Kapitel 3.

[292] Vf., „Metamorphose in Raum und Zeit" (zit. oben Anm.287).

[293] Ein Verzeichnis von auf CD lieferbaren musikalischen Werken zu Stoffen aus dem antiken Mythos (z.b. zu Orpheus 50 Titel aus der Zeit zwischen 1600 und 1993) bietet D.M. Poduska, „Classical Mythology in Music. A Selective List", in: *Classical World* 92, 1999, 195-276; daneben: *The Oxford Guide to Classical Mythology in the Arts 1300-1990*, Oxford 1993; J. Draheim, *Vertonungen antiker Texte vom Barock bis zur Gegenwart. Mit einer Bibliographie der Vertonungen (1700-1978)*, Amsterdam 1981. Am Seminar für Klassische Philologie der Universität Heidelberg befindet sich ein Archiv der Vertonungen antiker Texte.

[294] W. Schubert, „Musik und Dichtung: R. Strauss / J. Gregor, *Daphne*", in M. v.Albrecht, W. Schubert, Hgg., *Musik und Dichtung. Festschrift V. Pöschl*, Frankfurt 1990, 375-403. Joseph Haydn komponierte 1773 eine singspielartige ‚Marionettenoper' *Philemon und Baucis. Jupiters Reise auf die Erde* (Ausführende: Wolfgang Brunner. Salzburger Hofmusik. Audio CD PROFIL: Hänssler Verlag o.J.)

[295] F. Schmitt-von Mühlenfels, *Pyramus und Thisbe. Rezeptionstypen eines Ovidischen Stoffes in Literatur, Kunst und Musik*, Heidelberg 1972.

[296] W. Osthoff, „Glucks *Paride ed Elena* und Ovid", in: W. Schubert, Hg., *Ovid. Werk und Wirkung*, Frankfurt 1999, 1177-1192.

[297] L. Finscher, „Ovid in Oberschlesien: Anmerkungen zu den *Metamorphosen*-Symphonien von Karl Ditters von Dittersdorf", in: W. Schubert, Hg., *Ovid: Werk und Wirkung*, Frankfurt 1999, 1163-1176.

[298] *Metamorphosen. Studie für 23 Solostreicher*.

[299] *Sinfonische Metamorphosen nach Carl Maria von Weber*.

[300] E. Antokoletz, "Metamorphosis and Identity in the Music of Georg von Albrecht", in: W. Schubert, Hg., *Ovid: Werk und Wirkung*, Frankfurt 1999, 1193-1216.

[301] Manfred Henninger, in: Ovid, *Metamorphosen, Buch 10: Mythen um Orpheus*. Illustriert von M. Henninger, übs. von E. Zinn, mit einer Einleitung von K. Kerényi, Heidenheim 1960; Hermann Finsterlin, *Verwandlungen des Zeus. Erotische Miniaturen*, Stuttgart 1970; Mac Zimmermann, *Ölbilder, Zeichnungen, Graphik. Katalog zur Ausstellung im Kulturhaus*, Wiesloch 1980; Helga Ruppert-Tribian, *Narcissus und Echo*, Passau 1989; Helga Ruppert-Tribian, *Sonnen können versinken. Ein Collagenbuch in Wort und Bild von Menschen und Göttern*, Passau 1988.

Zu Kapitel 14

[302] Gekürzt aus: „Ovidlektüre heute", in: H.-J. Glücklich, Hg., *Lateinische Literatur – heute wirkend*, Bd. 1, Göttingen 1987, 23-50; *Briefe des Bonifatius. Willibalds Leben des Bonifatius nebst einigen zeitgenössischen Dokumenten. Lat.-dt., bearbeitet von R. Rau,*

Darmstadt 1968; Vf., „C.F. Meyer und die Antike" in: Vf., Rom. Spiegel Europas, Tübingen ²1998, 73-131; Vf., „Lucan: Der Dichter und die epische Tradition", in: Vf., *Große römische Autoren*, Band 2, Heidelberg 2013, 181-196; K. Büchner, „Ovids Metamorphosen, in: K.B., *Humanitas Romana*, Heidelberg 1957, 203-228; H. Diller, „Die dichterische Eigenart von Ovids *Metamorphosen*", in: M.v.A., E. Zinn, Hgg., *Ovid*, Darmstadt 1968, 322-339.

[303] Ergänzend ist auf Claudian hinzuweisen, der geistreich die trauernde Ceres einen heiligen Hain beschädigen lässt (*De raptu Proserpinae* 3, 333-391); vgl. A.K. Clarke, „Claudian's Methods of Borrowing in *De raptu Proserpinae*", *Proceedings of the Cambridge Philological Society*, n.s. 5, 1950, 4-6; Vf., *Große römische Autoren*, Bd. 2, Heidelberg 2013, 245-256.

[304] 755 f. Der Baum ist hier als Gottheit gesehen; in anderen Mythen erscheint er als verwandelter Mensch, so in der Erzählung von Dryope (*met.* 9, 326-393) oder auch in der Sage von Philemon und Baucis (*met.* 8, 616-724), die bezeichnenderweise der Erysichthon-Erzählung vorausgeht.

[305] Bäume bluten an Stellen, an denen Zweige abgebrochen wurden, und machen so darauf aufmerksam, dass der ermordete Trojaner Polydorus noch unbestattet ist (*Aen.* 3, 27-48; vgl. auch Ovids Dryope (*met.* 9, 344 f.).

[306] In der das Werk krönenden Rede des Naturphilosophen Pythagoras hören wir, wer Rindfleisch esse, verzehre seine eigenen Landarbeiter (*met.* 15, 141 f.). Der Protest gegen blutige Opfer ist nicht auf die Pythagorasrede beschränkt und darf schon deshalb nicht als ironisch missverstanden werden. Die Götter selbst verhindern die Opferung der Gans von Philemon und Baucis (*met.* 8, 688).

[307] Vgl. zu diesem Topos A.D. Leeman, „Das Bäumefällen. Vergil als Glied in der antiken epischen Tradition", in: A.D. L., *Form und Sinn. Studien zur römischen Literatur*, Frankfurt 1985, 203-211.

Zu Kapitel 15

[308] Ältere italienische Fassung: „Alla soglia del Paradiso. Dante ed Ovidio", in: *Chronos. Quaderni del liceo classico 'Umberto I' di Ragusa* 21, 2004, 15-26. Unter ganz anderen Gesichtspunkten erscheint Ovid als ‚Lehrer' Dantes im Inferno: A. Heil, „E ciò sa'l tuo dottore: Dantes ‚Lehrer'", in: *Antike und Abendland* 59, 2013, 145-170.

[309] Der Ernst der Danteschen Zeitkritik überbietet freilich nicht nur Horaz, sondern sogar Juvenal. Während im Inferno mythische und historische Gestalten gemischt sind, erscheinen im Purgatorio die Figuren des Mythos vielfach als Traumbilder.

[310] Andere Quellen für Mythen sind natürlich Vergils *Aeneis*, Statius' *Thebais* und *Achilleis*, die Troja-Romane. Viele römische Gestalten sind durch Lucans *Pharsalia* geprägt.

[311] Text: Dante Alighieri, *Divina Commedia. Inferno – Purgatorio – Paradiso*, ed. integrale, Mailand 1993. Übersetzung: H. Gmelin, Stuttgart 1949; so auch im Folgenden, soweit nichts Anderes vermerkt. Empfehlenswert jetzt auch die kommentierte Prosaübersetzung (mit dem ital. Text) von H. Köhler, 3 Bde., Stuttgart 2010.

[312] H. Fränkel, der etwas überspitzt die Erzählung von Salmacis und Hermaphroditus im Sinne einer "wavering identity" deutete (*Ovid. A Poet Between Two Worlds*, Berkeley 1945, 78 f.), war wohl unbewusst von einer Dante verwandten Intuition ausgegangen.

[313] Beispiele: *am.* 1, 5, 6 *aut ubi nox abiit, nec tamen orta dies*; *met.* 4, 399 ff. *iamque dies exactus erat tempusque subibat, / quod tu nec tenebras nec posses dicere lucem, / sed cum luce tamen dubiae confinia noctis.*

[314] Vgl. bei Ovid die Abschiedsworte von Philemon und Baucis (*met.* 8, 717 f.

[315] Eine erste Ahnung: *Purg.* 31, 124 ff.

[316] Siehe hier Kapitel 3, bes. zu Buch 3.

[317] Vergil erklärt Dante jetzt für autonom und setzt ihm symbolisch Krone und Mitra auf, macht ihn also zu seinem eigenen Kaiser und Papst (*Purg.* 27, 142).

[318] Übersetzung: A. Lübbe, Leipzig 1920.

[319] Übersetzung: Vf.

[320] Vgl. auch *Paradiso* 1, 82 ff.: *La novità del sono e 'l grande lume / di lor cagion m'accesero un disio / mai non sentito con cotanto acume.* "Des Klanges Neuheit und das große Leuchten / entflammten mich mit Sehnsucht nach dem Grunde, / wie ich sie nie mit solcher Schärfe fühlte." Nicht zufällig kehrt ebd. 113 das Bild des Meeres wieder (*lo gran mar de l'essere*).

[321] Übersetzung: Vf.; für das unübersetzbare *trasumanar* schön und kühn Gmelin: „Verklärung" [vgl. den griech. Begriff μεταμόρφωσις für die Verklärung Christi]; irreführend W.G. Hertz, Hamburg 1955: „Entwerden"; salomonisch A. Lübbe, Leipzig 1920: „dies". Bei Dante kreuzt sich hier Ovidisches mit Neutestamentlichem (Paulus über sein Weilen im Paradies: *2. Kor.* 12, 2-6).

[322] Wichtig in dieser Beziehung die Läuterung Dantes am Strom durch Matelda; vergleichbar ist die Rolle des Wassers bei den Apotheosen des Aeneas (*met.* 14, 581-608) und Glaucus (s. oben).

[323] Übersetzung: W.G. Hertz, Hamburg 1955. Zur Vorstellung der Wiedergeburt *1. Petr.* 1, 3.

[324] Die kühne Vertauschung der Geschlechter im Gleichnis erinnert an Catull, der Lesbia mit (dem untreuen) Jupiter, sich selbst mit (der geduldigen) Juno vergleicht (Catull. 68, 135-140).

Register

Ausgewählte Namen und Sachen

A! Affektische Interjektion, in der *Aeneis* gemieden 127
Accessus Ovidiani 197
Acis s. Galatea
Actaeon 9; 25; 27 f.; 96; 103-111; 157 ff.; 180; 195
Addison 199
Adjektive, Attribute, Epitheta 107; 126; 135 f.; 193
Adonis 51; 53; 88; 90-93
Aemilius Macer 12; 173
Aeneas 10; 62; 64 ff.; 68; 72; 76; 82; 89-93; 95 f.; 99; 101; 159; 164; 173; 177; 184; 199; 223
Aesculap 23 f.; 71; 78; 91; 101 f.; 230
Affekt
– s. auch Amor; Götter, Zorn
– am Anfang und am Ende der Erzählung gedämpft 128; 136
– Darstellung 86 f.; 116; 134;
– bildhaft (Blickrichtung) 74 f.
– s. *furor, amor*
– im Gleichnis 114; 148; 151; 187
– in der Mitte der Erzählung 138
– physiognomisch (Erröten) 107; 109; 114
– durch Verb und Adverb 124
Aitiologie 34; 99; 124; 178; 187;
Albrecht von Halberstadt 197
Albrecht, Georg von 201
Allegorie 192
– allegorische Gestalten 182; 204
– allegorische Ortsbeschreibungen 182 f.
Alliteration 110
Amor, *amor* 18; 20 f.; 23 f.; 35; 74; 78; 82; 84-89; 91 f.; 130 f.
Anachronismen 175
Anapher 110; 124; 127
Anaxarete 66; 90; 231
Anius 9; 62; 64; 83; 89; 99; 230

Anschaulichkeit (*evidentia*) 8; 177; 183; 199 f.; 206
– Anspielung 124; 144; 157; 161; 173; 231
– s. auch Intertextualität
Antoninos Liberalis 173
Apollo, Apollinisches 9; 17 ff.; 21; 23; 39 f.; 53 ff.; 57 f.; 74; 77 f.; 83 f.; 88 f.; 91; 102; 141; 144; 147 f.; 184 f.; 223;
– s. auch Phoebus
Apollonios von Rhodos 86; 95; 99; 123; 149; 154; 178; 187
Apotheose 9 f.; 20; 23; 45; 47 f.; 50; 66; 68 f.; 75 f.; 82; 85; 88; 90 ff.; 96; 98-102; 192 f.; 196; 199; 201; 208; 219; 221 f.; 224
Apuleius 157 ff.; 163-166; 198; 240 f.
Arachne 9 f.; 37; 39 f.; 109; 113-121; 127; 171; 189; 191; 217
Arethusa 33 f.; 36; 86; 95; 97 f.; 101; 218
Argumentatio, Argumentation 130; 132; 137; 234
– juristische 132
– naturrechtliche 130 f.
Aristaeus 124; 126 ff.; 137
Arethusa 33 f.; 36; 86; 95; 97 f.; 101; 218
Ariosto 152; 198; 248
Atalanta s. Hippomenes
Athen 8; 12; 37; 92; 96; 98; 113; 115
Athene s. Minerva
Augustus 7; 10 f.; 13; 19; 71; 81-84; 95; 101 f.; 148 f.; 169 f.; 173; 183 ff; 192
– und Jupiter 149
Autobiographie
– poetische 10 f.; 101; vgl. 97
– vgl. auch Ich-Erzählung
– verwandte Texte 101

Bacchus, Bacchantisches 8 f.; 41; 45; 47; 55; 57; 74; 78; 81 ff.; 85 f.; 89; 91; 97; 103 f.; 109; 184; 191; 229
– und Caesar (Augustus) 83
– s. auch Dionysos

- von Ovid verehrt 83; 229
Berchorius, Berçuire 197
Bernini 199 f.; 227 f. ; 246
Boio (Boios) 173
Bonifatius (Willibald) 203; 206; 208 ff.; 212 f.; 215 ; 249
Böotien 96
Boccaccio 198 f. ; 248
Boreas 37; 39 ff.; 43 f.; 77; 86 ; 98
Brief, Briefform 9 f.; 87; 163; 181; 194
- Briefpaare 12
- s. Heroidenbriefe; Pontusbriefe
Briseïs 177
Britten, B. 201
Brueghel, P. der Ältere 199
Bukolik, Bukolisches 178
Bundesgenossenkrieg 11
Burne-Jones 199
Byblis 9; 48; 50; 78; 87; 98; 199
Byron 152; 198

Cadmus 9; 25; 29; 65; 76; 81 f.; 84 f.; 90; 103-106; 109; 218 f.; Anm. 9
- und Harmonia 29; 31; 69; 96; 99 f.; 219
Caeneus 60 f.
Caesar, C. Iulius 9 f.; 71 f.; 78; 81 ff.; 85; 91 ff.; 102; 192 f.; 201; 205-215; 223
- s. Augustus
carmen perpetuum 141; 145; 193; 225; 235
Catull 11; 116; 120; 174; 179; 187; 243
Caxton 197
Cephalus (und Procris) 9; 41; 43; 45; 87; 98; 178; 188
Ceres 33 ff.; 75; 81; 90; 97; 206; 210 f.; 214; 230; 250
Ceyx (und Alcyone) 9; 55; 57 f.; 74; 88; 99; 152; 178
Cicero 11; 153; 179
Cipus 71; 78; 101
Circe 66; 68 f.; 74 f.; 78; 89 f.; 99; 178; 199
Claudian 194; 248; 250
Comes (Conti), N. 198 f.; 248
contrapasso 218
- s. auch Nemesis, *talio*
Cornelius Gallus 173; 179 f.
Corot 199
Couperus 198
Cumaea s. Sibylle
Cupido 83-88; 229 f.

Cyclop 62; 64; 89
Cyparissus 51; 53; 136; 230
Cypern 90; 230

Daedalus (und Icarus) 45; 47; 95; 98; 100; 120; 188; 199
Dalí 199
Dante Alighieri 194; 196; 217-224
Daphne 17; 19; 84; 86; 147; 151; 185; 199 f.; 227 f.; 229 f.; 245; 249
Deianira 48; 98
Demeter 33; 81; 203 f.; 209
- s. auch Ceres
Demiurg 17; 20; 81
- s. Gottesvorstellung
Dichter
- Apotheose 10; 102; 221
- Berufungserlebnis 12; vgl. 9
- Dichterkreise 12; 83
- Fähigkeit zur Metamorphose 222
- Identitätsfindung 217-224
- *ingenium* 12; 83; 145; 194
- und Staatsmacht 7; 10; 13; 138
dicere und *loqui* 139 ff.
didaktische Poesie s. Lehrgedicht
didaktischer Wert der Illustrationen 79 f.
Diomedes 68; 89; 99
Dionysos, Dionysisches 25; 27 f.; 55; 81; 87; 104; 115; 211
- dionysische Musik 58; 74
- dionysischer Taumel 83; 97
- s. auch Bacchus
Dittersdorf 200; Anm. 297
Doppelapotheose 9 f.; 45; 47; 69; 75; 96; 99; 219
Doppelmetamorphose 69; 218
Dryden 199; 226
Dürer 199

Echo s. Narcissus
Egeria 71; 101; 228
Ehe 9; 96; 128; s. Doppelapotheose
Elegie, Elegisches 12; 135; 137; 141; 167; 188
- in Ovids *Metamorphosen* 245
- Distichon 12
- s. Episches und Elegisches
- elegischer Liebesroman 242
Elemente

- veränderlich 8
- vier 20; 97; 102; drei 162; Anm. 9

Elsheimer 199
Ennius 11; 167 ff.; 173 f.; 185 f.; 193
Enzyklopädischer Zug 7 f.; 168; 174; 180; 186
Epigramm 157; 160; 166; 177 ff.
Epirrhema 131; 235
Episches und Elegisches 168; 187 f.; 225; 229; 236; 238
Epos 81; 139-145; 157; 166 f.; 169; 174; 177; 180; 185-189
- Definition 186; 192 f.
- Didaktisches 167
- und Geschichtsschreibung 163; 167; 172 f.
- über die Natur 169
- neue Wege 152 f.
- und Roman 163 ff.
- römisches Epos als geistiges Kontinuum, Großtext (Hypertext) 193
- *sui generis* 144; 164
- Travestie 159 f.; s. auch Parodie

Eros 20; 232
- s. auch Amor
- s. auch Liebe
- als persönliche Daseinserfüllung 167
- Pfeilschuss 86
- Projektion ins epische Großformat 168; 186
- und Thanatos 23
- als Thema 115
- s. Venus

Erysichthon 45; 47; 178; 203-214
- seine Tochter 210 f.

Erzählung
- Distanzierung und Einfühlung (Wechsel) 127 ff.; 136; 138
- Erzählkunst 187 f.; hellenistische 129; 178
- Erzähltechnik, Verfeinerung 168
- Erzähltempora 105 f.; 114; 125; 187
- in Ich-Form 82; 97; 101; 157; 222; 224; Anm. 192
- in der dritten Person 95
- Rahmenerzählung 34 f.; 178; 45; auf der Illustration gekennzeichnet 61; 76 f.
- Vorverweise 25; 59; 102 f.; 148; s. auch Ironie, tragische

Ethos
- und Pathos 40; 234
- Ethos statt Pathos auf den Abbildungen 40
- Ethos des Redners 130; 134
- sanfte Emotion als Überzeugungsmittel 132; 134
- des Orpheus bei Ovid gesteigert 134; 137
- Ethos Eurydices bei Ovid gesteigert 135

Euripides 165; 168; 188; 241
Eurydice 51; 54; 79; 87; 124-128; 130-137
evidentia 248; s. Anschaulichkeit
Exil 7; 9; 13; 83; 95; 98 f.; 100-103; 137; 195
Exordium s. Prooemium

Fama, *fama* 59; 61; 87; 92; 183; 236
fata 103; 106: 114; 124; 126; 192
Feiertagsarbeit 29; 118; 232
fert animus 141 f.
Fides, *fides* 182
Finsterlin 199
Fortwirken der antiken Literatur 6; 167 f.; 170; 191-224; 246; 249
- s. auch Rezeption
Franz von Assisi 216
Frauen 7; 9 f.; 12; 20; 25; 74; 121; 127; 168; 176 f.; 184
- Bedeutung des weiblichen Elements 69
- s. Doppel
- s. Ovid, *Heroiden*
- als Konkurrentinnen 115
- s. Perilla
- s. Arachne; Niobe
- von Göttern vergewaltigt 8 f.; 116
Frauenkataloge Hesiods 184
Friedrich d. Gr. 199
furor 83; 126; 233

Galatea 62; 64; 89; 99; 178
Gallus, s. Cornelius
Ganymed 51; 53; 98; 230
Gebet 50; 86; 204; 210
- für den Herrscher 82
Gebärden 21; 34; 66; 68; 74 ff.; 111; 126
- s. auch Illustrationen, Gebärden
Geschlechter, Polarität 9; 25-28
- s. Sexualität

Geschlechtsverwandlung 27 f.; 50; 61; 75; 86; 97; 219 f.
Glaucus 62; 64; 66; 68; 74; 89; 99; 221; 223
Gleichnis 51; 107; 109; 114; 126 f.; 135 f.; 178; 181; 187; 218; 221; 235
- Belebung toter Punkte 150
- Gattungscharakter und Stilhöhe 151 f.
- Geschlechterrollen im Gleichnis vertauscht 251
- Kontrast mit dem Kontext 147 f.
- bezeichnet die Peripetie 114
- Philosophische Bedeutung 154; 239
- retardierende Wirkung 187
- Stellung und Funktion 147-156
- überschießende Züge 178
- ‚unpoetische' Gleichnisse 152 f.
- Vertauschung von Erzählsphäre und Bildsphäre 239
Goethe 11; 194; 196
Götter
- und Affekt 86; 97; 109
- Gott in uns 86 f.; 142
- und sterbliche Frauen 8 f.
- und Menschen getrennt bei Catull 120
- Macht der Götter 37; 51; 64; 81 (römischer Aspekt); 83 f.; 86; (und Ohnmacht) 88-93; 109 (wichtiger als Güte); 117; 120; 131 f.; 149; 176; 203; 207 (Machtlosigkeit); 208
- Menschenähnlichkeit 111; 120; 149; 176
- Mysteriengötter (Bacchus, Isis) mit größerem Respekt behandelt 81; 83; 184
- und Recht 206 ff.
- ein Gott als Sohn einer Sterblichen 82
- Staatsgötter 90
- Urheber von Verwandlungen 81
- Zorn 10; 19 f.; 79; 83 ff.; 89 f.; 102; 106; 108 ff.; 113; 117; 119; 124; 150; 184; 192; 195; weniger gefürchtet als Caesars Zorn 211
- Göttersöhne 23; 97
Gottesvorstellung, philosophisch 8
- abstrakt, funktional 174
- s. Demiurg
- Güte und Strafe (Gnade und Gericht) 20
- römisch, nicht gestalthaft 81; 182
- mythisch 8 f.
- nur eine Stilfrage? 81

- Wandlungen 81; 83
gravitas 116; 189

Haydn 249
Hellenistisches 47; 98 f.; 116; 129; 145; 154; 160; 163; 167; 169; 171; 173 f.; 177-180; 183; 187; 189; 203 f.
- s. Elegie
- s. Kallimachos
- s. Roman
- s. Universalgeschichte
Heraklit 234
Hercules 10; 48; 50; 57 f.; 61; 71; 74; 76; 78; 98; 100; 153; 184; 223; 228; 231
Herder 194
Heroidenbriefe s. Ovid, *Heroiden*
Hindemith 201
Hippolytus 10; 71; 76; 97 f.; 101; 222 f.
Hippomenes (und Atalanta) 51; 53 f.; 88; 90
Hoffmann, E.Th.A. 198; 248
Holberg 194
Homer 27; 141-145; 147; 149; 152-156; 160; 164 f.; 167; 169; 173; 177 ff.; 182; 191; 194; 217
Homerkritik, implizit und explizit 65; 177
Homosexualität 9; 87
Horaz 10 ff.; 140; 179; 194; 217
Horiă, V. 198
horror sacer 81
Humor 171; 181; 194; s. auch Ironie
Hymenaeus 87; 91; 128; 230

Ich-Erzählung, s. Erzählung
Illustrationen zu Ovids *Metamorphosen* 15-95
- Abweichungen der Anordnung der Mythen 78
- Anfangspunkt für die ‚Lektüre' des Bildes 37
- Anordnung der Mythen: 77 f.; Kreis 17; 31; 64; 71; zwei Kreise 41; 43; 64; Schneckenform 64; Spirale 18; Bogen 24; 61; laufendes Band 34; Zickzackbewegung 31; 57; Diskontinuität 39; 50; Labyrinth 47; reihenweise von rechts nach links 48; Dreieck 19; 23; 29; 33; 37; 48; 58; 68; Viereck 66; Zweiergruppe 68
- Auslassung von Grausamem und Anstößigem 62; 64; 78

- Auslassung von Zwischengliedern 18; 19; 55, 78
- Auslassung wichtiger Motive 20; 35; 50; 78
- Auswahl des abgebildeten Augenblicks 36
- Architektur zur Abgrenzung von Rahmen und Einlage 18; 23; 34; 68; vgl. auch 37 (Nachtrag zum vorhergehenden Buch)
- Blickkontakt, Blickrichtung 17; 25; 27; 34; 39; 43 f.; 47; 61; 66; 71
- Dämpfung des Affekts s. Ethos
- Deutung der Metamorphose 69
- didaktischer Nutzen 79 f.
- Diagonale 39; 41; 45; 48; 66; 73 f.; 78
- Doppelte Rahmung 34; 53 f.; 61
- Dunkle Schattierung kennzeichnet Einlage 43; 48 bezeichnet Vorzeitigkeit 29; 39; 61; 62
- Eingelegte Erzählungen dem Erzähler zugeordnet 29; 47; 53; 59; 68; 75 f.
- Einschnitt zwischen Hauptabschnitten verstärkt 18
- Elemente, vier 20; 31; 35
- Erhellung der Buchstruktur 73 f.
- Ethos statt Pathos 40; 62
- Gebärden als Ausdruck des Affekts 18; 22; 25; 29 ff.; 43; 47; 57; 62; 66; 74 f.
- Gebärden als Hinweis auf die nächste Erzählung oder auf innere Zusammenhänge 18; 31; 39; 45; 66; 68; 74 f.; 78
- Größe der Figuren 66
- Hervorhebung beiläufiger Episoden 41
- Kontinuität zwischen Büchern betont 41; 43
- Kontrast zwischen Buchhälften betont 20
- Kontrast zwischen ‚männlichem' Vordergrund und ‚weiblichem' Hintergrund 33; 35
- Leserichtung 62; 77 f.; 43; 50; 62
- Modernisierung, z. B. Musikinstrumente 19; 51; 53
- parallele Gruppen; Nebeneinander analoger oder antithetischer Szenen 18; 34; 57; 68; 69; 71
- Oben und Unten (über- bzw. hintereinander) 40; 43; 48; 50; 58;
- Optische Signale zur Leserichtung 31; 34; 45 ff.; 51; 61; 64; 68

- Parallelen zwischen Büchern beleuchtet 76
- räumliche Zuordnung zu Schlüsselfiguren oder Erzählergestalten 75
- rezeptionsorientierter Zugang 73
- Schlüsselfigur ausgelassen 43
- Eine Schlüsselfigur verbindet Hauptteile des Buches 33; 37; 39; 54; 57; 64; 75
- Schlüsselfiguren sukzessiver Großteile nebeneinander 31; 71; 75
- spiegelbildliche Anordnung vergleichbarer Szenen 19
- synthetische Konzentration (eine Szene statt zweier) 59
- thematische Zusammenhänge erhellt 74
- Würde gesteigert 40; 62;
- Systematisierung der Reihenfolge 50; 68
- Umakzentuierungen 79
- Zusätze der Illustratoren: spielerisch 19; 55; 57; 79
- Zusätze: symbolische Figuren von thematischer Bedeutung 18; 21; 55 f.; 58; 64; 78 f.
- zentrale Stellung eines thematisch wichtigen Elements (27: Schlangenpaar; auch 31)
- Zweiteilung des Buches durch horizontale (18) oder vertikale (23) Aufteilung des Bildes sinnfällig gemacht

imitatio s. Intertextualität; Nachfolge; Rezeption

Imperfekt s. Erzähltempora

infectum 126

ingenium 12; 83; 145; 194
- und *ars* 145

Innerlichkeit 86 f.; 142

Inschriften 195

Intertextualität 141; 157; 162; 166
- s. auch Nachfolge, literarische
- s. auch Rezeption

invocatio 144

Io 9 f.; 17; 19 f.; 84; 95 f.; 111; 232
- vgl. auch Isis

Iphis (1) 48; 50; 78; 87; 128

Iphis (2) 66; 90

Ironie 40; 152; 160 f.; 171; 179; 198; 226
- abkühlende 189
- s. auch Pathos
- tragische 105; 107 f.; 110 f.; 136; 168; 178; 181; 187; 208

Isis 20; 81; 83; 87; 91; 96; 230
Iuppiter s. Jupiter

Jünger, Ernst Anm. 253; Anm. 290.
Juno 19; 27; 64; 68 f.; 75; 83 ff.; 87 ff.; 92; 97; 103 ff.; 109; 251
Jupiter 10; 17; 19 ff.; 23; 25; 27; 29; 31; 43; 53 f.; 64; 68 f.; 84; 88; 91 f.; 95 f.; 103; 105; 114; 150; 170; 191 ff.; 223
- und Augustus 81 f.; 102; 148 ff.; 195
- und Juno 27; 68 f.; 75; 84; 105

Kafka 9; 111; 246
Kallimachos 141; 145; 157; 160-163; 165 f.; 169; 173; 178; 192; 203-216; Anm. 151
Karl der Große 197
Katastrophen 21; 29; 35; 89; 95 f.; 181; 184; 187
- und vier Elemente 35
- der Weltbrand, die Pest und der Trojanische Krieg 89 (jeweils im zweiten Buch der Pentaden)
Kunst, bildende 8; 15; 81; 123; 157; 200; 227 (Lit.); 233 (Lit.); 246 zu Kapitel 13 (Lit.).
Künstler
- Glanz und Elend 120
- s. Arachne; Daedalus; Orpheus
- s. auch Dichter
Kunstmärchen 198
Kunstpause 25; 149

Lehrgedicht (didaktische Poesie) 12; 145; 167 f.; 170; 186; 188; 244
Leseeinheiten
- Bücher als 15-94
Leserbezug 7-10; 15; 73; 81; 83; 85; 96; 106; 111; 113; 118; 120; 127 f.; 131; 136 ff.; 147 f.; 149; 152-157; 159; 163 ff.; 166; 168 f.; 174 f.; 178 f.; 180 f.; 185 ff.; 189; 193-196; 198; 201; 204 f.; 208; 214; 219; 221; 235; 242
Liebe 7; 71 f.; 131
- s. Amor, Venus
- zwischen Eheleuten 88; s. auch Cephalus; Ceyx; Philemon
- Formen der 9
- Dauerhaftigkeit 9
- s. Homosexualität

- kosmische Bedeutung 72
- Macht der Liebe 35; 130
- als Raserei (Pathos) 137
- als zarte Rücksicht (Ethos) 137
Liebeskunst s. Ovid
Literaturgattungen
- s. Elegie, Epos, Roman
- Stilhöhe 144; 151
- Synthese der 180
- Traditionen 157
Lycaon 10; 17 ff.; 95 f.; 228

Macht
- und Ohnmacht des Gesanges 128
- römischer Sinn für Macht 87; 93
- s. Götter
Maecenas 12
Maillol 199
Manilius 195; 247
Mars 8; 29; 68; 72; 82 ff.; 90 ff.; 96; 160; 193; 230
Marsyas 37; 39 f.; 77; 223
Mehrdeutigkeit von Vokabeln 181
Mensch
- Menschenbild 156
- aufrechter Gang, Himmelsschau 9
- Menschendarstellung 176-180
- s. Metamorphose
- Produkt der Umwelt bzw. Umwelt vom Menschen verändert 172
Messalla 12
Metamorphose 170 ff.
- aufwärts (z.B. Mensch-Gott) oder abwärts (z.B. Mensch-Tier) 68; 102
- als Befreiung 220
- biologisch 7 f.
- als Buße 218
- s. Doppelmetamorphose
- als Fixierung eines Verhaltens 119
- ‚glaubwürdig' gestaltet 175
- innere 136
- ‚platonisch' gedeutet 171
- physikalisch erklärt 153
- als psychologisches Problem 9
- psychologisch erklärt 153
- als ‘Rettung' 9
- Schilderung des Verwandlungsaktes 190
- Sternverwandlung 92; 193
- und Venus 88; 91

- durch das Wort 134
Meyer, Conrad Ferdinand 203-215; 250
Midas 55; 57f.; 83; 90; 99; 214; 217
Minerva 9; 17; 25; 27 f.; 33 ff. ; 37; 40; 61; 64; 75; 77; 86; 97; 114-118; 120; 171; 189; 191; 232
Minos 41; 45; 47; 98
Mnemosyne 191
Mnemotechnik 15; 79; 200
Molière 195
Montaigne 198
Musen, Musenanrufung 33 ff.; 51; 75; 77; 79; 83; 91; 97; 100; 113; 117; 119; 123 f.; 129; 140 ff.; 144 f.; 161; 178; 191; 201; Anm. 250
Musengespräch, kallimacheisches 145; 178
Musik 55
- dionysisch und apollinisch 58; 74
- Aulodie und Kitharodie, Blas- und Saitenmusik 55; 74
- Macht des Gesanges 128; 134
- Vertonungen antiker Texte 249
Myrrha 51; 53; 88
Myscelos 71; 74; 100
mythographisches Handbuch 173
Mythos
- nicht buchstäblich geglaubt 8; 174
- Einbürgerung in Rom 174
- und Geschichte 82; 165; 240; 243
- *lingua franca* der Kunst und Literatur 8
- Neubelebung, künstlerische 176
- rein menschliche Bedeutung 149; 174
- Schatzkammer menschlicher Verhaltensweisen 174
- Säkularisation 176
- Spiegel der Selbsterkenntnis 149
- Vermenschlichung 176
- Welttheater 174

Nachfolge, literarische 93: 174; 177 f.; 203
- s. auch Intertextualität
Narcissus (und Echo) 25; 27 f.; 84 f.; 90; 103 ff.; 109; 181; 231
Narratio 130; 234
Naso, Eckard von 198
Natalis Comes, s. Conti
Natur als Ausbeutungsobjekt 215 f.
Naturalismus 153; 181; 189

Naturerklärung und -wissenschaft in den *Metamorphosen* 153 f.; 165; 169 f.; 172; 190; 196; 244
Nemesis 25; 84; 90; 93; 109; vgl. *contrapasso*
neoterische Poesie 174; 179; 243
- s. auch Hellenistisches
Nessus 48; 50; 98
Nigidius Figulus 171
Nikandros 173
Niobe 10; 37; 39 f.; 77; 79; 109; 113; 120 f.; 217
Nonnos 158 f.; 173; 240 f.; 244
Nooteboom 198
Numa 71; 90; 99 ff.

Odysseus 34; 62; 95; 99; 153; 156; 164; 177 f.
Orakelstil s. 'prophetischer' Stil
Orpheus 37; 51; 53 ff.; 57 f.; 74 f.; 78 f.; 83; 87; 90; 98; 100; 123-138; 140; 191; 199 ff.
Ovid
- Berufungserlebnis 12
- als 'Bischof', Magier und Prophet 195
- Fortwirken 191-224
- Leben 11-13
- literarische Tradition und ihre ovidische Synthese 145; 167-180
- *Amores* 7; 12; 160; 167 f.; 174; 179 f.; 188
- *Fasti* 12; 143; Anm. 21; Anm. 160
- *Heilmittel gegen die Liebe* 12
- *Heroiden* 7; 9; 12; 99; 177; 188
- zwischen ‚Klassik' und ‚Moderne' 189 f.
- *Liebeskunst* 10; 12; 144; 152; 179; 188; 195
- *Metamorphosen Buch 1:* 17-20; *Buch 2:* 21-24; *Buch 3:* 25-28; *Buch 4:* 29-31; *Buch 5:* 33-36; *Buch 6:* 37-40; *Buch 7:* 41-44; *Buch 8:* 45-47; *Buch 9:* 48-50; *Buch 10:* 51-54; *Buch 11:* 55-58; *Buch 12:* 59-61; *Buch 13:* 62-65; *Buch 14:* 66-69; *Buch 15:* 71 f.
- *Metamorphosen*: Bücher als Leseeinheiten 15-95
- *Metamorphosen*: Struktur 183-187; dreimal fünf Bücher 34 f.; 83; 86-89; 91 f.; 95; 100; 102; 127 f.; Anm. 251.

- *Metamorphosen*: literarische Vorbilder, Techniken 177 f.
- *Pontusbriefe* 12 f.; 102
- *Schönheitspflege* 12
- Stilvergleich mit Vergil 127 ff.
- *Tristia* 7; 10-13; 93; 97; 101; 105; 120; 137; 159; 167; 173; 180; 195; 201; Anm. 25.
- Verbannung (genauer: Relegation) 9; 12 f.; 98 f.; 101 f.; 105; 111; 137 f.; 159; 194 f.; 223

Pallas Athene s. Minerva
Parenthese 125;142-145; 164
Parodie 93; 157; 159 f.; 163 f.; 181; 240 f.
- s. auch Epos, Travestie
Parthenios 173
Partizip
- Futurpartizip als vorausweisende Andeutung 124
- Partizip der Gleichzeitigkeit (Präsens) für (erfolglose) Gebärden 126; für vergebliche Gegenwehr 116
- für Nebenfiguren verwendet 105
Pathos
- am Ende des Orpheusgesangs 132
- Ethos statt Pathos bei Ovid 134-137
- s. auch *furor*
- auf Illustrationen gedämpft 40
- und Ironie 152; 179; 189
Peleus 55; 57 f.; 88 ; 99 ; 120 ; 175
perennis 193
Perilla 10
perpetuus 95 ; 139 ; 141 ; 191 ; 193
Periplous 95
Petrarca 197
Petron 157; 159-166
Phaëthon 19; 21; 23; 37; 84; 95 f.; 178; 184; 228
Philemon und Baucis 9; 45; 47; 69; 99; 160 f.; 199 (mit Anm.); 208; 219; Anm. 253
Philoktet 99
Philomela 37; 39; 83; 98; 127; 150
Philosophisches bei Ovid
- Grenzen 172
- s. Heraklit; Platon; Pythagoras
Phoebus 19; 35; 55; 78; 82-86; 88; 140; 147; 151

- s. auch Apollo
Picasso 199
Pico della Mirandola 20
Picus 66; 68; 74 f.; 89
Pietas 18 ff.; 47; 65; 74; 76; 81; 116; 118; 120; 148; 229 Anm. 17
Planudes 197; 248
Platon, Platonisches 115; 117; 153; 170 ff.
Pluton 88; 91 f.; 101; 126; 129
- und Proserpina 34; 86 f.; 130; 131 f.; 133
Polyphem 99; 180; s. Cyclop
Pomona 66; 68; 90
Pound, Ezra 196
Präsens, historisches s. Erzähltempora
Prooemium 130; 139-145; 169; 180; 183; 191 ff.; 234; 237; 241
Properz 12; 243
‚prophetischer' Stil 125-128
Propoetiden 51; 90
Prosa
- Einfluss auf die Dichtung, s. Cicero
- Prosafragment Ovids 11
- Nacherzählung 217
- und Poesie (Differenzierung) 163 ff.
- und Poesie (Metamorphose) 12
- Prosaübersetzung 198
- ‚prosaische' Vokabel 141
- s. auch Rhetorik
Proserpina s. Pluton
Prostitution 88; s. Propoetiden
Proteus 123-129
Psychagogie 113; 121; 133; 178; 181
Psychologie 8 f.; 84; 111; 116; 119 f.; 126; 134; 148 f.; 155; 168; 172; 175 f.; 181; 194 f.; 220
- und *Ars amatoria* 188
- und *controversiae* 182
- und Elegie 179; 188
- im Epos 187
- im Gleichnis 149 f.; 178 ff.
- hellenistisch 189
- und Metamorphose 153
- ohne moralische Tabus 189
Puschkin 152; 194; 198; 226; 246 f.
Pygmalion 51; 53; 88; 90; 136; 199; 218; 248
Pyramus und Thisbe 9; 29; 31; 84; 118; 152 f.; 181; 199 f.

Pythagoras, Pythagoreisches 10; 71; 76; 90; 92; 100; 163; 168; 170; 183; 193; Anm. 52; Anm. 220; Anm. 306

Quintilian 196
Quirinus 82
- s. Romulus

Rahmenerzählung s. Erzählung
Ransmayr 198; 246; Anm. 284
Rede
- und Charakter des Sprechers 187
- *dicere* und *loqui* 139 f.
- direkte 149; 212
- Erfindung 130
- bei Historikern 130
- Macht der 134
- s. auch Musik; Rhetorik
- des Orpheus 130 ff.; 134 ff.
- pointierte 178
- des Pythagoras 76; 100; 168; 171: 183
- Reden und Handeln 140
- Streit von Aiax und Ulixes 140; 177
- Werberede 180
Redekunst s. Rhetorik
Reisen Ovids 12
Reisethematik 95-102
- Bildungsreise 99
- metaphorisch 95
- Seelenreisen 96
- als Selbsterkenntnis und Sühne 99
- Sinn des Reisens 96
- in die unsichtbare Welt 100
Religion 81-93
- s. Götter; Gottesvorstellung; hohh*hohhorror sacer*
- s. Innerlichkeit
Rembrandt 199
Rezeption 73; 79 f.; 222; 226 f.; 246; 248 f.
- s. auch Intertextualität; Nachfolge, literarische
Rhetorik 11 f.; 121; 123; 125; 127; 129-134; 149; 177 f.; 181 ff.; 194; 196; 214
- Bedeutung für Ovid 182 f.
- Dilemma rhetorisch gestaltet 232
- im Epos 189
- und *inventio* des Dichters 138
- und Musik 123; 132 f.
- Ovids Studium der Rhetorik 11; 196

- und Poesie kein Gegensatz 137 f.
- rhetorische Steigerung 214
Rodin 199 f.; Anm. 287
Roman, Romanhaftes 98 f.; 157-166; 177; 184; 198
- Bildungsroman 157; 165; 243
- Fortsetzungsroman 184
Romulus 69; 71; 90; 193; 201
- und Hersilia 9 f.; 66; 68 f.; 75; 96; 99 f.; 219
Ruppert-Tribian 199

Schiller 236
Schweitzer, Albert 216
Scylla (1) 45; 47; 87
- (2) 62; 64; 66; 68 f.; 74 f.; 89; 98 f.; 159
Seneca der Ältere 11; 182; 196
Seneca der Jüngere 168; 194 ff.; 234
Sexualität 9; 25; 69; 84; 103; 157; Anm. 17
- s. auch Homosexualität; Liebe; Frauen; Venus
Sibylle von Cumae 66; 68; 89; 99
Shakespeare 152; 197; 241; 246; 248
Sizilien 12; 35; 62; 86; 95-97; 99; 101; 172
Sol 29; 85; 89 f.;
Sotion 171
Sphragis 10
Spiel 174 ff.
Statius, Papinius 194
Strauss, Richard 201
Syllogismus 131; 235

Talio, Talionsprinzip 103
- s. auch *contrapasso*
Technik und Techne
- Segen und Fluch der 120
Tempora s. Erzähltempora
Tereus 37; 39 f.; 77; 86; 98; 148; 150
Theben 8; 25; 69; 72; 82 f.; 85 f.; 90 ff.; 96 f.; 103; 219
- Präfiguration Roms 96; vgl. Mars und Venus
Theokrit 178
Theophrast 186
Tibull 12; 93; 160 f.
Tiepolo 199
Tiresias 25 ; 27 f. ; 31; 69; 75; 85; 96; 103 f.; 109; 219 f.; Anm. 191
Tod, Todesthematik 128-132

- Allmacht 131
- Stille 131
- vorzeitiger 131 f.
Tragische Ironie s. Ironie
Tragödie 7; 12; 81; 165; 168; 173 f.; 177 ff.; 187 f.; 197
Troja, trojanisch 8; 55; 57 ff.; 61 f.; 64 f.; 89; 92 f.; 96; 99; 152; 174; 177; 184; 250

Universalgeschichte 145; 163; 171 f.
- ‚Archiv' der Weltgeschichte 192
Unsterblichkeit 69; 71 f.; 76; 102; 191;193
usus fructus 132

Varro (Atacinus), Dichter der *Argonautica*, 167
Varro (Reatinus), Gelehrter, 8; 61; 126
- *theologia tripertita* 61; 169 ff.; 173 f.
Vegetarismus 100; 244
Velleius 196
Venus 18; 20; 29; 35; 53 f.; 64; 68; 71 f.; 76; 79; 81-93; 96; 131; 144; 159 f.; 192
Verba intensiva 126
Verbalaspekte 126

Vergil 11 f.; 82; 85; 89; 92 f.; 123-129; 134-138; 140; 144 f.; 152; 154 ff.; 159 f.; 164; 167; 170; 173; 177; 179; 183; 185; 187; 189; 194; 197; 213; 217; 220; 222 f.
Vertumnus 66; 68; 227
Verwandlung s. Metamorphose
Vondel 194; 198; 248

Weltbild, mythisch, dreigeschossig 97; 170
- physikalisch, wissenschaftlich 8; 170
- verschiedene Weltbilder, Koexistenz 170
Welterklärung, Naturerklärung 169 f.
Weltgedicht 102; 141; 144 f.; 168; 173; 220; 237
Weltgeschichte, Archiv der (Weltgedächtnis) 192 f.; 201
- s. Universalgeschichte

Zeitgeschichtlicher Bezug 9
- s. Augustus; Bundesgenossenkrieg; Caesar; Ovid, Leben; Ovid, Verbannung
Zahl, magisch oder symbolisch 116: 126
Zorn s. Götter
Zypern s. Cypern